BRANCHEN VERGLEICH

N° 1
VERBRAUCHS- UND
GEBRAUCHSGÜTER

MIT PREISTRÄGERN,
BESTEN DER BRANCHEN
UND SHORTLIST
DER JURY

EINE PUBLIKATION DER
ECON MEGAPHON AWARDS
FÜR KOMMUNIKATION

2018
ECON

HANDVERLESEN

Inhaltsverzeichnis

N° 1

VERBRAUCHS- UND
GEBRAUCHSGÜTER

3
INDEX
der aufgenommenen Arbeiten

7
AGENTURRANKING

8
ECON MEGAPHON AWARDS
2018: DIE JURY

10
DAS WINNERS' DINNER 2018
Ein Rückblick
auf die Preisverleihung

PORTRÄTS DER
MEGAPHONPREISTRÄGER

12
ELBKIND
RITTER SPORT Einhorn
„A Guide to Growing up"

18
DENKWERK
Social Tools

20
WAVEMAKER
The Fusion Collection

22
AGENTUR AM FLUGHAFEN
Auf ein Glas bei Wehrle's

26
HEINE WARNECKE DESIGN
Trink Meer Tee

28
KAMPAGNEN /
EINZELARBEITEN
Beste der Branche
Shortlist der Jury
Branchenvergleich

94
REGISTER AGENTUREN

98
REGISTER
PRODUKTIONSFIRMEN UND
DIENSTLEISTER

102
REGISTER AUFTRAGGEBER

104
REGISTER PERSONEN

108
IMPRESSUM

Index der aufgenommenen Arbeiten

G GRAND PRIX (in 2018 nicht vergeben)
M MEGAPHONSIEGER
B BESTER DER BRANCHE
S SHORTLIST DER JURY
V BRANCHENVERGLEICH

Im Branchenvergleich aufgenommen werden aus den eingesandten Einreichungen diejenigen Kommunikationsmaßnahmen, die die jeweilige Branche durch die vorgelegten Arbeiten im Vergleich der Wirtschaftssegmente überzeugend und aktuell repräsentieren.

Arbeiten, die aus diesem Vergleich besonders hervorstechen, bilden die Shortlist der Jury. Aus diesem Kreis werden von den Juroren durch Abstimmung nach Noten sowie in anschließender gemeinsamer Diskussion die Preisträger der Megaphone (vergeben in den Kategorien des Wettbewerbs) benannt.

Bester der Branche kann nur werden, wer der Shortlist der Jury angehört. Die Auszeichnung wird nur dann vergeben, wenn in der betreffenden Branche mindestens drei Einzelbeiträge vorliegen.

INDEX DER AUFGENOMMENEN ARBEITEN

MEGAPHONPREISTRÄGER

N° 1

12 ELBKIND

14 [M][M][M] ALFRED RITTER GMBH & CO. KG I „RITTER SPORT Einhorn"
16 [M] DAIMLER AG I Mercedes-Benz „A Guide to Growing up"
18 [M] DENKWERK: STANLEY BLACK&DECKER DEUTSCHLAND GMBH I „Social Tools"
20 [M] WAVEMAKER: S.OLIVER BERND FREIER GMBH & CO. KG I „The Fusion Collection"
22 [M] AGENTUR AM FLUGHAFEN: DOMUS LEUCHTEN & MÖBEL AG I „Auf ein Glas bei Wehrle's"
26 [M] HEINE WARNECKE DESIGN: TRINK MEER TEE GBR I „Trink Meer Tee"

N° 2

12 [M] AGENTUR AM FLUGHAFEN: BY MAREI EINRICHTUNGSKONZEPTE AG I „Hockar", das erste multifunktionale Imagebroschüremailing
14 [M] HEIMAT, BERLIN: HORNBACH BAUMARKT AG I „Smashing the Cliches"
18 [M] ÜBERGROUND: LIDL STIFTUNG CO. KG I „#SANTACLARA"

N° 3

12 HEIMAT, BERLIN

14 [M][M] SWISSCOM AG I „#snowdrawings"
15 [M] SWISSCOM AG I „Unlock Switzerland"

16 OGILVY & MATHER

18 [M] DB MOBILITY LOGISTICS AG I „Zukunft der Mobilität"
20 [M] DB MOBILITY LOGISTICS AG I „Mehr ToleranzZeit"

22 [M] ORANGE COUNCIL: DEUTSCHE TELEKOM AG I „Refresh Telekom Headquarters"
26 [M] ÜBERGROUND: TIPP24 SERVICES LTD. I „DANKE MILLION"

N° 4

12 HEIMAT, BERLIN

14 [M][M][M] FREIE DEMOKRATISCHE PARTEI I „Dark Diaries"
16 [M] STIFTUNG DEUTSCHE KREBSHILFE I „The Melanoma Campaign"

20 [M] DENKWERK: DEUTSCHE SYNÄSTHESIE-GESELLSCHAFT E.V. I „The world trhough different eyes"
24 [M] LA RED: ARD-AKTUELL, TAGESSCHAU.DE I „Sag's mir ins Gesicht"
26 [M] SEVENONE ADFACTORY I „Circus HalliGalli Live Spots"
28 [M][M] SERVICEPLAN / PLAN.NET: STYLIGHT GMBH I „The Fashion Mag Hijack"
30 [M] FISCHERAPPELT: BUNDESMINISTERIUM DES INNERN I „#starkfürdich"
34 [M] INTERACTIVE MEDIA FOUNDATION I „Ulm Stories – Geschichten einer Stadt"

SHORTLIST DER JURY UND BRANCHENVERGLEICH

N° 1

VERBRAUCHSGÜTER / B2C
NAHRUNG UND GENUSS

30 [B][S] SMUUS GMBH I MAYD, Hamburg
34 [M][S] ALFRED RITTER GMBH & CO. KG I elbkind, Hamburg
37 [V] BÄCKEREI VOOSEN GMBH & CO. KG I neue formen, Köln
40 [S] BEL DEUTSCHLAND GMBH I david+martin, davidmartin, München
41 [S] DR. KLAUS KARG AG I Lingner Online, Fürth
42 [V] GRÜNE EMMA GMBH I Lehanka Kommunikationsagentur, Fichtenau-Rötlein
43 [V] MONDELEZ DEUTSCHLAND SERVICES GMBH & CO. KG I TWT Interactive, Düsseldorf
44 [S] STOLL KAFFEE AG I zurgams kommunikationsagentur, Dornbirn

NICHTALKOHOLISCHE GETRÄNKE

46 [M] TRINK MEER TEE GBR I Heine Warnecke Design, Hannover

ALKOHOLISCHE GETRÄNKE

47 [B][S] MAST-JÄGERMEISTER SE I LA RED, Hamburg
50 [S] CAMPARI DEUTSCHLAND GMBH I david+martin, davidmartin, München
52 [S][V] HASEN-BRÄU BRAUEREIBETRIEBS-GESELLSCHAFT MBH I Bloom, Nürnberg
56 [V] HIRSCH-BRAUEREI HONER GMBH & CO. KG I Schindler Parent, Meersburg

WEITERE VERBRAUCHSGÜTER

57 [S] MIBELLE GROUP AG I SERVICEPLAN / PLAN.NET
58 [S] ZURGAMS KOMMUNIKATIONSAGENTUR, Dornbirn

GEBRAUCHSGÜTER / B2C
AUTOMOBIL (PKW)

59 [B] EMIL FREY AG I Agentur am Flughafen, Altenrhein
62 [S] OPEL AUTOMOBILE GMBH I Effekt-Etage, Berlin
64 [M][S] DAILMER AG I elbkind, Hamburg

AUTOMOBIL-/KFZ-ZUBEHÖR

66 [V] EBERSPÄCHER CLIMATE CONTROL SYSTEMS GMBH & CO. KG I FACT, Kirchheim / Teck
68 [V] RECARO AUTOMOTIVE SEATING GMBH I FACT, Kirchheim / Teck

BAUEN UND WOHNEN

70 [V] ARCHRAUM AG I Ender Werbung, Lustenau
71 [M][S] STANLEY BLACK&DECKER DEUTSCHLAND GMBH I denkwerk, Köln

EINRICHTUNG

72 [M] DOMUS LEUCHTEN & MÖBEL AG I Agentur am Flughafen, Altenrhein

HAUSHALTSWAREN UND –GERÄTE

73 [S][V] ELECTROLUX HAUSGERÄTE VERTRIEBS GMBH I Bloom, Nürnberg

UNTERHALTUNGS- UND TELEKOMMUNIKATIONSELEKTRONIK

76 [B] DOT INC I SERVICEPLAN / PLAN.NET
78 [S] SAMSUNG ELECTRONICS GMBH I Cheil Germany, Schwalbach im Taunus
79 [S] VODAFONE GMBH I WAVEMAKER, Düsseldorf

KLEIDUNG

82 [M] S.OLIVER BERND FREIER GMBH & CO. KG I WAVEMAKER, Düsseldorf
83 [S] WENDEL GMBH CO. KG I Wynken Blynken & Nod, Hamburg

PERSÖNLICHER BEDARF

84 [V] E. DOPPLER CO. GMBH I Hammerer, Ried im Innkreis

WEITERE GEBRAUCHSGÜTER

86 [B] MYTOYS.DE GMBH I Wynken Blynken & Nod, Hamburg
88 [V] G. PASSIER & SOHN GMBH I The Vision Company Werbeagentur, Köln
90 [V] RALF BOHLE GMBH I markt & werbung m&w, Mönchengladbach
92 [S] VIESSMANN GMBH & CO. KG I fischerAppelt, Berlin

N° 2

INDUSTRIE / B2B
INVESTITIONSGÜTER

- 24 **B** PLANSEE GROUP SERVICE GMBH I jäger & jäger, Überlingen
- 28 **V** GALLUS FERD. RÜESCH AG I die3 Agentur für Werbung und Kommunikation, Dornbirn
- 30 **S** HOERBIGER HOLDING AG I jäger & jäger, Überlingen

PRODUKTIONSGÜTER

- 32 **B** SIEMENS AG I hl-studios, Erlangen
- 35 **V** GRIMME LANDMASCHINENFABRIK GMBH & CO. KG I KAAPKE Marketing, Drantum
- 37 **V** HOLZ-HER GMBH I rocket-media, Dinkelsbühl
- 38 **V** KS-ORIGINAL GMBH I KAAPKE Marketing, Drantum
- 39 **V** LESJÖFORS INDUSTRIAL SPRINGS & PRESSINGS GMBH I FACT, Kirchheim / Teck
- 40 **V** MÖLLERGROUP GMBH I STEUER Marketing und Kommunikation, Bielefeld
- 41 **V** PAUL KAUTH GMBH & CO. KG I teufels, Rottweil

SOFTWARE / IT

- 42 **B** MICROSOFT DEUTSCHLAND GMBH I denkwerk, Köln
- 44 **V** ARTISO SOLUTIONS GMBH I ATTACKE Werbeagentur, Ulm
- 45 **V** INNEO SOLUTIONS GMBH I querformat, Crailsheim
- 46 **V** JUNGHEINRICH AG I Babiel, Düsseldorf
- 47 **V** SIEMENS AG I hl-studios, Erlangen
- 48 **V** TEBIS AG I ASM Werbeagentur, München

PHARMAZIE / GESUNDHEIT

- 50 **B** MERCK KGAA I Fork Unstable Media, Hamburg
- 52 **B** MERCK KGAA I TWT Interactive, Düsseldorf
- 54 **V** MEDTRONIC GMBH I ipanema2c brand communication, Wuppertal
- 58 **V** OTSUKA PHARMA GMBH I ISGRO Gesundheitskommunikation, Mannheim
- 59 **V** SIVANTOS GMBH I Bloom, Nürnberg

WEITERE INDUSTRIEGÜTER

- 61 **V** DURIT HARTMETALL GMBH I ipanema2c brand communication, Wuppertal
- 62 **V** REINDL GESELLSCHAFT M.B.H I Hammerer, Ried im Innkreis

HANDEL / B2C
EINZELHANDEL

- 63 **B** EDEKA HANDELSGESELLSCHAFT NORD MBH I Wynken Blynken & Nod, Hamburg
- 66 **M S** HORNBACH BAUMARKT AG I Heimat Werbeagentur, Berlin
- 68 **M S** LIDL STIFTUNG CO. KG I Überground, Hamburg
- 70 **S** MEDIAMARKT GMBH I denkwerk, Köln
- 71 **S** OTTO GMBH & CO KG I Heimat Werbeagentur, Berlin
- 72 **S** PENNY MARKT GMBH I WFP Werbeagentur Felske + Partner, Mönchengladbach
- 74 **S** REAL,- SB-WARENHAUS GMBH I TeamWFP: WFP WERBEAGENTUR FELSKE + PARTNER, WFP2 GESELLSCHAFT FÜR INTERAKTIVE KOMMUNIKATION, Mönchengladbach

GROSS- UND FACHHANDEL

- 78 **B** UNILEVER DEUTSCHLAND GMBH I POINT HAMBURG Werbeagentur, Hamburg
- 80 **V** BAYERNLAND EG I Lingner Marketing, Fürth
- 81 **M** BY MAREI EINRICHTUNGSKONZEPTE AG I Agentur am Flughafen, Altenrhein

N° 3

DIENSTLEISTUNGEN / B2C
BANKEN, SPARKASSEN, INVESTMENT

- 32 **B** HYPOVEREINSBANK / UNICREDIT BANK AG I Kolle Rebbe, Hamburg
- 35 **S** STAR FINANZ-SOFTWARE ENTWICKLUNG UND VERTRIEB, Hamburg
- 36 **S** SWITZERLEND AG I Agentur am Flughafen, Altenrhein
- 37 **S** VOLKSBANK VORARLBERG E. GEN. I zurgams kommunikationsagentur, Dornbirn

VERSICHERUNGEN

- 38 **B** TECHNIKER KRANKENKASSE KDÖR I elbkind, Hamburg
- 40 **S** ACV AUTOMOBIL-CLUB VERKEHR E. V. I DUNCKELFELD, Köln
- 41 **S** TECHNIKER KRANKENKASSE KDÖR I elbkind, Hamburg

ENERGIEVERSORGUNG

- 42 **S** H. MAURER GMBH & CO. KG I teufels, Rottweil

GASTRONOMIE

- 43 **V** BERLIN BURRITO COMPANY GMBH I Frederik & Labots WA, Berlin

TOURISMUS UND VERKEHR

- 44 **B** DB MOBILITY LOGISTICS AG I Ogilvy & Mather Germany, Frankfurt am Main
- 46 **V** BUNTE HOTEL FISCHER AM SEE GMBH & CO. KG I ATTACKE Werbeagentur, Ulm
- 47 **V** CONDOR FLUGDIENST GMBH I S/COMPANY · Die Markenagentur, Fulda
- 49 **M S** DB MOBILITY LOGISTICS AG I Ogilvy & Mather Germany, Frankfurt am Main

TELEKOMMUNIKATION

- 54 **M S** SWISSCOM AG I Heimat Werbeagentur, Berlin

GESUNDHEITSKOMMUNIKATION

- 57 **V** ALPCURA FACHKLINIK ALLGÄU BETRIEBS-GESELLSCHAFT MBH I schmiddesign, Kempten
- 58 **V** DR. WILLMAR SCHWABE GMBH & CO. KG I ISGRO Gesundheitskommunikation, Mannheim
- 59 **V** MEDIUS KLINIKEN GGMBH I FISCHER & FRIENDS Werbeagentur, Bad Mergentheim

WEITERE DIENSTLEISTUNGEN

- 62 **V** CLEANCAR AG I DIE WERBTÄTIGEN, Düsseldorf
- 65 **V** OCW OBERSCHEIDER CAR WORLD GMBH I Ender Werbung, Lustenau
- 66 **V** RAVENSBURGER AG I Schindler Parent, Meersburg
- 68 **M S** TIPP24 SERVICES LTD. I Überground, Hamburg
- 70 **V** WIFI – WIRTSCHAFTSFÖRDERUNGS-INSTITUT DER WIRTSCHAFTSKAMMER VORARLBERG KDÖR I zurgams Kommunikationsagentur, Dornbirn

DIENSTLEISTUNGEN / B2B
BAUWIRTSCHAFT

- 71 **B** RHOMBERG BAU GMBH I die3 Agentur für Werbung und Kommunikation, Dornbirn
- 74 **S** DAW SE I Jochen Grauer, Marken- und Kommunikationsberatung, Lindau
- 76 **V** INTEMANN GMBH I Ender Werbung, Lustenau
- 78 **V** REHAU AG + CO I Lingner Marketing, Fürth
- 79 **S V** RHOMBERG BAU GMBH I die3 Agentur für Werbung und Kommunikation, Dornbirn

TELEKOMMUNIKATION

- 82 **M** DEUTSCHE TELEKOM AG I ORANGE COUNCIL, Hamburg

WEITERE DIENSTLEISTUNGEN

- 83 **B** DICTION AG I Agentur am Flughafen, Altenrhein
- 85 **V** FR. LÜRSSEN WERFT GMBH & CO.KG I Frese & Wolff Werbeagentur, Oldenburg
- 86 **V** HAU GMBH & CO. KG I querformat, Crailsheim

N° 4

MEDIEN UND KOMMUNIKATION / B2C
TV UND RADIO

- 40 **M** SEVENONE ADFACTORY, Unterföhring

INDEX DER AUFGENOMMENEN ARBEITEN

PUBLIKATIONEN

41 **B** KLASSIK GARAGE KRONBERG GMBH & CO. KG I Change Communication, Frankfurt am Main
44 **V** DUMONT MEDIENGRUPPE GMBH & CO. KG I Intevi Werbeagentur, Köln
45 **S** GRUNER + JAHR GMBH & CO. KG I MAYD, Hamburg
46 **M** STYLIGHT GMBH I SERVICEPLAN / PLAN.NET, München

ONLINE-PLATTFORMEN/-DIENSTE

48 **B** MG GERMANY GMBH I SERVICEPLAN / PLAN.NET, München
50 **M** ARD-AKTUELL, TAGESSCHAU.DE I LA RED, Hamburg
51 **S** UNIVERSAL MUSIC GMBH I DUNKELFELD, Köln

WERBUNG, PR, EVENT, MESSE, BERATUNG

52 **B** FISCHERAPPELT, Hamburg
54 **V** ATELIER DAMBÖCK MESSEDESIGN, Neufinsing bei München
56 **V** BODENSEECREW WERBEAGENTUR, Konstanz
58 **S** DIE3 AGENTUR FÜR WERBUNG UND KOMMUNIKATION, Dornbirn
60 **S** DIECKERTSCHMIDT, Berlin
64 **V** MEDIA RESOURCE GROUP GMBH & CO. KG I Lehanka Kommunikationsagentur, Fichtenau-Rötlein

WEITERE MEDIEN / KOMMUNIKATION

66 **S** ARGE DIGITAL EXCELLENCE I act&react Werbeagentur, Dortmund
67 **V** FOUNDERS FOUNDATION GGMBH I STEUER Marketing und Kommunikation, Bielefeld

GESELLSCHAFT, SOZIALES UND KULTUR / B2C

VEREINE, VERBÄNDE, GEMEINSCHAFTEN, STIFTUNGEN

68 **B** KREBSGESELLSCHAFT NORDRHEIN-WESTFALEN E.V. I DIE WERBTÄTIGEN, Düsseldorf
70 **M S** DEUTSCHE SYNÄSTHESIE-GESELLSCHAFT E.V. I denkwerk, Köln
72 **S** NABU – NATURSCHUTZBUND DEUTSCHLAND E.V. I BALLHAUS WEST I Agentur für Kampagnen, Berlin
73 **M** STIFTUNG DEUTSCHE KREBSHILFE I Heimat Werbeagentur, Berlin
74 **S** STIFTUNG JUGEND FORSCHT E.V. I Wynken Blynken & Nod, Hamburg
75 **V** STIFTUNG LIEBENAU I Schindler Parent, Meersburg
76 **M** INTERACTIVE MEDIA FOUNDATION, Berlin

ÖFFENTLICHE / STAATLICHE INSTITUTIONEN, STÄDTE UND KOMMUNEN

77 **B** BERLINER STADTREINIGUNG (BSR) ADÖR I Peperoni Werbe- und PR-Agentur, Potsdam
80 **V** BAYERISCHES STAATSMINISTERIUM DES INNERN, FÜR BAU UND VERKEHR I brainwaves, München
81 **M** BUNDESMINISTERIUM DES INNERN I fischerAppelt, Berlin
82 **V** ERZBISCHÖFLICHES ORDINARIAT MÜNCHEN I brainwaves, München
83 **V** EWG MBH I concept X, Rheine
84 **V** MINISTERIUM DER FINANZEN DES LANDES NRW KDÖR I KreativRealisten, EMS & P Kommunikation, Puhlheim
86 **S** FUF // FRANK UND FREUNDE, Stuttgart
87 **V** STAATSKANZLEI RHEINLAD-PFALZ I concept X, Rheine
88 **V** STADT NEU-ULM KDÖR I FISCHER & FRIENDS Werbeagentur, Bad Mergentheim

ORGANISATIONEN

90 **M B S** FREIE DEMOKRATISCHE PARTEI I Heimat Werbeagentur, Berlin

KUNST, KULTUR UND SPORT

100 **V** ARCHITEKTENKAMMER BADEN-WÜRTTEMBERG I FUF // Frank und Freunde, Stuttgart
101 **V** MT SPIELBETRIEBS- U. MARKETING AG I sxces Communication, Kassel

RECRUITING, MITARBEITERKOMMUNIKATION

103 **B** BEISELEN GMBH I ATTACKE Werbeagentur, Ulm
106 **S** ACCENTURE DIENSTLEISTUNGEN GMBH I BALLHAUS WEST I Agentur für Kampagnen, Berlin
107 **V** MAYER PERSONALMANAGEMENT GMBH I die3 Agentur für Werbung und Kommunikation, Dornbirn
108 **S** PERM4 I Permanent Recruiting GmbH I dieckertschmidt, Berlin
110 **S** RHOMBERG BAU GMBH I die3 Agentur für Werbung und Kommunikation, Dornbirn
112 **V** SCHÜCHTERMANN-KLINIK BAD ROTHENFELDE GMBH & CO. KG I team4media, Osnabrück

Agentur-ranking

AGENTUR	PUNKTE (VORJAHR)
HEIMAT, BERLIN	**37 (43)**
ELBKIND	19 (5)
DENKWERK	13 (6)
OGILVY & MATHER GERMANY	11 (16)
AGENTUR AM FLUGHAFEN	10 (–)
SERVICEPLAN / PLAN.NET	10 (18)
LA RED	8 (–)
ÜBERGROUND	8 (5)
ORANGE COUNCIL	5 (6)
SEVENONE ADFACTORY	5 (–)
WAVEMAKER	5 (–)
FISCHERAPPELT	5 (2)
HEINE WARNECKE	3 (1)
INTERACTIVE MEDIA FOUNDATION	3 (–)

IM RANKING BERÜCKSICHTIGT:
MEGAPHON IN GOLD: 7 PUNKTE
MEGAPHON IN SILBER: 5 PUNKTE
MEGAPHON IN BRONZE: 3 PUNKTE
BESTER DER BRANCHE: 1 PUNKT
GRAND PRIX (IN 2018 NICHT VERGEBEN): 10 PUNKTE

WWW.ECONFORUM.DE/MEGAPHON-AWARDS

Econ Megaphon Awards 2018: Die Jury

IN DIE JURY DER ECON MEGAPHON AWARDS BERUFEN WIR AUFTRAG‐GEBER VON UNTERNEHMENSSEITE, KREATIVE UND STRATEGEN AUS AGENTUREN SOWIE VERTRETER DER MEDIEN UND WISSENSCHAFT. UNSERE JURY WIRD JÄHRLICH NEU ZUSAMMENGESTELLT.

Fotos _Thomas Rosenthal

01 _ Peter Heinlein (Autor, Moderator und Kommunikationsberater)

02 _ Prof. Kora Kimpel (Professorin für Interface- und Interactiondesign Universität der Künste Berlin (UDK))

03 _ Dr. Jochen Kalka (Chefredakteur aller Titel des Verlags Werben & Verkaufen, München)

04 _ Prof. Matthias Spaetgens (Partner und Chief Creative Officer Scholz & Friends)

05 _ Fränzi Kühne (Mitgründerin und Geschäftsführerin Torben, Lucie und die gelbe Gefahr)

06 _ Ute Poprawe (Managing Director Publicis Pixelpark Frankfurt)

07 _ Mag. Andreas Johler (Marketing Director Coca-Cola Deutschland)

08 _ Anne-Friederike Heinrich (zum Zeitpunkt des Jurymeetings Chefredakteurin Werbewoche und Werbewoche Branchenreports, Zürich)

09 _ Pia Betton (Partnerin Edenspiekermann)

10 _ Michael Beer (Leiter Marketingkommunikation Berliner Verkehrsbetriebe (BVG))

NICHT AUF DEM BILD, ABER AN DER BEWERTUNG BETEILIGT

Alexander Becker (Redaktionsleiter Meedia GmbH & Co. KG)

Marlene Auer (Chefredakteurin Manstein Verlag)

Johannes Kleske (Strategieberater und Zukunftsforscher, Geschäftsführer Third Wave)

Winners' Dinner 2018

IMPRESSIONEN DER PREISVERLEIHUNG AM 01. FEBRUAR 2018 IN BERLIN

WINNERS' DI18NER

01 Die Megaphone vor der Vergabe

02 Der Veranstaltungsort Beef Grill Club im Titanic Hotel, Berlin

03 Andreas Grohn (elbkind), Sarah Krüger und Katja Ohly-Nauber (Daimler AG)

04 Aline von Drateln (Moderatorin) und Jürgen Diessl (Verlagsleiter Econ)

05 Maximilian und René Eugster (Agentur am Flughafen)

06 Nathaniel Grigolla (elbkind), Sarah Krüger (Daimler AG), Julia Dienstbier (elbkind), Doris Tremmel (Dailmer AG), Gianna Krolla (elbkind) (hintere Reihe), Christine Wohlburg (Daimler AG) (mittig) und Ben Wittkamp, Andreas Grohn, Adrian Finzelberg, Zöe Bass (elbkind) (vordere Reihe)

07 Dirk Heine und Cord Warnecke (Heine Warnecke Design, v.l.n.r.)

08 Andreas Frost, Sven Springer (LA RED), Christoph Lang (Mast-Jägermeister SE) und Natalie Volles (LA RED) (v.l.n.r.)

09 Adrian Finzelberg (elbkind), Christine Wohlburg, Doris Tremmel, Sarah Krüger und Katja Ohly-Nauber (Daimler AG) sowie Andreas Grohn (elbkind) (v.l.n.r.)

10 Marisa Grün (s.Oliver), Katharina Pohler (WAVEMAKER) und Sandro Schramm (s.Oliver) (v.l.n.r.)

11 Christoph Faschian und Florian Schimmer (denkwerk, v.l.n.r.)

Fotos _ Thomas Rosenthal und Jan Kobel

MEGAPHONPREISTRÄGER

01 Jens Bracht
02 Thijs Dankers
03 Adrian Finzelberg
04 Nathaniel Grigolla
05 Andreas Grohn
06 Eva Hanf
07 Thiemo Kulzer
08 Gianna Krolla
09 Julia Lammel
10 Ricarda Lutz
11 Lilly Owsianowski
12 Andrey Potekhin
13 Tobias Spoerer
14 Oliver Vongeisau
15 Benjamin Wittkamp

MEGAPHONPREISTRÄGER
GOLD
BRONZE BRONZE
„RITTER SPORT EINHORN"
ALFRED RITTER GMBH & CO. KG, S. 14 F.

MEGAPHONPREISTRÄGER
SILBER
MERCEDES–BENZ „A GUIDE TO GROWING UP"
DAIMLER AG, S. 16 F.

STIMMEN DER JURY

JUROR _ DR. JOCHEN KALKA, CHEFREDAKTEUR ALLER TITEL DES VERLAGS WERBEN & VERKAUFEN

„Ritter Sport erkennt Trends früh und setzt diese auch direkt in Produkt und Verpackung gekonnt um. Das ist mit dem Einhorn wieder extrem gut gelungen. Das war ein Vorreiter. Erst danach kamen Chips, Klopapier und alle anderen Produkte, die mit dem Einhorn zu tun hatten. Und es hat ja auch funktioniert. Ritter Sport ist Gesprächsthema geworden."

MEGAPHONPREISTRÄGER
GOLD PROMOTION
BRONZE DIGITALE MEDIEN
BRONZE KAMPAGNE

VERBRAUCHSGÜTER / B2C

VEREINE, VERBÄNDE,
GEMEINSCHAFTEN, STIFTUNGEN

PROMOTION (MITTEL) /
DIGITALE MEDIEN (SOCIAL-MEDIA-
AKTIVITÄT) / KAMPAGNE

ALFRED RITTER GMBH & CO. KG

RITTER SPORT Einhorn

Gab es noch andere Fabelwesen, die gegen das Einhorn verloren haben?

*Benjamin Wittkamp_* Tatsächlich gab es ein paar tierische Ideen, die mit im Rennen waren, aber keine weiteren Fabelwesen. Die Einhorn war aber übrigens nicht die Sorte, die am häufigsten in der SortenKreation eingereicht wurde. Da gab es andere, mit wesentlich mehr Likes. Mal schauen, vielleicht kann man von diesen Ideen in Zukunft noch die ein oder andere kosten.

Das gesamte Interview finden Sie auf unserer Webseite.
ecfo.me/ga_lbknd1
Beitragscredits auf S. 34 F.

DAIMLER AG, MERCEDES–BENZ

„A Guide to Growing Up"

MEGAPHONPREISTRÄGER
SILBER FILM

GEBRAUCHSGÜTER / B2C
AUTOMOBIL (PKW)
FILM (IMAGE)

STIMMEN DER JURY

JUROR _ MATTHIAS SPAETGENS, PARTNER UND CHIEF CREATIVE OFFICER VON SCHOLZ & FRIENDS

„Die wahren und ungeschminkten Geschichten sind wunderbar erzählt; die Auswahl der Testimonials ist bemerkenswert. Die Spots haben darüber hinaus eine ästhetische Qualität, die dem Anspruch der Premiummarke Mercedes-Benz entspricht. Die Kampagne wird so zu einem jüngeren Image des ‚guten Sterns auf allen Straßen' beitragen."

Auf welcher Grundlage wurden die verschiedenen Protagonisten ausgesucht?

Katja Ohly-Nauber _ Die Marke ist dabei, sich konsequent zu digitalisieren – dafür galt es unterschiedlichste Maßnahmen zu entwickeln – Social Tools ist ein Ergebnis davon.

Hauptprotagonist Heiner Lauterbach ist nicht nur einer der bekanntesten deutschen Schauspieler, sondern hat selbst eine bewegte Vergangenheit. Während er auf den ersten Blick scheinbar den traditionellen Mercedes-Benz Kunden verkörpert, widerlegt er dann aber mit seiner charismatischen Art erfolgreich die üblichen Vorurteile. Ebenso unkonventionell wie Lauterbach sind die Protagonisten und ihre Themen, die er auf seiner Reise durch Deutschland trifft.

Das gesamte Interview finden Sie auf unserer Webseite.
ecfo.me/ga_lbknd2
Beitragscredits auf S. 64

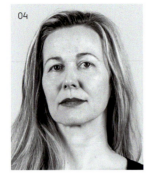

STANLEY BLACK&DECKER
DEUTSCHLAND GMBH

Social Tools
denkwerk

**MEGAPHONPREISTRÄGER
SILBER** INNOVATION

GEBRAUCHSGÜTER / B2C

BAUEN UND WOHNEN

INNOVATION

01 Narciso Arellano Medina
02 Christoph Faschian
03 Florian Schimmer
04 Alina Schlaier
05 Benjamin Wolf
06 Lucia Grompone

Es gibt schon viele Social Sharing-Angebote, warum kann „Social Tools" ein Erfolg werden?
  Florian Schimmer und Christoph Faschian_ Das Feedback auf die Idee war und ist irgendwie immer das Gleiche: gut und zwingend. Entsprechend unser Gefühl: Wenn „Social Tools" kein Erfolg werden sollte, wird es ein vergleichbares Angebot geben.

Das gesamte Interview finden Sie auf unserer Webseite.
ecfo.me/ga_dnkwrk1
Beitragscredits auf S. 71

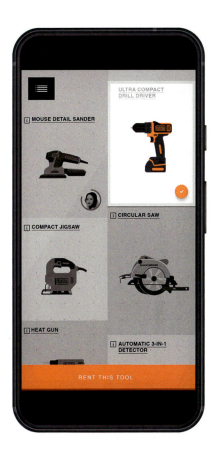

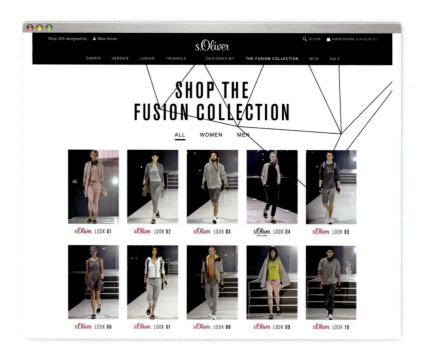

S.OLIVER
BERND FREIER GMBH & CO. KG

THE FUSION COLLECTION
WAVEMAKER

STIMMEN DER JURY

JURORIN _ ANNE-FRIEDERIKE HEINRICH, CHEFREDAKTEURIN DER WERBEWOCHE UND DER WERBEWOCHE BRANCHENREPORTS IN ZÜRICH

„Die aktuelle Kampagne hilft dem Label dabei, sich bei jungen, modebewussten Käuferinnen und Käufern als zeitgemäße, coole, digitalaffine Marke zu (re-)positionieren: Die neue Kollektion konnte direkt vom Laufsteg aus gekauft werden; dieses Erlebnis wurde von Influencern vorbereitet und begleitet. Das Ergebnis: s.Oliver steigerte die Bekanntheit seiner Marke und seinen Umsatz, Teile der Kollektion waren sehr schnell ausverkauft. Eine Punktlandung."

Wie entstand die Idee? Welche Zielgruppe hatten Sie bei der Konzeption im Sinn?

Katharina Pohler _ Zielgruppe der Kollektion sind junge und urbane Menschen, deren Lebenswelt sich zum größten Teil digital abspielt. Aus dem Insight heraus, dass die junge Zielgruppe klassische Werbung zunehmend ablehnt und von Marken vielmehr Erlebnisse und Inspiration erwartet, entstand die Idee, aus einer örtlich begrenzten Veranstaltung (Fashion-Show) ein digitales Event zu machen.

Das gesamte Interview finden Sie auf unserer Webseite.
ecfo.me/ga_wv
Beitragscredits auf S. 92

MEGAPHON-PREISTRÄGER SILBER
DIGITALE MEDIEN

GEBRAUCHSGÜTER / B2C

KLEIDUNG

DIGITALE MEDIEN (DIGITALE KAMPAGNE)

01 Nico Combes
02 Caleb Dayan Ortega Barrios
03 Jan König
04 Jörg Kuhnle
05 Katharina Pohler
06 Francesca Thomas

01 Miriam Egli
02 Katie Eugster
03 Maximilian Eugster
04 Patricia Eugster
05 René Eugster
06 Valeria Hörler
07 Julia Lüchinger
08 Dominique Rutishauser
09 Daniel Steiner
10 Patrick Vögeli
11 Rolando Zahner

Agentur am Flughafen

MEGAPHONPREISTRÄGER
BRONZE
„AUF EIN GLAS BEI WEHRLE'S"
DOMUS LEUCHTEN & MÖBEL AG, S. 24 F.

DOMUS LEUCHTEN & MÖBEL AG
„Auf ein Glas bei Wehrle's"

STIMMEN DER JURY

JURORIN _ MARLENE AUER, CHEFREDAKTEURIN BEIM MANSTEIN VERLAG

„Die Aktion zeichnet sich durch hohe Innovationskraft und das Setzen auf moderne Marketingmechanismen aus. Durch das Einbinden von Micro-Influencern und die authentische Gestaltung wurde eine Erlebnis-Kampagne kreiert, die eine hohe Engagement-Rate erzielte und das Ziel, eine neue Zielgruppe anzusprechen, erreichte."

MEGAPHONPREISTRÄGER
BRONZE OUT OF HOME

GEBRAUCHSGÜTER / B2C

EINRICHTUNGEN

OUT OF HOME (AKTIVITÄTEN)

Wie entstand die Idee? Und konnten Sie „Domus Leuchten & Möbel" gleich davon überzeugen?

René Eugster_ Der Kunde war online mit seiner Marke praktisch nicht vertreten. Die von uns aufgespürten WG-Bewohner hingegen sehr. Der Kunde war von Anfang an begeistert und engagierte sich enorm für die perfekte Umsetzung der Idee.

Das gesamte Interview finden Sie auf unserer Webseite.
ecfo.me/ga_flghfn1
Beitragscredits auf S. 72

MEGAPHONPREISTRÄGER
BRONZE PROMOTION

VERBRAUCHSGÜTER / B2C

NICHTALKOHOLISCHE GETRÄNKE

PROMOTION (MITTEL)

Dirk Heine 01
Cord Warnecke 02

TRINK MEER TEE GBR

„Trink Meer Tee" Heine Warnecke Design

Was war die Inspiration für dieses Design?

*Dirk Heine_* Uns ging es darum die – scheinbaren – Eigenheiten der deutschen Küstenregionen und seiner Menschen humorvoll und eigenständig, aber auch auf warmherzige Art und Weise auszudrücken.
Aus diesen Anforderungen leitete sich die Idee der Illustrationen fast wie von selbst ab.

Das gesamte Interview finden Sie auf unserer Webseite.
ecfo.me/ga_hnwrnck
Beitragscredits auf S. 46

STIMMEN DER JURY

JURORIN _ UTE POPRAWE, MANAGING DIRECTOR VON PUBLICIS PIXELPARK, FRANKFURT AM MAIN

„Eine schön gedachte und extrem ansprechend und liebevoll gestaltete Umsetzung. Würde ich sofort kaufen und sie offen zu Hause drapieren."

30
**KAMPAGNEN /
EINZELARBEITEN**
Beste der Branche
Shortlist der Jury
Branchenvergleich

SMUUS GMBH

„Anti-Trump-Kampagne"

MAYD GMBH & CO. KG / HAMBURG

01 Bahador Pakravesh
02 Evridiki Kemanes
03 Alexander Makedonskiy
04 Behnaz Pakravesh
05 Thomas Grundmann

Welche Herausforderungen gab es bei der Ideenfindung und/oder Umsetzung?

*Bahador Pakravesh*_ Politik in der Werbung ist immer ein heikles Thema. Gerade hier kann man oft unglaubwürdig, unseriös und quatschig wirken.

Das gesamte Interview finden Sie auf unserer Webseite.
ecfo.me/ga_mayd

VERBRAUCHSGÜTER / B2C

NAHRUNG UND GENUSS

PRINT / ANZEIGE

SMUUS GmbH / Anti-Trump-Kampagne

SMUUS ist die Food-Neuheit schlechthin. Mit seinen frischen, frechen und neuen Kombinationen steht SMUUS vor allem für Offenheit und Toleranz. Genau das Gegenteil also von dem, für das Donald Trump steht. Genau deshalb startete SMUUS eine Kampagne gegen die Inhalte des US-Präsidenten. ▸

VERBRAUCHSGÜTER / B2C

NAHRUNG UND GENUSS

PRINT / ANZEIGE

SMUUS GmbH / Anti-Trump-Kampagne

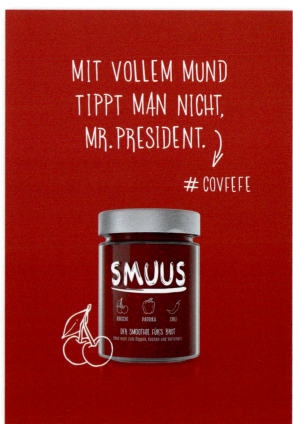

KUNDE SMUUS GmbH, Hamburg **AGENTUR** MAYD GmbH & Co. KG, Hamburg **CREATIVE DIRECTOR** Behnaz Pakravesh / Bahador Pakravesh **SENIOR ART DIRECTOR** Evridiki Kemanes **SENIOR COPYWRITER** Alexander Makedonskiy

VERBRAUCHSGÜTER / B2C

NAHRUNG UND GENUSS

DIGITALE MEDIEN /
DIGITALE KAMPAGNE

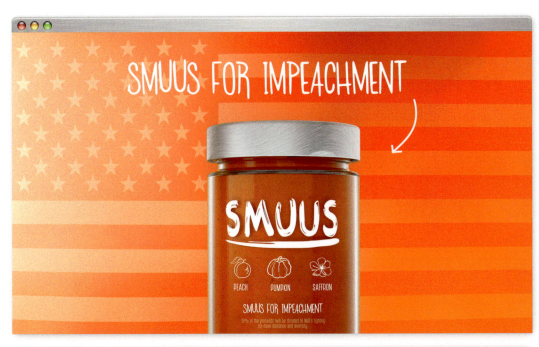

SMUUS GmbH / Impeachment

SMUUS ist die Food-Neuheit. Der Smoothie für Brot und alles, was Dir schmeckt, steht vor allem für Offenheit und Toleranz. Also für alles, für das Donald Trump nicht steht. Für die neue Sorte „Peach" startete SMUUS eine völlig neue Form der Zielgruppenintegration. Die Mission: das „IMPEACHMENT" des Präsidenten. Durch den Verkauf jedes Glases dieser Sorte spendet SMUUS zehn Prozent der Einahmen an NGOs, die gegen Trump aktiv sind. Die Aktion: eine zusätzliche Crowd-Sourcing-Finanzierung über Kickstarter.

www.kickstarter.com/projects/smuus/smuus-impeachment

KUNDE SMUUS GmbH, Hamburg **AGENTUR** MAYD GmbH & Co. KG, Hamburg **CREATIVE DIRECTOR** Behnaz Pakravesh / Bahador Pakravesh **SENIOR ART DIRECTOR** Evridiki Kemanes **SENIOR COPYWRITER** Alexander Makedonskiy

VERBRAUCHSGÜTER / B2C

NAHRUNG UND GENUSS

DIGITALE MEDIEN /
SOCIAL-MEDIA-AKTIVITÄTEN

**Alfred Ritter GmbH & Co. KG /
RITTER SPORT Einhorn**

Der Schokoladenmarkt stagniert – gerade bei der jungen Zielgruppe. Um dieser Entwicklung entgegenzuwirken, erhöhen die Hersteller zunehmend die Mediabudgets. Ein Rennen, welches das Familienunternehmen langfristig nur schwer gewinnen kann.
Deshalb beweisen wir den Digital Natives, dass RITTER SPORT auch nach 100 Jahren noch ihre Sprache spricht. Indem wir ihnen gut zuhören – und sie dann mit einem noch nie gesehenen Produkt überraschen, das selbst zum Motor der Gespräche wird.
So haben wir für RITTER SPORT aus einem Trend den magischen Einhorn-Hype in Schokolade gegossen. Aus mehrfachen Wünschen in der SortenKreation von RITTER SPORT und einem Trend im Social Web wurde das magisches Schoko-Quadrat von RITTER SPORT, das – wie könnte es anders sein – ab dem Tag des Einhorns am 1. November 2016 die Newsfeeds des gesamten Social Web verzauberte – und zu einem Hype wurde.

Neben den RITTER SPORT Kanälen berichteten vorab ausgewählte Influencer von den Inhalten ihrer geheimnisvollen pink glitzernden Boxen, die sich nur per zugeschicktem Zahlencode öffnen ließen. Kaum geöffnet und per Facebook-Posting auf der RITTER SPORT Fanpage enthüllt, ging die Nachricht der exklusiven glitzernden Einhornedition um die Welt und die RITTER SPORT Webshop-Server in die Knie.
Binnen eines Tages war der Online-Shop leergekauft, drei Tage später ging dann auch die letzte Tafel über den analogen Ladentisch. Auch die zunächst nicht geplante, limitierte Nachproduktion wurde RITTER SPORT aus den Händen gerissen.

KUNDE Alfred Ritter GmbH & Co. KG, Waldenbruch **MARKETINGLEITUNG** Holger Henck **PRODUKTMANAGEMENT** Oliver Braun / Meike Heitker / Jasmin Krause / Charlotte Schwenk **AGENTUR** elbkind GmbH, Hamburg **GESCHÄFTSFÜHRUNG** Tobias Spörer **BERATUNG** Benjamin Wittkamp **ACCOUNTMANAGEMENT** Julia Dienstbier **SOCIAL MEDIA** Gianna Krolla **GRAFIK** Ricarda Lutz

VERBRAUCHSGÜTER / B2C

NAHRUNG UND GENUSS

INNOVATION

**Alfred Ritter GmbH & Co. KG /
RITTER SPORT Einhorn**

Auch beim Vertrieb sind wir neue Wege gegangen: Die limitierten Tafeln gab es ausschließlich im Online-Shop und in zwei deutschen Flagship-Stores zu kaufen. Unsere Aktion haben wir über alle hauseigenen Digital-Kanäle hinweg angekündigt und bei den größten Einhornfans und Schoko-Influencern gestreut. Ohne einen Cent Mediabudget zu investieren. Und damit einen noch viel größeren Hype entfacht.

Innerhalb weniger Tage waren über 200.000 Tafeln verkauft und weit über 500 Millionen Kontakte erreicht – ohne Media-Invest. Nahezu jeder 2. Deutsche (72% in der jungen Zielgruppe) hat von der Einhornschokolade gehört. Mit der Spende der letzten Einhorntafeln an drei verschiedene Hilfsorganisationen erfüllte das schokoladige Fabelwesen am Ende auch noch die beste ihm nachgesagte Eigenschaft: Gutes tun.

Der RITTER SPORT Einhornhype war und ist im gesamten Social Web ein Begriff und ging unter dem Hashtag #glittersport um die Welt. Nationale wie internationale Medien in allen Ressorts griffen das Thema auf, und für zahlreiche andere Marken war die RITTER SPORT Einhornschokolade Inspiration für viele weitere Einhornprodukte.

www.facebook.com/RitterSport-Deutschland/posts/1125570704162980

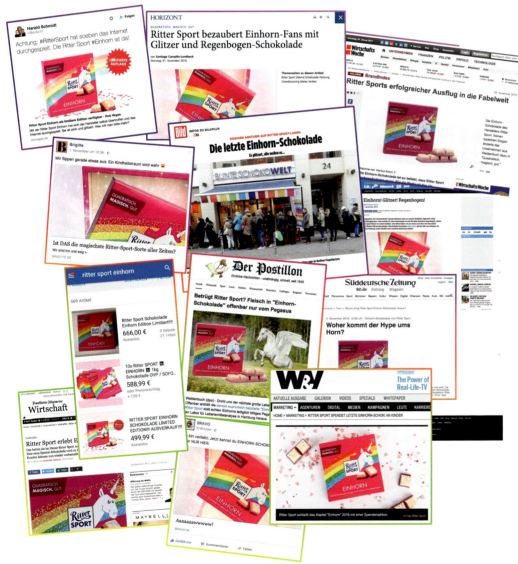

KUNDE Alfred Ritter GmbH & Co. KG, Waldenbuch **MARKETINGLEITUNG** Holger Henck **PRODUKTMANAGEMENT** Oliver Braun / Meike Heitker / Jasmin Krause / Charlotte Schwenk **AGENTUR** elbkind GmbH, Hamburg **GESCHÄFTSFÜHRUNG** Tobias Spörer **BERATUNG** Benjamin Wittkamp **ACCOUNTMANAGEMENT** Julia Dienstbier **SOCIAL MEDIA** Gianna Krolla **GRAFIK** Ricarda Lutz

VERBRAUCHSGÜTER / B2C

NAHRUNG UND GENUSS

PROMOTION / MITTEL

**Alfred Ritter GmbH & Co. KG /
RITTER SPORT Einhorn**

Die Sorte „Einhorn" ist die schokoladige Antwort auf den Hype um das Fabelwesen. Aufgrund von magischen Wünschen in der SortenKreation wurde zunächst geprüft, wie der Trend in Schokolade gegossen werden kann. Das Resultat ist eine bunte Schokolade mit spezieller Schichtung und innovativem Farbverlauf sowie ein außergewöhnliches, glitzerndes Verpackungsdesign. Die Verpackung mit dem Einhorn wurde zum heiß geliebten Sammelstück.

elbkind übernahm die Entwicklung und Gestaltung der Sortenidee sowie des Verpackungsdesigns und die Vermarktung der begleitenden Aktion.

KUNDE Alfred Ritter GmbH & Co. KG, Waldenbuch **MARKETINGLEITUNG** Holger Henck **PRODUKTMANAGEMENT** Oliver Braun / Meike Heitker / Jasmin Krause / Charlotte Schwenk **AGENTUR** elbkind GmbH, Hamburg **GESCHÄFTSFÜHRUNG** Tobias Spörer **BERATUNG** Benjamin Wittkamp **ACCOUNTMANAGEMENT** Julia Dienstbier **SOCIAL MEDIA** Gianna Krolla **GRAFIK** Ricarda Lutz

VERBRAUCHSGÜTER / B2C

NAHRUNG UND GENUSS

PRINT / ANZEIGE

Bäckerei Voosen GmbH & Co. KG / Ausbildungskampagne

Für die Bäckerei sollte eine kreative Kampagne zur Gewinnung von Auszubildenden erstellt werden. Der Leitgedanke spielt mit der Idee einer Kontaktanzeige, in der die Backwaren humorvoll inszeniert werden. Mit frechem Spruch sowie passendem Hashtag erregen sie Aufmerksamkeit.
Ziel der Anzeigen ist es, Reichweite zu generieren. Diese wurden in regionalen Medien geschaltet, um die Zielgruppe zu aktivieren. Durch Link zur Landingpage, begleitenden Hashtag sowie Social Media wurde die Wirkung gesteigert.

INTEGRIERTE KAMPAGNE _ CROSSMEDIA _ KUNDE Bäckerei Voosen GmbH & Co. KG, Pulheim AGENTUR neue formen Köln GmbH, Köln GESCHÄFTSFÜHRER BERATUNG Thomas Tornatzky CREATIVE DIRECTOR Nadine Tornatzky LEITUNG GRAFIK Alicia Heyer LEITUNG KONZEPTION UND TEXT Daniel Andernach

VERBRAUCHSGÜTER / B2C

NAHRUNG UND GENUSS

DIGITALE MEDIEN /
UNTERNEHMENS–/
ORGANISATIONSWEBSEITEN

**Bäckerei Voosen GmbH & Co. KG /
Ausbildungskampagne**

Für die Bäckerei sollte eine kreative Kampagne zur Gewinnung von Auszubildenden erstellt werden. Der Leitgedanke spielt mit der Idee einer Kontaktanzeige, in der die Backwaren humorvoll inszeniert werden. Mit frechem Spruch sowie passendem Hashtag erregen sie Aufmerksamkeit.
Die Website informiert umfangreich über die Ausbildung. Das Thema Dating kann auf der Website mit verschiedenen Elementen voll ausgespielt werden. Ziel ist es, bereits Interessierte dazu zu bewegen, eine Bewerbung einzureichen.

www.azubi-mit-herz.de

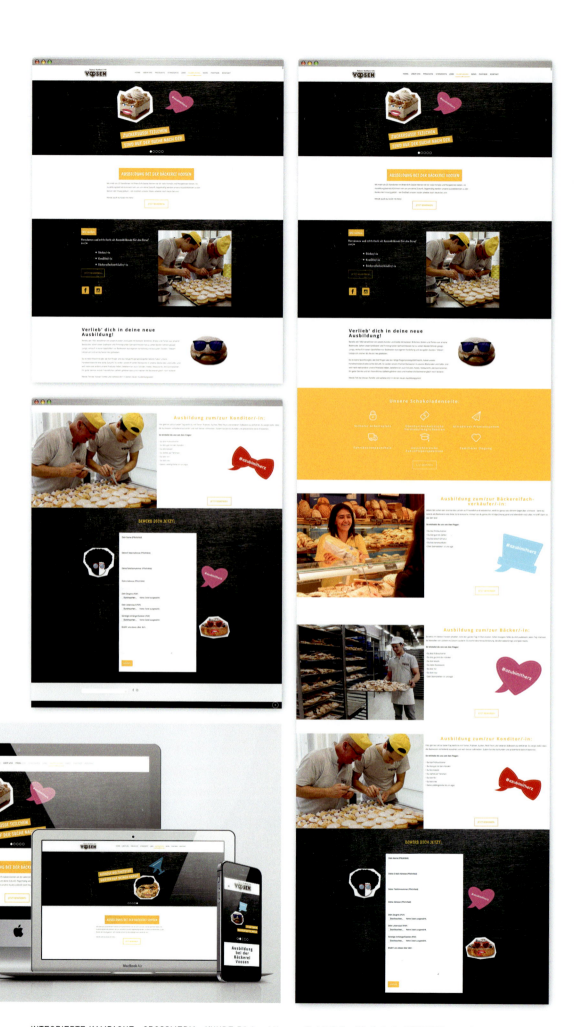

INTEGRIERTE KAMPAGNE _ CROSSMEDIA _ KUNDE Bäckerei Voosen GmbH & Co. KG, Pulheim AGENTUR neue formen Köln GmbH, Köln GESCHÄFTSFÜHRER BERATUNG Thomas Tornatzky CREATIVE DIRECTOR Nadine Tornatzky LEITUNG GRAFIK Alicia Heyer LEITUNG KONZEPTION UND TEXT Daniel Andernach

ECON BRANCHENVERGLEICH 2018 _ Nº 1

BRANCHENVERGLEICH 39

VERBRAUCHSGÜTER / B2C

NAHRUNG UND GENUSS

OUT OF HOME / MEDIEN

**Bäckerei Voosen GmbH & Co. KG /
Ausbildungskampagne**

Innerhalb der Filialen war die Werbekampagne auf Kaffeebechern, Plakaten, Postkarten, Stickern sowie Brottüten präsent und konnte vom Kunden mitgenommen werden. Citylights an relevanten Standorten verstärkten die Reichweite.

INTEGRIERTE KAMPAGNE _ CROSSMEDIA _ KUNDE Bäckerei Voosen GmbH & Co. KG, Pulheim AGENTUR neue formen Köln GmbH, Köln GESCHÄFTSFÜHRER BERATUNG Thomas Tornatzky CREATIVE DIRECTOR Nadine Tornatzky LEITUNG GRAFIK Alicia Heyer LEITUNG KONZEPTION UND TEXT Daniel Andernach

VERBRAUCHSGÜTER / B2C

NAHRUNG UND GENUSS

FILM / SPOT

**Bel Deutschland GmbH /
Leerdammer „Kulisse"**

Der 25-Sekünder zeigt, dass der Leerdammer-Genuss die heimischen vier Wände nicht zum Designmuseum macht, den Freundeskreis nicht um hippe Individualisten erweitert und das eigene Leben nicht automatisch erfolgreicher verlaufen lässt. Denn am Ende, sind wir doch mal ehrlich, geht es um ein Käsebrot.

Bei einem 25 sekündigen One-take sehen wir die wunderschöne und teuer eingerichtete Loftwohnung von unserem Hauptdarsteller. Um ihn herum bewegen sich gelangweilte Freunde auf grazile Art. Der Offsprecher betont während der Kamerafahrt, dass Leerdammer und ein Käsebrot nicht für ein besseres Leben, schöneres Wohnen, idyllischere Landschaften und tolle Freunde sorgen. Währenddessen dekonstruiert sich das komplette Set, die perfekte Idylle und Traumwelt hin zu einer leeren, trostlosen Kulisse. Der Darsteller verbleibt allein mit seinem Käsebrot in einer Hohlkehle, während aus dem Off ertönt: „Aber er gehört auf jeden Fall dazu!"

KUNDE Bel Deutschland GmbH, Grasbrunn **AGENTUR** david+martin, davidmartin GmbH, München **CREATIVE DIRECTOR** David Stephan / Martin Eggert **REGISSEUR** Rocky Morton **FILMPRODUKTION** TroNa GmbH **PRODUCER** Kristian Stern / Stefan Nagel

VERBRAUCHSGÜTER / B2C

NAHRUNG UND GENUSS

DIGITALE MEDIEN /
UNTERNEHMENS–/
ORGANISATIONSWEBSEITEN

Dr. Klaus Karg KG / Dr. Karg's Webrelaunch

Unter dem Motto „Genuss mit Biss" präsentiert sich die neue Website des Schwabacher Knäckebrotherstellers Dr. Karg. Neben modernem Design sowie frischer Bildsprache punktet der Relaunch mit zielgruppengerechter Ansprache, welche die Produktevielfalt verstärkt in den Vordergrund rückt und dem User einen umfassenden Überblick zu den Leitgedanken des traditionsbewussten Unternehmens bietet. Spannende Rezeptideen und eine praktische Händlersuche runden der Auftritt ansprechend ab.

www.dr-karg.de

KUNDE Dr. Klaus Karg KG, Schwabach AGENTUR Lingner Online GmbH, Fürth

VERBRAUCHSGÜTER / B2C

NAHRUNG UND GENUSS

DIGITALE MEDIEN /
DIGITALE KAMPAGNE

**grüne Emma GmbH /
Eröffnungskampagne**

Die grüne Emma – so soll der Bioladen der Gegenwart aussehen: ein stylisher Supermarkt mit Bioprodukten sämtlicher Kategorien. Von Obst und Gemüse über Waschmittel bis hin zu Kosmetik. Mithilfe des Keyvisuals soll die crossmediale Kampagne mit Plakaten die zukünftigen Kunden neugierig machen und auf die digitalen Medien führen. Eine Social-Media-Kampagne und die Kampagnenwebsite (ständig wechselnde Motive) bauen bis zur Eröffnung Bekanntheit auf: Rezepte, Tipps, Liveerlebnisse von der Baustelle.

www.gruene-emma.com

CROSSMEDIA _ KUNDE grüne Emma GmbH, Dinkelsbühl AGENTUR Lehanka Kommunikationsagentur GmbH, Fichtenau-Rötlein STRATEGIE Kai-Uwe Lehanka ART DIRECTION Ines Barth

VERBRAUCHSGÜTER / B2C

NAHRUNG UND GENUSS

DIGITALE MEDIEN / PRODUKT-/SERVICEWEBSEITEN

Mondelēz Deutschland Services GmbH & Co. KG / Milka, Valentinstag 2017 „Love is in the Air"

Unter dem Motto „Love is in the Air" realisierte Milka zum Valentinstag eine Aktivierungskampagne. Im Fokus der Kampagne stand eine Microsite, auf der User virtuelle Luftballons mit Liebesbotschaften versenden konnten. Die Aufforderung zur Teilnahme wurde vorab angeteast und über eine intelligente Verzahnung der wichtigsten Consumer Touchpoints reichweitenstark kommuniziert. Mit Live-Events, bei denen die Liebesluftballons real in die Luft gelassen wurden, schuf Milka ein Highlight und eine harmonische Verbindung zwischen On- und Offline-Welt.

CROSSMEDIA _ KUNDE Mondelēz Deutschland Services GmbH & Co. KG, Bremen **ANSPRECHPARTNER** Elisabeth Mild **AGENTUR** TWT Interactive GmbH, Düsseldorf **CREATIVE DIRECTOR** Jens-Michael Blümel **ART DIRECTION / SCREEN-DESIGN / TEXT** Nina Burmeister **PROJEKTMANAGEMENT** Markus Machholz **PROGRAMMIERER** Benedikt Grimm / Christian Siedler **UMSETZUNG ONLINE-VIDEO** LAVAlabs Moving Images GmbH & Co. KG **UMSATZ EVENT** Drewes & Keretic GmbH **PR-MASSNAHMEN** currycom communications GmbH / fischerAppelt AG

VERBRAUCHSGÜTER / B2C

NAHRUNG UND GENUSS

PROMOTION / MITTEL

Stoll Kaffee AG / Verpackungsdesign

Das schlichte Verpackungsdesign für die Sorten „Classic", „Organic" und „Specialty" kommuniziert die pure, bodenständige und hochwertige Machart des Kaffees von Stoll. Da jeweils nur kleine Mengen verschiedenster Sorten geröstet werden und das Sortiment häufig variiert, wurde ein Basiskaffeebeutel produziert. Die verschiedenen Sorten werden mit simplen Banderolen gekennzeichnet. Diese können günstig in niedriger Auflage hergestellt werden. Die Konfektionierung erfolgt durch Stoll Mitarbeiter.

VERBRAUCHSGÜTER / B2C

NAHRUNG UND GENUSS

PROMOTION / MITTEL

Stoll Kaffee AG / Verpackungsdesign

KUNDE Stoll Kaffee AG, Zürich (Schweiz) **GESCHÄFTSFÜHRUNG** Florian Amann **MARKETINGLEITUNG** Shem Leupin
AGENTUR zurgams kommunikationsagentur GmbH, Dornbirn (Österreich) **BERATUNG** Thomas Gschossmann **ART DIRECTOR** Thomas Gschossmann / Katharina Winder **GRAFIK** Mathias Märzinger

VERBRAUCHSGÜTER / B2C

NICHTALKOHOLISCHE GETRÄNKE
PROMOTION / MITTEL

Trink Meer Tee GbR /
Trink Meer Tee

Entwickeln Sie eine Teemarke, die ihre Heimat an der deutschen Küste hat. Sorgen Sie für eine sympathische Erscheinung, die Gastronomen, Hoteliers und Verbraucher fesselt – mit einem Look, der die Spezifika der Küste transportiert und die Marke als Mitbringsel interessant macht. Ergebnis: Der neue Name „Trink Meer Tee" fokussiert die Küstenregion. Humorvolle Sortenbezeichnungen spiegeln sich in witzigen Illustrationen, die Klischees zitieren. Leckere Biotees werden so zu beliebten Souvenirs.

KUNDE Trink Meer Tee GbR, Bremen **GESCHÄFTSFÜHRUNG** Andreas Brehm / Ralf Janecki / Rainer Schmidtholz **MARKETING** Liv Rathgeber **AGENTUR** Heine Warnecke Design GmbH, Hannover **KONTAKT** Cord Warnecke **CREATIVE DIRECTOR** Dirk Heine **ILLUSTRATIONEN** Tutticonfetti, Marta Colomer

MAST–JÄGERMEISTER SE

Jägermeister „Jäm Bot" – der erste Chatbot, der rappt"

LA RED GMBH / HAMBURG

Andreas Frost 01
Jan Hellberg 02
Malte Klädtke 03
Kevin Breynck 04
Sven Springer 05

Mit Blick auf das Ergebnis, was hat Sie am meisten begeistert oder überrascht?

*Andreas Frost_* Im Nachhinein sind wir sehr davon überrascht, dass die User im Bot auch noch ein Jahr nach der Kampagne Songs erstellen und diese an ihre Freunde verschicken. Es kommen täglich neue Nutzer zum Bot hinzu, ohne dass dieser aktiv von uns beworben wird. Das spricht aus unserer Sicht für die hohe Relevanz der Inhalte, die wir der Zielgruppe anbieten.

Das gesamte Interview finden Sie auf unserer Webseite.
ecfo.me/ga_lrd2

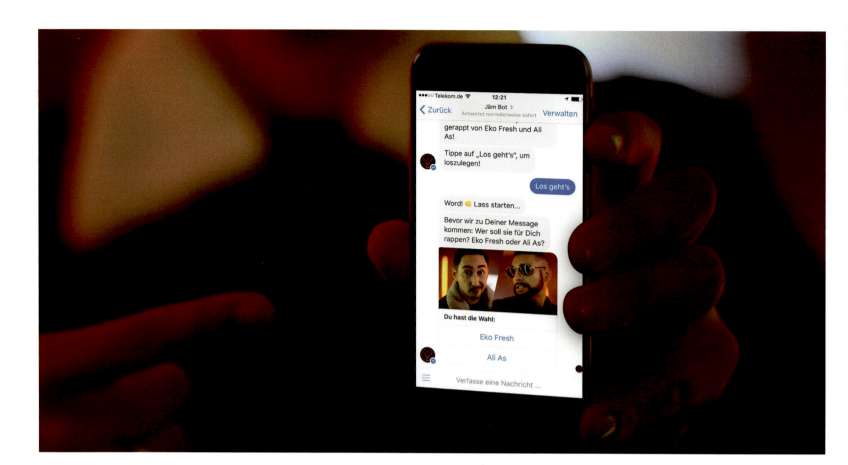

VERBRAUCHSGÜTER / B2C

ALKOHOLISCHE GETRÄNKE

INNOVATION

Mast-Jägermeister SE / Jägermeister „Jäm Bot" – der erste Chatbot, der rappt.

Jägermeister steht für Freundschaft. Und ist immer dort aktiv, wo sie gefeiert wird. Aber wie erreicht man Menschen da, wo sie heutzutage am meisten Kontakt mit ihren Freunden haben? Auf dem Smartphone. Im Messenger.
Die Idee: Der Jägermeister „Jäm Bot" – der erste Chatbot, der rappt. Mit zwei der angesagtesten Rapper Deutschlands, Eko Fresh und Ali As, macht der Bot im Facebook-Messenger aus einer gewöhnlichen Message an Freunde das persönlichste Rap-Video, das es je gab.

KUNDE Mast-Jägermeister SE, Wolfenbüttel HEAD OF DIGITAL MARKETING Felix Jahnen TEAMLEITER DIGITAL DEUTSCHLAND Christoph Lange AGENTUR LA RED GmbH, Hamburg CREATIVE DIRECTOR Jan Hellberg BERATUNG / TALENT HANDLING Andreas Frost KONZEPTION Marco Gabriel ART DIRECTOR Christoph Mäder GRAFIK Marjan Haidar TEXT Malte Klaedtke TECHNICAL DIRECTOR Kevin Breynck MEDIAPLANUNG Sven Springer PROGRAMMIERUNG Patrick Zimmermann (knowhere GmbH) / Robert Weber (knowhere GmbH) REGIE Dominik Wieschermann (Freelance) PRODUCER Ariane Gengelbach (blmfilm GmbH) SOUND & MUSIC Micky Berg (German Wahnsinn GmbH) / Sarah Andresen (German Wahnsinn GmbH) TECHNISCHE REALISIERUNG knowhere GmbH FILMPRODUKTION blmfilm GmbH TONSTUDIO / SOUND & MUSIC German Wahnsinn GmbH

VERBRAUCHSGÜTER / B2C

ALKOHOLISCHE GETRÄNKE

DIGITALE MEDIEN / DIGITALE KAMPAGNE

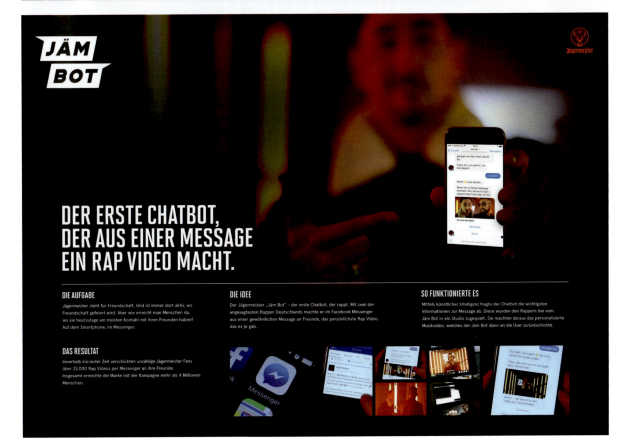

Mast-Jägermeister SE / Jägermeister „Jäm Bot" – der erste Chatbot, der rappt.

Mittels künstlicher Intelligenz fragte der Chatbot die wichtigsten Informationen zur Message ab: Name und Geschlecht des Empfängers sowie den Inhalt der Message. Diese Daten wurden den Rappern live vom Jäm Bot in ein Studio zugespielt. Die machten daraus das personalisierte Musikvideo, welches der Jäm Bot an die User zurückschickte.
Herzstück der Kampagne war der Live-Tag am 6. Dezember mit Eko Fresh und Ali As im Studio. Dort produzierten sie, im Zusammenspiel mit dem Bot, unzählige Messages zu persönlichen Rap-Videos. Die passenden Anlässe für die Nachrichten bot der Chatbot ganz von allein an: Auf die Freunde anstoßen, sich für den „Polnischen" entschuldigen oder einfach ein bisschen „dissen" – das und vieles mehr war möglich.
Das Event wurde parallel aus dem Tonstudio via Facebook live übertragen. Zusätzlich dazu sorgte ein Mix, bestehend aus Influencer-Blog-Posts, Facebook-Messenger- und Video-Ads sowie Instagram-Ads, für Buzz und reichlich Teilnehmer.
Innerhalb kürzester Zeit verschickten unzählige Jägermeister Fans fast 40.000 Rap-Videos per Messenger an ihre Freunde. Insgesamt erreichte die Marke mit der Kampagne mehr als vier Millionen Menschen per Facebook, Messenger, Instagram und Influencer-Blog-Posts.

https://www.facebook.com/jaembot
https://youtu.be/2oGi7U49jg8

KUNDE Mast-Jägermeister SE, Wolfenbüttel **HEAD OF DIGITAL MARKETING** Felix Jahnen **TEAMLEITER DIGITAL DEUTSCHLAND** Christoph Lange **AGENTUR** LA RED GmbH, Hamburg **CREATIVE DIRECTOR** Jan Hellberg **BERATUNG / TALENT HANDLING** Andreas Frost **KONZEPTION** Marco Gabriel **ART DIRECTOR** Christoph Mäder **GRAFIK** Marjan Haidar **TEXT** Malte Klaedtke **TECHNICAL DIRECTOR** Kevin Breynck **MEDIAPLANUNG** Sven Springer **PROGRAMMIERUNG** Patrick Zimmermann (knowhere GmbH) / Robert Weber (knowhere GmbH) **REGIE** Dominik Wieschermann (Freelance) **PRODUCER** Ariane Gengelbach (blmfilm GmbH) **SOUND & MUSIC** Micky Berg (German Wahnsinn GmbH) / Sarah Andresen (German Wahnsinn GmbH) **TECHNISCHE REALISIERUNG** knowhere GmbH **FILMPRODUKTION** blmfilm GmbH **TONSTUDIO / MUSIK & SOUND** German Wahnsinn GmbH

VERBRAUCHSGÜTER / B2C

ALKOHOLISCHE GETRÄNKE

OUT OF HOME / AKTIVITÄTEN

**Campari Deutschland GmbH /
The Bitter Diaries**

Wie kriegen wir Deutschlands wichtigste Barkeeper dazu, uns zuzuhören und unsere Produkte an ihrer Bar zu verkaufen? Content. Darum haben wir passend zu den fünf Bitter-Spirituosen aus dem Portfolio der Campari-Gruppe jeweils eine Kurzgeschichte geschrieben und diese in einem literarischen Tasting zum jeweils passenden Drink von Ben Becker vorlesen lassen. Um das Ganze auch in anderen Städten erlebbar zu machen, gingen wir mit Ben als Hologrammprojektion auf Roadshow durch Deutschland.

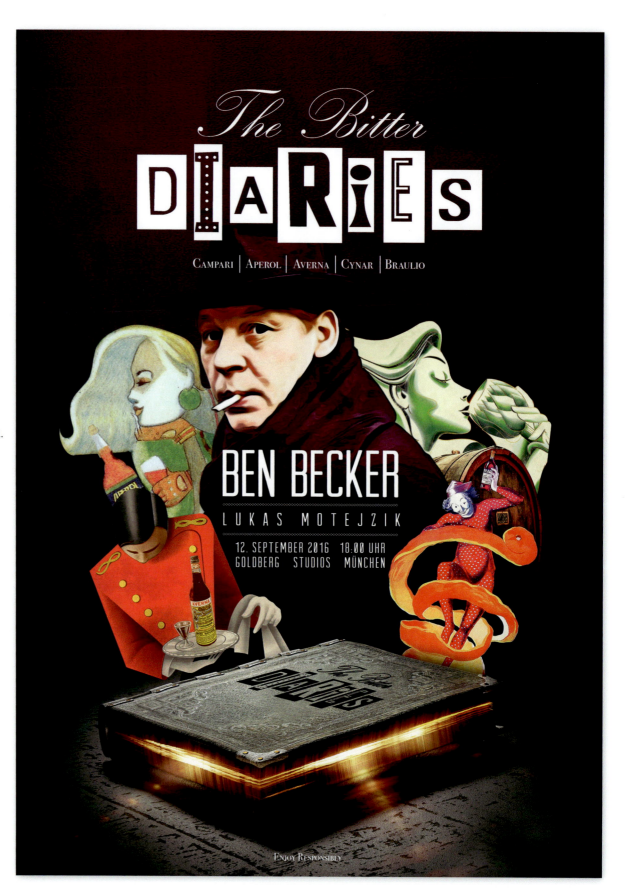

VERBRAUCHSGÜTER / B2C

ALKOHOLISCHE GETRÄNKE

OUT OF HOME / AKTIVITÄTEN

Campari Deutschland GmbH /
The Bitter Diaries

CROSSMEDIA _ KUNDE Campari Deutschland GmbH, Oberhaching **SNR. MARKETING DIRECTOR** Kathleen Schuart
MARKETING MANAGER Antonia Sondenheimer **AGENTUR** david+martin, davidmartin GmbH, München **CREATIVE DIRECTOR** David Stephan / Martin Eggert **ART DIRECTOR** Vincent Templin / Chris Wandschneider / Felix Ernesti

VERBRAUCHSGÜTER / B2C

ALKOHOLISCHE GETRÄNKE

PROMOTION / MITTEL

Hasen-Bräu Brauereibetriebsgesellschaft mbH / Häsle Etikett

Kleine Gebinde erfreuen sich großer Nachfrage. Die Augsburger Hasen-Bräu setzt mit ihrem Häsle in der 0,25l-Flasche voll auf diesen Trend. Gemäß der Hasen-Biere-Positionierung „Einfach, ehrlich, echt" entwickelten wir für das Häsle die komplette Produktausstattung, von der Flasche bis zum Kasten. Das schlichte Papieretikett zeigt eine niedliche Hasen-Illu, die auch in den Werbemitteln für Messe und POS eine zentrale Rolle spielt. Die Botschaft auf gut Schwäbisch: das Hasen für den kleinen Durst.

INTEGRIERTE KAMPAGNE _ KUNDE Hasen-Bräu Brauereibetriebsgesellschaft mbH, Augsburg MARKETINGLEITUNG Kai Eschenbacher MARKETING Max Lenz AGENTUR Bloom GmbH, Nürnberg BERATUNG Petra Vajda CREATIVE DIRECTOR Stefan Maier-Wimmer ART DIRECTOR Markus Walter TEXT Dieter Scheuerer / Katharina Esmarch REINZEICHNUNG André Krenz

VERBRAUCHSGÜTER / B2C

ALKOHOLISCHE GETRÄNKE

PRINT / ANZEIGE

Hasen-Bräu Brauereibetriebsgesellschaft mbH / Häsle Anzeige

INTEGRIERTE KAMPAGNE _ KUNDE Hasen-Bräu Brauereibetriebsgesellschaft mbH, Augsburg MARKETINGLEITUNG Kai Eschenbacher MARKETING Max Lenz AGENTUR Bloom GmbH, Nürnberg BERATUNG Petra Vajda CREATIVE DIRECTOR Stefan Maier-Wimmer ART DIRECTOR Markus Walter TEXT Dieter Scheuerer / Katharina Esmarch REINZEICHNUNG André Krenz

VERBRAUCHSGÜTER / B2C

ALKOHOLISCHE GETRÄNKE

PROMOTION / MITTEL

Hasen-Bräu Brauereibetriebsgesellschaft mbH / Häsle
POS-Werbemittel

Kleine Gebinde erfreuen sich großer Nachfrage. Die Augsburger Hasen-Bräu setzt mit ihrem Häsle in der 0,25l-Flasche voll auf diesen Trend. Gemäß der Hasen-Biere-Positionierung „Einfach, ehrlich, echt" entwickelten wir für das Häsle die komplette Produktausstattung, von der Flasche bis zum Kasten. Das schlichte Papieretikett zeigt eine niedliche Hasen-Illu, die auch in den Werbemitteln für Anzeigen, Messe und POS eine zentrale Rolle spielt. Die Botschaft auf gut Schwäbisch: das Hasen für den kleinen Durst.

INTEGRIERTE KAMPAGNE _ KUNDE Hasen-Bräu Brauereibetriebsgesellschaft mbH, Augsburg MARKETINGLEITUNG Kai Eschenbacher MARKETING Max Lenz AGENTUR Bloom GmbH, Nürnberg BERATUNG Petra Vajda CREATIVE DIRECTOR Stefan Maier-Wimmer ART DIRECTOR Markus Walter TEXT Dieter Scheuerer / Katharina Esmarch REINZEICHNUNG André Krenz

VERBRAUCHSGÜTER / B2C

ALKOHOLISCHE GETRÄNKE

OUT OF HOME / AKTIVITÄTEN

Hasen-Bräu Brauereibetriebs-
gesellschaft mbH / Häsle Messe

INTEGRIERTE KAMPAGNE _ KUNDE Hasen-Bräu Brauereibetriebsgesellschaft mbH, Augsburg MARKETINGLEITUNG Kai Eschenbacher MARKETING Max Lenz AGENTUR Bloom GmbH, Nürnberg BERATUNG Petra Vajda CREATIVE DIRECTOR Stefan Maier-Wimmer ART DIRECTOR Markus Walter TEXT Dieter Scheuerer / Katharina Esmarch REIN-ZEICHNUNG André Krenz

VERBRAUCHSGÜTER / B2C

ALKOHOLISCHE GETRÄNKE

AUDIO

Hirsch-Brauerei Honer GmbH & Co. KG / Hirsch Helles Rundfunkspot

Hirsch Helles ist die neue, überraschende Bierspezialität der Privatbrauerei Hirsch. Das Überraschende ist zum einen der markante Retrolook, der aus der bisherigen Range hervorsticht. Zum anderen die Kampagnengestaltung mit modernem Hipster in traditionellem Umfeld sowie mit ungewöhnlichen Wörtern als Headlines. Doch auch die Ohren der Zielgruppe werden überrascht. Und zwar mit einem Funkspot, der auf eine unerwartete Wendung setzt, die authentisch zum Kampagnen-Testimonial passt.

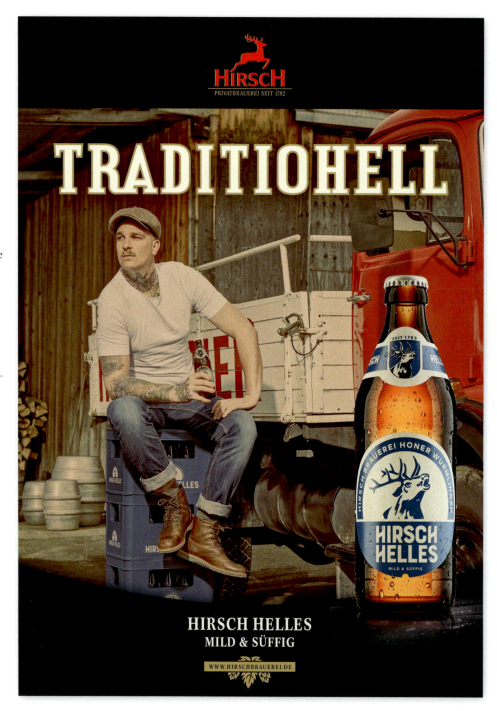

SFX: Soundkulisse Wohnzimmer mit leisem TV im Hintergrund (Liebesfilm).

Frau, Ende 20: Du, Tobi, wird langsam bisschen dunkel hier. Machst du uns mal hell?

Mann, Ende 20, ganz entspannt: Mhh.

SFX: Schritte.

SFX: Das Zischen beim Öffnen einer Bierflasche mit Kronkorken.

Frau, Ende 20, irritiert: Tobi?

OFF, lockerer: Ganz schön hell, die neue Bierspezialität Hirsch Helles.

SFX: Das Zischen beim Öffnen einer Bierflasche mit Kronkorken. Und das "Bing" beim Aneinanderstoßen der beiden Flaschen.

SFX: Erkennungsmelodie setzt ein und läuft im Hintergrund weiter.

OFF: Traditioheller Biergenuss mit angenehm mildem Charakter – Hirsch Helles. Überall dort, wo es Hirsch Bier gibt.

Privatbrauerei Hirsch – Das Gold unserer Heimat.

KUNDE Hirsch-Brauerei Honer GmbH & Co. KG, Wurmlingen **GESCHÄFTSFÜHRER** Rainer Honer / Hubert Hepfer **MARKETING-KOMMUNIKATION** Romaeus Retzbach **AGENTUR** Schindler Parent GmbH, Meersburg **BERATUNG** Michael Meier **TEXT** Michael Nipp **GROUP HEAD GRAFIK** Johannes Kretz **PROJEKTMANAGEMENT** Agnes Pilar **PRODUKTION** Ton- & Werbestudio Schreiber

ECON BRANCHENVERGLEICH 2018 _ N° 1   **S** SHORTLIST DER JURY   57

VERBRAUCHSGÜTER / B2C

WEITERE VERBRAUCHSGÜTER

DIGITALE MEDIEN / DIGITALE KAMPAGNE

Mibelle Group AG / WINGO
„Keine Spuren, keine Probleme."

Aufgabe war die Einführung der neuen Home-Care-Marke WINGO.

Die Lösung: Keine Spuren, keine Probleme. Die Familie Lavaggio sucht immer neue Mitglieder. Doch dazu muss man im Aufnahmeritual mindestens ein Familienmitglied im Fensterputzen besiegen. Rekrutiert werden die neuen Mitglieder über Display Ads, PreRoll-Filme und Geo-Targeting-Banner – mit Erfolg: Die Kampagne generierte 230.000 Visits und 12.000 bestandene Aufnahmerituale für eine total unbekannte Marke in einem Low-Interest-Bereich.

www.mywingo.com

CROSSMEDIA _ KUNDE Mibelle Group AG, Frenkendorf (Schweiz) CEO Jürg Burkhalter HEAD OF MARKETING & SALES HC INTERNATIONAL Matthias Eglin BRAND MANAGER Astrid Roland NEW MEDIA MANAGER Joel Mayer AGENTUR PLAN.NET SUISSE AG, Zürich (Schweiz); SERVICEPLAN SUISSE, Zürich (Schweiz) GLOBAL CHIEF CREATIVE OFFICER Alexander Schill EXECUTIVE CREATIVE DIRECTOR Raul Serrat CREATIVE DIRECTOR (DIGITAL) Thomas Lüber COPYWRITER Yannick Schaller ART DIRECTOR Nicolas Stark / Reto Clement MANAGING DIRECTOR Pam Hügli GRAPHIC DESIGN Tizian Lienhard SCREENDESIGN Nina Martens CREATIVE PLANNING Diana Wick Rossi ACCOUNT MANAGER Nathalie Jakober / Sonia Ducu JR. ACCOUNT MANAGER Sidonie Bauer ACCOUNT MANAGER DIGITAL Susi Martin PUBLIC RELATIONS Stephanie Hug / Valérie Eckard PHOTOGRAPHER Petrus Olsson FILM PRODUKTION Pumpkin Film AG FILM PRODUKTION NEVEREST GmbH & Co. KG

VERBRAUCHSGÜTER / B2C

WEITERE VERBRAUCHSGÜTER

AUDIO

zurgams kommunikationsagentur GmbH / Naschhund

Hundeleckerlis haben für Hunde, deren Besitzer und die Industrie einen besonderen Stellenwert. Es ist im Segment Hundefutter im Heimtiermarkt einer der wenigen Bereiche, der eine Zuwachsrate verzeichnet und lukrativ ist.
Die neue Marke „Naschhund" bietet besonders hochwertige Hundeleckerlis in drei Sorten für besondere Hunde an. Zur Einführung der Marke und zur Bekanntmachung des Markennamens wurden unter anderem Hörfunkspots gesendet.

KUNDE zurgams kommunikationsagentur GmbH, Dornbirn (Österreich) AGENTUR zurgams kommunikationsagentur GmbH, Dornbirn (Österreich) BERATUNG/CREATIVE DIRECTOR Jörg Ströhle TEXT Martin Grass / Jörg Ströhle TONSTUDIO Torsten Hennings PRODUKTION Studio Funk GmbH & Co. KG POST PRODUCTION Torsten Hennings

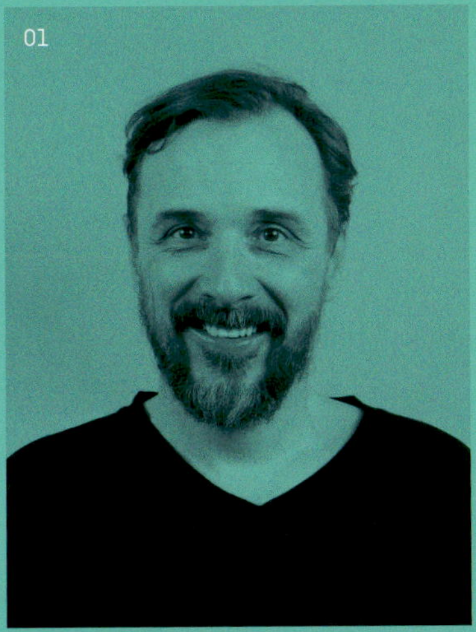

EMIL FREY AG

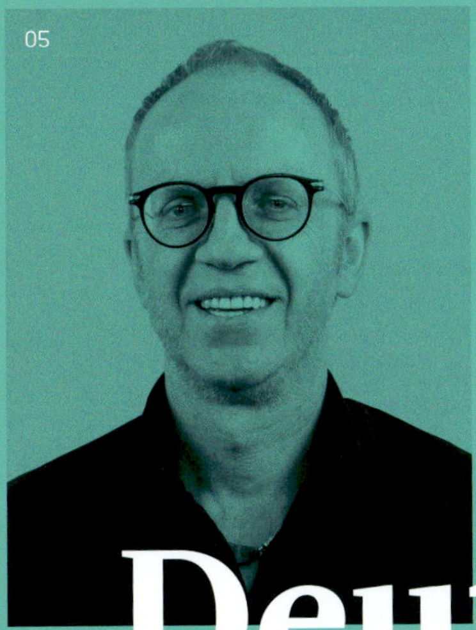

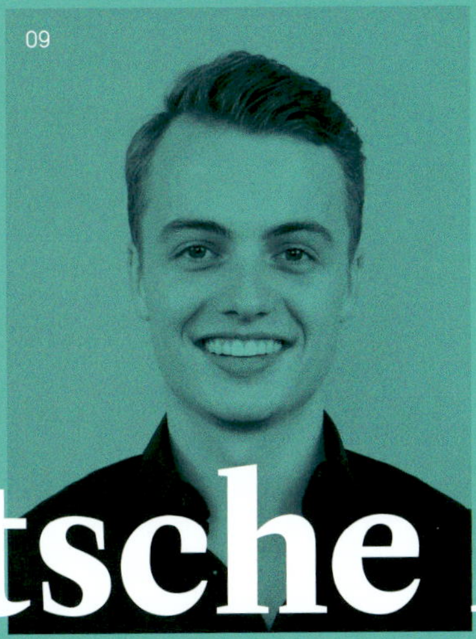

„Deutsche Autos zum britisch anmalen"

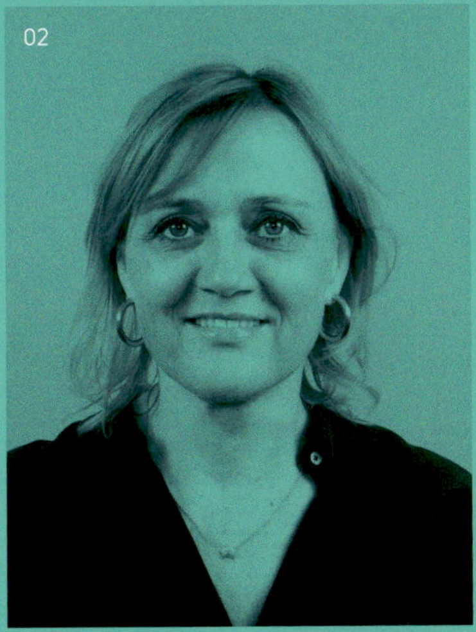

AGENTUR AM FLUGHAFEN AG / ALTENRHEIN (SCHWEIZ)

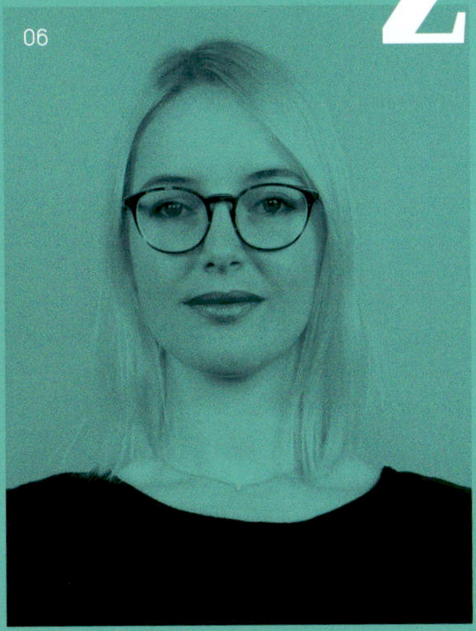

René Eugster 01
Patricia Eugster 02
Dominique Rutishauser 03
Miriam Egli 04
Rolando Zahner 05
Valeria Hörler 06
Katie Eugster 07
Julia Lüchinger 08
Maximilian Eugster 09
Daniel Steiner 10

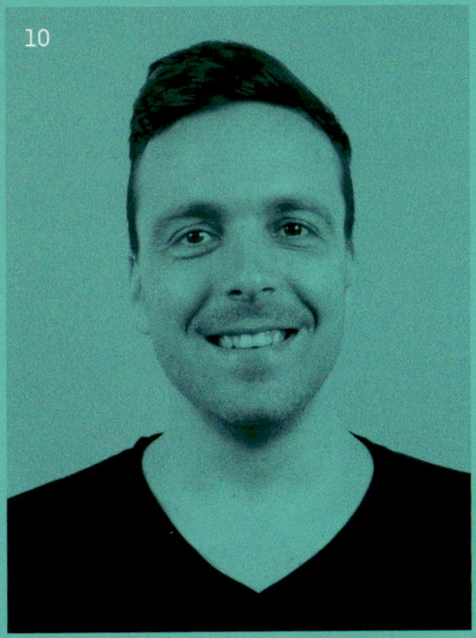

Mit Blick auf das Ergebnis, was hat Sie am meisten begeistert oder überrascht?
*René Eugster_* Dass das Augenzwinkern bei sämtlichen Autobesitzern verstanden wurde. Ja, gar allerorts positive Reaktionen auslöste.

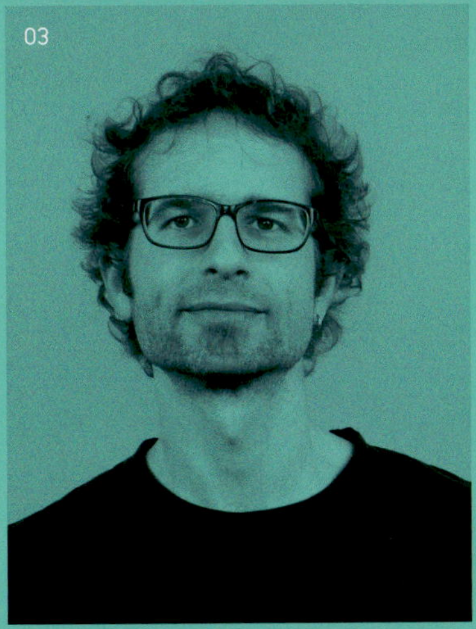

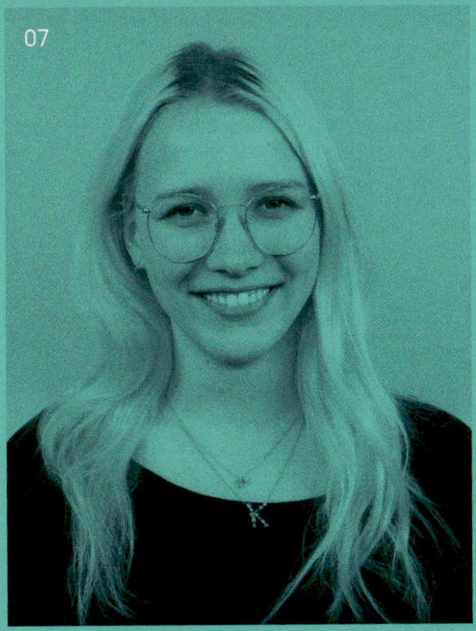

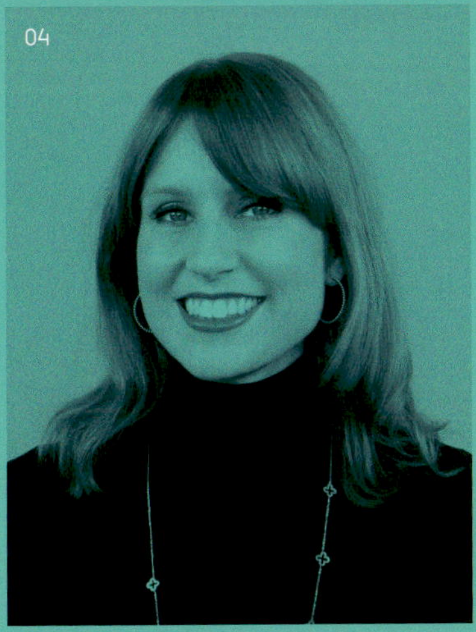

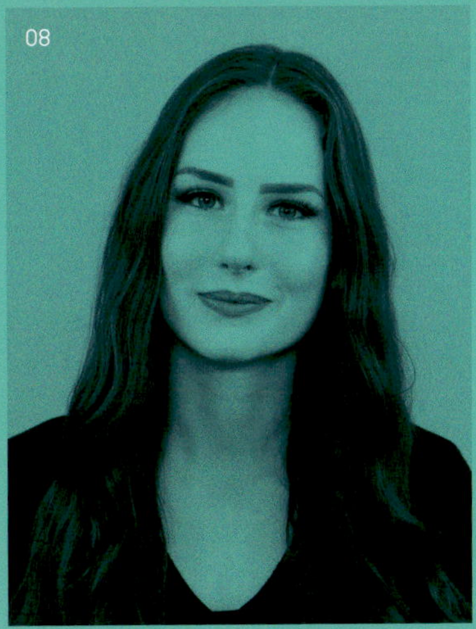

Das gesamte Interview finden Sie auf unserer Webseite.
ecfo.me/ga_flghfn3

GEBRAUCHSGÜTER / B2C

AUTOMOBIL / PKW

DIALOGMARKETING / PRINT

Emil Frey AG / Deutsche Autos zum britisch Anmalen

Die Emil Frey AG St. Gallen suchte auf großen Parkplätzen nach adäquaten Autos deutscher Hersteller, notierte sich die Autonummern und machte die Adresse der Halter ausfindig. Den Adressaten wurde eine Box mit einem Töpfchen Autolack der Farbe British Racing Green geschickt. Damit wurden die Autobesitzer dazu aufgefordert, ihren deutschen Wagen einfach grün anzumalen oder noch besser gleich bei Emil Frey vorbeizuschauen, um sich in einen echten Briten zu setzen.
Neun Prozent der Angeschriebenen konnten für eine Probefahrt begeistert werden.

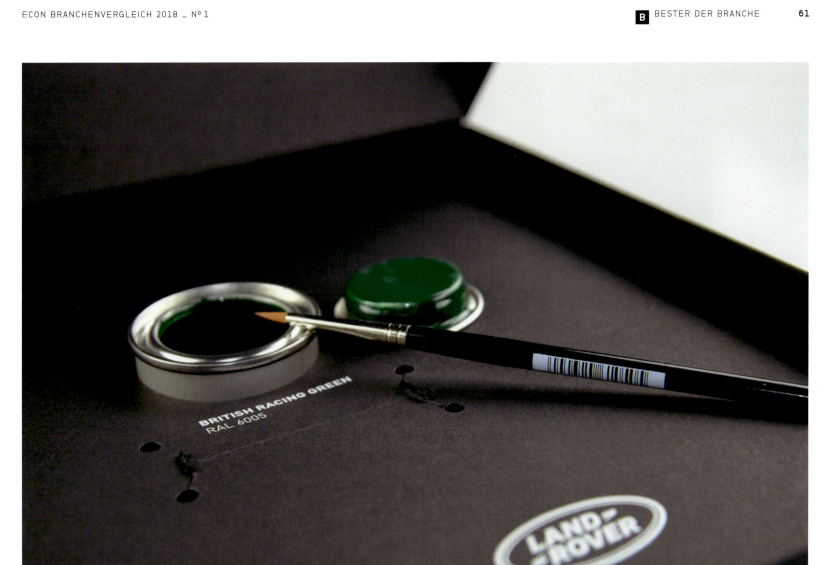

KUNDE Emil Frey AG, St. Gallen (Schweiz) **GESCHÄFTSFÜHRUNG** Bruno Eugster **VERKAUFSBERATER** Patrick Bobleter **MARKETING** Daniela Bühler **AGENTUR** Agentur am Flughafen AG, Altenrhein (Schweiz) **CREATIVE DIRECTOR** René Eugster **ART DIRECTOR** Dominique Rutishauser **GRAFIK** Valeria Hörler **TEXT** Patrick Lindner **BERATUNG** Miriam Egli **KOORDINATION** Julia Lüchinger **PRODUKTION** Maximilian Eugster

GEBRAUCHSGÜTER / B2C

AUTOMOBIL / PKW

DIGITALE MEDIEN / MOBILE / APPS

Opel Automobile GmbH / Opel Exclusive Augmented-Reality-App

Die Aufgabe war es, ein einzigartiges digitales Produkterlebnis für das neue OPEL Exclusive-Programm zu kreieren, das den User nicht nur informiert, sondern ihm ermöglicht, seinen Insignia in seiner Wunschfarbe zu kreieren – in der realen Welt und in Echtzeit.

Exklusivität erleben – mit der Opel Exclusive Augmented-Reality-App geben wir dem Premiumanspruch eine neue Tiefe. Der User kann seinen Opel Insignia nicht nur in seiner Wunschfarbe konfigurieren, sondern ihn in Echtzeit und in der realen Welt erkunden. Wir haben eine Automobil-App entwickelt, die in der Lage ist, ein Fahrzeug in mehr als 16 Millionen Farben darzustellen. Durch die innovative Produktpräsentation erlebt der User einen Mix aus Realität und Vision auf höchstem technischem und visuellem Niveau. Der plattformübergreifende Ansatz (iOS/Android: Tablet, Phone) und regelmäßige Updates halten den Benutzer über Produktinnovationen auf dem Laufenden. Durch eine Sharing-Funktion kann der Nutzer sein individuell gestaltetes Fahrzeug mit seinen Freunden in sozialen Medien teilen, und er trägt so zu einem organischen Wachstum der Opel Exclusive-Zielgruppe bei. In Kombination mit der Opel Exclusive Microsite entsteht ein nahtloses Produkterlebnis, das Digitales und Reales verschmelzen lässt.

https://itunes.apple.com/de/app/opel-exclusive-ar/id1238106540?mt=8

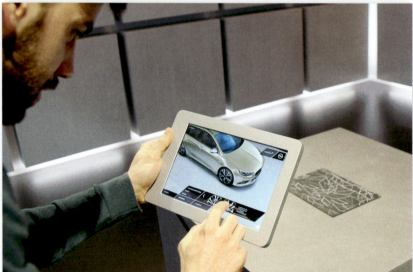

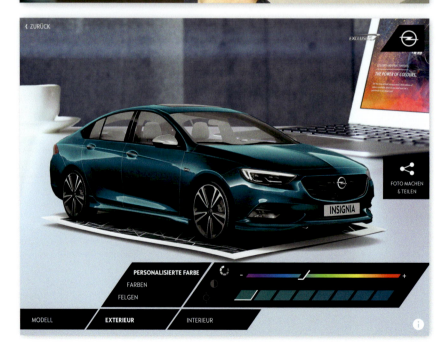

CROSSMEDIA_KUNDE Opel Automobile GmbH, Rüsselsheim am Main PRODUKTLEITUNG Hugo Pampin AGENTUR Effekt-Etage GmbH, Berlin CREATIVE DIRECTOR Björn Kowalski ACCOUNT MANAGER Nassim Gharbi DEVELOPER Adam Gardiner GRAPHIC DESIGN Ricarda Heiler 3D ARTIST Paul Haase

GEBRAUCHSGÜTER / B2C

AUTOMOBIL / PKW

DIGITALE MEDIEN / PRODUKT-/SERVICEWEBSEITEN

Bunter als die Realität. Dein personalisierter Opel Insignia.

Der erste Web-Konfigurator mit 16,7 Millionen Farben.

Foto aufnehmen

Persönliche Farbe wählen

Opel Automobile GmbH / Opel Exclusive Microsite

Mit dem Exclusive-Programm erobert Opel das Premiumsegment. Passend zu diesem Anspruch haben wir ein digitales Produkterlebnis mit fotorealistischen 3-D-Modellen und hoher Interaktivität kreiert. In einer fesselnden User-Journey wird der Benutzer über die besonderen Ausstattungsmerkmale informiert und kann das Fahrzeug wie noch nie zuvor individualisieren. In unserem einzigartigen Visualizer sind der Farbauswahl keine Grenzen gesetzt – und das in Echtzeit.

Als Ausgangspunkt der Microsite lädt der Visualizer ein, die umfangreichen Optionen von Opel Exclusive zu erkunden. Hierbei bietet das innovative Colour-Tool dem Benutzer eine neue Dimension an Exklusivität. Nach persönlichen Wünschen kann das Fahrzeug in mehr als 16 Millionen Farben dargestellt und konfiguriert werden. Die Bereiche Felgen, Leder und Design gewähren einen noch tieferen Einblick in die neuen Premium-Ausstattungsmerkmale.
Die Opel Exclusive Microsite wurde bereits in mehreren Schlüsselmärkten von Opel eingeführt und stellt somit ihre große Bedeutung für die Marken- und Produktkommunikation unter Beweis.

http://opel-exclusive.com/

CROSSMEDIA _ KUNDE Opel Automobile GmbH, Rüsselsheim am Main **PROJEKTLEITER** Hugo Pampin **AGENTUR** Effekt-Etage GmbH, Berlin **CREATIVE DIRECTOR** Björn Kowalski **HEAD OF PRODUCTION** Christian Felsmann **ACCOUNT MANAGER** Nassim Gharbi **3D ARTIST** Christian Felsmann / Christian Engel / Paul Haase / Paul Klingberg / Ricarda Heiler / Vanessa Vogt **DEVELOPER** Joscha Unger GbR

GEBRAUCHSGÜTER / B2C

AUTOMOBIL / PKW

FILM / IMAGE

Daimler AG / Mercedes-Benz
„A Guide to Growing Up"

Im Rahmen der internationalen #Grow-Up-Kampagne wurde für den deutschen Markt die Social-Media-Kampagne „A Guide to Growing Up" entwickelt, um die Marke zu verjüngen. Im Mittelpunkt standen authentische Protagonisten mit echten Geschichten – passend zu den fünf verschiedenen Zielgruppen des jeweiligen Fahrzeugmodells. In der mehrteiligen Webserie, bestehend aus fünf Episoden und einem Trailer erfahren die Zuschauer mit dem Host Heiner Lauterbach, wie es ist, nach heutiger Definition „erwachsen" zu werden.

„A Guide to Growing Up" erzählt die wahren Geschichten von sieben mutigen Menschen, die zeigen: Erwachsen werden ist ein Abenteuer, wenn man Konventionen neu interpretiert und sie gelegentlich auch mal ganz umdreht. In fünf Episoden trifft er dabei auf Model Benjamin Melzer, Fotograf Paul Ripke, Hip-Hop-Legende Martin Stieber, „This is Jane Wayne"-Autorinnen Nike van Dinther und Sarah Gottschalk, „Berlin Food Stories"-Gründer Per Meurling, Schauspielerin Gizem Emre und Heiners Tochter Maya Lauterbach.
Strategie: Damit die Webserie nicht nur inhaltlich, sondern auch optisch überzeugt, produzierten wir die Interviews an verschiedenen, inspirierenden Orten – sowohl im urbanen Umfeld als auch in der Natur und in einem für Interviews ungewohnt hochwertigen Look.
Um dabei authentische Inhalte zu generieren, aber dennoch die hohen Erwartungen der Digital Natives zu erfüllen, schufen wir ein neuartiges Format. Wir rahmten die Filme mit unterhaltsamen als auch ungewöhnlichen Rahmenhandlungen, gaben dem Host und den Influencern sonst aber kaum Vorgaben und ließen die Aufeinandertreffen einfach geschehen und begleiteten sie „unauffällig" mit der Kamera.

Exemplarisch Folge 1:
„Sei Du selbst" mit Benjamin Melzer

23 Jahre lang kannte man ihn als Yvonne. Bis er eine Entscheidung traf, bei der es kein Zurück gab. Heute ist Benjamin Melzer Model und hat es als erster deutscher Transgendermann auf das Cover der „Men's Health" geschafft. Heiner Lauterbach hat mit ihm über das Erwachsenwerden gesprochen – und darüber, was es heißt, für die eigene Identität zu kämpfen.

KUNDE Daimler AG, Stuttgart LEITERIN MARKETING-KOMMUNIKATION MERCEDES-BENZ CARS Katja Ohly-Nauber MARKETING / KOMMUNIKATION PKW MBD / VPK Susanne Fitza MARKETING / KOMMUNIKATION MERCEDES-BENZ CARS DEUTSCHLAND Doris Tremmel LEITERIN HANDELSMARKETING MBD / VPK Christine Wolburg AGENTUR elbkind GmbH, Hamburg BERATUNG Andreas Grohn / Jens Bracht / Oliver von Geisau CREATIVE DIRECTOR & STRATEGIE & CONTENT Adrian Finzelberg STRATEGIE & CONTENT Nathaniel Grigolla SOCIAL MEDIA Eva Hanf / Thijs Dankers ART DIRECTOR Thiemo Kulzer / Andrey Potekhin TEXT Lilli Owsianowski FILMPRODUKTION It's us Media GmbH EXECUTIVE PRODUCER Ben Föhr CREATIVE PRODUCER Gwen Teichmann DIRECTOR Søren Schaller DOP Christian Huck EDITOR Benjamin Entrup

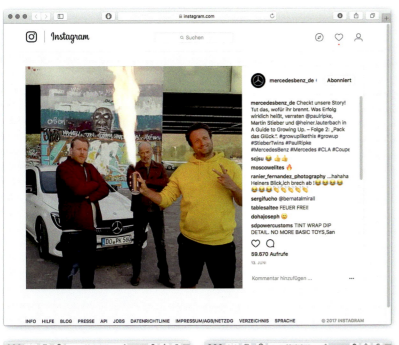
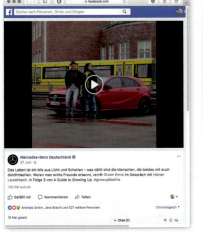
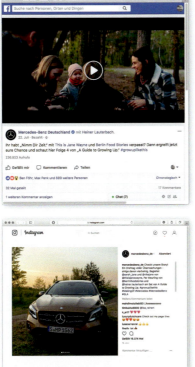

GEBRAUCHSGÜTER / B2C

AUTOMOBIL / PKW

DIGITALE MEDIEN / DIGITALE KAMPAGNE

Daimler AG / Mercedes-Benz
„A Guide to Growing Up"

Im Rahmen der internationalen #Grow-Up-Kampagne wurde für den deutschen Markt eine Social-Media-Kampagne entwickelt, bei der Influencer und Content Marketing wichtige Bausteine darstellen. Während die Dachkampagne geskriptete Grow-Up-Storys erzählt, ließen wir das Netz über die echten Gedanken, Herausforderungen und Geschichten rund um das Thema Erwachsensein diskutieren. Die gesamte Kampagne beinhaltet eine enge Verzahnung zwischen den Videoepisoden, der Grow-Up-Dachkampagne, der Roadshow, der Markteinführung der GLA- Modellpflege, der PEAK-Sondermodelle sowie der Kampagnen-Website auf der alle Social-Media-Inhalte zentral auf einer eigens dafür generierten Social Wall mit mehr exklusivem Content für die Influencer bereitgestellt wurden.

Die Strategie: Während die Dachkampagne geskriptete Grow-Up-Storys erzählt, ließen wir das Netz über die echten Gedanken, Herausforderungen und Geschichten rund um das Thema Erwachsensein diskutieren.
Wir schickten einen jung gebliebenen prominenten Host auf eine spannende Reise durch Deutschland.
In einer mehrteiligen Webserie wollte er erfahren, wie es ist, nach heutiger Definition „erwachsen" zu werden.
In verschiedenen Situationen lernte unser Host von Menschen mit interessanten Lebensmodellen und -ansichten, wie sie das Erwachsensein für sich auslegen. Jede Folge zeigt ein anderes Kompaktwagenmodell der Kampagne. Allerdings steht das Produkt – wie beim Influencer-Marketing üblich – nicht im direkten Fokus, sondern wurde eher beiläufig in der jeweiligen Story integriert.

KUNDE Daimler AG, Stuttgart **LEITERIN MARKETING-KOMMUNIKATION MBC** Katja Ohly-Nauber **LEITERIN HANDELSMARKETING MBD/VPK** Christine Wolburg **MARKETING/KOMMUNIKATION PKW MBD/VPK** Susanne Fitza **MARKETING/KOMMUNIKATION MERCEDES-BENZ CARS DEUTSCHLAND** Doris Tremmel **AGENTUR** elbkind GmbH, Hamburg **BERATUNG** Andreas Grohn / Jens Bracht / Oliver von Geisau **CREATIVE DIRECTOR** Adrian Finzelberg **STRATEGIE & CONTENT** Nathaniel Grigolla **SOCIAL MEDIA** Eva Hanf / Thijs Dankers **ART DIRECTOR** Thiemo Kulzer / Andrey Potekhin **TEXT** Lilli Owsianowski **FILMPRODUKTION** It's us Media GmbH

GEBRAUCHSGÜTER / B2C

AUTOMOBIL-/KFZ-ZUBEHÖR

PRINT / ANZEIGE

Eberspächer Climate Control Systems GmbH & Co. KG / Anzeige „Gänsehaut garantiert"

Die innovativen Produkte von Eberspächer haben irgendwie immer etwas mit Gänsehaut zu tun: Ein toller Auspuffsound sorgt dafür, dass sich einem die Härchen an den Armen vor Freude aufstellen – und eine Standheizung sorgt dafür, dass man im angenehm warmen Auto keine Gänsehaut vor Kälte bekommt. Und genau das haben wir in der Anzeige dargestellt. Reduziert und plakativ, ganz ohne die sonst üblichen Produktdarstellungen. Gänsehaut garantiert!

KUNDE Eberspächer Climate Control Systems GmbH & Co. KG, Esslingen GESCHÄFTSFÜHRUNG Dr. Jörg Schernikau MARKETINGLEITUNG Frank Essig AGENTUR FACT GmbH Werbeagentur, Kirchheim/Teck BERATUNG Jens Albrecht / Andreas Fahrion KONZEPTION/CREATIVE DIRECTOR Jens Albrecht ART DIRECTOR Till Meyer TEXT Jens Albrecht FOTOGRAFIE Bele Olmez / Getty Images

GEBRAUCHSGÜTER / B2C

AUTOMOBIL-/KFZ-ZUBEHÖR

PRINT / PUBLIKATION

Eberspächer Climate Control Systems GmbH & Co. KG / Standheizungskampagne 2017/2018

Mit der aktuellen Kampagne wird der neue Markenbotschafter, der Mountainbike- und Social-Media-Star Danny MacAskill, eingeführt. Während um ihn die Eisbestie als Synonym für den kalten Winter tobt, sitzt er ganz entspannt auf seinem Bike und startet mit seiner Smartwatch die Standheizung in seinem Fahrzeug. Das Keyvisual ist ein Composing aus Realbild und CGI-Elementen und kommt auf allen Print- und Online-Kanälen sowie am POS zum Einsatz.

KUNDE Eberspächer Climate Control Systems GmbH & Co. KG, Esslingen GESCHÄFTSFÜHRUNG Dr. Jörg Schernikau
MARKETINGLEITUNG Frank Essig AGENTUR FACT GmbH Werbeagentur, Kirchheim/Teck KONZEPTION Jens Albrecht
BERATUNG Jens Albrecht / Andreas Fahrion CREATIVE DIRECTOR Jens Albrecht ART DIRECTOR Till Meyer
3-D-PRODUKTION 23D Solutions GmbH FOTOGRAFIE CHALLENGE GmbH

GEBRAUCHSGÜTER / B2C

AUTOMOBIL-/KFZ-ZUBEHÖR

PRINT / PUBLIKATION

RECARO Automotive Seating GmbH / 50 Jahre RECARO Schalensitz: Pole Position (ABE) Edition 2018

RECARO feiert mit diesem auf 300 Exemplare limitierten Sondermodell den 50. Geburtstag des ersten RECARO Schalensitzes. Hierfür wurde eine neue CGI-Innenaufnahme als Keyvisual erstellt und dieses sowohl in Anzeigen, in Broschüren als auch auf allen Online-Kanälen gespielt. Zusätzlich war das Motiv Eyecatcher auf dem IAA-Messestand 2017. Die neu gestaltete, exklusive Metallplakette aus Aluminium mit individueller Seriennummer rundet das limitierte Sondermodell ab.

KUNDE RECARO Automotive Seating GmbH, Kirchheim/Teck MARKETINGLEITUNG Romi Diana Doser GESCHÄFTS-FÜHRUNG Martin C. Klein AGENTUR FACT GmbH Werbeagentur, Kirchheim/Teck BERATUNG / KONZEPTION / CREATIVE DIRECTOR Jens Albrecht ART DIRECTOR Ralph Kaufmann TEXT DIE WORTWERKSTATT GmbH FOTOGRAFIE UND SUPERVISION CHALLENGE GmbH CGI 23D Solutions GmbH POSTPRODUKTION Lorenz Fuchs

GEBRAUCHSGÜTER / B2C

AUTOMOBIL-/KFZ-ZUBEHÖR

OUT OF HOME / AKTIVITÄTEN

RECARO Automotive Seating GmbH / RECARO Performance Challenge IAA 2017

Highlight auf dem IAA-Messestand von RECARO Automotive Seating war der professionelle, speziell gestaltete Fahrsimulator, in dem man im wahrsten Sinne des Wortes die Produktvorteile der RECARO Rennschalen „er-fahren" konnte. Für Fachbesucher und Endverbraucher wurde die „Performance Challenge" durchgeführt, für die ein spezielles Keyvisual für die Promotion entworfen wurde. Gezeigt wurde die Kampagne auf dem IAA-Gelände auf Leuchttafeln und Monitorsäulen an der Seite der Laufbänder sowie online.

KUNDE RECARO Automotive Seating GmbH, Kirchheim/Teck MARKETINGLEITUNG Romi Diana Doser GESCHÄFTS-FÜHRUNG Martin C. Klein AGENTUR FACT GmbH Werbeagentur, Kirchheim/Teck BERATUNG / KONZEPTION / CREATIVE DIRECTOR Jens Albrecht ART DIRECTOR Ralph Kaufmann TEXT Jens Albrecht FOTOGRAFIE UND SUPERVISION CHALLENGE GmbH

GEBRAUCHSGÜTER / B2C

BAUEN UND WOHNEN

DIGITALE MEDIEN /
UNTERNEHMENS–/
ORGANISATIONSWEBSEITEN

Archraum AG / Arch-raum
Website

Funktionaler Purismus im Web.

Gradlinigkeit und Purismus sind die
Werte des Architekturateliers Arch-raum,
die auch im Aufbau und der Gestaltung
der Website aufgegriffen und umgesetzt
werden sollen. Der cleane Webauftritt
baut auf den klaren, gradlinigen Formen
des Corporate Designs auf und wird
vor allem von der markanten Typografie
charakterisiert. Stets mit dem Fokus
auf reduziertem Design und einer über-
sichtlichen Darstellung der Leistungen,
der Projekte, des Teams und der Vision.

www.archraum.ch

KUNDE Archraum AG, Altstätten (Schweiz) AGENTUR Ender Werbung GmbH & Co KG, Lustenau (Österreich) BERATUNG Mag. Simon Ender ART DIRECTOR Marte Michael PROGRAMMIERUNG business creation EDV-Services KG

GEBRAUCHSGÜTER / B2C

BAUEN UND WOHNEN

INNOVATION /
DIGITALE MEDIEN / MOBILE / APPS

Stanley Black&Decker Deutschland GmbH / Social Tools

Black&Decker is in the process of consequently digitizing itself. It's a step towards becoming more visible and tangible for an urban target group that is still very much interested in DIY, but doesn't go to hardware stores.

Black&Decker „Social Tools" is a concept for a smart tool cupboard for housing communities. Using an app, tools can be borrowed or reserved and an exchange with the community is possible. Even the billing is done here. It's a solution that solves a problem known to everyone. It not only digitizes the brand and products, but gives the entire industry a boost.

www.social-tools.co

KUNDE Stanley Black&Decker Deutschland GmbH, Idstein MARKETINGLEITUNG Matthias Link AGENTUR denkwerk GmbH, Köln CREATIVE DIRECTOR Alina Schlaier VISUAL DESIGN Narciso Arellano Medina TEXT Regina Jorde SOFTWAREDEVELOPMENT Benjamin Wolf DESIGN RESEARCH LEAD Lucia Grompone PROJEKTMANAGEMENT Nicolai Baumgartner KONZEPTION Charlotte Block / Josefine Leonhardt CREATIVE DIRECTION hobby.denkwerk GmbH

GEBRAUCHSGÜTER / B2C

EINRICHTUNG

OUT OF HOME / AKTIVITÄTEN

DOMUS Leuchten & Möbel AG /
Auf ein Glas bei Wehrle's

Um DOMUS an einem neuen Standort einem neuen, jungen, mobilen und urbanen Publikum zugänglich zu machen, wurde nebenan in der WG der Brüder Wehrle, welche in der Stadt omnipräsent sind und über ein großes soziales Online-Netzwerk verfügen, eine Homeparty veranstaltet. Davor wurde die Wohnung leergeräumt und komplett neu mit DOMUS-Möbeln ausgestattet, welche auf der Party gekauft werden konnten. Das Eröffnungswochenende war ein voller Erfolg: 2.200 Gäste, 250.000 CHF Umsatz, 1.241 neue Kundenadressen und 843 Newsletter-Anmeldungen.

KUNDE DOMUS Leuchten & Möbel AG, St. Gallen (Schweiz) GESCHÄFTSFÜHRUNG Marc Künzle AGENTUR Agentur am Flughafen AG, Altenrhein (Schweiz) CREATIVE DIRECTOR René Eugster ART DIRECTOR Dominique Rutishauser BERATUNG / ORGANISATION Daniel Steiner

GEBRAUCHSGÜTER / B2C

HAUSHALTSWAREN UND –GERÄTE

DIGITALE MEDIEN /
SOCIAL–MEDIA–AKTIVITÄTEN

Electrolux Hausgeräte Vertriebs GmbH / Fashionweek Online-Gewinnspiel

AEG unterstützt die Kampagne der Waschmaschinenserie 9000 mit einer Facebook-Ticketverlosung zur Berlin Fashion Week. Gefragt wird nach Wäschepflegetipps der Konsumenten; das Motiv mit wechselnder Headline wurde gezielt für Fashionistas konzipiert. Auf dem Gewinnertreffen in Berlin bringt der von AEG gestaltete Garderobenbereich der Modemesse PREMIUM geschickt Designer und Influencer der Branche, Endverbraucher und Produkt (Serie 9000) zusammen, um ein Umdenken in der Wäschepflege anzustoßen.

www.facebook.com/AEGDeutschland

KUNDE Electrolux Hausgeräte Vertriebs GmbH, Nürnberg MARKETING Heidi Zucker / Eva Devine AGENTUR Bloom GmbH, Nürnberg BERATUNG Ronny Weiß / Olga Bart / Lena Kniebaum CREATIVE DIRECTOR Stefan Maier–Wimmer ART DIRECTOR Jan Öztürk–Lettau TEXT Katharina Esmarch REINZEICHNUNG Sven Pirner

GEBRAUCHSGÜTER / B2C

HAUSHALTSWAREN UND –GERÄTE

OUT OF HOME / AKTIVITÄTEN

Electrolux Hausgeräte Vertriebs GmbH / Fashionweek Garderobe / Aufsteller

AEG verbindet mit der Garderobengestaltung der Modemesse PREMIUM auf der Berlin Fashion Week Produktpräsentation und USP-Visualisierung der neuen Waschmaschinenserie 9000 mit integrierter Wasserenthärtung. Ziel: den Gestaltern der Mode von morgen die Möglichkeiten moderner Wäschepflege nahebringen. Die Stelen mit Waschmaschinen im Korpus zeigen Designermode, die mehrfach mit der Serie 9000 gewaschen wurde. Hingucker: Die Trennwand mit Öffnungen in Form von Waschtrommeln rundet das Bild ab.

GEBRAUCHSGÜTER / B2C

HAUSHALTSWAREN UND –GERÄTE

OUT OF HOME / AKTIVITÄTEN

Electrolux Hausgeräte Vertriebs GmbH / Fashionweek Garderobe / Aufsteller

KUNDE Electrolux Hausgeräte Vertriebs GmbH, Nürnberg MARKETING Heidi Zucker / Eva Devine AGENTUR Bloom GmbH, Nürnberg BERATUNG Ronny Weiß / Olga Bart / Lena Kniebaum CREATIVE DIRECTOR Stefan Maier–Wimmer ART DIRECTOR Jan Öztürk–Lettau TEXT Katharina Esmarch REINZEICHNUNG Sven Pirner

DOT INCORPORATION

„DOT. – The first Braille Smartwatch"

SERVICEPLAN/PLAN.NET / MÜNCHEN

01 Franz Roeppischer
02 Lorenz Langgartner
03 Azim Abasbek
04 Diane Schulz
05 Susan Kim
06 Dennis Fritz

Mit Blick auf das Ergebnis, was hat Sie am meisten begeistert oder überrascht?

Lorenz Langgartner _ Die Kooperation mit DOT Inc. begann vor über vier Jahren. Zu dem Zeitpunkt war es nicht mehr als eine Idee. Dann zum ersten Mal das funktionierende Produkt in Händen zu halten war ein tolles Gefühl. Schön war auch, wie sich die Faszination auf alle beteiligten Partner übertrug.

Das gesamte Interview finden Sie auf unserer Webseite.
ecfo.me/ga_srvcpln2

GEBRAUCHSGÜTER / B2C

UNTERHALTUNGS- UND
TELEKOMMUNIKATIONSELEKTRONIK

INNOVATION

Dot Incorporation / DOT. – The first Braille Smartwatch

285 Mio. Menschen weltweit sind blind oder sehbehindert – und stark benachteiligt: Existierende Brailllesegeräte sind groß, schwer und teuer – was zu Nachteilen im Sozialleben, bei der Bildung und Beschäftigung führt.
Die erste Braille-Smartwatch DOT gibt ihnen völlig neue Möglichkeiten. Denn die patentierte Technologie reduziert Größe, Gewicht und Preis um 90 Prozent. Beworben online, via SoMe und auf Events weltweit. Über 200.000 Mal verkauft, unter anderem an Stevie Wonder und Andrea Boccelli.

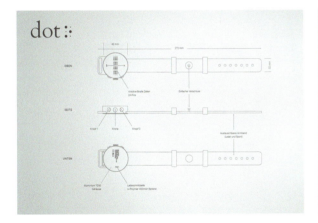
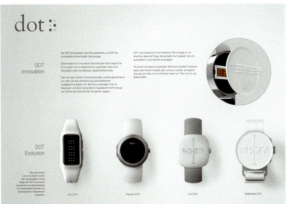

KUNDE Dot Incorporation, Seoul (Südkorea) CEO Eric Ju Yoon Kim MARKETING MANAGER Ahrum Choi EXECUTIVE CREATIVE DIRECTOR Jae-Seong Joo CREATIVE DIRECTOR YeongKyu Yoo GRAPHIC DESIGN Nara Ok CHIEF TECHNICAL OFFICER Ki Seong DESIGNER JaeSung Joo / KiHwan Joo / YoungWoo Choi AGENTUR SERVICEPLAN GERMANY, München / SERVICEPLAN, KOREA GLOBAL CHIEF CREATIVE OFFICER Alexander Schill EXECUTIVE CREATIVE DIRECTOR Bill Yom CREATIVE INNOVATION DIRECTOR Franz Roeppischer / Lorenz Langgartner COPYWRITER Rohan Vitus Fernandes ART DIRECTOR Azim Abasbek / Kostiantyn Liakhov / Henning Janzen INTERNATIONAL ACCOUNT DIRECTOR Diane Schulz GRAPHIC DESIGN Jung-Seok Lee SENIOR MOTION DESIGNER Dennis Fritz AGENCY PRODUCER FILM Henning Rieseweber DIRECTOR Serge Hoeltschi CINEMATOGRAPHER / DOP Alexander Alexandrov EDITING Isabelle Fournet INNOVATION DIRECTOR Per Juul Poulsen PRODUKTION Commondeer LLC / Core-A Studios / CAC Studios MUSIK PRODUKTION Augleo Studio POST PRODUKTION nhbNEXT

GEBRAUCHSGÜTER / B2C

UNTERHALTUNGS- UND
TELEKOMMUNIKATIONSELEKTRONIK

DIGITALE MEDIEN / MOBILE / APPS

**Samsung Electronics GmbH /
DISCOVER THE WORLD**

Viele Menschen haben noch keine Erfahrungen mit Virtual Reality gemacht. Das wollten wir ändern und VR für jeden erlebbar machen.
Zur IFA 2016 haben wir die Besucher zu DISCOVER THE WORLD eingeladen: der ersten VR-Weltreise für alle Sinne. Dazu haben wir einen VR-Booth entwickelt, der sechs Destinationen multisensorisch erlebbar macht. Ein Wasserzerstäuber, ein Duftdiffusor, ein 3-D-Soundsystem, eine Windmaschine, eine Klimaanlage und eine Heizung wurden für das ultrarealistische Erlebnis mit dem Content synchronisiert.

KUNDE Samsung Electronics GmbH, Schwalbach im Taunus DIRECTOR MARKETING IT & MOBILE DEVICES Mario Winter AGENTUR Cheil Germany GmbH, Schwalbach im Taunus

GEBRAUCHSGÜTER / B2C

UNTERHALTUNGS- UND
TELEKOMMUNIKATIONSELEKTRONIK

DIGITALE MEDIEN /
DIGITALE KAMPAGNE

Vodafone GmbH / Vodafone GigaCube, Internet wie zu Hause – Giga ist, wo du bist

Der Vodafone GigaCube bringt WLAN dorthin, wo es gebraucht wird: an Orte ohne Empfang. Die Grundidee des Produkts wird zur Leitidee der Mediastrategie, und die Kampagne erreicht Menschen mit aktuellem Bedarf: Die Ansprache erfolgt dabei programmatisch in den identifizierten Use Cases – erstmals crossmedial über OOH und Mobile und bis zum POS. Zudem wird über Live-Content mit Influencern ohne funktionierendes WLAN das Produktversprechen glaubwürdig präsentiert. Mit Erfolg: Die Verkaufszahlen übertreffen die gesetzte Benchmark um über 23 Prozent.

www.wifi-zum-mitnehmen.de

INTEGRIERTE KAMPAGNE _ CROSSMEDIA _ KUNDE Vodafone GmbH, Düsseldorf **MARKETINGLEITUNG** Anne Stilling **PRODUKTLEITUNG** Inna Hauf **WERBELEITUNG** Daniela Caruso **AGENTUR WAVEMAKER** GmbH, Düsseldorf **STRATEGIE** Managing Partner Jens Pompe / Account Director Hanne Prüfer / Supervisor Strategy Daniela Blankenstein **MEDIAPLANUNG** Account Manager Maximilian Doyen

GEBRAUCHSGÜTER / B2C

UNTERHALTUNGS- UND TELEKOMMUNIKATIONSELEKTRONIK

DIGITALE MEDIEN / SOCIAL-MEDIA-AKTIVITÄTEN

Vodafone GmbH / Vodafone Giga-Cube, #RTR – Real Time ResCube

Netzausfälle lassen sich nicht 100-prozentig ausschließen. Häufig werden diese jedoch lautstark im Social Web beklagt. Vodafones Antwort: ein neues Produkt und eine einzigartig direkte Ansprache. Öffentliche Beschwerden im Social Web werden dank spezieller Software identifiziert, und die entsprechenden Personen erhalten ein individuelles Angebot für den GigaCube. Sofern Influencer hinter den Beschwerden steckten, wurde gleich ein Kamerateam mitgeschickt. Das Ergebnis: glaubwürdiger Content, fünf Millionen Kontakte und eine Conversion von sensationellen 8,6 Prozent.

www.wifi-zum-mitnehmen.de

1. Problem identifizieren
2. 24h Giga Cube Auslieferung
3. Happy Customer

INTEGRIERTE KAMPAGNE _ CROSSMEDIA _ KUNDE Vodafone GmbH, Düsseldorf MARKETINGLEITUNG Anne Stilling PRODUKTLEITUNG Inna Hauf WERBELEITUNG Daniela Caruso AGENTUR WAVEMAKER GmbH, Düsseldorf STRATEGIE Managing Partner Jens Pompe ACCOUNT DIRECTOR Hanne Prüfer SUPERVISOR STRATEGY Daniela Blankenstein MEDIAPLANUNG Account Manager Maximilian Doyen

GEBRAUCHSGÜTER / B2C

UNTERHALTUNGS- UND TELEKOMMUNIKATIONSELEKTRONIK

OUT OF HOME / MEDIEN

Vodafone GmbH / Vodafone GigaCube, OOH-Targeting an relevanten Orten

Ohne schnelles Internet geht heute nichts mehr. Ob in Ferienhäusern, auf Campingplätzen, in neuen Wohnungen oder an typischen White Spots: Nirgendwo wollen wir auf eine gute Datenverbindung verzichten. Um den Vodafone GigaCube bekannt zu machen, nutzen wir gerade diese Orte und platzieren dort großflächige OOH-Motive. Mit Erfolg: Zusammen mit den 210 OOH-Kontakten erreicht die gesamte integrierte Kampagne eine Nettoreichweite von 92 Prozent und die geplanten Verkaufszahlen können um 23 Prozent übertroffen werden.

INTEGRIERTE KAMPAGNE _ CROSSMEDIA _ KUNDE Vodafone GmbH, Düsseldorf **MARKETINGLEITUNG** Anne Stilling **PRODUKTLEITUNG** Inna Hauf **WERBELEITUNG** Daniela Caruso **AGENTUR** WAVEMAKER GmbH, Düsseldorf **STRATEGIE MANAGING PARTNER** Jens Pompe **STRATEGIE ACCOUNT DIRECTOR** Hanne Prüfer **STRATEGIE MANAGER CONSULTING** Andreas Georgoglou (Kinetic) **MEDIAPLANUNG ACCOUNT MANAGER** Maximilian Doyen **OOH-SPEZIALMITTLER** Kinetic Worldwide Germany GmbH

GEBRAUCHSGÜTER / B2C

KLEIDUNG

DIGITALE MEDIEN /
DIGITALE KAMPAGNE

s.Oliver Bernd Freier GmbH & Co. KG / THE FUSION COLLECTION

Influencer berichten live von den größten Fashion-Shows und auch Marken nutzen Social Media als direkte Verbindung zur jungen Zielgruppe. Während die großen Shows die Trends heute kreieren, sind die Kollektionen jedoch erst Monate später erhältlich. s.Oliver's Antwort: „See Now – Buy Now". Eine Kollektion, die in einer Live-Fashion-Show gelauncht und gleichzeitig shopbar wurde. Mit Erfolg: ausverkaufte Key-Pieces, ein gesteigerter Online-Traffic um 141 Prozent und ein Abverkaufs-Plus von 43 Prozent bringen s.Oliver Fusion auf ein neues Level.

www.youtube.com/watch?v=KKs1ZgiMKJI

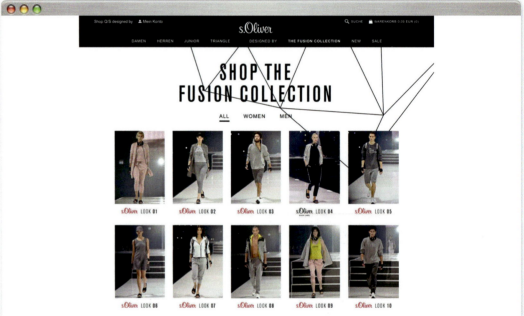

CROSSMEDIA _ KUNDE s.Oliver Bernd Freier GmbH & Co. KG, Rottendorf MARKETINGLEITUNG Sandro Schramm AGENTUR WAVEMAKER GmbH, Düsseldorf STRATEGIE Managing Partner Jan König BERATUNG Consultant Strategy Katharina Pohler CONSULTANT STRATEGY Nico Combes KONZEPTION DIRECTOR VIDEO Jörg Kuhnle SUPERVISOR VIDEO Caleb Dayan Ortega Barrios / Francesca Thomas

GEBRAUCHSGÜTER / B2C

KLEIDUNG

FILM / SPOT

Wendel GmbH & Co KG / Marco Tozzi „WEIL ICH WILL"

Marco Tozzi macht keine übertriebenen Werbeversprechen. Die Schwestermarke von Tamaris sagt Frauen die Wahrheit. Und die geht so: Ein Schuh von Marco Tozzi ist qualitativ gut, und er kostet nicht die Welt. Also ist es völlig okay, sich mal einen zu gönnen – „WEIL ICH WILL" reicht als Grund. Der neue Claim steht im Zentrum der internationalen Multichannel-Kampagne. Wichtigstes Medium: hysterische, skurrile TV-Spots mit Frauen, die sich nehmen, was sie wollen, wann sie wollen: neue Schuhe.

Riesige Doggen, die Frauen aus dem Bild reißen, Bankräuberinnen und Grundschullehrerinnen, die im Schuhgeschäft landen – mit einem ordentlichen Schuss Wahnsinn kann man auch in nur 13 Sekunden Geschichten erzählen. Der rote Faden bei allen Spots: der Eskalationsmodus, in den Frauen übergehen, sobald sie ein Schuhgeschäft betreten. Kollateralschäden bleiben nicht aus. Aber das ist völlig okay: Mach dein Ding, du hast es dir verdient. „WEIL ICH WILL" ist doch auch ein Grund.

KUNDE Wendel GmbH & Co KG, Detmold **GESCHÄFTSFÜHRUNG** Carsten Humke / Christian Böhm **BRAND MANAGER** Vanessa Schäfers **AGENTUR** Wynken Blynken & Nod GmbH & Co KG, Hamburg **CREATIVE DIRECTOR TEXT** Jens Theil **CREATIVE DIRECTOR ART** Matthias Erb **BERATUNG / STRATEGIE** Arne Salz **TEXT** Michael Lautner **ART** Anissa Carrington / Adrian Carrera **FILMPRODUKTION** Markenfilm GmbH & Co. KG **REGIE** Alex Eslam **DOP** Peter Riis **PRODUCER** Johanna Enderlein / Lennart Unterhuber **SOUNDDESIGN / MUSIKPRODUKTION** Hofkapellmeister

GEBRAUCHSGÜTER / B2C

PERSÖNLICHER BEDARF

DIGITALE MEDIEN /
DIGITALE KAMPAGNE

E. doppler Co. GmbH / doppler Schirme, Online-Marketing

Aufgabe dieser Kampagne war es, den USP des Produktes (ein Regenschirm, der besonders stabil und robust ist) zu kommunizieren. Der Schwerpunkt der eingesetzten Medien lag dabei im Online-Bereich. Die Sujets wurden aber auch am POS und im Printbereich eingesetzt. Als Hauptkommunikationskanäle fungierten Facebook und Instagram. Außerdem wurden die Webseite und YouTube genutzt. Die Bewerbung der Kampagne erfolgte über Facebook-Ads und Google AdWords.

Neben den Bildsujets wurden auch Kurzfilme für die Bewerbung in den Social-Media-Kanälen erstellt. Grundidee dahinter war, den Regenschirm CARBONSTEEL in außergewöhnlichen bzw. stark übertriebenen Situationen zu zeigen, um so den USP auf humorvolle Weise zu visualisieren.

Um einen Dialog mit den Usern herzustellen, wurden diese aufgerufen, selbst ähnliche Bilder zu schießen, um sie anschließend auf die Unternehmens-Facebook-Seite hochzuladen. Die eingereichten Bilder wurden von der Community bewertet und so die besten Ideen eruiert und prämiert.

Durch regelmäßige Posts (Filme und Bilder) wurde das Thema am Laufen gehalten. Als Unterstützung wurden die geposteten Filme auch als Ads genutzt. Diese wurden je nach Zielgruppe individuell ausgespielt. Dazu wurden im Vorfeld Personas definiert, um eine punktgenaue Ansprache zu gewährleisten. So konnten Reichweiten der einzelnen Posts von bis zu 65.000 (Österreich und Deutschland) erzielt werden. Die gesamte Kampagne erstreckte sich über einen Zeitraum von drei Monaten und wurde über regelmäßige Controlling-Maßnahmen immer wieder verfeinert und optimiert.

https://www.facebook.com/doppler-schirme/

CROSSMEDIA _ KUNDE E. doppler Co. GmbH, Braunau-Ranshofen (Österreich) **MARKETINGLEITUNG** Tamara Leitner **GESCHÄFTSFÜHRUNG** Hermann Würflingsdobler **AGENTUR** Hammerer GmbH, Ried im Innkreis (Österreich) **FILMPRODUKTION** brothers Klika OG **FOTOGRAF** Hannes Resch

MYTOYS.DE GMBH

„Zeit mit Kindern"

WYNKEN BLYNKEN & NOD
GMBH & CO KG / HAMBURG

01 Anissa Carrington
02 Arne Salz
03 Jens Theil
04 Matthias Erb
05 Michael Lautner

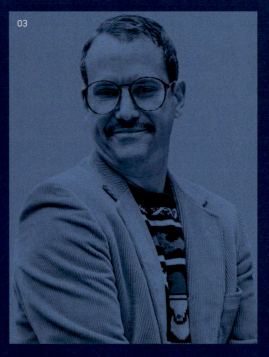

Welche Herausforderungen gab es bei der Ideenfindung und/oder Umsetzung?

*Jens Theil_* Irgendwann während der Recherche für das Casting fing Google an, uns darauf hinzuweisen, dass wir uns Hilfe suchen sollen. Das ausgeprägte Interesse an Bildern von Kindern fand der Algorithmus ziemlich unangebracht.

Das gesamte Interview finden Sie auf unserer Webseite.
ecfo.me/wynken1

GEBRAUCHSGÜTER / B2C

WEITERE GEBRAUCHSGÜTER

FILM / SPOT

myToys.de GmbH / Zeit mit Kindern

myToys will nicht nur Spielzeug verkaufen. myToys will Eltern helfen, die schönste Zeit des Lebens zu genießen: die Zeit mit Kindern. Statt kitschig verklärter Elternromantik zeigt myToys den harten Alltag: todesmutige Stunts im Garten, spontane Verkleidungsorgien und Graffiti auf dem Familienkombi. Das macht mehr Spaß und die Marke glaubwürdiger. Und am Ende ist ja doch immer alles gut.

Der Film zeigt Szenen aus einer Vater-Tochter-Beziehung. Er macht sein Ding, sie tut es ihm auf ihre kindliche Art nach. Dabei spielen Produkte aus dem myToys Sortiment oft eine Gastrolle. Schließlich aber wird der Spieß umgedreht und der Vater muss nach der Pfeife seiner Tochter tanzen. Sie verwandelt den morgendlichen Stress des Krawattebindens in eine Kostümparty, die in einen spontanen Battle-Rap mündet. So ist die Zeit mit Kindern: intensiv und kostbar.

KUNDE myToys.de GmbH, Berlin GESCHÄFTSFÜHRUNG Alexander Lederle MARKETINGLEITUNG Ulrich Hauschild TEAMLEITER BRAND UND CONTENT MARKETING Christian Hellmann BRAND MANAGER Martin Stiller AGENTUR Wynken Blynken & Nod GmbH & Co KG, Hamburg CREATIVE DIRECTOR TEXT Jens Theil CREATIVE DIRECTOR ART Matthias Erb BERATUNG / STRATEGIE Arne Salz ART Anissa Carrington TEXT Michael Lautner FILMPRODUKTION CZAR Film GmbH REGIE Robin Polák DOP Frank Lamm PRODUCER Julia Weber SOUNDDESIGN / MUSIKPRODUKTION Loft Tonstudios Berlin GmbH

GEBRAUCHSGÜTER / B2C
WEITERE GEBRAUCHSGÜTER
PRINT / ANZEIGE

G. Passier & Sohn GmbH / 150 Jahre Perfektion made in Germany

Im Jahr 2017 wird G. Passier & Sohn, der beliebte Hersteller von Reitsportsätteln, -zäumen und -zubehör 150 Jahre alt. Seit 1867 werden bei Passier die Sättel in Handarbeit am Standort Langenhagen bei Hannover gefertigt. Um diese 150-jährige Tradition zu würdigen, wurden in den Werkstätten von Passier Fotos aufgenommen, die als Grundlage für die Jubiläumskampagne dienten und verschiedene Sequenzen der Herstellung eines Sattels zeigen. Die Bilder wurden mit passenden Zitaten unterlegt: So belegt Passier höchste Perfektion aus Meisterhand – seit 150 Jahren.

GEBRAUCHSGÜTER / B2C

WEITERE GEBRAUCHSGÜTER

PRINT / ANZEIGE

G. Passier & Sohn GmbH / 150 Jahre Perfektion made in Germany

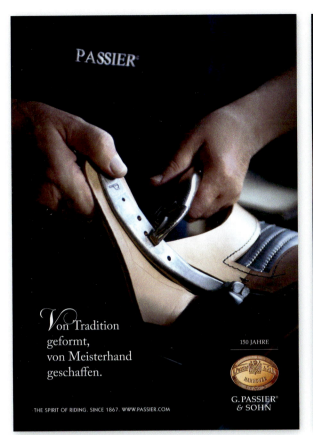
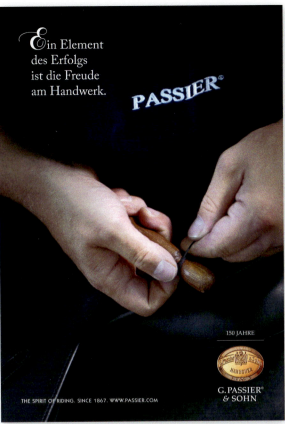
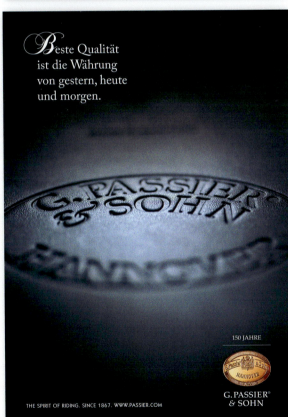
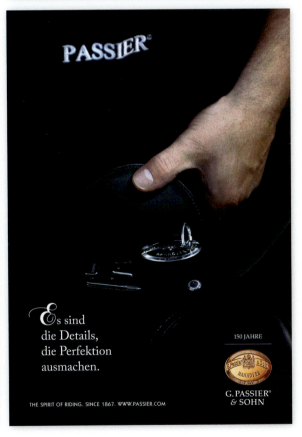

KUNDE G. Passier & Sohn GmbH, Langenhagen GESCHÄFTSFÜHRUNG Georg D. Kannemeier CUSTOMER SERVICE Eva Kannemeier AGENTUR The Vision Company Werbeagentur GmbH, Köln GESCHÄFTSFÜHRUNG / KUNDENBERATUNG Dr. Nicole Grünewald CREATIVE DIRECTOR Andreas Volkert ART DIRECTOR Jennifer Schumacher / Catharina Müßeler GRAFIK Nora Marcelli FOTOGRAFIE Norbert Hüttermann

GEBRAUCHSGÜTER / B2C

WEITERE GEBRAUCHSGÜTER

DIGITALE MEDIEN /
PRODUKT-/SERVICEWEBSEITEN

Ralf Bohle GmbH / Addix
Compound

Schwalbe MTB-Reifen
„All new Addix"

Was unterscheidet MTB-Reifen?
Das Profil und die Gummimischung
(Compound). Das Profil ist deutlich
sichtbar, das Compound nicht.
Im Zuge eines bisher einmaligen Techno-
logie-Shifts hat Schwalbe alle Com-
pounds der hochwertigen MTB-Reifen
neu entwickelt. Das Ergebnis sind vier
unterschiedliche Mischungen, jeweils
optimiert für die speziellen Anforderun-
gen der Fahrer.

Wie diese Innovation am Produkt sicht-
bar machen?
Neben einem Addis-Label ziert nun auch
ein feiner Streifen die Lauffläche, wobei
der Farbcode das jeweilig eingesetzte
Compound widerspiegelt. Das ist auf-
fällig, einmalig und macht das Unsicht-
bare sichtbar.
Die Agentur hat von der Strategie über
die Produktentwicklung bis zum Launch
den Kunden permanent begleitet. Die
Kampagne zur Produkteinführung insze-
niert die vier neuen Addix Compounds
auf allen Kanälen.

www.schwalbe.com/addix-compound

KUNDE Ralf Bohle GmbH, Reichshof GESCHÄFTSFÜHRUNG Frank Bohle MARKETINGLEITUNG Doris Klytta AGENTUR markt & werbung m&w GmbH, Mönchengladbach BERATUNG Anneke Krüttgen CREATIVE DIRECTOR (TEXT) Gregor Strathmann CREATIVE DIRECTOR (ART) Michael Mehler PRODUKTFOTOGRAFIE Thomas Von der Heiden PROGRAMMIERUNG Next Levels GmbH

GEBRAUCHSGÜTER / B2C

WEITERE GEBRAUCHSGÜTER

PRINT / ANZEIGE

Ralf Bohle GmbH / Addix Compound

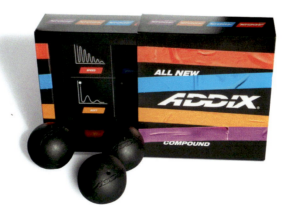

KUNDE Ralf Bohle GmbH, Reichshof **GESCHÄFTSFÜHRUNG** Frank Bohle **MARKETINGLEITUNG** Doris Klytta **AGENTUR** markt&werbung m&w GmbH, Mönchengladbach **BERATUNG** Anneke Krüttgen **CREATIVE DIRECTOR (TEXT)** Gregor Strathmann **CREATIVE DIRECTOR (ART)** Michael Mehler **PRODUKTFOTOGRAFIE** Thomas Von der Heiden **PROGRAMMIERUNG** Next Levels GmbH

GEBRAUCHSGÜTER / B2C

WEITERE GEBRAUCHSGÜTER

FILM / IMAGE

Viessmann GmbH & Co. KG /
Aufbruch in ein neues Jahrhundert

Auf in ein neues Jahrhundert! Diese Botschaft steht nicht nur für Innovationskraft und Dynamik, sondern auch für eine nachhaltige Zukunft.

Der Film erzählt das auf ungesehene Weise: Max Viessmann schreibt einen Brief an die Zukunft – adressiert an seine Tochter, zu öffnen am Tag ihrer Übernahme einer wichtigen Position im Unternehmen. So spricht er seiner Erbin Mut zu – und erzählt von den Werten, die das Unternehmen Generation für Generation starkgemacht haben.

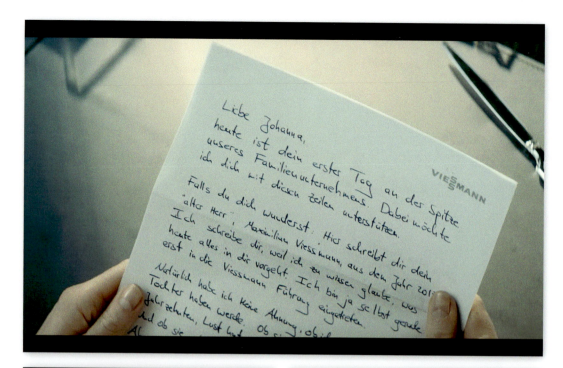

KUNDE Viessmann GmbH & Co. KG AGENTUR fischerAppelt, Berlin CREATIVE DIRECTION Hinnerk Landmann REGIE Martin Busker KAMERA Clemes Baumeister SCHNITT Ole Wiedemann SOUND / KOMPOSITION Leonardo Mockridge SCRIPT Hinnerk Landmann CASTING Elisa Thiemann / Bärbel Bryant BERATUNG Anne Vogeler PRODUCTION Sandra Stüker

94
REGISTER
Agenturen

98
REGISTER
Produktionsfirmen und
Dienstleister

102
REGISTER
Auftraggeber

104
REGISTER
Personen

108
IMPRESSUM

Agenturen

A

act&react Werbeagentur GmbH
info@act-and-react.com
www.act-and-react.com
> N°4 66

Agentur am Flughafen AG
luechinger@agenturamflughafen.com
www.agenturamflughafen.com
> N°1 59, 72, N°2 81, N°3 36, 83

ASM Werbeagentur GmbH GWA
info@asm-muenchen.de
www.asm-muenchen.de
> N°2 48

Atelier Damböck Messedesign GmbH
hej@kommunikation-im-raum.de
www.kommunikation-im-raum.de
> N°4 54

ATTACKE Werbeagentur GmbH
agentur@attacke-ulm.de
www.attacke-ulm.de
> N°2 44, N°3 46, N°4 103

B

Babiel GmbH
presse@babiel.com
www.babiel.com
> N°2 46

BALLHAUS WEST I Agentur für Kampagnen GmbH
agentur@ballhauswest.de
www.ballhauswest.de
> N°4 72, 106

Bloom GmbH
zentrale@bloomproject.de
www.bloomproject.de
> N°1 52f., 73f., N°2 59f.

bodenseecrew Werbeagentur GmbH
info@bodenseecrew.de
www.bodenseecrew.de
> N°4 56

brainwaves GmbH & Co. KG
mail@brainwaves.de
www.brainwaves.de
> N°4 80, 82

C

Change Communication GmbH
info@change.de
www.change.de
> N°4 41

Cheil Germany GmbH
info.germany@cheil.com
www.cheil.de
> N°1 78

concept X GmbH & Co. KG
info@conceptX.de
www.conceptx.de
> N°4 83, 87

D

david+martin, davidmartin GmbH
mail@davidundmartin.com
www.davidundmartin.com
> N°1 40, 50

denkwerk GmbH
hello@denkwerk.com
www.denkwerk.com
> N°1 71, N°2 42, 70, N°4 70f.

die3 Agentur für Werbung und Kommunikation GmbH
office@die3.eu
www.die3.eu
> N°2 28, N°3 71, 79f., N°4 58, 107, 110

dieckertschmidt GmbH
info@dieckertschmidt.com
www.dieckertschmidt.com
> N°4 60, 62, 108f.

DIE WERBTÄTIGEN UG
econaward@diewerbtaetigen.de
www.diewerbtaetigen.de
> N°3 62f., N°4 68

DUNCKELFELD GmbH
post@dunckelfeld.de
www.dunckellfeld.de
> N°3 40, N°4 51

E

Effekt-Etage GmbH
Marketing@effekt-etage.de
www.effekt-etage.de
> N°1 62f.

elbkind GmbH
contact@elbkind.de
www.elbkind.de
> N°1 34f., 64f., N°3 38, 41

Ender Werbung GmbH & Co KG
welcome@enderwerbung.com
www.enderwerbung.com
> N°1 70, N°3 65, 76

F

FACT GmbH Werbeagentur
info@factnet.de
www.factnet.de
> Nº 1 66 f., Nº 2 39

FISCHER & FRIENDS Werbeagentur GmbH
info@ffwa.de
www.fischer-and-friends.de
> Nº 3 59 f., Nº 4 88 f.

fischerAppelt AG
info@fischerappelt.de
www.fischerappelt.de
> Nº 1 92, Nº 4 52, 81

Fork Unstable Media GmbH
business@fork.de
www.fork.de
> Nº 2 50

Frederik & Labots WA GmbH
info@frederikundlabots.com
www.frederikundlabots.com
> Nº 3 43

Frese & Wolff Werbeagentur GmbH
info@frese-wolff.de
www.frese-wolff.de
> Nº 3 85

FUF // Frank und Freunde GmbH
kontakt@fuf.de
www.fuf.de
> Nº 4 86, 100

H

Hammerer GmbH
office@hammerer.at
www.hammerer.at
> Nº 1 84, Nº 2 62

Heimat Werbeagentur GmbH
info@heimat-berlin.com
www.heimat-berlin.com
> Nº 2 66 f., 71, Nº 3 54 f., Nº 4 73, 90, 92 f.

Heine Warnecke Design GmbH
hannover@heinewarnecke.com
www.heinewarnecke.com
> Nº 1 46

hl-studios GmbH
info@hl-studios.de
www.hl-studios.de
> Nº 2 32, 47

I

Interactive Media Foundation gGmbH
info@interactivemedia-foundation.com
www.interactivemedia-foundation.com
> Nº 4 76

Intevi Werbeagentur GmbH
info@intevi.de
www.intevi.de
> Nº 4 44

ipanema2c brand communication GmbH
info@ipanema2c.de
www.ipanema2c.de
> Nº 2 54 f., 61

ISGRO Gesundheitskommunikation GmbH & Co. KG
isgro@isgro-gk.de
www.isgro-gk.de
> Nº 2 58, Nº 3 58

J

jäger & jäger GbR
info@jaegerundjaeger.de
www.jaegerundjaeger.de
> Nº 2 24, 30

Jochen Grauer, Marken- und Kommunikationsberatung
jochen.grauer@web.de
> Nº 3 74

K

KAAPKE Marketing GmbH
zentrale@kaapke.com
www.kaapke.com
> Nº 2 35, 38

Kolle Rebbe GmbH
hallo@kolle-rebbe.de
www.kolle-rebbe.de
> Nº 3 32

KreativRealisten, EMS & P Kommunikation GmbH
info@kreativrealisten.de
kreativrealisten.de
> Nº 4 84 f.

L

LA RED GmbH
hello@la-red.de
www.la-red.de
> Nº 1 47, 49, Nº 4 50

Lehanka Kommunikationsagentur GmbH
info@lehanka.de
www.lehanka.de
> Nº 1 42, Nº 4 64

Lingner Marketing GmbH
info@lingner.de
www.lingner.de
> Nº 2 80, Nº 3 78

Lingner Online GmbH
info@lingneronline.de
www.lingneronline.de
> Nº 1 41

M

markt&werbung m&w GmbH
info@marktundwerbung.de
www.markundwerbung.de
> Nº 1 90 f.

MAYD GmbH & Co. KG
hello@mayd-hamburg.com
www.mayd-hamburg.com
> Nº 1 30, 33, Nº 4 45

N

neue formen Köln GmbH
info.koeln@neueformen.net
www.neueformen.net
> Nº 1 37 f.

O

Ogilvy & Mather Germany GmbH
info@ogilvy.com
www.ogilvy.de
> Nº 3 44, 49 f., 52 f.

ORANGE COUNCIL GmbH
info@orange-council.de
www.orange-council.de
> Nº 3 82

P

Peperoni Werbe- und PR-Agentur GmbH
info@peperonihaus.de
www.peperonihaus.de
> Nº 4 77, 79

PLAN.NET / SERVICEPLAN
info@serviceplan.com
www.serviceplan.de
> Nº 1 57, 76, Nº 4 46 f.

POINT HAMBURG Werbeagentur GmbH & Co. KG
direktkontakt@pointhamburg.de
www.pointhamburg.de
> Nº 2 78

Q

querformat GmbH & Co. KG
kontakt@querformat.info
www.querformat.info
> Nº 2 45, Nº 3 86

R

rocket-media GmbH & Co. KG
info@rocket-media.de
www.rocket-media.de
> Nº 2 37

S

S/COMPANY · Die Markenagentur GmbH
werbung@s-company.de
www.s-company.de
> Nº 3 47 f.

Schindler Parent GmbH
kontakt@schindlerparent.de
www.schindlerparent.de
> Nº 1 56, Nº 3 66, Nº 4 75

schmiddesign GmbH & Co. KG
info@schmiddesign.de
www.die-kreativagentur.de
> Nº 3 57

SERVICEPLAN / PLAN.NET
info@serviceplan.com
www.serviceplan.de
> Nº 1 57, 76, Nº 4 46 f.

SevenOne AdFactory GmbH
info@sevenone-adfactory.de
www.sevenone-adfactory.de
> Nº 4 40

Star Finanz-Software Entwicklung und Vertriebs GmbH
web@starfinanz.de
www.starfinanz.de
> Nº 3 35

STEUER Marketing und Kommunikation GmbH
info@agentur-steuer.de
www.agentur-steuer.de
> Nº 2 40, Nº 4 67

sxces Communication AG
info@sxces.com
www.sxces.com
> Nº 4 101

T

team4media GmbH
info@team4media.net
www.team4media.net
> N° 4 **112**

TeamWFP: WFP WERBEAGENTUR FELSKE + PARTNER GMBH + CO. KG, WFP 2 GESELLSCHAFT FÜR INTERAKTIVE KOMMUNIKATION MBH + CO. KG
> N° 2 **74**, **76** f.

teufels GmbH
info@teufels.com
teufels.com
> N° 2 **41**, N° 3 **42**

The Vision Company Werbeagentur GmbH
info@the-vision-company.de
www.the-vision-company.de
> N° 1 **88**

TWT Interactive GmbH
welcome@twt.de
www.twt.de
> N° 1 **43**, N° 2 **52**

Ü

Überground GmbH
hello@teamueberground.com
www.ueberground.com
> N° 2 **68** f., N° 3 **68** f.

W

WAVEMAKER GmbH
duesseldorf@wmglobal.com
www.wavemakerglobal.com/de-de/
> N° 1 **79** f.

WFP WERBEAGENTUR FELSKE + PARTNER GMBH + CO. KG
hallo@teamwfp.de
www.teamwfp.de
> N° 2 **72** f.

Wynken Blynken & Nod GmbH & Co KG
hello@wynken.com
www.wynken.com
> N° 1 **83**, **86**, N° 2 **63**, **65**, N° 4 **74**

Z

zurgams Kommunikationsagentur GmbH
office@zurgams.com
www.zurgams.com
> N° 1 **44**, **58**, N° 3 **37**, **70**

Produktionsfirmen / Dienstleister

1

12bis3 | Buchfink und Harsch GbR
bisgleich@12bis3.de
www.12bis3.de
> Nº3 60

2

23D Solutions GmbH
info@23ds.de
www.23ds.de
> Nº1 67f.

27 Kilometer Entertainment GmbH
nitsche@27km.de
www.27km.de
> Nº3 69

4

48k Studio für musikalische Kommunikation
hallo@48k.studio
www.48k.studio
> Nº2 67

A

AA+W Einzelgesellschaft
info@aa-w.com
www.aa-w.com
> Nº4 83

ADCON Werbe GmbH
info@adcon-werbe-gmbh.de
www.adcon-modellbau.de
> Nº2 32

audioforce berlin KG
info@audioforce.de
www.audioforce.de
> Nº3 49f.

Audio Logo GmbH
info@audiologogmbh.de
www.emotions-in-print.de
> Nº2 54

Augleo Studio
augleo@augleo.com
www.augleo.com
> Nº1 76

Axel Bühner, Fotograf
> Nº4 84f.

B

BAKERY FILMS Filmproduktion GmbH
contact@bakeryfilms.com
www.bakeryfilms.com
> Nº3 44

Barbara Kündig
wwwyoga-nidra.ch
> Nº3 41

Bele Olmez / Getty Images
> Nº1 66

BIGFISH Filmproduktion GmbH
info@bigfish.de
www.bigfish.de
> Nº2 69, 71

blmfilm GmbH
info@blmfilm.de
www.blmfilm.de
> Nº1 47, 49

bluepool GmbH
info@bluepool.de
www.bluepool.de
> Nº2 32

brainbows informationsmanagement GmbH
office@brainbows.com
www.brainbows.com
> Nº3 71

brothers Klika OG
hello@brothers-agency.com
www.brothers-agency.com
> Nº1 84

business creation EDV-Services KG
www.business-creation.at
> Nº1 70

C

CAC Studios
photo@studio-cac.com
www.studio-cac.com
> Nº1 76

CHALLENGE GmbH
www.challenge.de.com
> Nº1 67f., Nº2 39

CINEMATICZ FILMPRODUKTION Einzelunternehmen
kontakt@cinematicz.de
www.cinematicz.de
> Nº2 44

Commondeer LLC
> Nº1 76

Core-A Studios
info@coreastudios.com
www.coreastudios.com
> Nº1 76

currycom communications GmbH
office@currycom.com
www.currycom.com
> Nº1 43

CZAR Film GmbH
info@czar.de
www.czar.com
> Nº1 86, Nº2 66

D

Darius Ramazani
darius@ramazani.de
www.ramazani.de
> Nº4 106

Demodern GmbH
dm@demodern.de
www.demodern.de
> Nº4 76

Die Werbtätigen UG
info@diewerbtaetigen.de
www.diewerbtaetigen.de
> Nº3 63

DIE WORTWERKSTATT GmbH
info@wortwerkstatt.de
www.wortwerkstatt.de
> Nº1 68

Digital Straik GmbH
contact@straik.net
www.straik.net
> Nº3 50

DONDON Kähler Pelzer GbR
contact@dondonberlin.com
dondonberlin.com
> Nº3 40

Dorian Roy
mail@dorianroy.com
www.dorianroy.com
> Nº4 76

Drewes & Keretic GmbH
info@DundK.de
www.dundk.de
> Nº1 43

Druck-Ring GmbH & Co. KG
info@druck-ring.de
www.druck-ring.de
> Nº2 24, 30

Druckerei Vogl GmbH & Co KG
info@druckerei-vogl.de
www.druckerei-vogl.de
> Nº4 103

E

Eberl Print GmbH
info@eberl.de
www.eberl.de
> Nº3 66

Elif Siebenpfeiffer
info@elifsiebenpfeiffer.de
www.elifsiebenpfeiffer.de
> Nº3 86

Etschmann Noack GmbH
info@etschmann-noack.de
www.etschmann-noack.de
> Nº2 32

F

FISCHER & FRIENDS Werbeagentur GmbH
info@ffwa.de
www.fischer-and-friends.de
> Nº2 37, Nº3 59

fischerAppelt AG
info@fischerappelt.de
www.fischerappelt.de
> Nº1 43, Nº2 50

Florida TV GmbH
www.floridatv-entertainment.de
> Nº4 40

Fotografie Marc Weigert Einzelgesellschaft
foto@marcweigert.de
www.marcweigert.com
> Nº3 86

Fotolia
www.de.fotolia.com
> Nº3 37

freeters
info@freeters.de
www.freeters.de
> Nº3 82

G

German Wahnsinn GmbH
wahnsinn@germanwahnsinn.de
www.germanwahnsinn.de
> Nº1 47, 49

GK FILM AG
info@gk-film.com
www.gk-film.com
> Nº3 49

H

Hammerer GmbH
office@hammerer.at
www.hammerer.at
> Nº2 62

Hannes Resch
office@reschfoto.at
www.reschfoto.at
> Nº1 84, Nº2 62

Hans Gieselmann Druck und Medien GmbH & Co. KG
info@gieselmanndruck.de
www.gieselmanndruck.de
> Nº4 67

Heimat Werbeagentur GmbH
info@heimat-berlin.com
www.heimat-berlin.com
> Nº4 90, 93, 97

hobby.denkwerk GmbH
hi@h-o-b-b-y.com
www.h-o-b-b-y.com
> Nº1 71

Hofkapellmeister
office@hofkapellmeister.com
www.hofkapellmeister.com
> Nº1 83

Holzer Druck und Medien GmbH & Co. KG
info@druckerei-holzer.de
www.druckerei-holzer.de
> Nº3 74

I

It's us Media GmbH
office@itsus.berlin
www.itsus.berlin
> Nº1 64f., Nº4 81

J

JONES+TINO
sayhello@jonesandtino.tv
www.jonesandtino.tv
> Nº2 67

Joscha Unger GbR
mail@joschaunger.de
www.joschaunger.de
> Nº1 63

K

KAMERAD FILM GbR
info@kamerad-film.de
www.kamerad-film.de
> Nº2 54

Kinetic Worldwide Germany GmbH
benita.mayer@kineticww.com
www.kineticww.com/de
> Nº1 81

knowhere GmbH
info@knowhere.to
www.knowhere.to
> Nº1 47, 49

KontrastPlus GmbH & Co. KG
info@kontrastplus.net
www.kontrastplus.net
> Nº3 74

L

LAVAlabs Moving Images GmbH & Co. KG
info@lavalabs.de
www.lavalabs.de
> Nº1 43

Le Berg
www.leberg.de
> Nº2 50

Loft Tonstudios Berlin GmbH
berlin@loftstudios.de
www.loftstudios.de
> Nº1 86

Lorenz Fuchs
> Nº1 68

Lovestone Film GmbH
berlin@lovestonefilm.de
www.lovestonefilm.de
> Nº3 40

Lukas Hämmerle
www.lukashaemmerle.com
> Nº3 76

M

Marc G. Eberle
www.marcgeberle.com
> Nº3 76

Markenfilm GmbH & Co. KG
info@markenfilm.de
www.markenfilm.de
> Nº1 83

Marte Michael
www.michaelmarte.com
> Nº 1 70

Martin Bolle Foto Design
martin.bolle@keno-studio.de
www.martinbolle.de
> Nº 4 80

MEDIAPLUS GERMANY
www.mediaplus.com/de
> Nº 4 46 f.

Miiqo Studios UG
we@miiqo.com
www.miiqo.com
> Nº 4 76

MOKOH Music GmbH
hello@mokoh-music.com
www.mokoh-music.com
> Nº 2 71, Nº 4 93 f.

mypony GmbH
hello@mypony.pro
www.mypony.pro/company
> Nº 4 48

N

NEVEREST GmbH & Co. KG
info@neverest.de
www.neverest.de
> Nº 1 57

Next Levels GmbH
www.next-levels.de
> Nº 1 90 f.

nhbNEXT
felicitas.stahnke@nhbnext.com
www.nhbnext.com
> Nº 1 76

nhb video GmbH
info@nhb.de
www.nhb.de
> Nº 4 48

Nils Landmark
mail@nilslandmark.com
www.nilslandmark.de
> Nº 2 67

Norbert Hüttermann
nh@huettermannfotografie.de
www.huettermannfotografie.de
> Nº 1 88

O

ORT INTERACTIVE GmbH
info@ort-online.net
www.ort-online.net
> Nº 2 74

ostec GmbH
info@ostec.de
www.ostec.de
> Nº 4 51

P

PAUL SCHWABE DIGITAL PRODUCTION GmbH
hello@paulschwabe.com
www.paulschwabe.com
> Nº 2 67

Ping Zhu
pingszoo@gmail.com
www.pingszoo.com
> Nº 4 74

PIRATES 'N PARADISE Berlin GmbH
ber@pnp.tv
www.piratesnparadise.de
> Nº 4 90, 92 f., 97 f.

PLAN.NET / SERVICEPLAN
info@serviceplan.com
www.serviceplan.de
> Nº 1 57, Nº 4 46 f.

Pumpkin Film AG
INFO@PUMPKINFILM.CH
www.pumpkinfilm.ch
> Nº 1 57

PX Group GmbH
info@px-group.de
www.px-group.de
> Nº 4 93 f.

R

Rampant Pictures Einzelunternehmen
info@rampant-pictures.de
www.rampant-pictures.de
> Nº 3 46

René Liebert
mail@reneliebert.com
www.reneliebert.com
> Nº 4 76

ROCKET FILM GmbH
contact@rocketfilm.ch
www.rocketfilm.ch
> Nº 3 56

RSA Films
www.rsafilms.com
> Nº 2 71

S

Schöler Druck & Medien GmbH
www.schoeler-kreativ.de
> Nº 3 76

SERVICEPLAN / PLAN.NET
info@serviceplan.com
www.serviceplan.de
> Nº 1 57, Nº 4 46 f.

Shazam Entertainment Limited
www.shazam.com/de
> Nº 4 46 f.

Stierhochvier Kathi Lokocz & Rodian Stiehl
hier@stierhochvier.de
www.stierhochvier.de
> Nº 2 40

Stink GmbH
berlin@stink.co
www.stink.com
> Nº 2 67, Nº 3 50

STUDIO AKA, London Ltd.
thestudio@studioaka.co.uk
www.studioaka.co.uk
> Nº 2 71

Studio Funk GmbH & Co. KG
info@studiofunk.de
www.studiofunk.de
> Nº 1 58, Nº 2 65

T

techdev Solutions GmbH
info@techdev.io
www.techdev.io/de
> Nº 3 41

The Mill Ltd.
www.themill.com
> Nº 2 71

The Wade Brothers
www.thewadebrothers.com
> Nº 2 66

Thomas Kombüchen
hi@undev.de
www.undev.de
> Nº 4 76

Thomas Von der Heiden
www.thomasvonderheiden.de
> Nº 1 90 f.

Tim Pulver
mail@timpulver.de
www.timpulver.de
> Nº 4 76

Ton- & Werbestudio Schreiber
info@studio-schreiber.de
www.studio-schreiber.de
> Nº 1 56

Tracks & Fields GmbH
www.tracksandfields.com
> Nº 2 71

TroNa GmbH
info@try-no-agency.de
www.try-no-agency.de
> Nº 1 40

Turbine Kreuzberg GmbH
hello@turbinekreuzberg.com
www.turbinekreuzberg.com
> Nº 4 51

Tutticonfetti, Marta Colomer
maruta@tutticonfetti.com
www.tutticonfetti.com
> Nº 1 46

U

Unit9, London
info@unit9.com
www.unit9.com
> Nº 3 54 f.

V

Via Studios GbmH
mail@viastudios.de
www.viastudios.de
> Nº 3 86

W

Walter Glöckle
mail@walter-gloeckle.de
www.walter-gloeckle.de
> Nº 3 35

WFP2 GESELLSCHAFT FÜR INTERAKTIVE KOMMUNIKATION MBH + CO. KG
info@wfp2.com
www.teamwfp.de
> Nº 2 74, 76 f.

who's mcqueen picture GmbH
zurich@whomcq.com
www.whomcq.com/zurich-showreel
> Nº 3 **36**, **54** f.

wittmann / zeitblom
chwittmann@posteo.de
www.wittmannzeitblom.de
> Nº 4 **76**

Z

ZENOMUZIK GmbH
info@zenomuzik.de
www.zenomuzik.de
> Nº 4 **75**

ZUZANA SUCHA
zuzana.sucha@volny.cz
www.zuzanasucha.net
> Nº 2 **67**

Auftraggeber

A

Accenture Dienstleistungen GmbH, Kronberg im Taunus > N°4 **106**
ACV Automobil-Club Verkehr e.V., Köln > N°3 **40**
Alfred Ritter GmbH & Co. KG, Waldenbuch > N°1 **34 f.**
Alpcura Fachklinik Allgäu Betriebsgesellschaft mbH, Pfronten > N°3 **57**
Architektenkammer Baden-Württemberg, Stuttgart > N°4 **100**
Archraum AG, Altstätten > N°1 **70**
arge digital excellence c/o advantegy GmbH, Schwerte > N°4 **66**
artiso solutions GmbH, Blaustein > N°2 **44**
Atelier Damböck Messebau GmbH, Neufinsing bei München > N°4 **54**

B

Bäckerei Voosen GmbH & Co. KG, Pulheim > N°1 **37 f.**
Bayerisches Staatsministerium des Innern, für Bau und Verkehr öffentlich-rechtlich, München > N°4 **80**
Bayernland eG, Nürnberg > N°2 **80**
Beiselen GmbH, Ulm > N°4 **103**
Bel Deutschland GmbH, Grasbrunn > N°1 **40**
Berlin Burrito Company GmbH, Berlin > N°3 **43**
Berliner Stadtreinigung Anstalt des öffentlichen Rechts, Berlin > N°4 **77, 79**
bodenseecrew Werbeagentur GmbH, Konstanz > N°4 **56**
Bundesministerium des Innern, Berlin > N°4 **81**
Bunte Hotel Fischer am See GmbH & Co. KG, Heiterwang > N°3 **46**
by marei Einrichtungskonzepte AG, St. Gallen > N°2 **81**

C

Campari Deutschland GmbH, Oberhaching > N°1 **50**
CleanCar AG, Düsseldorf > N°3 **62 f.**
Condor Flugdienst GmbH, Oberursel > N°3 **47 f.**

D

Daimler AG, Stuttgart > N°1 **64 f.**
DAW SE Geschäftsbereich LITHODECOR, Gerstungen > N°3 **74**
DB Mobility Logistics AG, Berlin > N°3 **44, 49 f., 52 f.**
Deutsche Synästhesie-Gesellschaft e.V., Aukrug > N°4 **70 f.**
Deutsche Telekom AG – GSUS – Real Estate Management, Köln > N°3 **82**
Diction AG, Buchs > N°3 **83**
die3 Agentur für Werbung und Kommunikation GmbH, Dornbirn > N°4 **58**
dieckertschmidt GmbH, Berlin > N°4 **60, 62**
Die Techniker KdöR, Hamburg > N°3 **41**
DOMUS Leuchten & Möbel AG, St. Gallen > N°1 **72**
Dot Incorporation, Seoul > N°1 **76**
Dr. Klaus Karg KG, Schwabach > N°1 **41**
Dr. Willmar Schwabe GmbH & Co. KG, Ettlingen > N°3 **58**
DuMont Mediengruppe GmbH & Co. KG, Köln > N°4 **44**
DURIT Hartmetall GmbH, Wuppertal > N°2 **61**

E

E. doppler Co. GmbH, Braunau-Ranshofen > N°1 **84**
Eberspächer Climate Control Systems GmbH & Co. KG, Esslingen > N°1 **66 f.**
EDEKA Handelsgesellschaft Nord mbH, Neumünster > N°2 **63, 65**
Electrolux Hausgeräte Vertriebs GmbH, Nürnberg > N°1 **73 f.**
Emil Frey AG, St. Gallen > N°1 **59**
Erzbischöfliches Ordinariat München öffentlich-rechtlich, München > N°4 **82**
EWG – Entwicklungs- und Wirtschaftsförderungsgesellschaft für Rheine mbH, Rheine > N°4 **83**

F

fischerAppelt AG, Hamburg > N°4 **52**
Founders Foundation gGmbH, Gütersloh > N°4 **67**
Fr. Lürssen Werft GmbH & Co.KG, Bremen > N°3 **85**
Freie Demokratische Partei, Berlin > N°4 **90, 92 f.**

G

G. Passier & Sohn GmbH, Langenhagen > N°1 **88**
Gallus Ferd. Rüesch AG, St. Gallen > N°2 **28**
GRIMME Landmaschinenfabrik GmbH & Co. KG, Damme > N°2 **35**
grüne Emma GmbH, Dinkelsbühl > N°1 **42**
Gruner + Jahr GmbH & Co KG, Hamburg > N°4 **45**

H

H. Maurer GmbH & Co. KG, Schramberg > N°3 **42**
Hasen-Bräu Brauereibetriebsgesellschaft mbH, Augsburg > N°1 **52 f.**
HAU GmbH & Co. KG, Neuler > N°3 **86**
Hirsch-Brauerei Honer GmbH & Co. KG, Wurmlingen > N°1 **56**
HOERBIGER Holding AG, Zug > N°2 **30**
HOLZ-HER GmbH, Nürtingen > N°2 **37**
HORNBACH Baumarkt AG, Bornheim > N°2 **66 f.**

I

INNEO Solutions GmbH, Ellwagen > N° 2 **45**
Intemann GmbH, Lauterach > N° 3 **76**
Interactive Media Foundation gGmbH, Berlin
> N° 4 **76**

J

Jungheinrich AG, Hamburg > N° 2 **46**

K

KLASSIK GARAGE KRONBERG GmbH & Co. KG,
Eschborn > N° 4 **41**
Krebsgesellschaft Nordrhein-Westfalen e.V.,
Düsseldorf > N° 4 **68**
KS-ORIGINAL GmbH, Hannover > N° 2 **38**

L

Lesjöfors Industrial Springs & Pressings
GmbH, Hagen-Hohenlimburg > N° 2 **39**
LIDL Stiftung Co. KG, Neckersulm > N° 2 **68** f.

M

Mast-Jägermeister SE, Wolfenbüttel > N° 1 **47** f.
Mayer Personalmanagement GmbH, Rankweil
> N° 4 **107**
MediaMarkt GmbH, München > N° 2 **70**
Media Resource Group GmbH & Co. KG,
Crailsheim > N° 4 **64**
medius KLINIKEN gGmbH, Kirchheim unter
Teck > N° 3 **59** f.
Medtronic GmbH, Meerbusch > N° 2 **54** f.
Merck KGaA, Darmstadt > N° 2 **50**, **52**
MG Germany GmbH, Hamburg > N° 4 **48**
Mibelle Group AG, Frenkendorf > N° 1 **57**
Microsoft Deutschland GmbH, München
> N° 2 **42**
Ministerium der Finanzen des Landes NRW
KdöR, Düsseldorf > N° 4 **84** f.
MöllerGroup GmbH, Bielefeld > N° 2 **40**
Mondelez Deutschland Services GmbH & Co.
KG, Bremen > N° 1 **43**
MT Spielbetriebs- u. Marketing AG, Melsungen
> N° 4 **101**
myToys.de GmbH, Berlin > N° 1 **86**

N

NABU – Naturschutzbund Deutschland e.V.,
Berlin > N° 4 **72**
Norddeutscher Rundfunk Anstalt des
öffentlichen Rechts, Hamburg > N° 4 **50**

O

OCW Oberscheider Car World GmbH, Lustenau
> N° 3 **65**
Opel Automobile GmbH, Rüsselsheim am Main
> N° 1 **62** f.
Otsuka Pharma GmbH, Frankfurt am Main
> N° 2 **58**
Otto GmbH & Co KG, Hamburg > N° 2 **71**

P

Paul Kauth GmbH & Co. KG, Denkingen
> N° 2 **41**
PENNY Markt GmbH, Köln > N° 2 **72**
PERM4 I Permanent Recruiting GmbH, Berlin
> N° 4 **108** f.
Plansee Group Service GmbH, Reutte > N° 2 **24**

R

Ralf Bohle GmbH, Reichshof > N° 1 **90** f.
Ravensburger AG, Ravensburg > N° 3 **66**
real,- SB-Warenhaus GmbH, Düsseldorf
> N° 2 **74**, **76** f.
RECARO Automotive Seating GmbH, Kirchheim/
Teck > N° 1 **68** f.
REHAU AG + Co, Rehau > N° 3 **78**
Reindl Gesellschaft m.b.H, St. Willibald
> N° 2 **62**
Rhomberg Bau GmbH, Bregenz > N° 3 **71**,
> N° 3 **79** f., N° 4 **110**

S

s.Oliver Bernd Freier GmbH & Co. KG,
Rottendorf > N° 1 **82**
Samsung Electronics GmbH, Schwalbach im
Taunus > N° 1 **78**
Schüchtermann-Klinik Bad Rothenfelde GmbH
& Co. KG, Bad Rothenfelde > N° 4 **112**
SevenOne AdFactory GmbH, Unterföhring
> N° 4 **40**
Siemens AG, Erlangen > N° 2 **32**, **47**
Sivantos GmbH, Erlangen > N° 2 **59** f.
SMUUS GmbH, Hamburg > N° 1 **30**, **33**
Staatskanzlei Rheinland-Pfalz, Mainz
> N° 4 **87**
Stadt Neu-Ulm KdöR, Neu-Ulm > N° 4 **88** f.
Stanley Black & Decker Deutschland GmbH,
Idstein > N° 1 **71**
Stiftung Deutsche Krebshilfe, Bonn > N° 4 **73**
Stiftung Jugend forscht e.V., Hamburg > N° 4 **74**
Stiftung Liebenau Kirchliche Stiftung privaten
Rechts, Meckenbeuren > N° 4 **75**
Stoll Kaffee AG, Zürich > N° 1 **44**
Stylight GmbH, München > N° 4 **46** f.
Swisscom (Switzerland) AG, Bern > N° 3 **54** f.
Switzerlend AG, Zürich > N° 3 **36**

T

Tebis AG, Martinsried > N° 2 **48**
Techniker Krankenkasse KdöR, Hamburg
> N° 3 **38**, **41**
Tipp24 Services Ltd., London > N° 3 **68** f.
Trink Meer Tee GbR, Bremen > N° 1 **46**

U

UniCredit Bank AG, München > N° 3 **32**
Unilever Deutschland GmbH, Hamburg
> N° 2 **78**
Universal Music GmbH, Berlin > N° 4 **51**

V

Viessmann GmbH & Co. KG, > N° 1 **92**
Vodafone GmbH, Düsseldorf > N° 1 **79** f.
Volksbank Vorarlberg e. Gen., Rankweil
> N° 3 **37**

W

Wendel GmbH & Co KG, Detmold > N° 1 **83**
WIFI – Wirtschaftsförderungsinstitut der
Wirtschaftskammer Vorarlberg KdöR, Dornbirn
> N° 3 **70**

Z

zurgams kommunikationsagentur GmbH,
Dornbirn > N° 1 **58**

Personen

A

Abasbek, Azim > N°1 **76**, N°4 **46** f.
Abeln, Thorsten > N°3 **85**
Achenbach, Jürgen > N°2 **68** f.
Achterfeldt, Bernd > N°2 **72**
Adomeit, Katja > N°2 **54** f.
Albert, Sonja Simone > N°3 **82**
Albrecht, Jens > N°1 **66** f., N°2 **39**
Alexander, Tim > N°3 **54** f.
Alexandrov, Alexander > N°1 **76**
Alles, Martin > N°2 **68** f.
Almerood, Niklas > N°4 **97** f.
Alpino, Shana > N°3 **82**
Alpino, Vincent > N°3 **82**
Alrep, Merle Mareike > N°2 **62**
Altmann, Thea > N°3 **82**
Altunbas, Koray > N°4 **46** f.
Amann, Florian > N°1 **44**
Andereya, Ralf > N°2 **54** f., **61**
Andernach, Daniel > N°1 **37** f.
Andresen, Sarah > N°1 **47**, **49**
Arellano Medina, Narciso > N°1 **71**
Astuti, Chiara > N°4 **109**
auf dem Graben, Sylke > N°3 **85**
auf der Lauer, Birgit > N°3 **82**
Austinat, Marvin > N°2 **72**, **74**
Ayata, Imran > N°4 **106**

B

Babiel, Rainer, Dr. > N°2 **46**
Bach, Aleksander > N°3 **50**
Barche, Michael > N°3 **82**
Bart, Olga > N°1 **73** f.
Barth, Ines > N°1 **42**, N°4 **64**
Barthelme, Michael > N°4 **75**
Baszio, Sven, Dr. > N°4 **74**
Bauer, Sidonie > N°1 **57**
Baum, Johannes > N°3 **82**
Baumann, Karli > N°2 **50**
Baumeister, Clemes > N°1 **92**
Baumgartner, Nicolai > N°1 **71**
Bayer, Ben > N°3 **82**
Beck, Julia > N°2 **63**, N°2 **65**
Beck, Tim > N°2 **44**, N°3 **46**, N°4 **103**
Bender, Dietrich > N°3 **58**
Benet, Florian > N°3 **82**
Berg, Micky > N°1 **47**, **49**
Bernd, Yamila > N°3 **82**
Bernin, Sandra > N°2 **71**
Bethäuser, Dominik > N°2 **58**
Beyer, André > N°2 **44**
Binder, Herbert > N°4 **80**, **82**
Binder, Jonas > N°4 **46** f.
Bindlechner, Irina > N°4 **52**
Birkenstock, Henning > N°3 **85**
Bittner, Timo > N°2 **41**, N°3 **42**
Blankenstein, Daniela > N°1 **79** f.
Blecke, Adelheid > N°2 **40**, N°4 **67**
Bleihauer, Stefan > N°2 **74**, **76** f.
Block, Charlotte > N°1 **71**
Blum-Heuser, Christine > N°2 **50**
Blümel, Jens-Michael > N°1 **43**
Bobleter, Patrick > N°1 **59**
Boesten, Lavanya > N°3 **82**
Bohle, Frank > N°1 **90** f.
Böhler, Lena > N°3 **66**
Böhm, Christian > N°1 **83**
Boine, Georg > N°2 **70**
Boklage, Daniel > N°2 **32**, **47**
Bolland, Philip > N°4 **81**
Borek, Sebastian > N°4 **67**
Botsch, Maria > N°4 **97** f.
Boukhalfa, Khaled > N°2 **46**
Bracht, Jens > N°1 **64** f.
Brandau, Kai > N°3 **74**
Braun, Oliver > N°1 **34** f.
Brecht, Peer Oliver > N°4 **56**
Brehm, Andreas > N°1 **46**
Breman, Michael > N°3 **85**
Breynck, Kevin > N°1 **47**, **49**
Brieden, Irina > N°4 **68**
Brockmeyer, Felix > N°4 **93** f.
Brodowski, Berthold > N°4 **93** f.
Brunnenmeister, Catia > N°3 **83**
Bruno, Pellegrino > N°2 **72**
Bruns, Christian > N°2 **72**
Bryant, Bärbel > N°1 **92**
Bugai, Sascha > N°3 **32**
Bugiel, Mareike > N°4 **44**
Bühler, Daniela > N°1 **59**
Bulla, Christian > N°3 **66**
Bülskämper, Malte > N°3 **54** f.
Bunte, Marina > N°3 **46**
Burgbacher, Daniel > N°2 **45**
Burkhalter, Jürg > N°1 **57**
Burmeister, Nina > N°1 **43**
Buschmann, Marco > N°4 **90**, **92** f., **97** f.
Busker, Martin > N°1 **92**
Buzási, Johannes > N°4 **81**
Byfield, Dennis > N°4 **48**

C

Cantus, Claudia > N°2 **71**
Caplunik, Debby > N°3 **36**
Carrera, Adrian > N°1 **83**
Carrington, Anissa > N°1 **83**, **86**, N°2 **63**, **65**, N°4 **74**
Caruso, Daniela > N°1 **79** f.
Casten, Carina > N°3 **41**
Chaquiri, Mimount > N°2 **61**
Cheong, Virgie > N°4 **62**, **108**
Choi, Ahrum > N°1 **76**
Choi, YoungWoo > N°1 **76**
Clasen, Stephan > N°2 **42**
Clawien, Christian > N°4 **52**
Clement, Reto > N°1 **57**
Combes, Nico > N°1 **82**
Conneus, Lutz > N°4 **50**
Conrad, Jenny > N°4 **88** f.
Cürsgen, Julia > N°4 **77**

D

Dankers, Thijs > N°1 **64** f.
Dawson, Josh Patrick > N°3 **40**
Demeco, Pasquale > N°3 **82**
Dengel-Ongcoy, Yasmin > N°4 **106**
de Seriis, Markus > N°3 **82**
Devaux, Loic > N°3 **82**
Devine, Eva > N°1 **73** f.
Dieckert, Kurt Georg > N°4 **60**, **62**, **108** f.
Dienstbier, Julia > N°1 **34** f.
Dietrich, Florian > N°4 **41**
Dörner, Holger > N°3 **62** f.
Dörning, Boris > N°2 **42**
Doser, Romi Diana > N°1 **68** f.
Doyen, Maximilian > N°1 **79** f., **81**
Drebinger, Katrin > N°2 **59** f.
Dreisbach, Julia > N°3 **41**
Dreyer, Nils > N°3 **38**, **41**
Ducu, Sonia > N°1 **57**
Duhn, Daniel > N°4 **97** f.
Duncker, Dennis > N°3 **40**
Dunkel, Lara > N°3 **56**
Dycke, Moritz > N°4 **56**

E

Eckard, Valérie > N°1 **57**
Ecken, Dagmar > N°3 **82**
Eggert, Martin > N°1 **40**, **50**
Egli, Miriam > N°1 **59**, N°2 **81**, N°3 **36**, **83**
Eglin, Matthias > N°1 **57**
Ehlers, Frauke > N°4 **60**
Eibenstein, Peter > N°4 **77**
Eiglsperger, Kathrin > N°3 **54** ff.
Einwohlt, Sonja > N°3 **58**
Ellrich, Juliane > N°2 **69**
Elma, Damien > N°3 **82**
Ender, Simon > N°1 **70**, N°3 **65**, **76**
Enderlein, Johanna > N°1 **83**
Engel, Christian > N°1 **63**
Entrup, Benjamin > N°1 **64**
Erb, Matthias > N°1 **83**, **86**, N°2 **63**, **65**, N°4 **74**
Ercan, Taner > N°3 **49** f., **52** f.
Ernesti, Felix > N°1 **50**
Eschenbacher, Kai > N°1 **52** f.

Eslam, Alex > N°1 **83**
Esmarch, Katharina > N°1 **52 f.**, **73 f.**
Essig, Frank > N°1 **66 f.**
Eugster, Bruno > N°1 **59**
Eugster, Katharina > N°3 **36**
Eugster, Maximilian > N°1 **59**
Eugster, René > N°1 **59**, **72**, N°2 **81**, N°3 **36**, **83**

F

Fahrion, Andreas > N°1 **66 f.**, N°2 **39**
Falk, Vanessa > N°3 **40**, N°4 **51**
Fälsch, Markus > N°3 **44**, **49 f.**, **52 f.**
Farwick, Jo Marie > N°2 **68 f.**, N°3 **68 f.**
Fassbender, Patrick > N°3 **83**
Fauth, Yannick > N°2 **50**
Feichtinger, Stephan, Ing. > N°3 **71**, **79**
Feld, Jürgen > N°2 **35**
Feldhusen, Arne > N°3 **69**
Felsmann, Christian > N°1 **63**
Fenn, Daniela > N°3 **59 f.**
Fernandes, Rohan > N°4 **46**
Fernandes, Rohan Vitus > N°1 **76**, N°4 **47**
Fernandez, Julia > N°4 **79**
Ferraz, Raphael > N°2 **70**, N°4 **70 f.**
Feurstein, Chris > N°3 **65**, **76**
Finzelberg, Adrian > N°1 **64 f.**
Fischer, Katja > N°4 **90**, **92**
Fischer, Marlon > N°2 **66 f.**
Fischer, Michael > N°3 **59 f.**
Fischer, Oliver > N°2 **44**, N°3 **46**, N°4 **103**
Fischer, Sascha > N°2 **72**
Fischer-Appelt, Bernhard > N°4 **52**
Fitza, Susanne > N°1 **64 f.**
Florian, Lucas > N°4 **50**
Föhr, Ben > N°1 **64**
Fournet, Isabelle > N°1 **76**
Franke, Ingo > N°4 **67**
Franke, Nadja > N°4 **68**
Frercksen, Maximilian > N°2 **52**
Freund, Giorgina > N°3 **44**, **49 f.**, **52 f.**
Fries, Christian > N°4 **72**
Friesen, Ursula > N°4 **82**
Fritz, Dennis > N°1 **76**, N°4 **46 f.**
Fröhlich, Tobias > N°3 **62 f.**
Frölich, Michaela > N°2 **44**, N°3 **46**, N°4 **103**
Frommen, Benjamin > N°4 **41**
Frost, Andreas > N°1 **47**, **49**
Fuchs, Michael > N°3 **40**, N°4 **51**

G

Gabriel, Marco > N°1 **47**, **49**
Gaiswinkler, Gernot > N°2 **62**
Gaitzsch, Almuth > N°4 **72**
Ganster, Michael > N°2 **74**
Gardiner, Adam > N°1 **62**
Gassner, Ulf > N°4 **87**
Gaubatz, Holger > N°3 **50**, **52 f.**
Gazibara, Senjel > N°3 **32**
Geisler, Wolfgang > N°2 **32**
Gelewski, Sandra > N°3 **32**
Gelhar, Andre > N°3 **50**
Gengelbach, Ariane > N°1 **47**, **49**
Georgoglou, Andreas > N°1 **81**
Geppert, Susanne > N°3 **44**
Gerlach, Chris > N°4 **90**, **92 f.**
Gerstenhauer, Wolfgang > N°3 **74**
Gerstmann, Sara-Vanessa > N°4 **41**
Geyer, Andreas > N°3 **82**
Gharbi, Nassim > N°1 **62 f.**
Ghin, Claudio > N°2 **72**
Giese, Daniel, Dr. > N°4 **74**
Gittermann, Alice > N°4 **106**
Glaubitz, Jonas > N°2 **58**
Glöckner, Dorothee > N°3 **59 f.**
Glöckner, Martin > N°4 **90**, **92 f.**
Gocht, Peter > N°4 **48**
Göhrs, Phillip > N°3 **38**
Goldbach, Sven > N°4 **90**, **92 f.**
Gorbach, Andreas > N°3 **79**
Görlich, Uwe > N°3 **62 f.**, N°4 **68**
Gössling, Mathias > N°4 **87**
Grabherr, Sascha > N°2 **28**, N°3 **79**
Grandt, Oliver > N°3 **41**
Graß, Sarah > N°2 **76 f.**
Grass, Martin > N°1 **58**
Grauer, Jochen > N°3 **74**
Griffel, Sandra > N°2 **70**
Grigolla, Nathaniel > N°1 **64 f.**
Grimm, Benedikt > N°1 **43**
Grohn, Andreas > N°1 **64 f.**
Groll, Dieter > N°4 **44**
Grompone, Lucia > N°1 **71**
Gross, Dominik > N°4 **67**
Grunewald, Clemens > N°3 **41**
Grünewald, Nicole, Dr. > N°1 **88**
Gschossmann, Thomas > N°1 **44**, N°3 **37**, **70**
Guelzau, Ilka > N°2 **50**
Gülmen, Esra > N°4 **73**, **97 f.**
Gumbert, Sebastian > N°3 **66**
Guschker, Felix > N°3 **38**

H

Haas, Helmut > N°2 **45**
Haase, Paul > N°1 **62 f.**
Hahn, Ursula > N°3 **59 f.**
Haidar, Marjan > N°1 **47**, **49**, N°4 **50**
Haist, Nicole > N°3 **66**
Hamel, Gerhard > N°3 **37**
Hammad, Muhammad > N°2 **90**, **92**, **97 f.**
Hanf, Eva > N°1 **64 f.**
Hann, Klaus > N°3 **82**
Hannemann, Markus > N°2 **45**
Harless, Richard > N°4 **46 f.**
Harmsen, Jonas > N°4 **93 f.**
Hartmann, Jan > N°3 **40**
Hase, Alexandra > N°2 **61**
Hau, Roland > N°3 **86**
Hauf, Inna > N°1 **79 f.**
Haupt, Andreas > N°3 **35**
Hauschild, Ulrich > N°1 **86**
Hauser, Birgit > N°3 **46**
Hecht, Thilo > N°2 **59**
Heffels, Guido > N°2 **66 f.**, **71**, N°3 **54 f.**, N°4 **73**, **90**, **92 f.**
Heffels, Kerstin > N°2 **66 f.**
Heiler, Ricarda > N°1 **62 f.**
Heimgartner, Lisa Yvonne > N°2 **71**
Hein, Nadine > N°2 **45**
Hein, Stephanie > N°4 **46 f.**
Heine, Dirk > N°1 **46**
Heine, Olaf > N°4 **97 f.**
Heitker, Meike > N°1 **34 f.**
Heitzmann, Stefan > N°2 **41**
Hellberg, Jan > N°1 **47**, **49**
Hellmann, Christian > N°1 **86**
Hellmann, Wolfgang > N°2 **39**
Henck, Holger > N°1 **34 f.**
Henckel, Jan Willem > N°4 **51**
Henckus, Michael > N°3 **66**
Hennings, Torsten > N°1 **58**, N°2 **65**
Hepfer, Hubert > N°1 **56**
Herden, Ingrid > N°4 **84 f.**
Herold, Horst > N°4 **88 f.**
Herz, Michael > N°2 **72**
Hess, Maria > N°3 **82**
Hesse, Thomas > N°2 **70**
Heuchemer, Bernd > N°2 **32**, **47**
Heyer, Alicia > N°1 **37 f.**
Higler, Peter > N°2 **32**
Hildebrandt, Rafael-Maria > N°3 **82**
Hoeborn, Laura > N°2 **71**
Hoeltschi, Serge > N°1 **76**
Hofer, Christoph > N°3 **70**
Hoff, Rainer > N°3 **82**
Hoffmann, David > N°4 **51**
Hoffmeister, Jan > N°3 **32**
Holst, Molly > N°4 **70 f.**
Holtekötter, Tim > N°2 **67**
Holtkötter, Tim > N°2 **66**
Holzheier, Marco > N°3 **62 f.**
Honer, Rainer > N°1 **56**
Hopf, Till > N°3 **54 f.**
Hoppe, Heinz > N°2 **48**
Hörler, Valeria > N°1 **59**, N°2 **81**
Hormann, Cynthia > N°2 **50**
Horwedel, Sinya > N°3 **44**, **50**, **52 f.**
Hotz, Constance, Dr. > N°3 **66**, N°4 **75**
Hoyer, Pierre > N°3 **41**
Hren, Jessica > N°2 **68 f.**
Huck, Christian > N°1 **64**, N°3 **40**
Hudl, Sebastian > N°2 **59**
Hug, Stephanie > N°1 **57**
Hügli, Pam > N°1 **57**
Humke, Carsten > N°1 **83**
Hummer, Marlene > N°4 **62**
Hünsch, Heiko > N°2 **47**
Hutle, Katharina > N°3 **70**

I

Imanov, Udschal > N°4 **51**
Inan, Kadir > N°4 **51**
Isgro, Frank, PD Dr. > N°2 **58**, N°3 **58**

J

Jäger, Olaf > N°2 **24**
Jäger, Regina > N°2 **24**, **30**
Jahnen, Felix > N°1 **47**, **49**
Jahnke, Timo > N°2 **35**
Jakober, Nathalie > N°1 **57**
Janas, Andrea > N°3 **32**
Janecki, Ralf > N°1 **46**
Jansen, Frank > N°2 **78**
Janssen, Manfred, Dr. > N°4 **83**
Janzen, Henning > N°1 **76**
Jendrny-zur Löwen, Klaudia > N°3 **62 f.**
Jochum, Simon > N°4 **97 f.**
Johnson, Hannah > N°4 **50**
Johnson, Salome > N°3 **59 f.**
Jokerst Gracias, Thomas, Dr. > N°3 **38**
Joo, Jae-Seong > N°1 **76**
Joo, KiHwan > N°1 **76**
Jorde, Regina > N°1 **71**
Jud, Roman > N°3 **56**
Jung, Teresa > N°2 **71**
Juran, Benjamin > N°3 **82**

K

Kalach, Isthia > N°3 **82**
Kamisli, Ceylan > N°4 **106**
Kammeier, Anne > N°4 **60**, **62**, **108 f.**
Kannemeier, Eva > N°1 **88**
Kannemeier, Georg D. > N°1 **88**
Karavidas, Katharina > N°4 **41**
Karolus, Stephon > N°4 **46 f.**
Karsten, Sophie > N°3 **40**
Kaspar, Gerd > N°4 **44**
Kastrati, Aferdita > N°2 **50**
Kathan, Georg > N°2 **41**, N°3 **42**
Kathmann, Marc > N°2 **35**
Katterfeld, Silke > N°4 **84 f.**
Kaufmann, Daniel > N°4 **97 f.**
Kaufmann, Ralph > N°1 **68 f.**
Kaul, Franziska-Maria > N°3 **54 f.**
Kauth, Johannes > N°2 **41**
Kaye, Cosima > N°3 **82**
Kemanes, Evridiki > N°1 **33**, N°4 **45**
Kemper, Thomas, Dr. > N°3 **44**, **49 f.**, **52 f.**
Kempf, Kristina > N°2 **58**
Kempf, Melanie > N°4 **88 f.**
Keppeler, Stephanie > N°4 **56**
Kessler, Roman > N°2 **32**
Kierdorf, Thomas > N°2 **42**
Kiklas, Katharina > N°4 **79**
Kim, Eric Ju Yoon > N°1 **76**
Kirch, Alexander > N°4 **83**
Kirch, Jochen > N°4 **77**, **79**
Kirchhartz, Tom > N°4 **51**
Kirchmair, Claudia > N°4 **46 f.**
Kiurina, Olli > N°2 **65**
Klaedtke, Malte > N°1 **47**, **49**, N°4 **50**
Klahr, Tobias > N°4 **80**
Klaiber, Martin > N°4 **56**
Kläne, Benedikt > N°2 **38**
Klein, Martin C. > N°1 **68 f.**
Kleyh, Kathrin > N°3 **32**
Klingberg, Paul > N°1 **63**
Klingenberg, Ilka > N°4 **50**
Klocke, Michael > N°2 **48**
Klöfer, Danilo > N°2 **68 f.**, N°3 **68 f.**
Klose, Daniel > N°4 **50**
Klytta, Doris > N°1 **90 f.**
Kniebaum, Lena > N°1 **73 f.**
Kniekamp, Kai > N°2 **69**
Knipperts, Hella > N°3 **38**
Kobelentz, Andrea > N°4 **45**
Koch, Antje > N°4 **75**
Kock, Nico, Dr. > N°4 **74**
Koenigsfeld, Dirk > N°2 **74**, **76 f.**
Kohlenberger, Julia > N°3 **52 f.**
Köhler, Mathias > N°3 **49**
Kollhorst, Bruno > N°3 **38**, **41**
Kölling, Lukas > N°2 **66**
König, Jan > N°1 **82**
Königstorfer, Manfred > N°2 **62**

Köpke, Jan > N°4 **50**
Kordt, Heinz-Achim > N°2 **61**
Kornrumpf, Meike > N°2 **71**
Kowalski, Björn > N°1 **62 f.**
Kräh, Thomas A. > N°3 **59 f.**
Krämer, Bastian > N°2 **32**
Krämer, Egon > N°3 **74**
Krauß, Benedikt > N°3 **80**, N°4 **110**
Kraus, Creative Services > N°4 **96**
Kraus, Frank-Oliver > N°4 **84 f.**
Kraus, Kerstin > N°4 **93 f.**, **97 f.**
Kraus-Sparmann, Thieß > N°3 **82**
Krause, Anna-Mareike > N°4 **50**
Krause, Jasmin > N°1 **34 f.**
Krause, Sibylle > N°2 **24**
Krefeld, Georg > N°3 **82**
Kreimer, Tobias > N°3 **40**
Krenz, André > N°1 **52 f.**
Kress, Saskia > N°4 **76**
Kretz, Johannes > N°1 **56**
Kreutzer, Katja > N°2 **54 f.**
Krieger, Tim > N°4 **93 f.**
Krogmann, Christiane > N°4 **50**
Krolla, Gianna > N°1 **34 f.**
Krüger, Hendrik > N°3 **42**
Krüger, Ina > N°4 **76**
Krump, Sandra, Dr. > N°4 **82**
Krüttgen, Anneke > N°1 **90 f.**
Krzonkalla, Sabine > N°3 **59 f.**
Küchler, Marco > N°2 **32**
Kühn, Charlotte > N°4 **90**, **92 f.**, **96 f.**
Kuhn, Max > N°2 **50**
Kuhnle, Jörg > N°1 **82**
Kükenthal-Thiel, Maren > N°4 **84 f.**
Kulzer, Thiemo > N°1 **64 f.**
Künzle, Marc > N°1 **72**
Kurz, Judith > N°2 **38**
Kurz, Stephan > N°3 **86**
Kuschmirz, Gregor > N°2 **42**, N°4 **70 f.**
Kutka, Alexander > N°3 **69**

L

Labots, Jan > N°3 **43**
Lachermeier, Sebastian > N°4 **41**
Lalive, Michel > N°3 **36**
Lamm, Frank > N°1 **86**
Landmann, Hinnerk > N°1 **92**
Lange, Christoph > N°1 **47**, **49**
Lange, Mirco > N°2 **63**, **65**
Langer, Iris > N°4 **44**
Langgartner, Lorenz > N°1 **76**, N°4 **46 f.**
Lautner, Michael > N°1 **83**, **86**, N°2 **63**, **65**

Lederle, Alexander > Nº 1 86
Lee, Jung-Seok > Nº 1 76
Lehanka, Kai-Uwe > Nº 1 42, Nº 4 64
Lehmann, Kathrin > Nº 2 52
Lehmann, Lena > Nº 2 71
Leipnitz, Robert > Nº 2 72
Leitner, Tamara > Nº 1 84
Lempke, Carlota > Nº 4 97 f.
Lenz, Max > Nº 1 52 f.
Leonhardt, Josefine > Nº 1 71, Nº 4 70 f.
Lerch, Andreas > Nº 3 41
Leschner, Kristian > Nº 3 69
Leupin, Shem > Nº 1 44
Leuschen, Julia > Nº 2 74, 76
Leuschen, Thomas > Nº 2 72
Leutloff, Anette > Nº 2 48
Leverenz, Sven > Nº 2 32, 47
Liakhov, Kostiantyn > Nº 1 76, Nº 4 46 f.
Lieder, Jonas > Nº 4 72, 106
Lienhard, Tizian > Nº 1 57
Lindermeir, Philipp > Nº 3 46
Lindner, Patrick > Nº 1 59, Nº 2 81, Nº 3 36, 83
Link, Matthias > Nº 1 71
Löber, Axel > Nº 2 50
Lokocz, Kathi > Nº 2 40
Loos, Alfons > Nº 2 32, 47
Lorenz, Mario > Nº 2 28, Nº 3 71, 79 f., Nº 4 107, 110
Lotz, Chris > Nº 4 73
Lövenforst, Wiebke > Nº 2 77
Löwl, Anna > Nº 3 42
Lüber, Thomas > Nº 1 57
Lüchinger, Julia > Nº 1 59, Nº 3 36, 83
Lutz, Ricarda > Nº 1 34 f.
Lützel, Sandra > Nº 4 88 f.
Lützkendorf, Andreas > Nº 4 50
Lux, Evelin > Nº 4 80

M

Machel, Sandra > Nº 3 82
Machholz, Markus > Nº 1 43
Mäder, Christoph > Nº 1 47, 49
Magdziarz, Maciej > Nº 2 68 f.
Magel, Stefan > Nº 2 72
Mager, Ralf > Nº 4 88 f.
Magin, Konrad > Nº 3 82
Mahner, Julia > Nº 2 54 f.
Mahr, Robert > Nº 2 48
Maier, Clemens > Nº 3 66
Maier-Wimmer, Stefan > Nº 1 52 f., 73, Nº 2 59 f.
Maier-Wimmer, Stefan > Nº 1 74
Majeron, Benjamin > Nº 4 48
Makedonskiy, Alexander > Nº 1 33, Nº 4 45
Manthey, Andreas > Nº 3 32

Marcelli, Nora > Nº 1 88
Marquardt, Oliver > Nº 2 69
Martens, Nina > Nº 1 57
Martens, Sebastian > Nº 4 52
Martin, Susi > Nº 1 57
Marx, Matthias > Nº 2 28
Märzinger, Mathias > Nº 1 44, Nº 3 37, 70
Maßmann, Laura > Nº 3 82
Mattern-Specht, Silke > Nº 3 82
Matthäus, Anja > Nº 3 32
Matzke, Chris > Nº 3 41
Maurer, Clemens > Nº 3 42
Maurer, Matthias > Nº 4 50
Max, Johannes > Nº 3 82
May, Björn > Nº 4 82
May, Cornelia > Nº 4 80, 82
Mayer, Joel > Nº 1 57
Mayer, Lukas > Nº 4 107
Mayer, Stephanie > Nº 4 107
Mayer, Wolfgang > Nº 4 107
Mehler, Michael > Nº 1 90 f.
Meier, Michael > Nº 1 56, Nº 4 75
Meier, Steffen > Nº 2 54 f.
Meier, Ulrike > Nº 4 83
Meissner, Anna > Nº 3 68 f.
Mengele, Andreas > Nº 4 90, 92 f.
Mennes, Alexandra > Nº 2 42
Mense, Michael > Nº 2 61
Messerer, Matthias > Nº 2 45
Meuer, Kristian > Nº 2 74
Meyer, Kersten > Nº 4 41
Meyer, Peter > Nº 3 50
Meyer, Sönke > Nº 2 35, 38
Meyer, Till > Nº 1 66 f., Nº 2 39
Michel, Anja > Nº 3 54 f.
Miesel, Michelle > Nº 2 30
Mild, Elisabeth > Nº 1 43
Milzarek, Dirk > Nº 2 35, 38
Mitzkus, Alexander > Nº 4 70 f.
Mockridge, Leonardo > Nº 1 92
Molitor, Johanna > Nº 3 82
Molitor, Ludger > Nº 3 82
Moll, Maya > Nº 3 82
Mondoloni, Laurent > Nº 2 70
Monti, Flavia > Nº 3 66
Moon, Samuel > Nº 3 38
Moosbrugger, Matthias > Nº 3 71, 79 f., Nº 4 110
Morales, David > Nº 4 81
Morawej, Yasmine > Nº 4 46 f.
Morcinek, Stephanie > Nº 4 46 f.
Morton, Rocky > Nº 1 40
Moser, Zeno > Nº 4 75
Mothwurf, Ono > Nº 3 37
Müller, Bastian > Nº 3 42
Müller, Beate, Mag. > Nº 3 76
Müller, Fabian > Nº 2 32
Müller, Lutz > Nº 2 67, Nº 3 50
Müller, Nils > Nº 3 82
Mulloy, Daniel > Nº 2 71

Münzer, Alexander > Nº 3 54 f.
Mürle, Hanspeter > Nº 3 66
Müßeler, Catharina > Nº 1 88

N

Nagel, Stefan > Nº 1 40
Nakoinz, Torben > Nº 3 80
Nandelstädt, Christian > Nº 3 62 f.
Nausner, Jonathan > Nº 4 93 f.
Neubauer, Antje > Nº 3 44, 49 f., 52 f.
Neudecker, Stephan > Nº 3 60, Nº 4 89
Niesler, Ina > Nº 2 52
Nimke-Sliwinski, Birgit > Nº 4 77, 79
Nipp, Michael > Nº 1 56
Nitsche, Pacco > Nº 3 69
Noerenberg, Gerold > Nº 4 88 f.
Nolte, Miriam > Nº 3 82
Notter, Heiko > Nº 3 32
Nürnberger, Marcel > Nº 4 70 f.

O

Oelkers, Oliver > Nº 4 80
Ohly-Nauber, Katja > Nº 1 64 f.
Ok, Nara > Nº 1 76
Olsson, Petrus > Nº 1 57
Oppmann, Simon > Nº 3 44, 49 f., 52 f.
Ortega Barrios, Caleb Dayan > Nº 1 82
Otec, Marvin > Nº 3 42
Ott, Vivien > Nº 2 71
Overberg, Hans-Bernhard, Dr. > Nº 4 103
Owsianowski, Lilli > Nº 1 64 f.

Ö

Öztürk-Lettau, Jan > Nº 1 73 f.

P

Pachoinig, Lukas > Nº 4 46 f.
Pahl, Olaf Bruno > Nº 2 54 f., 61
Pakravesh, Bahador > Nº 1 33, Nº 4 45
Pakravesh, Behnaz > Nº 1 33, Nº 4 45
Pampin, Hugo > Nº 1 62 f.
Panagiotakis, Anne Zoe > Nº 2 50
Parent, Jean-Claude > Nº 3 66
Parsonneau, Julien > Nº 3 82
Pasanen, Jyri > Nº 3 36
Paul, Daniel > Nº 2 32

Pauli, Casper > Nº 3 82
Peters, Sandra > Nº 3 85
Petersen, Artjom > Nº 3 35
Petersson, Kalle > Nº 3 36
Petersson, Philipp > Nº 3 36
Petry, Paul Jonas > Nº 3 82
Peukert, Thomas > Nº 2 38
Pfaff, Yuko M. > Nº 2 46
Pfanner, Isabel > Nº 3 80
Pfannmüller, Felix > Nº 2 66 f.
Pfau, Miriam > Nº 2 59 f.
Philipp, Jessica > Nº 4 81
Philipp, Simon Jasper > Nº 3 32
Piepenbring, Kirsten > Nº 3 62 f.
Pilar, Agnes > Nº 1 56
Pincin, David > Nº 3 56
Pirner, Sven > Nº 1 73 f., Nº 2 59 f.
Pistorius, Stephan > Nº 2 32, 47
Planert, Sven-Olaf > Nº 4 40
Plieth, Frederike > Nº 2 41
Pohler, Katharina > Nº 1 82
Polák, Robin > Nº 1 86
Pompe, Jens > Nº 1 79 f., 81
Popescu, Robin > Nº 3 42
Potekhin, Andrey > Nº 1 64 f.
Poulsen, Per Juul > Nº 1 76
Price, Nathan > Nº 2 69
Prüfer, Hanne > Nº 1 79 f., 81
Puri, Nina > Nº 4 97 f.

R

Raab, Ulrike > Nº 3 86
Rackow, Bogdan > Nº 4 97 f.
Ramm, Christine > Nº 3 54 f.
Rathgeber, Liv > Nº 1 46
Rauprich, Kim > Nº 3 35
Rausch, Louis > Nº 3 40
Reese, Hendrik > Nº 3 59 f., Nº 4 88 f.
Reindl, Günther > Nº 2 62
Reinhard, Philipp > Nº 3 59
Reinhardt, Carl-Jochen > Nº 2 50
Ressler, Ute > Nº 2 68 f., Nº 3 68 f.
Rettelbach, Elisabeth > Nº 3 83
Retzbach, Romaeus > Nº 1 56
Richter, Maik > Nº 2 71
Richters, Ivonne > Nº 4 112
Rieseweber, Henning > Nº 1 76
Riis, Peter > Nº 1 83
Rink, Lydia > Nº 2 54 f.
Ritter, Matthias > Nº 2 32
Rödiger, Christin > Nº 4 84 f.
Roeppischer, Franz > Nº 1 76, Nº 4 46 f.
Roland, Astrid > Nº 1 57

Roman-Perse, Andrea > Nº 2 69
Römmelt, Peter > Nº 3 44, 49 f., 52 f.
Ronacher, Nikolaus > Nº 2 68 f.
Rosemann, Daniel > Nº 4 40
Rosenthal, Daniel > Nº 4 93 f.
Rössler, Fabian > Nº 4 97 f.
Rössner, Birte > Nº 3 32
Ruess, Christian > Nº 2 68 f.
Ruhe, Martin > Nº 2 69
Rullfs, Christian > Nº 4 81
Rung, Eduard > Nº 2 74
Ruppel, Thimo > Nº 2 38
Rusch, Jürg > Nº 2 81
Rutishauser, Dominique > Nº 1 59, Nº 2 81, Nº 3 36, 83
Rymar, Stefan > Nº 3 38, 41

S

Saak, Karolin > Nº 4 90, 92 f.
Sahin, Asli > Nº 3 49
Salinas, David > Nº 3 58
Salz, Arne > Nº 1 83, 86, Nº 2 63, 65, Nº 4 74
Sander, Stefan > Nº 3 41
Sapper, Denise > Nº 2 72
Sargant, Madeleine > Nº 3 71, 80
Schäfer, Patric > Nº 2 70
Schäfers, Vanessa > Nº 1 83
Schaller, Søren > Nº 1 64, Nº 4 81
Schaller, Yannick > Nº 1 57
Schauder, Kirstin > Nº 2 63, 65
Scheer, Peter > Nº 2 48
Scheibner, Anne > Nº 3 43
Scheller, Stefan > Nº 2 44, Nº 3 46, Nº 4 103
Scherf-Niß, Katja > Nº 2 78
Schernikau, Jörg, Dr. > Nº 1 66 f.
Scheuerer, Dieter > Nº 1 52 f.
Schill, Alexander > Nº 1 57, 76, Nº 4 46 f.
Schiller, Enrico > Nº 2 45
Schilling, Judith > Nº 4 81
Schlaier, Alina > Nº 1 71, Nº 4 70 f.
Schlein, Nicole > Nº 2 32
Schmid, Moritz > Nº 4 77
Schmidt, Oliver > Nº 3 44, 49 f., 52 f.
Schmidt, Stefan > Nº 4 60, 62, 108 f.
Schmidt-De la Cruz, Juanita > Nº 3 59 f.
Schmidtholz, Rainer > Nº 1 46
Schmidtke, Frederik > Nº 4 52
Schmitz, Torsten > Nº 4 56
Schnack, Jan > Nº 3 59 f.
Schneider, Christopher > Nº 4 72, 106
Schneider, Claudio > Nº 3 36

Schnell, Sebastian > Nº 3 66
Schniedermeier, Diana > Nº 4 76
Schnitt, Josie > Nº 4 81
Schoengen, Maximilian Florian > Nº 4 48
Scholz, Britta > Nº 3 41
Schönborn, Ulrike > Nº 4 45
Schönefeld, Ludwig > Nº 2 30
Schönefuß, Rebekka > Nº 4 79 f., 41
Schopp-Steinborn, Oliver > Nº 4 87
Schoppmann, Benno > Nº 2 67
Schrader, Margret, Dr. > Nº 4 > 68
Schramm, Sandro > Nº 1 82
Schröder, Annika > Nº 3 32
Schroder, Markus > Nº 4 48
Schuart, Kathleen > Nº 1 50
Schubert, Björn > Nº 4 92 f.
Schubert, Jonas > Nº 4 90, 92 f.
Schubert, Jürgen > Nº 2 32
Schubert, Marco > Nº 2 71
Schuler, Klara > Nº 4 103
Schuler, Rainer > Nº 4 103
Schuler, Sabine > Nº 4 103
Schulz, Diane > Nº 1 76
Schumacher, Jennifer > Nº 1 88
Schüßler, Martin > Nº 3 82
Schütte, Rainer > Nº 2 40
Schwarck, Kimberly > Nº 2 67
Schwarck, Thorsten > Nº 4 76
Schwarz, Tom > Nº 4 40
Schwärzler, Tina > Nº 3 37
Schwegler, Bernhard > Nº 4 103
Schwenk, Charlotte > Nº 1 34 f.
Schwigon, Sabrina > Nº 4 97 f.
Sciammacca, Antonino > Nº 2 41
Seehaver, Maik > Nº 3 82
Seidel, Isabel > Nº 3 79, Nº 4 110
Seong, Ki > Nº 1 76
Serrat, Raul > Nº 1 57
Sidou Abdulkader, Hosam > Nº 2 44
Siedler, Christian > Nº 1 43
Siegmund, Johannes > Nº 3 85
Siemann, Almuth > Nº 4 41
Siemers, Andy > Nº 3 36
Sistig, Michael > Nº 3 82
Sketcher, Ariane > Nº 2 71, Nº 3 49 f., 52 f.
Smidt, Alina > Nº 2 35
Söderlund, Olga > Nº 4 90, 92 f.
Sogas, Andreas > Nº 4 56
Sojic, Vincent > Nº 3 82
Söllch, Kai > Nº 2 32

Soller, Marco > N°2 **60**
Sondenheimer, Antonia > N°1 **50**
Soto, Yasmin > N°4 **97 f.**
Specht, Götz > N°3 **82**
Sperling, Mike > N°3 **32**
Spiegel, Sarah > N°3 **42**
Spiering, Simone > N°4 **46 f.**
Spieß, Bernhard > N°3 **66**
Spitzer, Thomas > N°2 **52**
Spörer, Tobias > N°1 **34 f.**
Spötzl, Amely > N°3 **82**
Springer, Sven > N°1 **47, 49**
Stach, Arne > N°3 **54 f.**
Stahl, Jan Moritz > N°3 **82**
Stark, Nicolas > N°1 **57**
Stauber, Roland > N°3 **44, 49 f., 52 f.**
Steffen, Gerrit > N°3 **32**
Stegemann, Rob > N°4 **51**
Steinbach, Corinna > N°2 **78**
Steiner, Daniel > N°1 **72**
Steiner, Felix > N°4 **90, 92 f., 98**
Steiner, Pattrick > N°3 **62 f.,** N°4 **68**
Steinhausen, Ralph > N°4 **44**
Steinke, Yvonne > N°3 **74**
Stemmer, Ulrike > N°2 **42, 70,** N°4 **70 f.**
Stengele, Uwe > N°3 **58**
Stephan, David > N°1 **40, 50**
Stepper, Julia > N°4 **51**
Stern, Kristian > N°1 **40**
Steuber, Ingo > N°3 **85**
Stieger, Petra > N°3 **37**
Stiehl, Rodian > N°2 **40**
Stiller, Martin > N°1 **86**
Stilling, Anne > N°1 **79 f.**
Stoll, Anita > N°2 **58**
Storath, Matthias > N°4 **73, 90, 92 f.**
Storto, Carola > N°4 **90, 92, 97 f.**
Strathmann, Gregor > N°1 **90 f.**
Strecker, Johannes > N°2 **58**
Ströhle, Jörg > N°1 **58,** N°3 **37**
Strunz-Michels, Marc > N°2 **54 f., 61**
Stüker, Sandra > N°1 **92**
Stumpf, Sebastian > N°4 **93 f.**
Stutz, Tobias > N°3 **82**
Suchanek, Andrea > N°3 **32**
Sutter, Michael > N°3 **71**
Szewczuk, Tommy > N°3 **32**
Széchényi, Dénes > N°2 **24**

T

Taggart, Paul > N°2 **50**
Taubitz, Barbara > N°3 **62 f.**
Tebart, Marc > N°4 **81**
Teichmann, Gwen > N°1 **64**
Teichmann, Lisa > N°4 **73, 90, 92 f.**
Templin, Vincent > N°1 **50**
Teufel, Alexander > N°2 **41,** N°3 **42**
Teufel, Marco > N°2 **41,** N°3 **42**
Teufel, Pascal > N°2 **41,** N°3 **42**
Theil, Jens > N°1 **83, 86,** N°2 **63, 65,** N°4 **74**
Thein, Lukas > N°3 **82**
Theissing, Peter > N°2 **38**
Thelen-Reloe, Bettina > N°4 **83**
Thiele, Dirk > N°3 **82**
Thiele, Mirko > N°2 **65**
Thiemann, Elisa > N°1 **92**
Thieme, Sascha > N°4 **108 f.**
Thomas, Francesca > N°1 **82**
Thomas, Norbert > N°3 **82**
Thomas, Oliver > N°3 **82**
Thonfeld, Sonja > N°4 **106**
Thumwood, Alex > N°4 **93 f.**
Tomkins, Toby > N°4 **48**
Toni, Behrang > N°3 **43**
Tornatzky, Nadine > N°1 **37 f.**
Tornatzky, Thomas > N°1 **37 f.**
Treichel, Elisabeth > N°4 **73, 90, 92 f.**
Tremmel, Doris > N°1 **64 f.**
Trinkl, Stephan > N°3 **59 f.,** N°4 **88 f.**
Tronke, Britta > N°4 **48**
Trulley, Julia > N°4 **67**

U

Um, Mira > N°3 **69**
Unkel, Tobias > N°2 **45**
Unterhuber, Lennart > N°1 **83**
Urban, Anja > N°3 **86**

V

v. Liebenstein, Johannes > N°3 **40**
Vajda, Petra > N°1 **52 f.**
Vallero, Carmen > N°4 **79**
Vaternahm, Claudia > N°3 **44, 49 f.**
Viehweg, Sven > N°2 **61**
Vieser, Carla > N°3 **68 f.**
Vieweg, Frank > N°2 **52**
Voelskow, Charlotte > N°3 **82**
Vogel, Johannes > N°4 **93 f.**
Vögel, Stefan > N°2 **28,** N°3 **80,** N°4 **110**
Vogel, Stephan, Dr. > N°3 **44, 49 f., 52 f.**
Vogeler, Anne > N°1 **92**
Vogler, Silke > N°2 **60**
Vogt, Vanessa > N°1 **63**
Volkers, Björn > N°4 **44**
Volkert, Andreas > N°1 **88**
Vollmeier, Heike > N°2 **68 f.**
von Appen, Fabian > N°2 **50**
von Baczko, Volker > N°3 **82**
von Bechtolsheim, Matthias > N°2 **67**
Voncken, Nina > N°3 **38**
von Geisau, Oliver > N°1 **64 f.**
von Hoyningen-Huene, Anne > N°3 **82**
von Muralt, Felix > N°3 **36**
von Schleyer, Marlis > N°3 **44, 49 f., 52 f.**
Voss, Corinna > N°4 **70 f.**

W

Wachter, Thomas, Mag. > N°3 **70**
Wagner, Melanie > N°3 **38, 41**
Walter, Kathi > N°2 **68 f.,** N°3 **68 f.**
Walter, Markus > N°1 **52 f.**
Wandschneider, Chris > N°1 **50**
Warnecke, Cord > N°1 **46**
Wartenberg, Silke > N°2 **52**
Warter, Vera > N°3 **59 f.**
Weber, Robert > N°1 **47, 49**
Weber, Julia > N°1 **86**
Weber, Katharina > N°3 **59 f.**
Weich, Tanja > N°2 **24**
Weichsel, Iris > N°3 **59 f.**
Weinhold, Patrick > N°4 **50**
Weiß, Lisa > N°4 **88 f.**
Weiß, Ronny > N°1 **73 f.**
Weiser, Claudia > N°3 **82**
Weishäupl, Martin > N°3 **71**
Wellhäußer, Christian > N°3 **54 f.**
Weltz-Rombach, Alexandra > N°4 **72**
Welzenbach, Alex > N°3 **80,** N°4 **107**
Welzenbach, Bruno > N°2 **28,** N°3 **71, 79,** N°4 **110**
Weninger, Michael > N°4 **88 f.**
Werner, Benjamin > N°4 **52**
Wick Rossi, Diana > N°1 **57**
Wiedemann, Ole > N°1 **92**
Wiegel, Doro > N°2 **54 f., 61**
Wieland, Heidemarie > N°2 **40**
Wieschermann, Dominik > N°1 **47, 49**
Wieser, Claudia > N°4 **82**
Wiewel, Dominik > N°2 **35**
Wilfert, David > N°3 **32**
Wilk, Michael > N°4 **48**
Wilkesmann, Barbara > N°2 **32**
Willen, David > N°2 **35**
Wilm, Madeleine > N°4 **112**
Winder, Katharina > N°1 **44,** N°3 **70**
Winkler, Christine > N°4 **80**
Winter, Mario > N°1 **78**
Wittfeld, Kim > N°4 **51**
Wittkamp, Benjamin > N°1 > **34 f.**
Wittkamp, Bernd > N°3 **35**
Woelk, Rike > N°4 **50**
Wohlnick, Lars > N°2 **71**
Wojtas, Jochen > N°3 **86**
Wolburg, Christine > N°1 **64 f.**
Wolf, Benjamin > N°1 **71,** N°2 **42**
Wolf, Cornelia > N°4 **107**
Wolff, Christel > N°4 **81**
Wouters, Armin, Dr. > N°4 **82**
Würflingsdobler, Hermann > N°1 **84**

Y

Yom, Bill > N°1 **76**
Yoo, YeongKyu > N°1 **76**

Z

Zabel, Laura > N°2 **50**
Zander, Daniel > N°3 **62 f.,** N° > 4 **68**
Zander-Görlich, Karin > N°3 > **62 f.**
Zech, Peter > N°2 **32**
Zietlow, André > N°3 **38**
Zille, Annika > N°2 **52**
Zimmer, Johannes > N°3 **35**
Zimmermann, Patrick > N°1 > **47, 49**
Zimmermann, René > N°2 **50**
Zitzmann, Gerhard > N°2 **48**
Zöllner, Bernd > N°3 **82**
Zucker, Heidi > N°1 **73 f.**
Zünkeler, Bernhard, Dr. > N°3 > **82**
Zünkeler, Ulrich > N°3 **82**

IMPRESSUM

Econ ist ein Verlag der
Ullstein Buchverlage GmbH, Berlin

ISBN 978-3-430-20256-5
ISSN 1616-2528

© **ULLSTEIN BUCHVERLAGE GMBH
BERLIN 2018**

Alle Rechte der Verbreitung, auch durch Film, Funk und Fernsehen, fotomechanische Wiedergabe, Tonträger jeder Art, auszugsweisen Nachdruck oder Einspeicherung und Rückgewinnung in Datenverarbeitungsanlagen aller Art, sind vorbehalten.

Trotz sorgfältiger Bearbeitung und Prüfung können weder der Verlag noch die genannten Unternehmen eine Garantie oder sonstige Haftung für die Richtigkeit der dargestellten Informationen übernehmen. Der Verlag macht sich die Angaben zu den dargestellten Unternehmen nicht zu eigen.

PROJEKTTEAM ECON FORUM
Nadine Städtner (Leiterin)
Monika Skandalis
Katharina Schulze Dieckhoff

GRAFISCHE KONZEPTION UND UMSCHLAGGESTALTUNG
Anzinger und Rasp Kommunikation GmbH, München

GRAFISCHE UMSETZUNG UND REPRODUKTION
tiff.any GmbH, Berlin

KORREKTORAT
Lektorat Oliver Krull, Berlin

DRUCK UND BINDEARBEITEN
Grafisches Centrum Cuno GmbH & Co. KG, Calbe (Saale)

MIX
Papier aus verantwortungsvollen Quellen
FSC® C043106

Printed in Germany

KONTAKT
Econ Forum im Econ Verlag
Ullstein Buchverlage GmbH
Friedrichstraße 126
D-10117 Berlin
T +49 30 23456-524
www.econforum.de

BRANCHENVERGLEICH 2010

MEDIEN, KOMMUNIKATION, GESELLSCHAFT UND RECRUITING

MIT PREISTRÄGERN, BESTEN DER BRANCHEN UND SHORTLIST DER JURY

EINE PUBLIKATION DER ECON MEGAPHON AWARDS FÜR KOMMUNIKATION

Econ

Inhalts verzeichnis

N° 4

MEDIEN UND SOZIALES

3
INDEX
der aufgenommenen Arbeiten

7
AGENTURRANKING

8
ECON MEGAPHON AWARDS 2018: DIE JURY

10
DAS WINNERS' DINNER 2018
Ein Rückblick
auf die Preisverleihung

PORTRÄTS DER
MEGAPHONPREISTRÄGER

12
HEIMAT, BERLIN
Dark Diaries
The Melanoma Campaign

20
DENKWERK
The world through different eyes

24
LA RED
Sag's mir ins Gesicht

26
SEVENONE ADFACTORY
Circus HalliGalli Live Spots

28
SERVICEPLAN / PLAN.NET
The Fashion Mag Hijack

30
FISCHERAPPELT
#starkfürdich

34
INTERACTIVE MEDIA FOUNDATION
Ulm Stories – Geschichten einer Stadt

38
KAMPAGNEN /
EINZELARBEITEN
Beste der Branche
Shortlist der Jury
Branchenvergleich

114
REGISTER AGENTUREN

118
REGISTER
PRODUKTIONSFIRMEN UND
DIENSTLEISTER

122
REGISTER AUFTRAGGEBER

124
REGISTER PERSONEN

128
IMPRESSUM

Index der aufgenommenen Arbeiten

G GRAND PRIX (in 2018 nicht vergeben)
M MEGAPHONSIEGER
B BESTER DER BRANCHE
S SHORTLIST DER JURY
V BRANCHENVERGLEICH

Im Branchenvergleich aufgenommen werden aus den eingesandten Einreichungen diejenigen Kommunikationsmaßnahmen, die die jeweilige Branche durch die vorgelegten Arbeiten im Vergleich der Wirtschaftssegmente überzeugend und aktuell repräsentieren.

Arbeiten, die aus diesem Vergleich besonders hervorstechen, bilden die Shortlist der Jury. Aus diesem Kreis werden von den Juroren durch Abstimmung nach Noten sowie in anschließender gemeinsamer Diskussion die Preisträger der Megaphone (vergeben in den Kategorien des Wettbewerbs) benannt.

Bester der Branche kann nur werden, wer der Shortlist der Jury angehört. Die Auszeichnung wird nur dann vergeben, wenn in der betreffenden Branche mindestens drei Einzelbeiträge vorliegen.

INDEX DER AUFGENOMMENEN ARBEITEN

MEGAPHONPREISTRÄGER

N° 1

12 ELBKIND

- 14 M M ALFRED RITTER GMBH & CO. KG I „RITTER SPORT Einhorn"
- 16 M DAIMLER AG I Mercedes-Benz „A Guide to Growing up"
- 18 M DENKWERK: STANLEY BLACK&DECKER DEUTSCHLAND GMBH I „Social Tools"
- 20 M WAVEMAKER: S.OLIVER BERND FREIER GMBH & CO. KG I „The Fusion Collection"
- 22 M AGENTUR AM FLUGHAFEN: DOMUS LEUCHTEN & MÖBEL AG I „Auf ein Glas bei Wehrle's"
- 26 M HEINE WARNECKE DESIGN: TRINK MEER TEE GBR I „Trink Meer Tee"

N° 2

- 12 M AGENTUR AM FLUGHAFEN: BY MAREI EINRICHTUNGSKONZEPTE AG I „Hockar", das erste multifunktionale Imagebroschüremailing
- 14 M HEIMAT, BERLIN: HORNBACH BAUMARKT AG I „Smashing the Cliches"
- 18 M ÜBERGROUND: LIDL STIFTUNG CO. KG I „#SANTACLARA"

N° 3

12 HEIMAT, BERLIN

- 14 M M SWISSCOM AG I „#snowdrawings"
- 15 M SWISSCOM AG I „Unlock Switzerland"

16 OGILVY & MATHER

- 18 M DB MOBILITY LOGISTICS AG I „Zukunft der Mobilität"
- 20 M DB MOBILITY LOGISTICS AG I „Mehr ToleranzZeit"
- 22 M ORANGE COUNCIL: DEUTSCHE TELEKOM AG I „Refresh Telekom Headquarters"
- 26 M ÜBERGROUND: TIPP24 SERVICES LTD. I „DANKE MILLION"

N° 4

12 HEIMAT, BERLIN

- 14 M M FREIE DEMOKRATISCHE PARTEI I „Dark Diaries"
- 16 M STIFTUNG DEUTSCHE KREBSHILFE I „The Melanoma Campaign"

- 20 M DENKWERK: DEUTSCHE SYNÄSTHESIE-GESELLSCHAFT E. V. I „The world trhough different eyes"
- 24 M LA RED: ARD-AKTUELL, TAGESSCHAU.DE I „Sag's mir ins Gesicht"
- 26 M SEVENONE ADFACTORY I „Circus HalliGalli Live Spots"
- 28 M SERVICEPLAN / PLAN.NET: STYLIGHT GMBH I „The Fashion Mag Hijack"
- 30 M FISCHERAPPELT: BUNDESMINISTERIUM DES INNERN I „#starkfürdich"
- 34 M INTERACTIVE MEDIA FOUNDATION I „Ulm Stories – Geschichten einer Stadt"

SHORTLIST DER JURY UND BRANCHENVERGLEICH

N° 1

VERBRAUCHSGÜTER / B2C
NAHRUNG UND GENUSS

- 30 B S SMUUS GMBH I MAYD, Hamburg
- 34 M S ALFRED RITTER GMBH & CO. KG I elbkind, Hamburg
- 37 V BÄCKEREI VOOSEN GMBH & CO. KG I neue formen, Köln
- 40 S BEL DEUTSCHLAND GMBH I david+martin, davidmartin, München
- 41 S DR. KLAUS KARG AG I Lingner Online, Fürth
- 42 V GRÜNE EMMA GMBH I Lehanka Kommunikationsagentur, Fichtenau-Rötlein
- 43 V MONDELEZ DEUTSCHLAND SERVICES GMBH & CO. KG I TWT Interactive, Düsseldorf
- 44 S STOLL KAFFEE AG I zurgams kommunikationsagentur, Dornbirn

NICHTALKOHOLISCHE GETRÄNKE

- 46 M TRINK MEER TEE GBR I Heine Warnecke Design, Hannover

ALKOHOLISCHE GETRÄNKE

- 47 B S MAST-JÄGERMEISTER SE I LA RED, Hamburg
- 50 S CAMPARI DEUTSCHLAND GMBH I david+martin, davidmartin, München
- 52 S V HASEN-BRÄU BRAUEREIBETRIEBS-GESELLSCHAFT MBH I Bloom, Nürnberg
- 56 V HIRSCH-BRAUEREI HONER GMBH & CO. KG I Schindler Parent, Meersburg

WEITERE VERBRAUCHSGÜTER

- 57 S MIBELLE GROUP AG I SERVICEPLAN / PLAN.NET
- 58 S ZURGAMS KOMMUNIKATIONSAGENTUR, Dornbirn

GEBRAUCHSGÜTER / B2C
AUTOMOBIL (PKW)

- 59 B EMIL FREY AG I Agentur am Flughafen, Altenrhein
- 62 S OPEL AUTOMOBILE GMBH I Effekt-Etage, Berlin
- 64 M S DAILMER AG I elbkind, Hamburg

AUTOMOBIL-/KFZ-ZUBEHÖR

- 66 V EBERSPÄCHER CLIMATE CONTROL SYSTEMS GMBH & CO. KG I FACT, Kirchheim / Teck
- 68 V RECARO AUTOMOTIVE SEATING GMBH I FACT, Kirchheim / Teck

BAUEN UND WOHNEN

- 70 V ARCHRAUM AG I Ender Werbung, Lustenau
- 71 M S STANLEY BLACK&DECKER DEUTSCHLAND GMBH I denkwerk, Köln

EINRICHTUNG

- 72 M DOMUS LEUCHTEN & MÖBEL AG I Agentur am Flughafen, Altenrhein

HAUSHALTSWAREN UND -GERÄTE

- 73 S V ELECTROLUX HAUSGERÄTE VERTRIEBS GMBH I Bloom, Nürnberg

UNTERHALTUNGS- UND TELEKOMMUNIKATIONSELEKTRONIK

- 76 B DOT INC I SERVICEPLAN / PLAN.NET
- 78 S SAMSUNG ELECTRONICS GMBH I Cheil Germany, Schwalbach im Taunus
- 79 S VODAFONE GMBH I WAVEMAKER, Düsseldorf

KLEIDUNG

- 82 M S.OLIVER BERND FREIER GMBH & CO. KG I WAVEMAKER, Düsseldorf
- 83 S WENDEL GMBH CO. KG I Wynken Blynken & Nod, Hamburg

PERSÖNLICHER BEDARF

- 84 V E. DOPPLER CO. GMBH I Hammerer, Ried im Innkreis

WEITERE GEBRAUCHSGÜTER

- 86 B MYTOYS.DE GMBH I Wynken Blynken & Nod, Hamburg
- 88 V G. PASSIER & SOHN GMBH I The Vision Company Werbeagentur, Köln
- 90 V RALF BOHLE GMBH I markt & werbung m&w, Mönchengladbach
- 92 S VIESSMANN GMBH & CO. KG I fischerAppelt, Berlin

N° 2

INDUSTRIE / B2B
INVESTITIONSGÜTER

- 24 **B** PLANSEE GROUP SERVICE GMBH | jäger & jäger, Überlingen
- 28 **V** GALLUS FERD. RÜESCH AG | die3 Agentur für Werbung und Kommunikation, Dornbirn
- 30 **S** HOERBIGER HOLDING AG | jäger & jäger, Überlingen

PRODUKTIONSGÜTER

- 32 **B** SIEMENS AG | hl-studios, Erlangen
- 35 **V** GRIMME LANDMASCHINENFABRIK GMBH & CO. KG | KAAPKE Marketing, Drantum
- 37 **V** HOLZ-HER GMBH | rocket-media, Dinkelsbühl
- 38 **V** KS-ORIGINAL GMBH | KAAPKE Marketing, Drantum
- 39 **V** LESJÖFORS INDUSTRIAL SPRINGS & PRESSINGS GMBH | FACT, Kirchheim / Teck
- 40 **V** MÖLLERGROUP GMBH | STEUER Marketing und Kommunikation, Bielefeld
- 41 **V** PAUL KAUTH GMBH & CO. KG | teufels, Rottweil

SOFTWARE / IT

- 42 **B** MICROSOFT DEUTSCHLAND GMBH | denkwerk, Köln
- 44 **V** ARTISO SOLUTIONS GMBH | ATTACKE Werbeagentur, Ulm
- 45 **V** INNEO SOLUTIONS GMBH | querformat, Crailsheim
- 46 **V** JUNGHEINRICH AG | Babiel, Düsseldorf
- 47 **V** SIEMENS AG | hl-studios, Erlangen
- 48 **V** TEBIS AG | ASM Werbeagentur, München

PHARMAZIE / GESUNDHEIT

- 50 **B** MERCK KGAA | Fork Unstable Media, Hamburg
- 52 **B** MERCK KGAA | TWT Interactive, Düsseldorf
- 54 **V** MEDTRONIC GMBH | ipanema2c brand communication, Wuppertal
- 58 **V** OTSUKA PHARMA GMBH | ISGRO Gesundheitskommunikation, Mannheim
- 59 **V** SIVANTOS GMBH | Bloom, Nürnberg

WEITERE INDUSTRIEGÜTER

- 61 **V** DURIT HARTMETALL GMBH | ipanema2c brand communication, Wuppertal
- 62 **V** REINDL GESELLSCHAFT M.B.H | Hammerer, Ried im Innkreis

HANDEL / B2C
EINZELHANDEL

- 63 **B** EDEKA HANDELSGESELLSCHAFT NORD MBH | Wynken Blynken & Nod, Hamburg
- 66 **M** **S** HORNBACH BAUMARKT AG | Heimat Werbeagentur, Berlin
- 68 **M** **S** LIDL STIFTUNG CO. KG | Überground, Hamburg
- 70 **S** MEDIAMARKT GMBH | denkwerk, Köln
- 71 **S** OTTO GMBH & CO KG | Heimat Werbeagentur, Berlin
- 72 **S** PENNY MARKT GMBH | WFP Werbeagentur Felske + Partner, Mönchengladbach
- 74 **S** REAL,- SB-WARENHAUS GMBH | TeamWFP: WFP WERBEAGENTUR FELSKE + PARTNER, WFP2 GESELLSCHAFT FÜR INTERAKTIVE KOMMUNIKATION, Mönchengladbach

GROSS- UND FACHHANDEL

- 78 **B** UNILEVER DEUTSCHLAND GMBH | POINT HAMBURG Werbeagentur, Hamburg
- 80 **V** BAYERNLAND EG | Lingner Marketing, Fürth
- 81 **M** BY MAREI EINRICHTUNGSKONZEPTE AG | Agentur am Flughafen, Altenrhein

N° 3

DIENSTLEISTUNGEN / B2C
BANKEN, SPARKASSEN, INVESTMENT

- 32 **B** HYPOVEREINSBANK / UNICREDIT BANK AG | Kolle Rebbe, Hamburg
- 35 **S** STAR FINANZ-SOFTWARE ENTWICKLUNG UND VERTRIEB, Hamburg
- 36 **S** SWITZERLEND AG | Agentur am Flughafen, Altenrhein
- 37 **S** VOLKSBANK VORARLBERG E. GEN. | zurgams kommunikationsagentur, Dornbirn

VERSICHERUNGEN

- 38 **B** TECHNIKER KRANKENKASSE KDÖR | elbkind, Hamburg
- 40 **S** ACV AUTOMOBIL-CLUB VERKEHR E.V. | DUNCKELFELD, Köln
- 41 **S** TECHNIKER KRANKENKASSE KDÖR | elbkind, Hamburg

ENERGIEVERSORGUNG

- 42 **S** H. MAURER GMBH & CO. KG | teufels, Rottweil

GASTRONOMIE

- 43 **V** BERLIN BURRITO COMPANY GMBH | Frederik & Labots WA, Berlin

TOURISMUS UND VERKEHR

- 44 **B** DB MOBILITY LOGISTICS AG | Ogilvy & Mather Germany, Frankfurt am Main
- 46 **V** BUNTE HOTEL FISCHER AM SEE GMBH & CO. KG | ATTACKE Werbeagentur, Ulm
- 47 **V** CONDOR FLUGDIENST GMBH | S/COMPANY · Die Markenagentur, Fulda
- 49 **M** **S** DB MOBILITY LOGISTICS AG | Ogilvy & Mather Germany, Frankfurt am Main

TELEKOMMUNIKATION

- 54 **M** **S** SWISSCOM AG | Heimat Werbeagentur, Berlin

GESUNDHEITSKOMMUNIKATION

- 57 **V** ALPCURA FACHKLINIK ALLGÄU BETRIEBSGESELLSCHAFT MBH | schmiddesign, Kempten
- 58 **V** DR. WILLMAR SCHWABE GMBH & CO. KG | ISGRO Gesundheitskommunikation, Mannheim
- 59 **V** MEDIUS KLINIKEN GGMBH | FISCHER & FRIENDS Werbeagentur, Bad Mergentheim

WEITERE DIENSTLEISTUNGEN

- 62 **V** CLEANCAR AG | DIE WERBTÄTIGEN, Düsseldorf
- 65 **V** OCW OBERSCHEIDER CAR WORLD GMBH | Ender Werbung, Lustenau
- 66 **V** RAVENSBURGER AG | Schindler Parent, Meersburg
- 68 **M** **S** TIPP24 SERVICES LTD. | Überground, Hamburg
- 70 **V** WIFI - WIRTSCHAFTSFÖRDERUNGSINSTITUT DER WIRTSCHAFTSKAMMER VORARLBERG KDÖR | zurgams Kommunikationsagentur, Dornbirn

DIENSTLEISTUNGEN / B2B
BAUWIRTSCHAFT

- 71 **B** RHOMBERG BAU GMBH | die3 Agentur für Werbung und Kommunikation, Dornbirn
- 74 **S** DAW SE | Jochen Grauer, Marken- und Kommunikationsberatung, Lindau
- 76 **V** INTEMANN GMBH | Ender Werbung, Lustenau
- 78 **V** REHAU AG + CO | Lingner Marketing, Fürth
- 79 **S** **V** RHOMBERG BAU GMBH | die3 Agentur für Werbung und Kommunikation, Dornbirn

TELEKOMMUNIKATION

- 82 **M** DEUTSCHE TELEKOM AG | ORANGE COUNCIL, Hamburg

WEITERE DIENSTLEISTUNGEN

- 83 **B** DICTION AG | Agentur am Flughafen, Altenrhein
- 85 **V** FR. LÜRSSEN WERFT GMBH & CO.KG | Frese & Wolff Werbeagentur, Oldenburg
- 86 **V** HAU GMBH & CO. KG | querformat, Crailsheim

N° 4

MEDIEN UND KOMMUNIKATION / B2C
TV UND RADIO

- 40 **M** SEVENONE ADFACTORY, Unterföhring

INDEX DER AUFGENOMMENEN ARBEITEN

PUBLIKATIONEN

- 41 **B** KLASSIK GARAGE KRONBERG GMBH & CO. KG | Change Communication, Frankfurt am Main
- 44 **V** DUMONT MEDIENGRUPPE GMBH & CO. KG | Intevi Werbeagentur, Köln
- 45 **S** GRUNER + JAHR GMBH & CO. KG | MAYD, Hamburg
- 46 **M** STYLIGHT GMBH | SERVICEPLAN/PLAN.NET, München

ONLINE-PLATTFORMEN/-DIENSTE

- 48 **B** MG GERMANY GMBH | SERVICEPLAN/PLAN.NET, München
- 50 **M** ARD-AKTUELL, TAGESSCHAU.DE | LA RED, Hamburg
- 51 **S** UNIVERSAL MUSIC GMBH | DUNKELFELD, Köln

WERBUNG, PR, EVENT, MESSE, BERATUNG

- 52 **B** FISCHERAPPELT, Hamburg
- 54 **V** ATELIER DAMBÖCK MESSEDESIGN, Neufinsing bei München
- 56 **V** BODENSEECREW WERBEAGENTUR, Konstanz
- 58 **S** DIE3 AGENTUR FÜR WERBUNG UND KOMMUNIKATION, Dornbirn
- 60 **S** DIECKERTSCHMIDT, Berlin
- 64 **V** MEDIA RESOURCE GROUP GMBH & CO. KG | Lehanka Kommunikationsagentur, Fichtenau-Rötlein

WEITERE MEDIEN / KOMMUNIKATION

- 66 **S** ARGE DIGITAL EXCELLENCE | act&react Werbeagentur, Dortmund
- 67 **V** FOUNDERS FOUNDATION GGMBH | STEUER Marketing und Kommunikation, Bielefeld

GESELLSCHAFT, SOZIALES UND KULTUR / B2C

VEREINE, VERBÄNDE, GEMEINSCHAFTEN, STIFTUNGEN

- 68 **B** KREBSGESELLSCHAFT NORDRHEIN-WESTFALEN E.V. | DIE WERBTÄTIGEN, Düsseldorf
- 70 **M** **S** DEUTSCHE SYNÄSTHESIE-GESELLSCHAFT E.V. | denkwerk, Köln
- 72 **S** NABU – NATURSCHUTZBUND DEUTSCHLAND E.V. | BALLHAUS WEST | Agentur für Kampagnen, Berlin
- 73 **M** STIFTUNG DEUTSCHE KREBSHILFE | Heimat Werbeagentur, Berlin
- 74 **S** STIFTUNG JUGEND FORSCHT E.V. | Wynken Blynken & Nod, Hamburg
- 75 **V** STIFTUNG LIEBENAU | Schindler Parent, Meersburg
- 76 **M** INTERACTIVE MEDIA FOUNDATION, Berlin

ÖFFENTLICHE / STAATLICHE INSTITUTIONEN, STÄDTE UND KOMMUNEN

- 77 **B** BERLINER STADTREINIGUNG (BSR) ADÖR | Peperoni Werbe- und PR-Agentur, Potsdam
- 80 **V** BAYERISCHES STAATSMINISTERIUM DES INNERN, FÜR BAU UND VERKEHR | brainwaves, München
- 81 **M** BUNDESMINISTERIUM DES INNERN | fischerAppelt, Berlin
- 82 **V** ERZBISCHÖFLICHES ORDINARIAT MÜNCHEN | brainwaves, München
- 83 **V** EWG MBH | concept X, Rheine
- 84 **V** MINISTERIUM DER FINANZEN DES LANDES NRW KDÖR | KreativRealisten, EMS & P Kommunikation, Puhlheim
- 86 **S** FUF // FRANK UND FREUNDE, Stuttgart
- 87 **V** STAATSKANZLEI RHEINLAD-PFALZ | concept X, Rheine
- 88 **V** STADT NEU-ULM KDÖR | FISCHER & FRIENDS Werbeagentur, Bad Mergentheim

ORGANISATIONEN

- 90 **M** **B** **S** FREIE DEMOKRATISCHE PARTEI | Heimat Werbeagentur, Berlin

KUNST, KULTUR UND SPORT

- 100 **V** ARCHITEKTENKAMMER BADEN-WÜRTTEMBERG | FUF // Frank und Freunde, Stuttgart
- 101 **V** MT SPIELBETRIEBS- U. MARKETING AG | sxces Communication, Kassel

RECRUITING, MITARBEITERKOMMUNIKATION

- 103 **B** BEISELEN GMBH | ATTACKE Werbeagentur, Ulm
- 106 **S** ACCENTURE DIENSTLEISTUNGEN GMBH | BALLHAUS WEST | Agentur für Kampagnen, Berlin
- 107 **V** MAYER PERSONALMANAGEMENT GMBH | die3 Agentur für Werbung und Kommunikation, Dornbirn
- 108 **S** PERM4 | Permanent Recruiting GmbH | dieckertschmidt, Berlin
- 110 **S** RHOMBERG BAU GMBH | die3 Agentur für Werbung und Kommunikation, Dornbirn
- 112 **V** SCHÜCHTERMANN-KLINIK BAD ROTHENFELDE GMBH & CO. KG | team4media, Osnabrück

Agentur-ranking

AGENTUR	PUNKTE (VORJAHR)
HEIMAT, BERLIN	**37 (43)**
ELBKIND	19 (5)
DENKWERK	13 (6)
OGILVY & MATHER GERMANY	11 (16)
AGENTUR AM FLUGHAFEN	10 (–)
SERVICEPLAN / PLAN.NET	10 (18)
LA RED	8 (–)
ÜBERGROUND	8 (5)
ORANGE COUNCIL	5 (6)
SEVENONE ADFACTORY	5 (–)
WAVEMAKER	5 (–)
FISCHERAPPELT	5 (2)
HEINE WARNECKE	3 (1)
INTERACTIVE MEDIA FOUNDATION	3 (–)

IM RANKING BERÜCKSICHTIGT:
MEGAPHON IN GOLD: 7 PUNKTE
MEGAPHON IN SILBER: 5 PUNKTE
MEGAPHON IN BRONZE: 3 PUNKTE
BESTER DER BRANCHE: 1 PUNKT
GRAND PRIX (IN 2018 NICHT VERGEBEN): 10 PUNKTE

WWW.ECONFORUM.DE/MEGAPHON-AWARDS

Econ Megaphon Awards 2018: Die Jury

IN DIE JURY DER ECON MEGAPHON AWARDS BERUFEN WIR AUFTRAGGEBER VON UNTERNEHMENSSEITE, KREATIVE UND STRATEGEN AUS AGENTUREN SOWIE VERTRETER DER MEDIEN UND WISSENSCHAFT. UNSERE JURY WIRD JÄHRLICH NEU ZUSAMMENGESTELLT.

Fotos _Thomas Rosenthal

01 _ Peter Heinlein (Autor, Moderator und Kommunikationsberater)

02 _ Prof. Kora Kimpel (Professorin für Interface- und Interactiondesign Universität der Künste Berlin (UDK))

03 _ Dr. Jochen Kalka (Chefredakteur aller Titel des Verlags Werben & Verkaufen, München)

04 _ Prof. Matthias Spaetgens (Partner und Chief Creative Officer Scholz & Friends)

05 _ Fränzi Kühne (Mitgründerin und Geschäftsführerin Torben, Lucie und die gelbe Gefahr)

06 _ Ute Poprawe (Managing Director Publicis Pixelpark Frankfurt)

07 _ Mag. Andreas Johler (Marketing Director Coca-Cola Deutschland)

08 _ Anne-Friederike Heinrich (zum Zeitpunkt des Jurymeetings Chefredakteurin Werbewoche und Werbewoche Branchenreports, Zürich)

09 _ Pia Betton (Partnerin Edenspiekermann)

10 _ Michael Beer (Leiter Marketingkommunikation Berliner Verkehrsbetriebe (BVG))

NICHT AUF DEM BILD, ABER AN DER BEWERTUNG BETEILIGT

Alexander Becker (Redaktionsleiter Meedia GmbH & Co. KG)

Marlene Auer (Chefredakteurin Manstein Verlag)

Johannes Kleske (Strategieberater und Zukunftsforscher, Geschäftsführer Third Wave)

Winners' Dinner 2018

IMPRESSIONEN DER PREISVERLEIHUNG AM 01. FEBRUAR 2018 IN BERLIN

01 Die Auszeichnungen der Megaphon Awards vor der Verleihung

02 Christian Lotz und Esra Gülmen (HEIMAT, Berlin)

03 Der Veranstaltungsort Beef Grill Club im Titanic Hotel, Berlin

04 Linda Näther (SERVICEPLAN/PLAN.NET)

05 Oliver Fischer und Stefan Scheller (ATTACKE Werbeagentur, v.l.n.r.)

06 Matthias Maurer und Andreas Frost (LA RED, v.l.n.r.)

07 Andreas Frost, Matthias Maurer (LA RED) mit Aline von Drateln (v.l.n.r.)

08 Andreas Wegend (Bundesministerium des Innern), David Morales (fischerAppelt), Katharina Jünemann (Bundesministerium des Innern), Josie Schnitt, Philip Bolland und Jessica Philipp (fischerAppelt) (v.l.n.r.)

09 Saskia Kress, Ina Krüger und Diana Schniedermeier (Interactive Media Foundation, v.l.n.r.)

10 Jürgen Diessl (Verlagsleiter Econ)

11 Josie Schnitt, David Morales, Jessica Philipp (fischerAppelt) und Andreas Wegend (Bundesministerium des Innern) (v.l.n.r.)

Fotos _ Thomas Rosenthal und Jan Kobel

MEGAPHONPREISTRÄGER

01 Felix Brockmeyer
02 Martin Glöckner
03 Esra Gülmen
04 Guido Heffels
05 Chris Lotz
06 Andreas Mengele
07 Karolin Saak
08 Felix Steiner
09 Matthias Storath
10 Elisabeth Treichel

HEIMAT, Berlin

MEGAPHONPREISTRÄGER
**GOLD GOLD
SILBER
„DARK DIARIES"**
FREIE DEMOKRATISCHE PARTEI, S. 14 F.

MEGAPHONPREISTRÄGER
**BRONZE
„THE MELANOMA CAMPAIGN"**
STIFTUNG DEUTSCHE KREBSHILFE, S. 16 F.

FREIE DEMOKRATISCHE PARTEI
Dark Diaries

MEGAPHONPREISTRÄGER
GOLD DIGITALE MEDIEN
GOLD FILM
SILBER INTEGRIERTE KAMPAGNE

GESELLSCHAFT, SOZIALES UND KULTUR / B2C

VEREINE, VERBÄNDE, GEMEINSCHAFTEN, STIFTUNGEN

DIGITALE MEDIEN (DIGITALE KAMPAGNE) /
FILM (SPOT) / INTEGRIERTE KAMPAGNE

STIMMEN DER JURY

JUROR_MICHAEL BEER, LEITER DER MARKETINGKOMMUNIKATION BERLINER VERKEHRSBETRIEBE (BVG)

„Die eingesetzten Bilder waren ausdrucksstark und in Verbindung mit Social Media genau der richtige Weg, um eine politikverdrossene Zielgruppe zu aktivieren, die man sonst nicht erreicht hätte. Eine außergewöhnliche Kampagne, die für viel Aufmerksamkeit gesorgt hat!"

Wie kamen Sie auf die Idee, einen Kriegsfotografen für die Kampagne einzusetzen?

Felix Steiner und Felix Brockmeyer _ Unser Ansatz war, einen schonungslosen und wahrhaftigen Einblick in den harten Wahlkampf von Christian Lindner zu zeigen. Diese Echtheit bekommt man natürlich eher mit einem Fotografen, der normalerweise im Sudan und in Malawi arbeitet, als mit einem, der schon 100 Politiker inszeniert hat.

Das gesamte Interview finden Sie auf unserer Webseite.
ecfo.me/ga_hmt5
Beitragscredits auf S. 93 F.

STIFTUNG DEUTSCHE KREBSHILFE
The Melanoma Campaign

MEGAPHONPREISTRÄGER
BRONZE PRINT

GESELLSCHAFT, SOZIALES
UND KULTUR / B2C

VEREINE, VERBÄNDE,
GEMEINSCHAFTEN, STIFTUNGEN

PRINT (ANZEIGE)

Wie viele Entwürfe hat es gebraucht?

Esra Gülmen _ Bereits nach ein oder zwei Versuchen wurde deutlich, dass die einfache Umsetzung funktioniert. Die Finalisierung hat dann aber ziemlich lange gedauert. Ohne zu übertreiben: Es brauchte noch etwa 3.987.457 weitere Layouts, bis wir gesagt haben: Es ist perfekt.

Das gesamte Interview finden Sie auf unserer Webseite.
ecfo.me/ga_hmt3
Beitragscredits auf S. 73

STIMMEN DER JURY

JURORIN _ UTE POPRAWE, MANAGING DIRECTOR VON PUBLICIS PIXELPARK, FRANKFURT AM MAIN

„Durch das Übereinanderlegen der verschiedenen Sonnensituationen wurde eindrücklich gezeigt, was zu Hautkrebs führen kann. Und das habe ich in den vielen Jahren meiner Karriere noch nie so bildhaft dargestellt gesehen."

MEGAPHONPREISTRÄGER

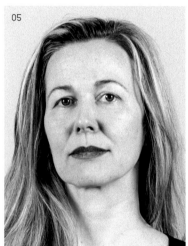

01 Bart Claessens
02 Gregor Kuschmirz
03 Alexander Mitzkus
04 Marcel Nürnberger
05 Alina Schlaier
06 Ulrike Stemmer

denkwerk

MEGAPHONPREISTRÄGER
GOLD
„THE WORLD THROUGH DIFFERENT EYES"
DEUTSCHE SYNÄSTHESIE-GESELLSCHAFT E.V., S. 22 F.

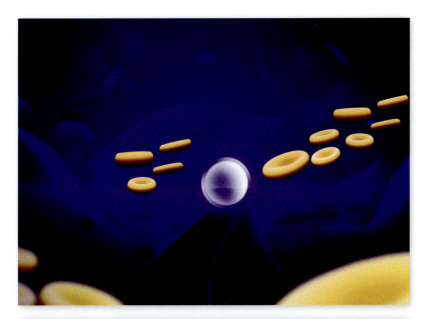

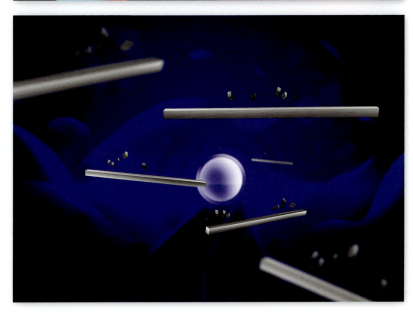

STIMMEN DER JURY

JURORIN _ PROF. KORA KIMPEL, PROFESSORIN FÜR INTERFACE- UND INTERACTIONDESIGN AN DER UNIVERSITÄT DER KÜNSTE BERLIN (UDK)

„Virtual Reality als Medium zu nutzen, um Synästhesie erfahrbar zu machen, um einzutauchen in eine Welt, die mehrere Sinne gleichzeitig anspricht, ist eine passende Umsetzung. Man greift hier die besondere Stärke von Virtual Reality, ein ganz immersives Erlebnis zu ermöglichen, gekonnt auf."

DEUTSCHE SYNÄSTHESIE-GESELLSCHAFT E. V.

„The world through different eyes"

Wie ist die Idee entstanden?

Alina Schlaier und Alexander Mitzkus _ *Wir waren von Anfang an fasziniert von der Idee, auf der einen Seite Menschen mit Synästhesie in ihrem Alltag kennenzulernen und vorzustellen und gleichzeitig das Phänomen zu erläutern, indem wir es nachvollziehbar machen. Eine Website mit einer Interviewreihe und interaktiven Visualisierungen, gekoppelt mit einer vollkommenen synästhetischen Realität als VR, erschien uns da die beste Lösung.*

Das gesamte Interview finden Sie auf unserer Webseite.
ecfo.me/ga_dnkwrk2
Beitragscredits auf S. 70

MEGAPHONPREISTRÄGER
GOLD DIGITALE MEDIEN

GESELLSCHAFT, SOZIALES UND KULTUR / B2C

VEREINE, VERBÄNDE, GEMEINSCHAFTEN, STIFTUNGEN

DIGITALE MEDIEN (MOBILE / APPS)

STIMMEN DER JURY

JURORIN FRÄNZI KÜHNE, MITGRÜNDERIN UND GESCHÄFTSFÜHRERIN DER AGENTUR FÜR DIGITAL BUSINESS, TORBEN, LUCIE UND DIE GELBE GEFAHR

„Eine besonders zeitgemäße und mutige Kampagne. Da stellen sich die Journalisten von der ARD, die sonst immer die ganzen Hater-Kommentare übers Web bekommen und unter der Gürtellinie beschimpft werden, dort hin und setzen sich direkt mit den Leuten auseinander, die diese Beschimpfungen machen. Einfach ein innovativer Ansatz, der genau zur richtigen Zeit kam."

ARD-AKTUELL, TAGESSCHAU.DE

„Sag's mir ins Gesicht"

LA RED

**MEGAPHONPREISTRÄGER
GOLD** DIGITALE MEDIEN

MEDIEN UND KOMMUNIKATION / B2C

ONLINE-PLATTFORMEN/-DIENSTE

DIGITALE MEDIEN
(SOCIAL-MEDIA-AKTIVITÄTEN)

01 Kevin Breynck
02 Hannah Johnson
03 Malte Klädtke
04 Ilka Klingenberg
05 Daniel Klose
06 Jan Köpke

Was hat Sie an den Gesprächen zwischen Moderatoren und „Hatern" überrascht?

Jan Köpke _Überrascht hat uns, dass der Ton im direkten Gespräch ziemlich friedlich und gesittet war. Es ist eben etwas anderes, wenn einem plötzlich ein Mensch von Angesicht zu Angesicht gegenübersitzt, als alleine vor seinem Rechner zu sitzen.

Das gesamte Interview finden Sie
auf unserer Webseite.
ecfo.me/ga_lrd
Beitragscredits auf S. 50

Circus HalliGalli Live-Spots
SevenOne AdFactory

STIMMEN DER JURY

JUROR _ DR. JOCHEN KALKA, CHEFREDAKTEUR ALLER TITEL DES VERLAGS WERBEN & VERKAUFEN

„Hier wurde die Aufmerksamkeit auf spielerische Art extrem erhöht. Es war mutig, auch von den Unternehmen, weil niemand weiß, wie es ausgeht. Das war live, und ich bin ganz sicher, es hat die junge Zielgruppe erreicht, die etwas verrückte. Und man darf eins nicht vergessen, es sind Sympathiewerte, die hier extrem hoch auf die Markenwerte einzahlen."

01 Sven-Olaf Planert
02 Daniel Rosemann
03 Tom Schwarz

MEGAPHONPREISTRÄGER
SILBER PROMOTION

MEDIEN UND KOMMUNIKATION / B2C

TV UND RADIO

PROMOTION (AKTIVITÄTEN)

Vor welche Herausforderungen hat Sie die Arbeit gestellt?
Tom Schwarz _ Da wir noch nie einen live gespielten Werbeblock umgesetzt hatten, konnten wir auf keine Erfahrungswerte zurückgreifen. Die Gesamtlänge des Werbespots war im Vorfeld schwer planbar, das stellte unter anderem eine Herausforderung dar, und natürlich kann während der Show immer etwas Unvorhersehbares passieren.

Das gesamte Interview finden Sie auf unserer Webseite.
ecfo.me/ga_71
Beitragscredits auf S. 40

STYLIGHT GMBH

The Fashion Mag Hijack

SERVICEPLAN / PLAN.NET

01 Azim Abasbek
02 Jonas Binder
03 Dennis Fritz
04 Claudia Kirchmair
05 Lorenz Langgartner
06 Lukas Pachoinig
07 Franz Roeppischer

Mit Blick auf das Ergebnis, was hat Sie am meisten begeistert oder überrascht?

Lorenz Langgartner _ Dass es tatsächlich so gut funktioniert und inzwischen den Weg in ein dauerhaftes Format / Geschäftsmodell gefunden hat.

Das gesamte Interview finden Sie auf unserer Webseite.
ecfo.me/ga_srvcpln1
Beitragscredits auf S. 47 F.

STIMMEN DER JURY

JUROR _ MAG. ANDREAS JOHLER, MARKETING DIRECTOR FÜR COCA–COLA DEUTSCHLAND

„Eine sehr spannende Kombination von drei Playern, eigentlich schon fast drei unterschiedlichen Medien, die den jeweiligen spezifischen Benefit darlegen und eine Win-win-Situation für alle erzeugen. Der Nutzer hat damit die ultimative Convenience: Er blättert das Magazin durch, das normalerweise nur offline genutzt wird, und kann jetzt mit dem Smartphone schnell und unkompliziert eine Auswahl treffen."

MEGAPHONPREISTRÄGER
SILBER DIGITALE MEDIEN
SILBER DIALOGMARKETING

MEDIEN UND KOMMUNIKATION / B2C

PUBLIKATIONEN

DIGITALE MEDIEN (MOBILE / APPS) /
DIALOGMARKETING (DIGITAL)

MEGAPHONPREISTRÄGER

01 Philip Bolland
02 Johannes Buzasi
03 Sarvenaz Moini
04 David Morales
05 Jessica Philipp
06 Christian Rulfs
07 Judith Schilling
08 Josie Schnitt
09 Kadia Sow

fischer–Appelt

MEGAPHONPREISTRÄGER
BRONZE
„#STARKFÜRDICH"
BUNDESMINISTERIUM DES INNERN, S. 32 F.

BUNDESMINISTERIUM DES INNERN
#starkfürdich

STIMMEN DER JURY

JURORIN _ PIA BETTON, PARTNERIN BEI EDENSPIEKERMANN

„In Zeiten von Behinderung von Rettungseinsätzen durch Publikum tat es gut, stolze Menschen zu sehen, die sich wirklich einsetzen für das, was sie tun, und dabei einfach nur einen guten Job machen wollen. Ein Film, der schön gemacht war und die Situation der Einsatzkräfte sehr authentisch und unglamourös darstellt, ohne dabei klischeehaft zu wirken."

Mit welcher Aufgabenstellung ist das Bundesministerium des Inneren auf Sie zugekommen?

David Morales _ Polizisten werden attackiert, Notärzten der Weg versperrt, und der Feuerwehr essen Schaulustige die Brötchen weg. Das ist respektlos. Menschen sterben wegen so etwas! Das geht eigentlich in keinen Kopf, und trotzdem ist es Realität. Und die sollte geändert werden.

Das gesamte Interview finden Sie auf unserer Webseite.
ecfo.me/ga_fa
Beitragscredits auf S. 81

MEGAPHONPREISTRÄGER
BRONZE FILM

GESELLSCHAFT, SOZIALES UND KULTUR / B2C
ÖFFENTLICHE / STAATLICHE INSTITUTIONEN, STÄDTE UND KOMMUNEN

FILM (IMAGE)

MEGAPHONPREISTRÄGER

01 Saskia Kress
02 Ina Krüger
03 Diana Schniedermeier
04 Thorsten Schwark

Interactive Media Foundation

MEGAPHONPREISTRÄGER
BRONZE
„ULM STORIES – GESCHICHTEN EINER STADT"
INTERACTIVE MEDIA FOUNDATION GGMBH, S. 35 F.

Welche Herausforderungen gab es bei der Umsetzung?

Ina Krüger _ Zunächst musste eine umfassende Recherche sicherstellen, dass wir das Ulmer Münster und die Altstadt historisch korrekt und so detailreich und authentisch wie möglich in 3-D umsetzen können. Darüber hinaus mussten die 3-D-Designer, Entwickler und IT-Spezialisten in jeder Phase der Umsetzung die optimale Balance zwischen Echtzeit-Performance, künstlerischem Anspruch und realistischer Detailtreue bei gleichzeitigem freiem Flugverhalten finden. Und auch das ist spektakulär gelungen.

Das gesamte Interview finden Sie
auf unserer Webseite.
ecfo.me/ga_imf
Beitragscredits auf S. 76

**MEGAPHON-
PREISTRÄGER
BRONZE** INNOVATION

GESELLSCHAFT, SOZIALES UND KULTUR / B2C

VEREINE, VERBÄNDE, GEMEINSCHAFTEN, STIFTUNGEN

INNOVATION

INTERACTIVE
MEDIA FOUNDATION

Ulm Stories – Geschichten einer Stadt

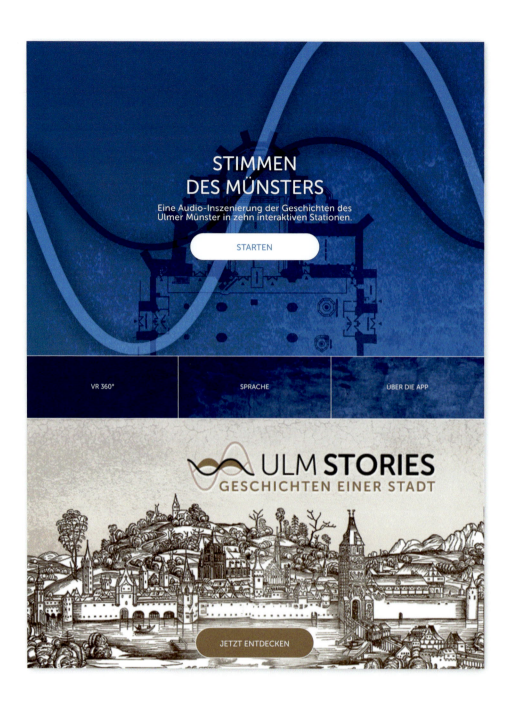

STIMMEN DER JURY

JUROR _ PETER HEINLEIN, FREIER AUTOR, MODERATOR UND KOMMUNIKATIONSBERATER

„Dreidimensional erzählt eine Gratis-App vom höchsten Kirchturm der Welt und dem Münster. Dreidimensional ist auch die virtuell nachgebildete Stadt des 19. Jahrhunderts, die man selbst fliegend erkunden kann. Eindrucksvoll möglich macht dies ein Fluggerät mit manuell zu bewegenden Flügeln und Gegenwind. So hatte sich das einst der als ‚Schneider von Ulm' verspottete Flugpionier Albrecht Berblinger vorgestellt."

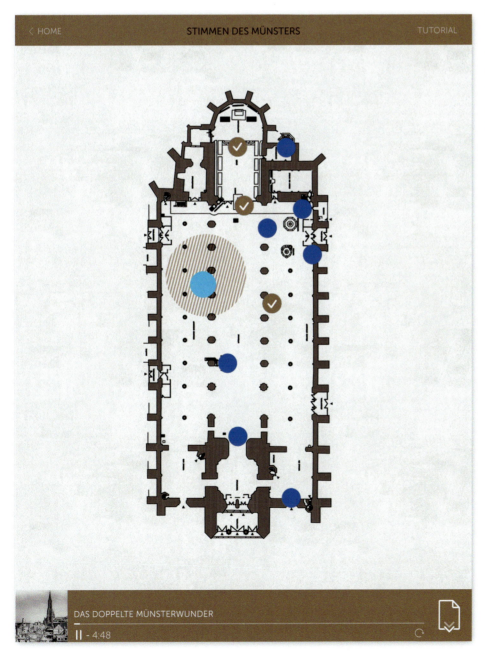

40
**KAMPAGNEN /
EINZELARBEITEN**
Beste der Branche
Shortlist der Jury
Branchenvergleich

MEDIEN UND
KOMMUNIKATION / B2C

TV UND RADIO

PROMOTION / AKTIVITÄTEN

SevenOne AdFactory GmbH /
Circus HalliGalli Live-Spots

Idee: Im Rahmen von Circus HalliGalli wird kurzfristig ein Werbeblock gecancelt. Joko Winterscheidt und Klaas Heufer-Umlauf setzen sieben Produkte einfach selbst in Szene. Durch authentische Protagonisten und der perfekten Formatwahl wird dem Zuschauer pures Entertainment geboten und die maximale Aufmerksamkeit für den Kunden erreicht.
Umsetzung: Zum Staffelauftakt am 29.08.16 findet das Spektakel auf ProSieben live statt. Zuvor wurde weltweit noch nie ein gesamter Werbeblock live produziert und durchgespielt.
Erfolg: Ein souveräner Audience-Flow mit einer Reichweite, die auch während des Live-Werbeblocks nicht unter eine Million fällt. Research bestätigt: innovativ, ungesehen und kreativ.

KUNDE SevenOne AdFactory GmbH, Unterföhring AGENTUR SevenOne AdFactory GmbH, Unterföhring KREATIV GESCHÄFTSFÜHRER Tom Schwarz STRATEGIE Sven-Olaf Planert / Daniel Rosemann FILMPRODUKTION Florida TV GmbH

KLASSIK GARAGE KRONBERG GMBH & CO. KG

„Garagengefühl – Das Magazin der Klassik Garage Kronberg"

CHANGE COMMUNICATION GMBH / FRANKFURT AM MAIN

Florian Dietrich 01
Sebastian Lachermeier 02
Almuth Siemann 03

Welcher Soundtrack hat Sie während der Erstellung der Arbeit motiviert?
Sebastian Lachermeier _ Eine intensive Mischung aus Ölgeruch, Motorenwummern eines 1970er Ford Mustangs, Fahrtwind, der sich um die Ohren schmiegt, und das Gefühl, jede Bodenwelle ungefiltert zu spüren.

Das gesamte Interview finden Sie auf unserer Webseite.
ecfo.me/ga_change

MEDIEN UND
KOMMUNIKATION / B2C

PUBLIKATIONEN

PRINT / PUBLIKATION

KLASSIK GARAGE KRONBERG GmbH & Co. KG / Garagengefühl – Das Magazin der Klassik Garage Kronberg

Lifestylemagazine sind Hohlköpfe, Wirtschaftsmagazine sind Streber, Automagazine sind Proleten, und Werbeblätter sind Nervtöter. Wir können von alldem etwas. Mit einem interdisziplinären Team entwickelten wir diese Publikation. Auf 60 Seiten verdichtet und auf 1.000 Exemplare limitiert. Das Design spiegelt die Charaktervielfalt der Oldtimer Schwarzmatt und böse wie ein Mustang. Im Überformat wie ein Samba Bus. Puristisch wie ein 911er. Spielerisch wie ein Alfa Spider. Mit prominenten Gesichtern, bohrenden Fragen und schlagfertigen Antworten.

MEDIEN UND KOMMUNIKATION / B2C

PUBLIKATIONEN

PRINT / PUBLIKATION

KLASSIK GARAGE KRONBERG GmbH & Co. KG / Garagengefühl – Das Magazin der Klassik Garage Kronberg

KUNDE KLASSIK GARAGE KRONBERG GmbH & Co. KG, Eschborn **AGENTUR** Change Communication GmbH, Frankfurt am Main **GESCHÄFTSFÜHRERIN** Almuth Siemann **CREATIVE DIRECTOR** Florian Dietrich / Sebastian Lachermeier **TEXT** Katharina Karavidas **DESIGN** Sara-Vanessa Gerstmann / Kersten Meyer / Benjamin Frommen **ILLUSTRATION** Rebekka Schönefuß

MEDIEN UND
KOMMUNIKATION / B2C

PUBLIKATIONEN

OUT OF HOME / MEDIEN

DuMont Mediengruppe GmbH & Co. KG / Sonntag Express

Das Motiv „Mehr Fakten am Sonntag" ist eins von drei Motiven, mit denen der „Sonntag Express" aus dem DuMont Verlag in Köln das überarbeitete Blatt bewirbt. Auf vier Seiten mehr gibt's mehr Politik, mehr Köln-News und zusätzlich einen Krimi (weitere zwei Motive der Kampagne). Die Kampagne wurde auf Mega-Light-Postern und auf Infoscreens im Kölner Stadtgebiet geschaltet und zielte auf die lokale Öffentlichkeit.

KUNDE DuMont Mediengruppe GmbH & Co. KG, Köln MARKETINGLEITUNG Ralph Steinhausen WERBELEITUNG Björn Volkers AGENTUR Intevi Werbeagentur GmbH, Köln CREATIVE DIRECTOR Gerd Kaspar / Dieter Groll TEXT Gerd Kaspar ART DIRECTOR Mareike Bugiel BERATUNG Iris Langer

MEDIEN UND KOMMUNIKATION / B2C

PUBLIKATIONEN

PRINT / ANZEIGE

Gruner + Jahr GmbH & Co KG / IDEAT Launch-Kampagne

G+J erwarb kürzlich die Lizenz für das französische Living-Magazin IDEAT. Das Besondere: IDEAT ist viel mehr als nur ein Interior-Designmagazin. Es ist eine Inspirationszeitschrift, die vor allem auch über Reisen, Fashion und Design berichtet. So ein ungewöhnliches Premiummagazin brauchte deshalb zum Start vor allem eine außergewöhnliche Kommunikation. Ob ein „goldener Haufen auf einem Designer-Stuhl", eine „griechische Statur in lasziver Pose auf der Couch" oder ein Flamingo im Wohnzimmer, die IDEAT Motive finden sich in sämtlichen G+J Zeitschriften wieder.

KUNDE Gruner + Jahr GmbH & Co KG, Hamburg MARKETING DIRECTOR Ulrike Schönborn PUBLISHING MANAGER Andrea Kobelentz AGENTUR MAYD GmbH & Co. KG, Hamburg CREATIVE DIRECTOR Behnaz Pakravesh / Bahador Pakravesh SENIOR ART DIRECTOR Evridiki Kemanes SENIOR COPYWRITER Alexander Makedonskiy

MEDIEN UND
KOMMUNIKATION / B2C

PUBLIKATIONEN

DIGITALE MEDIEN / MOBILE / APPS

Stylight GmbH / The Fashion Mag Hijack

Fashionmagazine sind eine wichtige Inspirationsquelle. Aber online nach den Teilen zu suchen ist kompliziert. Die Idee: das bequemste Shoppingerlebnis aller Zeiten. Ein Smartphone-Scan führt direkt vom Magazin zum Produkt auf der Modeplattform Stylight. Mithilfe der neuen Visual-Shazam-Technologie – superschnelle Bilderkennung, nativ integriert, auf 50 Mio. Smartphones in Deutschland installiert. Das Ergebnis: 50,000 + Scans, 38 Prozent Konversion, 186 Produkte ausverkauft.

http://thisisforthejury.com/fashionmaghijack

CROSSMEDIA _ KUNDE Stylight GmbH, München HEAD OF SALES & ADVERTISING Simone Spiering MANAGING DIRECTOR Joëlle Homberger EDITORIAL LEAD FASHION Stephanie Morcinek CONTENT MARKETING MANAGER Stephanie Hein COUNTRY MANAGER GERMANY (SHAZAM) Richard Harless CLIENT SERVICES ASSOCIATE (SHAZAM) Yasmine Morawej AGENTUR SERVICEPLAN GERMANY, München / PLAN.NET GERMANY, München GLOBAL CHIEF CREATIVE OFFICER Alexander Schill CREATIVE INNOVATION DIRECTOR Franz Roeppischer / Lorenz Langgartner COPYWRITER Rohan Fernandes ART DIRECTOR Azim Abasbek / Kostiantyn Liakhov DIRECTOR Stephon Karolus SENIOR MOTION DESIGNER Dennis Fritz ANIMATION Koray Altunbas MEDIAPLANER Lukas Pachoinig SENIOR MEDIAPLANER Jonas Binder SENIOR PR Claudia Kirchmair MUSIK–IDENTIFIKATIONSDIENST Shazam Entertainment Limited AGENTUR MEDIAPLUS GERMANY

MEDIEN UND KOMMUNIKATION / B2C

PUBLIKATIONEN

DIALOGMARKETING / DIGITAL

Stylight GmbH / The Fashion Mag Hijack

CROSSMEDIA _ KUNDE Stylight GmbH, München HEAD OF SALES & ADVERTISING Simone Spiering MANAGING DIRECTOR Joëlle Homberger EDITORIAL LEAD FASHION Stephanie Morcinek CONTENT MARKETING MANAGER Stephanie Hein COUNTRY MANAGER GERMANY (SHAZAM) Richard Harless CLIENT SERVICES ASSOCIATE (SHAZAM) Yasmine Morawej AGENTUR SERVICEPLAN GERMANY, München / PLAN.NET GERMANY, München GLOBAL CHIEF CREATIVE OFFICER Alexander Schill CREATIVE INNOVATION DIRECTOR Franz Roeppischer / Lorenz Langgartner COPYWRITER Rohan Vitus Fernandes ART DIRECTOR Azim Abasbek / Kostiantyn Liakhov DIRECTOR Stephon Karolus SENIOR MOTION DESIGNER Dennis Fritz ANIMATION Koray Altunbas MEDIAPLANER Lukas Pachoinig SENIOR MEDIAPLANER Jonas Binder SENIOR PR Claudia Kirchmair MUSIK–IDENTIFIKATIONSDIENST Shazam Entertainment Limited AGENTUR MEDIAPLUS GERMANY

MG GERMANY GMBH

„Die große Eiersuche"

SERVICEPLAN GERMANY, MÜNCHEN /
PLAN.NET GERMANY, MÜNCHEN

01 Peter Gocht
02 Benjamin Majeron
03 Maximilian Schöngen
04 Britta Tronke

Welche Herausforderungen gab es bei Ideenfindung und / oder Umsetzung?

*Maximilian Schöngen und Peter Gocht*_ Es ist natürlich schwierig, wenn man möchte, dass die Menschen sich mit einem ernsten Thema auseinandersetzen. Dass sie sich wirklich Zeit nehmen und sich untersuchen. Und dann kommt Lucy Cat und schafft es einfach so mit Humor und ein bisschen Erotik, die Menschen wirklich zum Mitmachen zu bewegen.

Das gesamte Interview finden Sie auf unserer Webseite.
ecfo.me/ga_srvcpln3

MEDIEN UND KOMMUNIKATION / B2C

ONLINE-PLATTFORMEN/-DIENSTE

DIGITALE MEDIEN / SOCIAL-MEDIA-AKTIVITÄTEN

MG Germany GmbH / Die große Eiersuche

Um neue User für mydirtyhobby.de zu gewinnen, nutzten wir die Freizügigkeit der Marke für etwas Gutes: In einem Erklärvideo zeigte ein Star der Website ganz genau, wie man eigenhändig gegen Hodenkrebs vorsorgt.

Die große Eiersuche zu Ostern!

Als zensierte Version auf Facebook und YouTube, unzensiert auf mydirtyhobby.de. Der Clou: Damit die Männer das auch machen, haben wir nicht sie, sondern ihre treu sorgenden Ehepartner und Freundinnen getargetet. Denn zu zweit macht das viel mehr Spaß.

https://www.facebook.com/lucycatofficial/videos/691872130996073/

KUNDE MG Germany GmbH, Hamburg PR & MARKETING MANAGER Dennis Byfield AGENTUR SERVICEPLAN GERMANY, München / PLAN.NET GERMANY, München GLOBAL CHIEF CREATIVE OFFICER Alexander Schill GLOBAL CREATIVE STRATEGIST Maximilian Florian Schoengen GLOBAL EXECUTIVE CREATIVE DIRECTOR Peter Gocht SENIOR MOTION DESIGNER Dennis Fritz GENERAL MANAGER Britta Tronke PR CONSULTANT Benjamin Majeron EXECUTIVE CREATIVE DIRECTOR INTERNATIONAL Michael Wilk DIRECTOR Markus Schroder ART DIRECTOR Azim Abasbek COLOURIST Toby Tomkins CREATIVE INNOVATION DIRECTOR Lorenz Langgartner / Franz Roeppischer FILM PRODUKTION mypony GmbH POST PRODUKTION nhb video GmbH AGENTUR SERVICEPLAN PR

MEDIEN UND
KOMMUNIKATION / B2C

ONLINE-PLATTFORMEN/-DIENSTE

DIGITALE MEDIEN /
SOCIAL-MEDIA-AKTIVITÄTEN

**Norddeutscher Rundfunk Anstalt des öffentlichen Rechts /
ARD-aktuell, tagesschau.de
„Sag's mir ins Gesicht"**

Dank der sozialen Medien kann endlich jeder mitreden. Auch auf der Tagesschau-Facebook-Seite. Doch der konstruktive Dialog wird vergiftet: durch Beleidigungen, Hetze und Hass. Dieses Problem möchte die Tagesschau bekämpfen. In drei Facebook-Live-Events werden Hater dazu aufgefordert, aus der Online-Anonymität hervorzutreten und sich im Videodialog zu stellen. Die Kampagne war ein riesiger Erfolg: eine Reichweite von 11 Mio. auf Facebook, über 460.000 Video-Aufrufe und 18.000 Live-Kommentare.

Das Tagesschau-Projekt „Sag's mir ins Gesicht" forderte in einer Reihe von Facebook-Live-Events die Verfasser von Hasskommentaren auf, aus der Online-Anonymität hervorzutreten und sich den betroffenen Moderatoren im Videodialog zu stellen. Wir wollten wissen, ob Hater ihre Hasskommentare genau so leicht von Angesicht zu Angesicht hervorbringen wie in den Kommentarspalten. Auf die Hasskommentare unter dem Facebook-Content der Tagesschau haben wir reagiert und die Hater zu einem direkten Gespräch per Skype-Videochat aufgefordert. Drei Journalisten aus dem Umfeld der Tagesschau standen bereit, um sich die Kommentare von Hatern anzuhören und darauf zu reagieren. Eine Stunde lang, live auf Facebook und drei Tage nacheinander.
Und die Hater kamen, aber nur sehr wenige brachten ihren Hass zum Ausdruck. Die meisten wichen aus und redeten allgemein über das Thema Hate Speech. Kaum einer wiederholte im echten Dialog, was er in der Anonymität des Netzes so locker von sich gab. Ein Beweis dafür, dass sich nicht so leicht haten lässt, wenn einem ein echter Mensch gegenübersitzt.

https://www.facebook.com/tagesschau

KUNDE Norddeutscher Rundfunk Anstalt des öffentlichen Rechts, Hamburg LEITENDER REDAKTEUR ARD-AKTUELL Andreas Lützkendorf REDAKTIONSLEITERIN TAGESSCHAU.DE Christiane Krogmann STELLV. REDAKTIONSLEITERIN TAGESSCHAU.DE Rike Woelk SOCIAL MEDIA Anna-Mareike Krause / Patrick Weinhold STRATEGIE UND INNOVATION Lutz Conneus AGENTUR LA RED GmbH, Hamburg CREATIVE DIRECTOR Jan Köpke / Daniel Klose BERATUNG Ilka Klingenberg MANAGING DIRECTOR Matthias Maurer KONZEPTION Hannah Johnson TEXT Malte Klaedtke STRATEGIE Lucas Florian SCREEN DESIGN Marjan Haidar

MEDIEN UND KOMMUNIKATION / B2C

ONLINE-PLATTFORMEN/-DIENSTE

DIGITALE MEDIEN / UNTERNEHMENS-/ ORGANISATIONSWEBSEITEN

Universal Music GmbH / Website Relaunch

Raketenstart ins mobile Zeitalter. Die Aufgabe bestand aus einem umfassenden Website-Relaunch für die deutsche Ländergesellschaft des weltweiten Marktführers in der musikbasierten Unterhaltung. Konzipiert wurde die Website unter dem Leitsatz „Don't make me think". Dieser steht für die Notwendigkeit, in allen Elementen schnell und intuitiv bedienbar zu sein, weshalb sich die Website fast wie eine native App anfühlt. Im monatlichen Schnitt erreicht die Website rund eine Million Unique Visitors.

Ein Blick in das digitale Zuhause der Stars und Superstars des Major Labels: Tipmodernes Look and Feel trifft auf hohe Modularität und fortschrittliche Technologien.
Ob Pop oder Rock, ob Weltstar oder Newcomer – eine von Google entwickelte Designsprache garantiert die individuelle Darstellung der 42 Seitentypen und rund 3.100 Künstlerseiten.
In über 65.000 Codezeilen steckt ein modularer und komponentenbasierter Technologiemotor aus HTML5, CSS3, React JS, GraphQL, Node.js, Vauth und Varnish-Caching. Dieser sorgt für ein verlässliches Nutzererlebnis und blitzschnelle Ladezeiten. Um die mobile Nutzerführung zu verbessern, wurde die Website nach einem „Mobile-First"-Prinzip entwickelt – also vom Smartphone ausgehend zur Desktopversion erweitert.
Im Gegensatz zu herkömmlichen Websites wird hier nicht bei jedem Seitenaufruf der komplette HTML-Quellcode geladen. Der JavaScript-Code ist komprimiert auf unter 1 MB und ermöglicht Zugriff auf über 38 Terabyte an Datensätzen. Weitere Features sind eine multifunktionale Streaming-App für unterbrechungsfreien Musikgenuss, eine Backstage Area für Fans, ein algorithmisch generierter Farbcode für jede Künstlerseite, ein stylischer Genre Selector und ein integriertes Karriereportal.

www.universal-music.de

KUNDE Universal Music GmbH, Berlin **AGENTUR** DUNKELFELD GmbH, Köln **KONZEPTION** Kadir Inan / Michael Fuchs **ART DIRECTOR** Kadir Inan **HEAD OF DESIGN** Michael Fuchs **DESIGN** Vanessa Falk / Julia Stepper **HEAD OF DEVELOPMENT** Jan Willem Henckel **PROGRAMMIERUNG** Tom Kirchhartz / David Hoffmann / Rob Stegemann / Udschal Imanov **BERATUNG** Kim Wittfeld **BACKEND-ENTWICKLUNG** Turbine Kreuzberg GmbH **BACKEND-ENTWICKLUNG** ostec GmbH

FISCHERAPPELT / HAMBURG

„#hugsnothate – Donald Trump auf Kuschelkurs für die re:publica 2017"

FISCHERAPPELT / HAMBURG

01 Christian Clawien
02 Sebastian Martens
03 Frederik Schmidtke

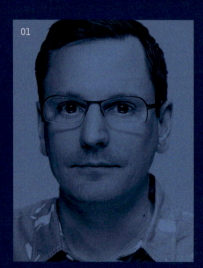

Welche Herausforderungen gab es bei der Ideenfindung und/oder Umsetzung?

*Christian Clawien_* Die beste Imitatorenstimme von Donald Trump zu finden war nicht ganz einfach. Es gab verschiedene Optionen, aber wir haben uns dann für Shaun Streeter entschieden, ein amerikanischer Country-Moderator aus Panama City Beach, Florida. Wir wollten den Besten: Shaun hat beispielsweise die Stimme des „Germany second"-Videos von Jan Böhmermann gesprochen.

Das gesamte Interview finden Sie auf unserer Webseite.
ecfo.me/ga_fa2

MEDIEN UND KOMMUNIKATION / B2B

WERBUNG / PR / EVENT / MESSE / BERATUNG

OUT OF HOME / MEDIEN

fischerAppelt / #hugsnothate – Donald Trump auf Kuschelkurs für die re:publica 2017

Wie übersetzen wir das Motto der re:public 2017 „loveoutloud"? Mit einer zwei Meter großen Donald-Trump-Puppe. Setzte sich ein Besucher neben Trump und umarmte ihn, begann die Puppe zu sprechen und sagte: „I love Mexicans" oder „I respect women". Über einen Knopf konnten die Besucher ein Bild von sich mit der Trump-Puppe als einen digitalen Liebesgruß an den echten Trump auf Twitter schicken. Es folgten über 30 nationale und internationale Veröffentlichungen, TV-Berichte, Social-Media-Kampagnen.

KUNDE fischerAppelt, Hamburg AGENTUR fischerAppelt, Hamburg VORSTAND Bernhard Fischer-Appelt CREATIVE DIRECTOR DIGITAL Christian Clawien DIGITAL STRATEGIST Frederik Schmidtke CREATIVE TECHNOLOGY DIRECTOR Sebastian Martens PR CONSULTING Irina Bindlechner NEW BUSINESS Benjamin Werner

**MEDIEN UND
KOMMUNIKATION / B2B**

WERBUNG / PR / EVENT / MESSE /
BERATUNG

OUT OF HOME / AKTIVITÄTEN

Atelier Damböck Messebau GmbH /
Messebau 4.0 – EuroShop 2017

Auf den ersten Blick ist nicht zu sehen, was sich im Inneren des fast vollständig geschlossenen Standes verbirgt. Der einzige Eingang führt durch einen Wasserfall, der als natürlicher Filter wirkt und nur mit der passenden „Eintrittskarte" passierbar ist – einem Regenschirm. Dahinter befinden sich VR-Stationen, mit deren Hilfe man in einen virtuellen Wald eintauchen kann. Im nächsten Raum folgt eine reale Waldsituation mit multisensualer Ansprache. Die Besucher erleben Messebau 4.0: die Digitalisierung und deren Integration in Messekonzepte.

MEDIEN UND
KOMMUNIKATION / B2B

WERBUNG / PR / EVENT / MESSE /
BERATUNG

OUT OF HOME / AKTIVITÄTEN

Atelier Damböck Messebau GmbH /
Messebau 4.0 – EuroShop 2017

KUNDE Atelier Damböck Messebau GmbH, Neufinsing bei München AGENTUR Atelier Damböck Messedesign GmbH, Neufinsing bei München

MEDIEN UND KOMMUNIKATION / B2B

WERBUNG / PR / EVENT / MESSE / BERATUNG

OUT OF HOME / AKTIVITÄTEN

bodenseecrew Werbeagentur GmbH / Event „Der See ruft" zum 10-jährigen Agenturjubiläum

Das Jubiläums-Event steht unter dem Motto „Der See ruft". Die Verbundenheit mit der Region und dennoch die Weltoffenheit der Agentur kommen mit dem Motto und dem Erscheinungsbild zur Geltung. Auch unseren Leitsatz „Wir machen Marke persönlich" verlieren wir nicht aus den Augen, und so bekommt das Corporate Design des Events einen individuellen und handgemachten Charakter. Eine in sich geschlossene Kampagnenidee mit Bezug zum Anlass und der Location.

bodenseecrew · Franz-Liszt-Straße 2a · D-78464 Konstanz

Firma XYZ
Herr Michael Mustermann
Musterallee 201
10000 Musterstadt

DER SEE RUFT – SAVE THE DATE: 8. OKTOBER 2016

Man soll die **Feste feiern,** wie sie fallen und in 2016 gibt es gleich doppelt gute Gründe. Zum einen ging die Werbeagentur bodenseecrew im Jahr 2006 an den Start und kann somit 10-jähriges Agenturjubiläum in diesem Jahr feiern. Zum anderen gibt es mich, Torsten Schmitz, den Privatmann, der im September 1966 in Friedrichshafen am Bodensee das Licht der Welt erblickt hat und nebenbei erwähnt auf 30 Jahre Berufserfahrung in der Agenturwelt verweisen kann. Die „10" und „50" nehmen wir zum Anlass, um im Oktober auf 1250 Metern in der Allgäuer Bergwelt zu feiern. Unter dem Motto **„Der See ruft – wir feiern 10 & 50 auf 1250"** wird uns die Bodenseehütte einen urigen Rahmen bieten.

Mit dieser Einladung bitte ich Euch den Termin in den Kalender einzutragen und uns mitzuteilen, ob wir uns auf Euer Kommen freuen dürfen. In einer Welt, in der wir alle online sind, werden wir unser Fest mit Hilfe einer App organisieren. Auf der Rückseite dieser Einladung gibt es einen Ausblick, was sich dahinter verbirgt. Was wir nun benötigen ist eine Rückmeldung zur Teilnahme mit Benennung von Personen – und zwar per E-Mail an derseeruft@bodenseecrew.de. Eure E-Mail-Adresse wird später zu Registrierung dienen, somit bitte die entsprechende E-Mail-Adresse mit angeben.

Wir freuen uns auf Euch. Und wenn ich von „wir" spreche, dann ist damit das komplette Team der bodenseecrew gemeint. Antwort bitte bis Mitte Mai.

Mit freundlichen Grüßen,
bodenseecrew

Torsten Schmitz

MEDIEN UND KOMMUNIKATION / B2B

WERBUNG / PR / EVENT / MESSE / BERATUNG

OUT OF HOME / AKTIVITÄTEN

bodenseecrew Werbeagentur GmbH / Event „Der See ruft" zum 10-jährigen Agenturjubiläum

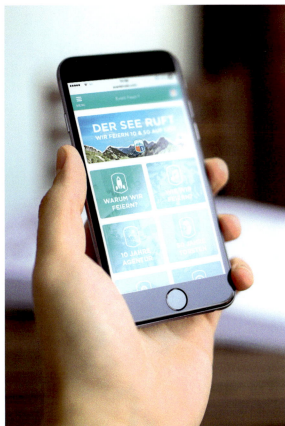

CROSSMEDIA _ **KUNDE** bodenseecrew Werbeagentur GmbH, Konstanz **GESCHÄFTSFÜHRUNG** Torsten Schmitz
AGENTUR bodenseecrew Werbeagentur GmbH, Konstanz **KONZEPTION** Torsten Schmitz **BERATUNG** Stephanie Keppeler
GRAFIK Andreas Sogas **TEXT** Martin Klaiber **FOTOGRAFIE** Peer Oliver Brecht **PROGRAMMIERUNG** Moritz Dycke

MEDIEN UND
KOMMUNIKATION / B2B

WERBUNG / PR / EVENT / MESSE /
BERATUNG

PRINT / PUBLIKATION

die3 Agentur für Werbung und Kommunikation GmbH / Im Auftrag Ihres Erfolgs

Das Ziel der Publikation ist die Schärfung der Positionierung und die emotionale Darstellung der Agenturphilosophie und -leistungen durch Inszenierung von drei Helden. Das sind der schlaue Fuchs, der starke Stier und der kommunikative Vogel. Die Publikation erhalten Bestandskunden und potenzielle Kunden.

MEDIEN UND
KOMMUNIKATION / B2B

WERBUNG / PR / EVENT / MESSE /
BERATUNG

PRINT / PUBLIKATION

die3 Agentur für Werbung und Kommunikation GmbH /
Im Auftrag Ihres Erfolgs

KUNDE die3 Agentur für Werbung und Kommunikation GmbH, Dornbirn (Österreich) AGENTUR die3 Agentur für Werbung und Kommunikation GmbH, Dornbirn (Österreich)

MEDIEN UND
KOMMUNIKATION / B2B

WERBUNG / PR / EVENT / MESSE /
BERATUNG

DIGITALE MEDIEN /
SOCIAL-MEDIA-AKTIVITÄTEN

dieckertschmidt GmbH /
Self-promotion

dieckertschmidt hat ein sehr klares, einzigartiges CI. Schwarz-weiß auf hellblauem Grund. Kombiniert können wir so für uns und unsere Idee einer besseren, menschlicheren, verständigeren und disruptiveren Kommunikation werben. Auf Facebook, LinkedIn und in unserer E-Mail-Kampagne.

www.facebook.com/dieckertschmidt

MEDIEN UND
KOMMUNIKATION / B2B

WERBUNG / PR / EVENT / MESSE /
BERATUNG

DIGITALE MEDIEN /
SOCIAL–MEDIA–AKTIVITÄTEN

dieckertschmidt GmbH /
Self-promotion

Let's not create ads. Let's create something talkaboutable.

inventwords

Sei nicht brav, be brave!

totalityrules

CROSSMEDIA _ KUNDE dieckertschmidt GmbH, Berlin AGENTUR dieckertschmidt GmbH, Berlin CREATIVE DIRECTOR / ART DIRECTOR Kurt Georg Dieckert / Stefan Schmidt TEXT Kurt Georg Dieckert / Stefan Schmidt / Frauke Ehlers BERATUNG Anne Kammeier

MEDIEN UND
KOMMUNIKATION / B2B

WERBUNG / PR / EVENT / MESSE
BERATUNG

DIGITALE MEDIEN /
SOCIAL-MEDIA-AKTIVITÄTEN

dieckertschmidt GmbH /
Die Lauschkampagne „sixseconds"

sixseconds ist eine Unit für Bewegtbilder in kürzesten Formaten. Ob Google-Bumper Ads, Instagram GIFs oder Facebook Sponsored Posts – die Nachfrage nach Storytelling in shortest formats wächst stetig. Unser Verständnis: Shortest formats sind keine sehr kurzen Filme, sondern bewegte, reichhaltige Plakate. Und das verlangt eine ganz andere Dramaturgie in der Konzeption.

Mit den folgenden Filmen haben wir diese neue Unit beworben. Auf Facebook, LinkedIn und unserer E-Mail-Kampagne.

www.facebook.com/dieckertschmidt

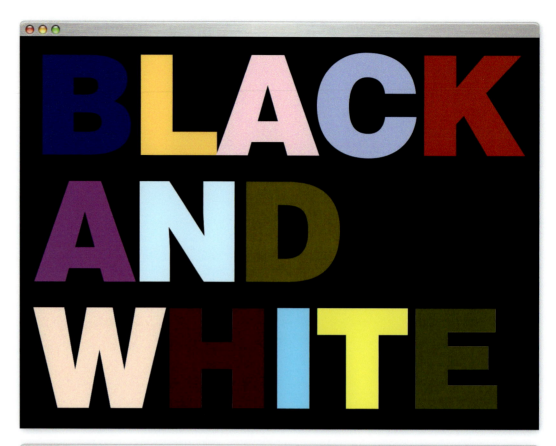

MEDIEN UND
KOMMUNIKATION / B2B

WERBUNG / PR / EVENT / MESSE
BERATUNG

DIGITALE MEDIEN /
SOCIAL-MEDIA-AKTIVITÄTEN

dieckertschmidt GmbH /
Die Lauschkampagne „sixseconds"

CROSSMEDIA _ KUNDE / AGENTUR dieckertschmidt GmbH, Berlin CREATIVE DIRECTOR Kurt Georg Dieckert / Stefan Schmidt ART DIRECTOR Kurt Georg Dieckert / Stefan Schmidt / Virgie Cheong / Marlene Hummer TEXT Stefan Schmidt / Virgie Cheong BERATUNG Anne Kammeier

MEDIEN UND
KOMMUNIKATION / B2B

WERBUNG / PR / EVENT / MESSE
BERATUNG

DIGITALE MEDIEN /
UNTERNEHMENS-/
ORGANISATIONSWEBSEITEN

**Media Resource Group
GmbH & Co. KG** / Veranstaltungs-
technik neu gedacht

Die Media Resource Group mit den Standorten Crailsheim, Hamburg, Düsseldorf, Berlin, Leipzig und München ist ein technischer Dienstleister für Ton / Licht / Video für Corporate Events und Konzerte (z. B. Gabalier, Wacken usw.)

Außer dem responsivem Konzept war die oberste Zielsetzung, über Online-Marketing die Grundidee von „EMERGY" dem User näherzubringen. Die Media Resource Group möchte nicht nur „Technik am Veranstaltungsort anliefern und betreiben", sondern über kreative Konzepte dem Kunden einen echten Mehrwert bieten und sich damit dem Preisvergleich und Wettbewerb entziehen. Große Bilder und knackige Texte erzeugen Emotionen, Referenzen sorgen für Vertrauen.

www.mediaresourcegroup.de

MEDIEN UND KOMMUNIKATION / B2B

WERBUNG / PR / EVENT / MESSE
BERATUNG

DIGITALE MEDIEN /
UNTERNEHMENS-/
ORGANISATIONSWEBSEITEN

Media Resource Group GmbH & Co. KG / Veranstaltungstechnik neu gedacht

KUNDE Media Resource Group GmbH & Co. KG, Crailsheim AGENTUR Lehanka Kommunikationsagentur GmbH, Fichtenau-Rötlein STRATEGIE Kai-Uwe Lehanka ART DIRECTION Ines Barth

MEDIEN UND
KOMMUNIKATION / B2B

WEITERE MEDIEN / KOMMUNIKATION

PRINT / PUBLIKATION

arge digital excellence c/o advantegy GmbH / Handbuch „Digital Excellence Ethics"

Ein Handbuch für wertorientierte Gestalter und anwendungsorientierte Visionäre.

„Digital Excellence Ethics" greift den Spannungsbogen zwischen Digitalisierung und Ethik auf. Dabei führt das Buch in die Grundsätze von Moral und Ethik im Kontext von Unternehmen und Arbeitsweisen ein. Es zeigt auf, welche Veränderung durch Digitalisierung entsteht und welche Handlungsfelder Beachtung finden.

Ein Mut machendes Buch mit wissenschaftlichem Tiefgang, einem Best-Practice-Ansatz, vielen Beispielen und Impulsen für das Tagesgeschäft.

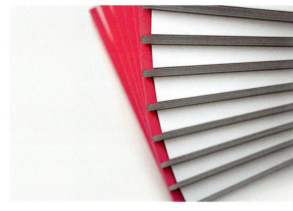

KUNDE arge digital excellence c/o advantegy GmbH, Schwerte AGENTUR act&react Werbeagentur GmbH, Dortmund

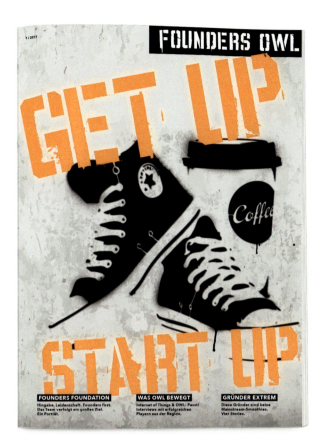

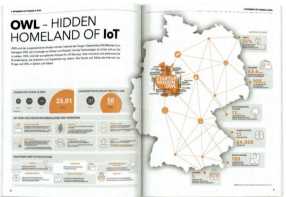

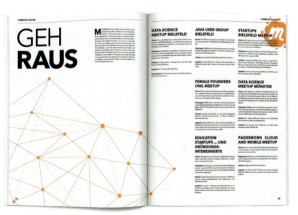

MEDIEN UND
KOMMUNIKATION / B2B

WEITERE MEDIEN / KOMMUNIKATION

PRINT / PUBLIKATION

Founders Foundation gGmbH / Gründerzeitung

Ostwestfalen-Lippe ist ein starkes Wirtschafts- und Wissenschaftszentrum in Deutschland. Die regionale Start-up-Szene zu pushen ist ein großes Anliegen der Bertelsmann Stiftung. Sie gründete die Founders Foundation. Die Zeitung „Founders OWL" stellt das Projekt vor und vernetzt die regionalen Start-up-Player. 24 Seiten im Format 38 × 28,5 cm, Zusatzfarbe Neon-Orange. Knallige Headlines. Ausgefranste Stencil-Optik. Kombiniert mit markantem Layout. Prägnante Texte, klar auf den Punkt.

KUNDE Founders Foundation gGmbH, Gütersloh PROJEKTLEITUNG / REDAKTION Julia Trulley CEO Sebastian Borek CFO Dominik Gross AGENTUR STEUER Marketing und Kommunikation GmbH, Bielefeld PROJEKTLEITUNG / REDAKTION Adelheid Blecke CREATIVE DIRECTOR Ingo Franke DRUCK Hans Gieselmann Druck und Medien GmbH & Co. KG

KREBSGESELLSCHAFT NORDRHEIN-WESTFALEN E.V.

„Krebs erkennt man nicht immer auf den ersten Blick."

DIE WERBTÄTIGEN UG / DÜSSELDORF

01 Nadja Franke
02 Uwe Görlich
03 Daniel Zander
04 Pattrick Steiner

Welche Herausforderungen gab es bei der Ideenfindung und/oder Umsetzung?

*Uwe Görlich_* Die größte Herausforderung bestand – wie fast immer – darin, für ein komplexes Thema mit einfachen Mitteln maximale Aufmerksamkeit zu erreichen. Die Gefahr einer Krebserkrankung ist kommunikativ ohnehin nicht leicht zu vermitteln, die betriebliche Vorsorge zur Früherkennung erst recht nicht. Gesucht wurde also nach einer Idee, die das Hirn in Kopf und Bauch gleichermaßen anspricht.

Das gesamte Interview finden Sie auf unserer Webseite.
ecfo.me/ga_wrbttgn

GESELLSCHAFT / SOZIALES
UND KULTUR / B2C

VEREINE / VERBÄNDE /
GEMEINSCHAFTEN / STIFTUNGEN

PRINT / ANZEIGE

Krebsgesellschaft Nordrhein-Westfalen e.V. / Krebs erkennt man nicht immer auf den ersten Blick.

Die Herausforderung: aufmerksamkeitsstarke Kommunikation schaffen, die zur Förderung der Mitarbeitergesundheit in Betrieben beiträgt und die sich trotz des schwierigen Themas Krebsprävention nicht hinter Textwüsten versteckt. Denn wichtig bei allen Präventionsmaßnahmen ist vor allem eines: genau hinschauen!

Die bewusst brachial gehaltene Optik eines stilisierten Melanoms erzeugt den sofortigen Wunsch, dieses wegzuwischen. Es ist ein störendes Element, das auf der sonst reinweißen Fläche umgehend ins Auge fällt. Erst bei bewusstem, intensivem Hinschauen lässt sich die Botschaft entschlüsseln und wird so im Kopf des Betrachters verankert.

KUNDE Krebsgesellschaft Nordrhein-Westfalen e.V., Düsseldorf **GESCHÄFTSFÜHRUNG** Dr. Margret Schrader
WERBELEITUNG Irina Brieden **AGENTUR** DIE WERBTÄTIGEN UG, Düsseldorf **CREATIVE DIRECTOR** Uwe Görlich **BERATUNG** Daniel Zander **TEXT** Nadja Franke **GRAFIK** Pattrick Steiner

GESELLSCHAFT / SOZIALES
UND KULTUR / B2C

VEREINE / VERBÄNDE /
GEMEINSCHAFTEN / STIFTUNGEN

DIGITALE MEDIEN / MOBILE / APPS

Deutsche Synästhesie-Gesellschaft e.V. / The world through different eyes

Synesthesia is a neurological phenomenon where the stimulation of one sense triggers another. For example, synesthetes can taste shapes, see music and hear colors. About 90 million children worldwide are synesthetes. But because physicians and parents are unaware of this phenomenon, almost no children are correctly diagnosed and therefore receive improper treatment. Our task was to explain the phenomenon to a wider audience. But rather then tell we decided to show them the world of synesthetes, with the world's first synesthetic VR app.

www.pipipi.de/synesthesia_vr.html

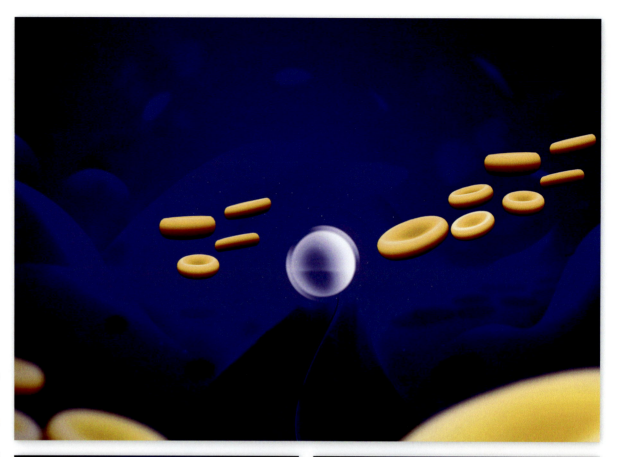

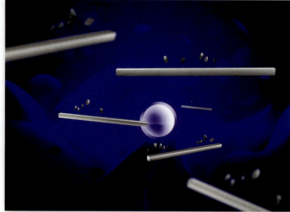

KUNDE Deutsche Synästhesie-Gesellschaft e.V., Aukrug PROJEKTMANAGERIN Molly Holst AGENTUR denkwerk GmbH, denkwerk CREATIVE DIRECTOR Alina Schlaier ART DIRECTOR Raphael Ferraz KONZEPTION Josefine Leonhardt MOTION DIRECTOR Gregor Kuschmirz MOTION DESIGN Alexander Mitzkus REDATKTION Corinna Voss STRATEGIE Ulrike Stemmer PROJEKTMANAGEMENT Marcel Nürnberger

GESELLSCHAFT / SOZIALES UND KULTUR / B2C

VEREINE / VERBÄNDE / GEMEINSCHAFTEN / STIFTUNGEN

DIGITALE MEDIEN / PRODUKT-/SERVICEWEBSEITEN

Deutsche Synästhesie-Gesellschaft e.V. / Beautiful Minds – the world of Synesthesia

Our task was to make the phenomenon known to physicians, parents, teachers and caregivers. But rather than speak about it we decided to show them the world of synesthetes.
We visualized this phenomenon while raising awareness and providing information with the world's first interactive synesthetic website – complete with a synesthetically composed song as a soundtrack.

http://www.pipipi.de/synesthesia
lucycatofficial/videos/691872130996073/

KUNDE Deutsche Synästhesie-Gesellschaft e.V., Aukrug PROJEKTMANAGERIN Molly Holst AGENTUR denkwerk GmbH, Köln CREATIVE DIRECTOR Alina Schlaier ART DIRECTOR Raphael Ferraz KONZEPTION Josefine Leonhardt MOTION DESIGN Gregor Kuschmirz / Alexander Mitzkus REDAKTION Corinna Voss STRATEGIE Ulrike Stemmer PROJEKTMANAGEMENT Marcel Nürnberger

GESELLSCHAFT / SOZIALES UND KULTUR / B2C

VEREINE / VERBÄNDE / GEMEINSCHAFTEN / STIFTUNGEN

DIGITALE MEDIEN / DIGITALE KAMPAGNE

NABU – Naturschutzbund Deutschland e.V. / Gartenkampagne „Gönn Dir Garten"

Gärten sind nicht nur Orte für Freizeitaktivitäten und akkurate Rasenkanten – sie sind ein wichtiger Lebensraum für viele heimische Tier- und Pflanzenarten. Der NABU feiert den Garten mit einer lebensfrohen Kampagne und zeigt, was jeder konkret im heimischen Garten für die biologische Vielfalt tun kann. Mit einer Digitalkampagne, die allein im Mai mit Paid Social Media knapp vier Mio. Kontakte hatte, werden neue, gartenaffine Zielgruppen erschlossen, für die Naturschutz bisher noch Neuland war.

www.NABU.de/gartenvielfalt

KUNDE NABU – Naturschutzbund Deutschland e.V., Berlin LEITUNG ÖFFENTLICHKEITSARBEIT Almuth Gaitzsch AGENTUR BALLHAUS WEST | Agentur für Kampagnen GmbH, Berlin ART DIRECTOR Christopher Schneider BERATUNG Alexandra Weltz-Rombach CREATIVE DIRECTOR Jonas Lieder TEXT Christian Fries

GESELLSCHAFT / SOZIALES UND KULTUR / B2C

VEREINE / VERBÄNDE / GEMEINSCHAFTEN / STIFTUNGEN

PRINT / ANZEIGE

**Stiftung Deutsche Krebshilfe /
The Melanoma Campaign**

Eine wirksame Hautkrebs-Früherkennung fängt mit der regelmäßigen Inspektion der eigenen Haut an. Ziel ist es, darauf aufmerksam zu machen, wie empfindlich die Haut auf UV-Strahlung reagiert.
Erschienen in: Stern Gesund Leben, Stern TV Magazin

KUNDE Stiftung Deutsche Krebshilfe, Bonn AGENTUR Heimat Werbeagentur GmbH, Berlin CHIEF CREATIVE OFFICER Guido Heffels CREATIVE DIRECTOR Matthias Storath COPYWRITING Matthias Storath ART DIRECTOR Esra Gülmen / Chris Lotz ACCOUNT MANAGEMENT Elisabeth Treichel PRINT PRODUCTION Lisa Teichmann

GESELLSCHAFT / SOZIALES UND KULTUR / B2C

VEREINE / VERBÄNDE / GEMEINSCHAFTEN / STIFTUNGEN

OUT OF HOME / MEDIEN

Stiftung Jugend forscht e.V. / Plakat „Spring!"

Der wichtigste Schulwettbewerb des Landes wollte 2017 gezielt Kids ansprechen, die sich nicht in die Nerd-Schublade stecken lassen. Das Plakat in den 20.000 teilnehmenden Schulen zeigt daher weder technische Aufbauten noch chemische Formeln, sondern ein gewöhnliches Mädchen, das mutig genug ist, mit ihren Gedanken zu spielen. Der Anfang einer jeden großen Idee.

KUNDE Stiftung Jugend forscht e.V., Hamburg CHIEF EXECUTIVE DIRECTOR Dr. Sven Baszio VICE CHIEF EXECUTIVE DIRECTOR Dr. Nico Kock LEITER KOMMUNIKATION Dr. Daniel Giese AGENTUR Wynken Blynken & Nod GmbH & Co. KG, Hamburg CREATIVE DIRECTOR ART Matthias Erb CREATIVE DIRECTOR TEXT Jens Theil ART DIRECTOR Anissa Carrington BERATUNG Arne Salz ILLUSTRATORIN Ping Zhu

GESELLSCHAFT / SOZIALES UND KULTUR / B2C

VEREINE / VERBÄNDE / GEMEINSCHAFTEN / STIFTUNGEN

FILM / IMAGE

Stiftung Liebenau Kirchliche Stiftung privaten Rechts / Imagefilme

Die Filme geben Einblick in die Arbeit der Stiftung Liebenau. Der Imagefilm will die Kernwerte der Marke vermitteln und Vertrauen schaffen. Die Filme zu den Aufgabenfeldern beleuchten das vielfältige Angebot konkreter. Stilistisch ist die Reihe aus einem Guss: Eindringliche Porträts von betreuten Menschen prägen die Bildsprache, suggestive Musik verstärkt die Wirkung. Zentrale Botschaft und identischer Schluss aller Filme ist das Leitwort der Stiftung: „In unserer Mitte – Der Mensch".

KUNDE Stiftung Liebenau (Kirchliche Stiftung privaten Rechts), Meckenbeuren **AGENTUR** Schindler Parent GmbH, Meersburg **BERATUNG** Michael Meier **CREATIVE DIRECTOR TEXT** Dr. Constance Hotz **GROUP HEAD GRAFIK** Michael Barthelme **PROJEKTMANAGEMENT** Antje Koch **FILMPRODUKTION** ZENOMUZIK GmbH **REGIE** Zeno Moser

GESELLSCHAFT / SOZIALES
UND KULTUR / B2C

VEREINE / VERBÄNDE /
GEMEINSCHAFTEN / STIFTUNGEN

INNOVATION

Interactive Media Foundation gGmbH / Ulm Stories – Geschichten einer Stadt

„Ulm Stories – Geschichten einer Stadt" machen 60 Jahre Historie mit allen Sinnen erlebbar. Mit dem Multiplattform-Projekt wird die Geschichte Ulms, des Münsters und die Zukunftsgewandtheit ihrer Bürger aufgegriffen und in eine einzigartige, immersive Erlebnisreise verwandelt: Die in Deutschland einzigartige Virtual Reality Experience „Der Traum vom Fliegen" ermöglicht eine interaktive, virtuelle Zeitreise durch Ulm im Jahre 1890; mit der Audio-App „Stimmen des Münsters" wurde eine binaurale Hörerlebnisreise für das Ulmer Münster entwickelt. Und die audiovisuelle Konzert-Performance „Resonanzen" verwandelte das Ulmer Münster mit einer Video-Installation und einer einstündigen Komposition in ein magisches Gesamtkunstwerk.

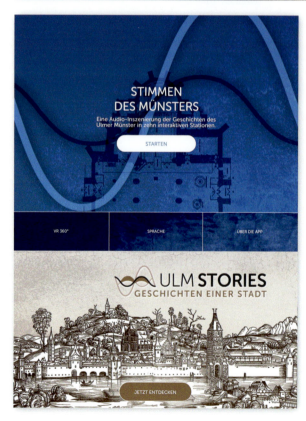

CROSSMEDIA _ KUNDE Interactive Media Foundation gGmbH, Berlin AGENTUR Interactive Media Foundation gGmbH, Berlin PRODUZENTIN Saskia Kress / Diana Schniedermeier CREATIVE DIRECTOR Ina Krüger PROJEKTMANAGER Thorsten Schwarck DIGITALAGENTUR VR-PROGRAMMIERUNG / 3-D-DESIGN / USER EXPERIENCE Demodern GmbH AUDIO- UND LIVE-PERFORMANCEPROJEKT wittmann/zeitblom AUDIO- UND LIVE-PERFORMANCEPROJEKT René Liebert KONZEPTION APP Miiqo Studios UG PROGRAMMIERUNG APP Dorian Roy / Thomas Kombüchen / Tim Pulver

BERLINER STADTREINIGUNG (BSR) ANSTALT DES ÖFFENTLICHEN RECHTS

„BSR Sauberkeits-kampagne"

PEPERONI WERBE- UND PR-AGENTUR GMBH / POTSDAM

Julia Cürsgen 01
Peter Eibenstein 02
Julia Fernandez 03
Katharina Kiklas 04
Jochen Kirch 05
Carmen Vallero 06

Mit Blick auf das Ergebnis, was hat Sie am meisten begeistert oder überrascht?

Jochen Kirch _ „Heißer Scheiß" – unser liebster Kommentar unter einem Instagram-Post zum Thema Abfall. Und als neulich eine Mitarbeiterin in Bayern war, erzählte ihr jemand begeistert von seinem Trip nach Berlin, zückte das Handy und zeigte die Fotos. Darauf waren kein Fernsehturm, kein Brandenburger Tor, sondern lauter Papierkörbe der BSR. Mülleimer als touristische Hotspots, das finden wir klasse!

Das gesamte Interview finden Sie auf unserer Webseite.
ecfo.me/ga_pprn

GESELLSCHAFT / SOZIALES
UND KULTUR / B2C

ÖFFENTLICHE / STAATLICHE
INSTITUTIONEN / STÄDTE UND
KOMMUNEN

OUT OF HOME / MEDIEN

Berliner Stadtreinigung (BSR) Anstalt des öffentlichen Rechts /
BSR Sauberkeitskampagne

„Über 3,6 Mio. Einwohner und jährlich 12 Mio. Touristen sind eine Herausforderung für die Stadtsauberkeit in Berlin. Deshalb sind Ideen gefragt, die auf die 22.300 Papierkörbe der Berliner Stadtreinigung (BSR) hinweisen. Die Papierkörbe werden daher als Werbemittel genutzt und tragen sympathische Botschaften. Im Sommer 2017 waren die Papierkörbe nicht nur im Straßenland, sondern auch auf Plakaten in den U- und S-Bahn-Stationen zu bewundern; diese wurden zahlreich über Social Media geteilt.

KUNDE Berliner Stadtreinigung (BSR) Anstalt des öffentlichen Rechts, Berlin MARKETINGLEITUNG Birgit Nimke-Sliwinski AGENTUR Peperoni Werbe- und PR-Agentur GmbH, Potsdam CREATIVE DIRECTOR Peter Eibenstein KONZEPTION Jochen Kirch ART DIRECTOR Julia Cürsgen FOTOGRAFIE Moritz Schmid

GESELLSCHAFT / SOZIALES UND KULTUR / B2C

ÖFFENTLICHE / STAATLICHE INSTITUTIONEN / STÄDTE UND KOMMUNEN

DIGITALE MEDIEN / SOCIAL–MEDIA–AKTIVITÄTEN

Berliner Stadtreinigung (BSR) Anstalt des öffentlichen Rechts / BSR Sauberkeitskampagne

Aufmerksamkeit für die Papierkörbe der Berliner Stadtreinigung (BSR) führt nachgewiesenermaßen zu ihrer vermehrten Nutzung. Damit sie auch digital sichtbar sind, wurde 2017 ihr Instagram-Auftritt etabliert. Hier sind die orangen Helfer als Akteure im Stadtbild mit aktuellen Ereignissen verknüpft und mit besonderen Aufschriften versehen – zu den Filmfestspielen, Ausstellungen oder Messen. Dies ist ein relevanter zusätzlicher Kommunikationskanal, dessen Inhalte oft weiterverbreitet werden.

www.instagram.com/
berliner_stadtreinigung

KUNDE Berliner Stadtreinigung (BSR) Anstalt des öffentlichen Rechts, Berlin **MARKETINGLEITUNG** Birgit Nimke–Sliwinski **AGENTUR** Peperoni Werbe– und PR–Agentur GmbH, Potsdam **KONZEPTION** Jochen Kirch **BERATUNG** Carmen Vallero **TEXT** Katharina Kiklas **GRAFIK** Julia Fernandez

GESELLSCHAFT / SOZIALES
UND KULTUR / B2C

ÖFFENTLICHE / STAATLICHE
INSTITUTIONEN / STÄDTE UND
KOMMUNEN

OUT OF HOME / MEDIEN

Bayerisches Staatsministerium des Inneren, für Bau und Verkehr / Kampagne „doppelt engagiert"

Durch die Kampagne soll primär die Perspektive der Arbeitgeber aufgegriffen werden. Arbeitgeber identifizieren sich oft nicht mit den Eigenbekenntnissen des Arbeitnehmers zu seinem Engagement, sondern mit der Rolle desjenigen, der unter den Ausfällen des Ehrenamtlichen zu „leiden" hat. Arbeitgebern soll daher neben dem gesellschaftlichen Wert des ehrenamtlichen Engagements ihrer Mitarbeiter auch der konkrete Nutzen für den jeweiligen Betrieb verdeutlicht werden.

CROSSMEDIA _ KUNDE Bayerisches Staatsministerium des Inneren, für Bau und Verkehr, München KOMMUNIKATION UND BÜRGERDIALOG Tobias Klahr LEITERIN DES SACHGEBIETS KOMMUNIKATION UND BÜRGERDIALOG Evelin Lux AGENTUR brainwaves GmbH & Co. KG, München BERATUNG Herbert Binder CREATIVE DIRECTOR Oliver Oelkers ART DIRECTOR Cornelia May / Christine Winkler FOTOGRAF Martin Bolle Foto Design

GESELLSCHAFT / SOZIALES UND KULTUR / B2C

ÖFFENTLICHE / STAATLICHE INSTITUTIONEN / STÄDTE UND KOMMUNEN

FILM / IMAGE

Bundesministerium des Innern / #starkfürdich

In Zeiten von Terrorismus und besorgten Bürgern sind Fragen der Sicherheit ein akutes gesellschaftspolitisches Thema. Doch diejenigen, die genau dafür kämpfen, werden bei ihrer Arbeit gestört – auch durch verbale und physische Gewalt. Die Kampagne des Bundesministeriums des Innern, „Stark für Dich. Stark für Deutschland." (TV, Online, Out-of-Home), inszeniert echte Polizei- und Rettungskräfte. Sie zeigt die Menschen hinter den Uniformen, um ihnen wieder mehr Achtung und Vertrauen zu verschaffen.

KUNDE Bundesministerium des Innern, Berlin **AGENTUR** fischerAppelt, Berlin **MANAGING DIRECTOR** Johannes Buzási **ACCOUNT DIRECTOR** Judith Schilling **STRATEGY** Christel Wolff **CREATIVE DIRECTOR** David Morales / Philip Bolland **SENIOR ART DIRECTOR** Marc Tebart / Jessica Philipp **ART DIRECTOR** Josie Schnitt **SENIOR COPYWRITER** Christian Rullfs **FILMPRODUKTION** It's us Media GmbH **REGIE** Søren Schaller

GESELLSCHAFT / SOZIALES
UND KULTUR / B2C

ÖFFENTLICHE / STAATLICHE
INSTITUTIONEN / STÄDTE UND
KOMMUNEN

PRINT / PUBLIKATION

Erzbischöfliches Ordinariat München / Imagebroschüre „Ein Projekt macht Schule"

Bildung gehört zum Kernauftrag der Kirche – ein schlichter Satz, der bei genauerer Betrachtung bemerkenswerte Dimensionen aufzeigt. Mit der Erweiterung des Pater-Rupert-Mayer-Schulzentrums in Pullach machte ein Projekt hinsichtlich architektonischer und pädagogischer Konzeption Schule. Dieses Leuchtturmprojekt allen Zielgruppen nahe zu bringen, wurde mit der lebendigen Broschüre erzielt.

KUNDE Erzbischöfliches Ordinariat München LEITERIN RESSORT BILDUNG Dr. Sandra Krump LEITUNG ÖFFENTLICHKEITSARBEIT Dr. Armin Wouters PRODUKTIONSMANAGEMENT Claudia Wieser AGENTUR brainwaves GmbH & Co. KG, München BERATUNG Herbert Binder ART DIRECTOR Cornelia May TEXT Björn May GRAFIK Ursula Friesen

GESELLSCHAFT / SOZIALES UND KULTUR / B2C

ÖFFENTLICHE / STAATLICHE INSTITUTIONEN / STÄDTE UND KOMMUNEN

FILM / VIRAL

EWG – Entwicklungs- und Wirtschaftsförderungsgesellschaft für Rheine mbH / Was würde Dein Chef sagen, wenn Du nach Rheine gehst?

Rheine als mittelgroße Stadt zwischen drei Oberzentren steht im Kampf um Mitarbeiter für die lokale Wirtschaft vor besonderen Herausforderungen. Deshalb gilt es im Wettbewerb um Talente, die Qualitäten des Standortes und die Attraktivität der zum Teil weltweit agierenden Unternehmen herauszustellen. Die besondere Lösung dafür ist der Zusammenschluss von 42 Unternehmen unter der Führung der Wirtschaftsförderung Rheine, um gemeinsam im Kampf um die besten Mitarbeiter zu überzeugen. Unter der Initiative „Standort der guten Arbeitgeber" wurde eine Portalseite entwickelt, in die zwei ungewöhnliche Filme eingebunden wurden.

Für ein virales Marketing zur Mitarbeitergewinnung im regionalen und überregionalen Raum reicht ein normaler Standardstandort-Imagefilm nicht aus. Wir brauchten, nicht zuletzt auch aufgrund eines Gesamtbudgets für den Film in Höhe von 10.000 Euro, eine „unschlagbare" Idee. Warum also nicht statt Bilder zeigen, Bilder im Kopf entstehen lassen? Passend dazu agierten die beiden ausgesuchten Schauspieler ohne detailliert ausgearbeitetes Script und Storyboard. Aufbauend auf den wichtigsten gemeinsam besprochenen Aussagen haben beide improvisiert und dadurch eine einzigartig überzeugende Stimmung beim Betrachter erzeugt.
Der Leitfilm zeigt die Reaktion des bisherigen Arbeitgebers eines erfolgreichen Unternehmens in einem urbanen Umfeld – in dem Moment der Kündigung des Mitarbeiters, der nach Rheine geht. Und der darauf aufbauende Film zeigt die Reaktion der Partnerin, die die Stadt für die neue Arbeitsstelle des Mannes verlassen soll. Entstanden sind zwei Filme für 10.000 Euro, die bewegen – sowohl die 42 beteiligten Unternehmen, die mit Begeisterung die Filme nutzen, als auch die potenzielle Zielgruppe. Denn die Ergebnisse sprechen für sich, und eine Fortsetzung der Story mit weiteren Filmen ist in Planung.

KUNDE EWG – Entwicklungs- und Wirtschaftsförderungsgesellschaft für Rheine mbH, Rheine GESCHÄFTSFÜHRUNG Dr. Manfred Janssen PRODUKTLEITUNG Ulrike Meier / Bettina Thelen-Reloe AGENTUR concept X GmbH & Co. KG, Rheine FILMPRODUKTION AA+W Einzelgesellschaft REGIE Alexander Kirch

GESELLSCHAFT / SOZIALES
UND KULTUR / B2C

ÖFFENTLICHE / STAATLICHE
INSTITUTIONEN / STÄDTE UND
KOMMUNEN

DIGITALE MEDIEN /
DIGITALE KAMPAGNE

Ministerium der Finanzen des Landes NRW Körperschaft des öffentlichen Rechts / Image- und Ausbildungskampagne

Breite Bekanntmachung der Kampagne in der Zielgruppe 14- bis 49-Jährige. Zielsetzung war es, auf die unvermutete Vielfältigkeit des Berufsbildes aufmerksam zu machen, auch um Bewerber in den genannten Altersgruppen anzusprechen (vom Azubi bis zum Quereinsteiger). Microsite: Juni bis Sept. 7.000 User In-App-Banner Quizduell (106.000 PI, CTR 0,96 %) und Online-Banner (2.400.000 PI, CTR 0,07 %) auf reichweitenstarken Seiten, die der Zielgruppendefinition entsprechen: 2,5 Mio. PI

Microsite: so-sind-wir.de
Hinterlegung von Steckbriefen und Handmade-Filmen zu den ausgewählten Protagonisten der ersten Welle, sympathisch, authentisch, real, turnusmäßige Veröffentlichung neuer Kampagnenmotive im Aktionszeitraum sowie begleitend kurze Spots, die die plakatierten Witze in Bewegtbild umsetzen.
Facebook: diverse Aufforderungen zur Teilnahme an Fotowettbewerben, Meinungen, Witzvorschläge

www.so-sind-wir.nrw

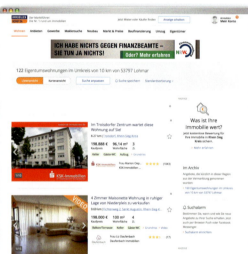
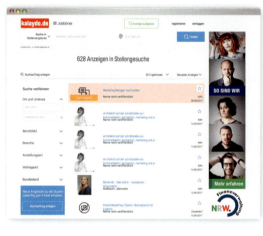

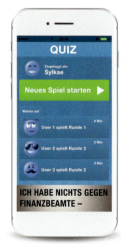

CROSSMEDIA _ KUNDE Ministerium der Finanzen des Landes NRW Körperschaft des öffentlichen Rechts, Düsseldorf LEITUNG ÖFFENTLICHKEITSARBEIT Ingrid Herden PROJEKTLEITERIN Christin Rödiger AGENTUR KreativRealisten, EMS & P Kommunikation GmbH, Puhlheim CREATIVE DIRECTOR Silke Katterfeld STRATEGIE Maren Kükenthal-Thiel / Frank-Oliver Kraus FOTOGRAFIE Axel Bühner

GESELLSCHAFT / SOZIALES UND KULTUR / B2C

ÖFFENTLICHE / STAATLICHE INSTITUTIONEN / STÄDTE UND KOMMUNEN

OUT OF HOME / MEDIEN

Ministerium der Finanzen des Landes NRW Körperschaft des öffentlichen Rechts / Image- und Ausbildungskampagne

Finanzbeamter sein ist kein leichter Job: Mahnen, drohen, Geld einziehen – da bleibt das Image schon mal auf der Strecke. 2016 rief das Finanzministerium des Landes NRW daher auf, eine Imagekampagne für den Berufsstand zu entwickeln. Die KreativRealisten entwickelten die „So sind wir!"-Kampagne, die auf Humor setzt. Zur Erhöhung der Authentizität setzte die Agentur dabei auf „echte" Finanzbeamte aus verschiedenen Verantwortungsbereichen: In der Kampagne gilt es, „Gesicht zu zeigen".

CROSSMEDIA _ KUNDE Ministerium der Finanzen des Landes NRW Körperschaft des öffentlichen Rechts, Düsseldorf LEITUNG ÖFFENTLICHKEITSARBEIT Ingrid Herden PROJEKTLEITERIN Christin Rödiger AGENTUR KreativRealisten, EMS & P Kommunikation GmbH, Pulheim CREATIVE DIRECTOR Silke Katterfeld STRATEGIE Maren Kükenthal-Thiel / Frank-Oliver Kraus FOTOGRAFIE Axel Bühner

GESELLSCHAFT / SOZIALES
UND KULTUR / B2C

ÖFFENTLICHE / STAATLICHE
INSTITUTIONEN / STÄDTE UND
KOMMUNEN

DIGITALE MEDIEN / MOBILE / APPS

Smart-City-App „Scherbenfrei"

Scherben auf dem Kinderspielplatz, defekte Ampelanlage oder Straßenschäden? Städte und Gemeinden haben alle Hände voll zu tun, um die vielen Schäden und Mängel zu erkennen und zu beheben. Die Stuttgarter Internetagentur .FUF hat daher im Rahmen eines App-Wettbewerbs eine mobile Smart-City-App entwickelt, mit der Bürger auf einfachste Art und Weise Mängel und Schäden der Stadt oder Gemeinde melden können. Nach mehreren Monaten Umsetzungszeit steht die App nun kostenlos zur Verfügung.

Die Handhabung ist einfach: Mit wenigen Klicks können die User die zuständige Behörde der Smart-City über die Verschmutzung oder den Schaden informieren, sodass dieser beseitigt werden kann. So profitieren nicht nur Radler von scherbenfreien Wegen, sondern auch Eltern mit Kindern, Hundebesitzer, Jogger und alle Bürger, die auf eine saubere Stadt Wert legen. Vor dem Hintergrund der umweltpolitischen Diskussion und der Förderung fahrradfreundlicher Städte erschien diese Idee als gleichermaßen zukunftsträchtig wie auch dem Gemeinwohl dienend. Zudem bietet die App das große Potenzial, die administrativen Prozesse in den Kommunen zu erleichtern und zu digitalisieren.

Für Städte und Gemeinden, die die Scherbenfrei-App ihren Bürgern zur Verfügung stellen wollen, ist ein breites Spektrum an Leistungen geboten: Von der Anpassung des Designs an das Erscheinungsbild der Stadt über die Bereitstellung eines Content-Management-Systems zur Weitergabe und Beantwortung von Mängelmeldungen bis hin zur Anbindung an die bestehende IT-Infrastruktur. Die App-Funktionalitäten selbst können dabei für jede Kommune auf individuelle Bereiche wie Müllentsorgung bis zur Meldung defekter Straßenbeleuchtung angepasst werden. Neben der Verbesserung der Lebensqualität für die Bürger stehen damit auch der Serviceaspekt und dadurch der Imagegewinn der jeweiligen Stadt im Fokus.

app.scherbenfrei.de

AGENTUR FUF // Frank und Freunde GmbH, Stuttgart

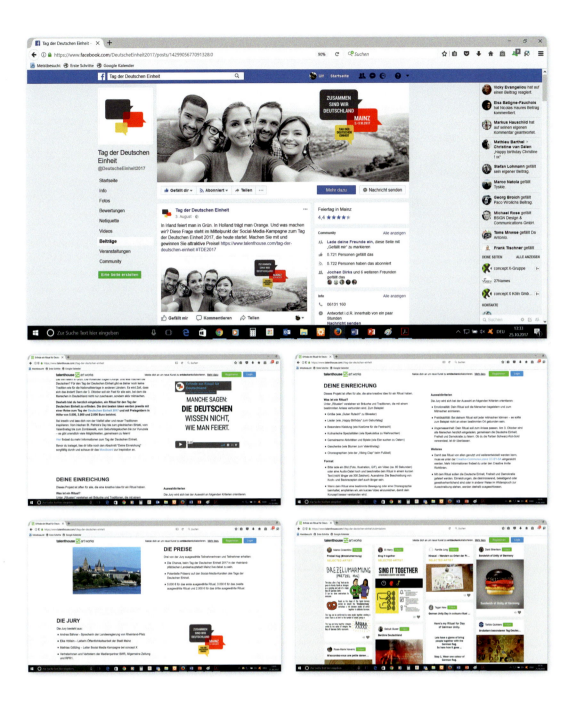

GESELLSCHAFT / SOZIALES
UND KULTUR / B2C

ÖFFENTLICHE / STAATLICHE
INSTITUTIONEN / STÄDTE UND
KOMMUNEN

DIGITALE MEDIEN /
SOCIAL-MEDIA-AKTIVITÄTEN

**Staatskanzlei Rheinland-Pfalz /
Tag der Deutschen Einheit**

Zum Königstag zeigen sich die Niederländer in Oranje, zum St. Patrick's Day schmücken sich die Iren grün. Und in Deutschland gibt es kein Pendant. Deshalb haben wir für den Tag der Deutschen Einheit nach einem Ritual gesucht – und dies international.
Die digitale Plattform für alle Einreichungen war: www.talenthouse.com/i/tag-der-deutschen-einheit
Der Aufruf auf Facebook hatte eine Reichweite von 1.657.000 Personen, das integrierte Video wurde 305.000 Mal angeschaut. Die verlinkte Webseite hatte 30.446 Aufrufe.

Bis zum 12. September konnten Bürger ihre Ideen über die digitale Kreativplattform „Talenthouse" im Internet einreichen – per Text, Foto oder Video. „Wichtig ist, dass das Ritual emotional ist; es soll Menschen begeistern und zum Mitmachen animieren. Zudem muss es praktikabel sein" war die Vorgabe der Staatskanzlei Rheinland-Pfalz als Ausrichter des Tages der Deutschen Einheit. Und es sollte angemessen sein – es geht um die deutsche Einheit, um Freiheit und Demokratie.
Eine Jury wählte die drei besten Ideen nach den Kriterien Emotionalität, Praktikabilität und Angemessenheit aus.
Der Aufruf wurde primär als Social-Media-Kampagne mit geringsten Mitteln kommuniziert, ergänzt um einige Pressemitteilungen – und er ging um die Welt! Die einfache Idee begeisterte und motivierte Menschen aus 35 Nationen zur Teilnahme, und gewonnen hat ein Beitrag aus Mexico City, dessen Vorschlag „Gemeinsam singen" (Ode an die Freude – Europahymne) auch direkt integraler Bestandteil der Feierlichkeiten am 3. Oktober 2017 in Mainz war!

https://www.talenthouse.com/
i/tag-der-deutschen-einheit

KUNDE Staatskanzlei Rheinland-Pfalz, Mainz PRESSEREFERENT / SOCIAL MEDIA Oliver Schopp-Steinborn AGENTUR concept X GmbH & Co. KG, Rheine GESCHÄFTSFÜHRENDER GESELLSCHAFTER Ulf Gassner KONZEPTIONER Mathias Gössling

GESELLSCHAFT / SOZIALES UND KULTUR / B2C

ÖFFENTLICHE / STAATLICHE INSTITUTIONEN / STÄDTE UND KOMMUNEN

PRINT / PUBLIKATION

Stadt Neu-Ulm Körperschaft des öffentlichen Rechts /
150 Jahre Stadt Neu-Ulm

Ein Fest für alle. Getragen von allen. 150 Jahre Neu-Ulm ist ein Gemeinschaftserlebnis und die Initialzündung für zukunftsweisende Ideen und Initiativen. Der Claim „Wir leben Neu" spiegelt dieses Aufbruchssignal wider. Es ist ein Jubiläum, das Zeichen setzt: in der Kernstadt und in den Stadtteilen und weit über Neu-Ulm hinaus. Symbolisch dafür steht der Stadtdiamant, der die 14 Stadtteile verbindet und verkörpert. Zur Jubiläumskampagne gehören unter anderem Website, Imagefilm, Flyer und Plakate.

INTEGRIERTE KAMPAGNE _ CROSSMEDIA _ KUNDE Stadt Neu-Ulm Körperschaft des öffentlichen Rechts, Neu-Ulm OBERBÜRGERMEISTER Gerold Noerenberg ZENTRALE DIENSTE Ralf Mager PRESSESPRECHERIN Sandra Lützel AGENTUR FISCHER & FRIENDS Werbeagentur GmbH, Bad Mergentheim BERATUNG / KONZEPTION Stephan Trinkl / Horst Herold / Stephan Trinkl / Horst Herold CREATIVE DIRECTOR Stephan Trinkl GRAFIK Michael Weninger / Melanie Kempf / Jenny Conrad / Hendrik Reese / Lisa Weiß TEXT Stephan Trinkl

GESELLSCHAFT / SOZIALES UND KULTUR / B2C

ÖFFENTLICHE / STAATLICHE INSTITUTIONEN / STÄDTE UND KOMMUNEN

DIGITALE MEDIEN / PRODUKT-/SERVICEWEBSEITEN

Stadt Neu-Ulm Körperschaft des öffentlichen Rechts / 150 Jahre Stadt Neu-Ulm

www.wir-leben-neu.de

INTEGRIERTE KAMPAGNE _ CROSSMEDIA _ KUNDE Stadt Neu-Ulm Körperschaft des öffentlichen Rechts, Neu-Ulm **OBERBÜRGERMEISTER** Gerold Noerenberg **ZENTRALE DIENSTE** Ralf Mager **PRESSESPRECHERIN** Sandra Lützel **AGENTUR** FISCHER & FRIENDS Werbeagentur GmbH, Bad Mergentheim **BERATUNG** Stephan Trinkl / Horst Herold **KONZEPTION** Stephan Trinkl / Horst Herold **DIGITALE KONZEPTION** Stephan Neudecker **PROGRAMMIERUNG** Stephan Neudecker **CREATIVE DIRECTOR** Stephan Trinkl **GRAFIK** Jenny Conrad / Michael Weninger / Hendrik Reese / Melanie Kempf / Lisa Weiß **TEXT** Stephan Trinkl

FREIE DEMOKRATISCHE PARTEI

„Doofgedicht"

HEIMAT WERBEAGENTUR GMBH / BERLIN

01 Martin Glöckner
02 Guido Heffels
03 Andreas Mengele
04 Karolin Saak
05 Felix Steiner
06 Matthias Storath
07 Sebastian Stumpf
08 Elisabeth Treichel

Mit Blick auf das Ergebnis, was hat Sie am meisten begeistert oder überrascht?
Elisabeth Treichel _ Selbstironie funktioniert in der Kommunikation ja nicht immer. Hier war sie Schlüssel zum Erfolg und machte nicht nur aus Sympathisanten neue Mitglieder, sondern rückte gleich die gesamte Marke in ein besseres Licht.

Das gesamte Interview finden Sie auf unserer Webseite.
ecfo.me/ga_hmt6

Ehmm? Okay? Hört ihr mich?

DAS DOOFGEDICHT. GEDICHT ZUR GEFÜHLTEN LAGE DER WELT.
POLITIK DOOF.
DEUTSCHLAND DOOF.
RUSSLAND DOOF.
ENGLAND DOOF.
EUROPA DOOF.
AMERIKA JETZT AUCH DOOF.
FDP SOWIESO DOOF.
GREXIT DOOF.
BREXIT TOTAL DOOF.
FAKE NEWS DOOF.
ECHTE NEWS DOOF.
ARBEIT DOOF.
ARBEITSLOS DOOF.
STEUERN DOOF.
SCHULE DOOF.
KEINE SCHULE SUPER DOOF.
DIGITALISIERUNG DOOF.
KEIN WLAN DOOF.
WESTEN, OSTEN, MITTLERER OSTEN DOOF.
KRITIKER, ZYNIKER, POLITIKER SCHON IMMER DOOF.
CDU, NSA, AGB, LOL, Q&A, SPD, AFD.
ALLE DOOF.
TRUMP SOWIESO DOOF.
ERDOGAN DOOF.
MERKEL DOOF.
GABRIEL DOOF.
SCHULZ DOOF.
LINDNER MEGA DOOF.
NIE WAR ES EINFACHER, ALLES BESSER ZU MACHEN.
JETZT MITGLIED WERDEN.
Freie Demokraten.
War es jetzt gut? Oder doof?

GESELLSCHAFT / SOZIALES UND KULTUR / B2C

ORGANISATIONEN

AUDIO

**Freie Demokratische Partei /
Doofgedicht**

Wie bringt man die Menschen in einem Jahr voll von politischer Frustration dazu, in eine Partei einzutreten?
Mit einer Idee. Den Anfang machte ein Video auf dem Bundesparteitag und ein Social-Media-Film. Gefolgt von Plakaten, Anzeigen, Facebook-Posts und einem Radio-Spot.

KUNDE Freie Demokratische Partei, Berlin CONTACT Marco Buschmann AGENTUR Heimat Werbeagentur GmbH, Berlin CHIEF STRATEGY OFFICER Andreas Mengele CHIEF CREATIVE OFFICER Guido Heffels / Matthias Storath CREATIVE DIRECTOR Matthias Storath ART DIRECTOR Felix Steiner / Martin Glöckner / Muhammad Hammad COPYWRITER Matthias Storath ACCOUNT MANAGER Karolin Saak / Elisabeth Treichel / Olga Söderlund PRINT PRODUCTION Björn Schubert / Carola Storto / Lisa Teichmann / Chris Gerlach POST PRODUCER Charlotte Kühn SOCIAL MEDIA MANAGER Sven Goldbach EDITOR Jonas Schubert / Katja Fischer PRODUCTION COMPANY PIRATES 'N PARADISE Berlin GmbH

GESELLSCHAFT / SOZIALES UND KULTUR / B2C

ORGANISATIONEN

PRINT / ANZEIGE

Freie Demokratische Partei /
Doofgedicht

Wie bringt man die Menschen in einem Jahr voll von politischer Frustration dazu, in eine Partei einzutreten?
Mit einer Idee. Den Anfang machte ein Video auf dem Bundesparteitag und ein Social-Media-Film. Gefolgt von Plakaten, Anzeigen, Facebook-Posts und einem Radio-Spot.

KUNDE Freie Demokratische Partei, Berlin CONTACT Marco Buschmann AGENTUR Heimat Werbeagentur GmbH, Berlin CHIEF STRATEGY OFFICER Andreas Mengele CHIEF CREATIVE OFFICER Guido Heffels / Matthias Storath CREATIVE DIRECTOR Matthias Storath ART DIRECTOR Felix Steiner / Martin Glöckner / Muhammad Hammad COPYWRITER Matthias Storath ACCOUNT MANAGER Karolin Saak / Elisabeth Treichel / Olga Söderlund PRINT PRODUCTION Björn Schubert / Carola Storto / Lisa Teichmann / Chris Gerlach POST PRODUCER Charlotte Kühn SOCIAL MEDIA MANAGER Sven Goldbach EDITOR Jonas Schubert / Katja Fischer PRODUCTION COMPANY PIRATES 'N PARADISE Berlin GmbH

GESELLSCHAFT / SOZIALES UND KULTUR / B2C

ORGANISATIONEN

FILM / SPOT

Freie Demokratische Partei /
Dark Diaries

2017. In einer Zeit, in der niemand mehr weiß, was in der Politik wahr und was falsch ist, setzen die Freien Demokraten ein Zeichen für die Wahrheit.
„The Dark Diaries" ist eine 14.000-teilige Reportage des renommierten Kriegsfotografen Daniel Rosenthal, die einen schonungslosen Einblick in den Wahlkampf der Freien Demokraten gibt. Auch die dunkelsten Momente. Ungefiltert, mit allen Makeln.
Eine Geschichte über Scheitern, Streit, Auseinandersetzungen, Angriffe, Hoffnung und Hass.

INTEGRIERTE KAMPAGNE _ KUNDE Freie Demokratische Partei, Berlin CONTACT Johannes Vogel / Marco Buschmann AGENTUR Heimat Werbeagentur GmbH, Berlin CHIEF CREATIVE OFFICER Guido Heffels / Matthias Storath ART DIRECTOR Martin Glöckner / Felix Steiner / Tim Krieger COPYWRITER Matthias Storath / Felix Brockmeyer / Sebastian Stumpf / Berthold Brodowski / Alex Thumwood ACCOUNT MANAGER Karolin Saak / Elisabeth Treichel / Olga Söderlund STRATEGY Andreas Mengele / Jonathan Nausner PRINT PRODUCTION Björn Schubert / Lisa Teichmann / Chris Gerlach CREATIVE SERVICES Kerstin Kraus SOCIAL MEDIA MANAGER Sven Goldbach PHOTOGRAPHER Daniel Rosenthal EDITOR Jonas Harmsen / Jonas Schubert POST PRODUCER Charlotte Kühn FILMPRODUKTION Heimat Werbeagentur GmbH, Berlin POST PRODUCTION PX Group GmbH FILM GRADING PIRATES 'N PARADISE Berlin GmbH COMPOSER MOKOH Music GmbH

GESELLSCHAFT / SOZIALES
UND KULTUR / B2C

ORGANISATIONEN

DIGITALE MEDIEN /
SOCIAL-MEDIA-AKTIVITÄTEN

Freie Demokratische Partei /
Dark Diaries

2017. In einer Zeit, in der niemand mehr weiß, was in der Politik wahr und was falsch ist, setzten die Freien Demokraten ein Zeichen für die Wahrheit.
„The Dark Diaries" ist eine 14.000-teilige Reportage des renommierten Kriegsfotografen Daniel Rosenthal, die einen schonungslosen Einblick in den Wahlkampf der Freien Demokraten gibt. Auch die dunkelsten Momente. Ungefiltert, mit allen Makeln.
Eine Geschichte über Scheitern, Streit, Auseinandersetzungen, Angriffe, Hoffnung und Hass.

www.facebook.com/fdpnrw/
videos/10155274683262210/

INTEGRIERTE KAMPAGNE _ KUNDE Freie Demokratische Partei, Berlin CONTACT Johannes Vogel / Marco Buschmann AGENTUR Heimat Werbeagentur GmbH, Berlin CHIEF CREATIVE OFFICER Guido Heffels / Matthias Storath ART DIRECTOR Martin Glöckner / Felix Steiner / Tim Krieger COPYWRITER Matthias Storath / Felix Brockmeyer / Sebastian Stumpf / Berthold Brodowski / Alex Thumwood ACCOUNT MANAGER Karolin Saak / Elisabeth Treichel / Olga Söderlund STRATEGY Andreas Mengele / Jonathan Nausner PRINT PRODUCTION Björn Schubert / Lisa Teichmann / Chris Gerlach CREATIVE SERVICES Kerstin Kraus SOCIAL MEDIA MANAGER Sven Goldbach PHOTOGRAPHER Daniel Rosenthal EDITOR Jonas Harmsen / Jonas Schubert POST PRODUCER Charlotte Kühn POST PRODUCTION PX Group GmbH FILM GRADING PIRATES 'N PARADISE Berlin GmbH COMPOSER MOKOH Music GmbH

GESELLSCHAFT / SOZIALES
UND KULTUR / B2C

ORGANISATIONEN

DIGITALE MEDIEN /
DIGITALE KAMPAGNE

Freie Demokratische Partei /
Dark Diaries

www.facebook.com/fdpnrw/videos/
10155274683262210/

INTEGRIERTE KAMPAGNE _ KUNDE Freie Demokratische Partei, Berlin CONTACT Johannes Vogel / Marco Buschmann AGENTUR Heimat Werbeagentur GmbH, Berlin CHIEF CREATIVE OFFICER Guido Heffels / Matthias Storath ART DIRECTOR Martin Glöckner / Felix Steiner / Tim Krieger COPYWRITER Matthias Storath / Felix Brockmeyer / Sebastian Stumpf / Berthold Brodowski / Alex Thumwood ACCOUNT MANAGER Karolin Saak / Elisabeth Treichel / Olga Söderlund STRATEGY Andreas Mengele / Jonathan Nausner PRINT PRODUCTION Björn Schubert / Lisa Teichmann / Chris Gerlach CREATIVE SERVICES Kerstin Kraus SOCIAL MEDIA MANAGER Sven Goldbach PHOTOGRAPHER Daniel Rosenthal EDITOR Jonas Harmsen / Jonas Schubert POST PRODUCER Charlotte Kühn POST PRODUCTION PX Group GmbH FILM GRADING PIRATES 'N PARADISE Berlin GmbH COMPOSER MOKOH Music GmbH

GESELLSCHAFT / SOZIALES
UND KULTUR / B2C

ORGANISATIONEN

OUT OF HOME / MEDIEN

Freie Demokratische Partei /
Dark Diaries

2017. In einer Zeit, in der niemand mehr weiß, was in der Politik wahr und was falsch ist, setzten die Freien Demokraten ein Zeichen für die Wahrheit.
„The Dark Diaries" ist eine 14.000-teilige Reportage des renommierten Kriegsfotografen Daniel Rosenthal, die einen schonungslosen Einblick in den Wahlkampf der Freien Demokraten gibt. Auch die dunkelsten Momente. Ungefiltert, mit allen Makeln.
Eine Geschichte über Scheitern, Streit, Auseinandersetzungen, Angriffe, Hoffnung und Hass.

INTEGRIERTE KAMPAGNE _ KUNDE Freie Demokratische Partei, Berlin CONTACT Johannes Vogel / Marco Buschmann AGENTUR Heimat Werbeagentur GmbH, Berlin CHIEF CREATIVE OFFICER Guido Heffels / Matthias Storath ART DIRECTOR Martin Glöckner / Felix Steiner / Tim Krieger COPYWRITER Matthias Storath / Felix Brockmeyer / Sebastian Stumpf / Berthold Brodowski / Alex Thumwood ACCOUNT MANAGER Karolin Saak / Elisabeth Treichel / Olga Söderlund STRATEGY Andreas Mengele / Jonathan Nausner PRINT PRODUCTION Björn Schubert / Lisa Teichmann / Chris Gerlach CREATIVE SERVICES Kerstin Kraus SOCIAL MEDIA MANAGER Sven Goldbach PHOTOGRAPHER Daniel Rosenthal EDITOR Jonas Harmsen / Jonas Schubert POST PRODUCER Charlotte Kühn POST PRODUCTION PX Group GmbH FILM GRADING PIRATES 'N PARADISE Berlin GmbH COMPOSER MOKOH Music GmbH

GESELLSCHAFT / SOZIALES UND KULTUR / B2C

ORGANISATIONEN

FILM / SPOT

**Freie Demokratische Partei /
Denken Wir Neu**

Die Freien Demokraten setzen in ihrer Kampagne zur Bundestagswahl 2017 auf den bewussten Regelbruch. Erstmals wirbt eine Partei mit Longcopies auf Wahlplakaten. Mit den Themen „Mut", „Bildung" und „Digitalisierung" laden sie damit das ganze Land zum Dialog und zum neuen Denken ein.

KUNDE Freie Demokratische Partei, Berlin CONTACT Marco Buschmann AGENTUR Heimat Werbeagentur GmbH, Berlin CHIEF CREATIVE OFFICER Guido Heffels / Matthias Storath CREATIVE DIRECTOR Matthias Storath ART DIRECTOR Felix Steiner / Esra Gülmen / Martin Glöckner / Tim Krieger / Bogdan Rackow / Maria Botsch / Muhammad Hammad / Yasmin Soto COPYWRITER Matthias Storath / Felix Brockmeyer / Sebastian Stumpf / Berthold Brodowski / Nina Puri / Fabian Rössler / Alex Thumwood / Daniel Duhn / Daniel Kaufmann ACCOUNT MANAGER Karolin Saak / Elisabeth Treichel / Sabrina Schwigon / Olga Söderlund / Simon Jochum / Carlota Lempke STRATEGY Andreas Mengele CREATIVE SERVICES Kerstin Kraus PRINT PRODUCTION Björn Schubert / Carola Storto / Lisa Teichmann / Chris Gerlach PRODUCTION Charlotte Kühn PHOTOGRAPHER Olaf Heine / Daniel Rosenthal SCHNITT Jonas Harmsen / Jonas Schubert / Niklas Almerood RETUSCHE Lisa Teichmann FILMPRODUKTION Heimat Werbeagentur GmbH, Berlin MUSIK FILM MOKOH Music GmbH FILM GRADING PIRATES 'N PARADISE Berlin GmbH POSTPRODUKTION PX Group GmbH

GESELLSCHAFT / SOZIALES
UND KULTUR / B2C

ORGANISATIONEN

OUT OF HOME / MEDIEN

Freie Demokratische Partei /
Denken Wir Neu

Die Freien Demokraten setzen in ihrer Kampagne zur Bundestagswahl 2017 auf den bewussten Regelbruch. Erstmals wirbt eine Partei mit Longcopies auf Wahlplakaten. Mit den Themen „Mut", „Bildung" und „Digitalisierung" laden sie damit das ganze Land zum Dialog und zum neuen Denken ein.

GESELLSCHAFT / SOZIALES UND KULTUR / B2C

ORGANISATIONEN

OUT OF HOME / MEDIEN

Freie Demokratische Partei / Denken Wir Neu

CROSSMEDIA _ KUNDE Freie Demokratische Partei, Berlin CONTACT Marco Buschmann AGENTUR Heimat Werbeagentur GmbH, Berlin CHIEF CREATIVE OFFICER Guido Heffels / Matthias Storath CREATIVE DIRECTOR Matthias Storath ART DIRECTOR Felix Steiner / Esra Gülmen / Martin Glöckner / Tim Krieger / Bogdan Rackow / Maria Botsch / Muhammad Hammad / asmin Soto COPYWRITER Matthias Storath / Felix Brockmeyer / Sebastian Stumpf / Berthold Brodowski / Nina Puri / Fabian Rössler / Alex Thumwood / Daniel Duhn / Daniel Kaufmann ACCOUNT MANAGER Karolin Saak / Elisabeth Treichel / Sabrina Schwigon / Olga Söderlund / Simon Jochum / Carlota Lempke STRATEGY Andreas Mengele CREATIVE SERVICES Kerstin Kraus PRINT PRODUCTION Björn Schubert / Carola Storto / Lisa Teichmann / Chris Gerlach PRODUCTION Charlotte Kühn PHOTOGRAPHER Olaf Heine / Daniel Rosenthal SCHNITT Jonas Harmsen / Jonas Schubert / Niklas Almerood RETUSCHE Lisa Teichmann MUSIK FILM MOKOH Music GmbH FILM GRADING PIRATES 'N PARADISE Berlin GmbH POSTPRODUKTION PX Group GmbH

GESELLSCHAFT / SOZIALES
UND KULTUR / B2C

KUNST / KULTUR UND SPORT

DIGITALE MEDIEN / MOBILE / APPS

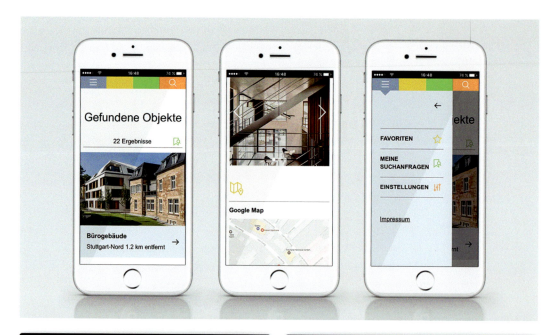

Architektenkammer Baden-Württemberg / Architekturführer-App für Baden-Württemberg

Für die Architektenkammer Baden-Württemberg entwickelte die Internetagentur . FUF aus Stuttgart einen mobilen Architekturführer für das Smartphone. Das zentrale Feature der hybriden App: die Präsentation von bedeutenden Architekturobjekten, die den User dazu animieren sollen, diese zu entdecken, zu besuchen und individuelle „Architektur-Touren" zu planen. Location-Based-Services und vollumfängliche Offline-Fähigkeit bringen einen großen Mehrwert für alle Freunde von hochwertiger Architektur.

Die hybride App bietet Architektur- und Baukulturinteressierten Informationen, Bilder sowie geografische Daten zu den Objekten: So sind Planerinnen und Planer, Bauherrschaft, Baujahr, Adresse und Informationen zu Prämierungen aufgeführt. Die momentan vorhandenen 680 Objekte wurden allesamt in Auszeichnungsverfahren wie „Beispielhaftes Bauen" mit Preisen ausgezeichnet.
Die User können nach diesen Kriterien filtern oder sich Objekte in ihrer Nähe anzeigen lassen. Jedes Objekt kann nach Belieben als Favorit gekennzeichnet werden, auch ganze Suchanfragen können abgespeichert werden. Dank der intelligenten Umkreissuche auf Basis von Geokoordination kann der Benutzer ganz einfach seine individuelle Objekttour planen. Mit einem Klick übernimmt Google Maps das Routing zum Wunschobjekt.
Der Offline-Betrieb der Mobile App ist aufgrund der großen Datenmengen durch die High-Res-Fotografien besonders wichtig, da die App sowohl zu Hause als auch von unterwegs genutzt werden soll. Aus diesem Grund werden die Objektdaten auf dem Endgerät vorgehalten, während das speicherintensive Bildmaterial größtenteils online abgerufen wird. Auch die leistungsfähige Suche funktioniert unabhängig davon, ob der Benutzer online oder offline ist. Die Objektbeschreibungen sowie die komplette Menüführung sind auch auf Englisch und Französisch verfügbar.

www.akbw.de/architektur/app.html

KUNDE Architektenkammer Baden-Württemberg, Stuttgart AGENTUR FUF // Frank und Freunde GmbH, Stuttgart

GESELLSCHAFT / SOZIALES UND KULTUR / B2C

KULTUR UND SPORT

OUT OF HOME / MEDIEN

MT Spielbetriebs- u. Marketing AG / SECHZIG MINUTEN DAS GANZ GROSSE GEFÜHL

Die Bandbreite und Intensität der Gefühle, die vor, während und nach einem Spiel durchlebt werden, sind das, was uns am meisten während eines Handballspieles beeindruckt. Es sind die Emotionen, die Spieler und Fans aneinanderbinden. „Triumph, Freude, Hoffnung, Stolz, Verzweiflung und Wut" – all diese Gefühle werden von den Spielern als auch den Fans durchlebt. Ziel ist es, damit die Authentizität der Kommunikation zu fördern.
Als aufmerksamkeitsstarkes Gestaltungselement werden Polygone verwendet, welche die Emotionen unterstützen. ▸

GESELLSCHAFT / SOZIALES
UND KULTUR / B2C

KULTUR UND SPORT

OUT OF HOME / MEDIEN

MT Spielbetriebs- u. Marketing AG /
SECHZIG MINUTEN DAS GANZ
GROSSE GEFÜHL

KUNDE MT Spielbetriebs- u. Marketing AG, Melsungen AGENTUR sxces Communication AG, Kassel

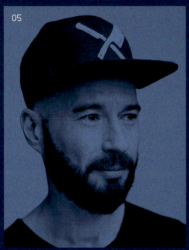

BEISELEN GMBH

„Unternehmens-leitbild"

ATTACKE WERBEAGENTUR GMBH / ULM

Tim Beck 01
Oliver Fischer 02
Michaela Frölich 03
Philipp Lindermeir 04
Stefan Scheller 05
Justina Vendura 06
Dimitri Widenbek 07

Mit Blick auf das Ergebnis, was hat Sie am meisten begeistert oder überrascht?

Oliver Fischer _ Die Idee, das Öffnen eines neuen Firmenkapitels durch eine mit einer Schleife verschlossene Broschüre im wahrsten Sinne erlebbar zu machen, war eine tolle Idee. Wir haben uns sehr gefreut, dass Beiselen dieses durchaus produktionstechnisch aufwendige Feature mitgetragen hat!

Das gesamte Interview finden Sie auf unserer Webseite.
ecfo.me/ga_attacke

RECRUITING / MITARBEITER-
KOMMUNIKATION / B2B

RECRUITING / MITARBEITER-
KOMMUNIKATION

PRINT / PUBLIKATION

Beiselen GmbH / Unternehmens-
leitbild

Beiselen ist der größte inhabergeführte Agrarhändler Deutschlands. Das neue Unternehmensleitbild ist anfangs mit einer Schleife verschlossen – das Öffnen eines neuen Firmenkapitels wird so bewusst erlebt. Danach erwarten den Leser starke Bildwelten, klare Gestaltung, neue Botschaften und „interaktiven Seiten". Diese fordern zur aktiven Auseinandersetzung mit der eigenen Rolle in der Unternehmensphilosophie auf und spiegeln so – statt nur ein starres Regelwerk zu liefern – in dieser Broschüre einen lebendigen Teil eines jeden Mitarbeiters wider.

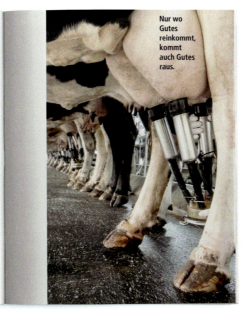

RECRUITING / MITARBEITER-KOMMUNIKATION / B2B

RECRUITING / MITARBEITER-KOMMUNIKATION

PRINT / PUBLIKATION

Beiselen GmbH / Unternehmensleitbild

KUNDE Beiselen GmbH, Ulm GESCHÄFTSFÜHRUNG Dr. Hans-Bernhard Overberg / Rainer Schuler / Bernhard Schwegler MARKETINGLEITUNG Sabine Schuler PROJEKTLEITUNG Klara Schuler AGENTUR ATTACKE Werbeagentur GmbH, Ulm BERATUNG Oliver Fischer CREATIVE DIRECTOR Oliver Fischer ART DIRECTOR Tim Beck GRAFIK Michaela Frölich PROJEKTMANAGEMENT Stefan Scheller TEXT Oliver Fischer DRUCK Druckerei Vogl GmbH & Co KG

RECRUITING / MITARBEITER-KOMMUNIKATION / B2B

RECRUITING / MITARBEITER-KOMMUNIKATION

DIGITALE MEDIEN / DIGITALE KAMPAGNE

Accenture Dienstleistungen GmbH / Employer Branding Campaign „Be yourself and make a difference"

Im „War for talents" will Accenture vor allem weibliche New Hires gewinnen. Im Mittelpunkt der digitalen Kampagne stehen dabei die Menschen, die bei Accenture arbeiten. Mit dem Claim „Be yourself and make a difference" geben wir der Unternehmenskultur und der Arbeitgebermarke in lebensweltlichen wie Recruiting-Umfeldern ein Gesicht. Mit über 5.000 Bewerbungen bis März 2017 ist sie Accentures erfolgreichste Employer-Kampagne und übertrifft die Erwartungen bis Ende 2016 um das Fünffache.

www.accenture.com/makeadifference

KUNDE Accenture Dienstleistungen GmbH, Kronberg im Taunus LEITUNG KAMPAGNE Yasmin Dengel-Ongcoy / Sonja Thonfeld AGENTUR BALLHAUS WEST | Agentur für Kampagnen GmbH, Berlin CREATIVE DIRECTOR Jonas Lieder BERATUNG Imran Ayata / Alice Gittermann ART DIRECTOR Christopher Schneider DIGITAL CAMPAIGNING Ceylan Kamisli FOTOGRAFIE Darius Ramazani

RECURITING / MITARBEITER-
KOMMUNIKATION / B2B

RECRUITING / MITARBEITER-
KOMMUNIKATION

PRINT / ANZEIGE

**Mayer Personalmanagement GmbH /
Akzente setzen**

Den idealen Mitarbeiter findet man genauso schwer wie den perfekten Job. Umso wichtiger ist es, sich abzuheben und Akzente zu setzen. Frei nach dem Gedanken „Abheben und Akzente setzen" diente ein herkömmlicher Leuchtstift als Ideengeber für das Re-Design. Nun sorgt er in den Stelleninseraten für eine vertraute Optik und verhilft in seiner Rolle als Schlüsselelement in einem erweiterten Konzept zu einem hohen Wiedererkennungswert.

KUNDE Mayer Personalmanagement GmbH, Rankweil (Österreich) GESCHÄFTSFÜHRENDER GESELLSCHAFTER Wolfgang Mayer MARKETING & RESEARCH / PERSONALBERATERIN / GESELLSCHAFTERIN Mag. Stephanie Mayer PERSONALBERATER / GESELLSCHAFTER MSc. Lukas Mayer AGENTUR die3 Agentur für Werbung und Kommunikation GmbH, Dornbirn (Österreich) BERATUNG Alex Welzenbach CREATIVE DIRECTOR Mario Lorenz ART DIRECTOR Cornelia Wolf

RECRUITING / MITARBEITER-
KOMMUNIKATION / B2B

RECRUITING / MITARBEITER-
KOMMUNIKATION

DIGITALE MEDIEN /
DIGITALE KAMPAGNE

PERM4 | Permanent Recruiting GmbH / HR-Kampagne „Dating Sites"

Wie erklärt man jungen Leuten in ihren 20ern, was ein Headhunter macht und dass das womöglich eine Karrierechance für sie wäre?
Am besten an Beispielen, die sie kennen. Mit Liebe und Sex etwa.
Wer Tinder, C-Date, Lovoo versteht, versteht, wie wichtig es ist, die richtigen Leute zusammenzubringen. Jetzt muss man sich das ganze nur als den Top-Dating-Platz auf dem Arbeitsmarkt vorstellen, und schon heißt es: Willkommen bei PERM4.

www.facebook.com/perm4

CROSSMEDIA _ KUNDE PERM4 I Permanent Recruiting GmbH, Berlin MARKETINGLEITUNG Sascha Thieme AGENTUR dieckertschmidt GmbH, Berlin CREATIVE DIRECTOR Kurt Georg Dieckert / Stefan Schmidt ART DIRECTOR Virgie Cheong TEXT Stefan Schmidt BERATUNG Anne Kammeier

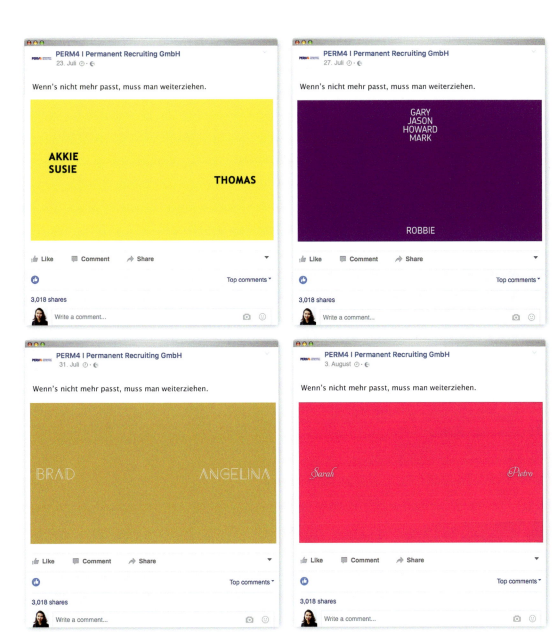

RECRUITING / MITARBEITER-
KOMMUNIKATION / B2B

RECRUITING / MITARBEITER-
KOMMUNIKATION

DIGITALE MEDIEN /
DIGITALE KAMPAGNE

PERM4 | Permanent Recruiting GmbH /
Kandidatenkampagne „Weiterziehen"

PERM4 ist ein großer Recruitment-
Consultant.
Er hilft Firmen, die besten Mitarbeiter
zu finden. Dazu braucht Perm4 natürlich
einen großen Stamm an geeigneten
Kandidaten. Um mit neuen, möglichen
Kandidaten in Kontakt zu treten, hat
PERM4 folgende Facebook-Kampagne
geschaltet.

www.facebook.com/perm4

CROSSMEDIA _ KUNDE PERM4 I Permanent Recruiting GmbH, Berlin MARKETINGLEITUNG Sascha Thieme AGENTUR dieckertschmidt GmbH, Berlin CREATIVE DIRECTOR Kurt Georg Dieckert / Stefan Schmidt ART DIRECTOR Chiara Astuti TEXT Stefan Schmidt BERATUNG Anne Kammeier

RECRUITING / MITARBEITER-
KOMMUNIKATION / B2B

RECRUITING / MITARBEITER-
KOMMUNIKATION

PRINT / ANZEIGE

Rhomberg Bau GmbH / Darauf bauen wir

Um Young Professionals wie Bau- und Projektleiter für Rhomberg Bau zu begeistern, kommen in den Stellenanzeigen jene zu Wort, die diese Begeisterung bereits verinnerlicht haben: die Mitarbeiter selbst. Jedes Testimonial aus dem Hause Rhomberg repräsentiert seine aktuelle Position, deren zentrale Werte in einer Wortneuschöpfung zusammengefasst sind. Die emotionale, zukunftsgerichtete Tonalität der für Zeitungen konzipierten Anzeigen folgt dabei ganz dem Image von Rhomberg.

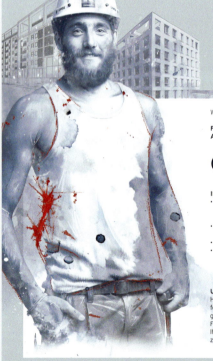

RECRUITING / MITARBEITER–KOMMUNIKATION / B2B

RECRUITING / MITARBEITER–KOMMUNIKATION

PRINT / ANZEIGE

Rhomberg Bau GmbH / Darauf bauen wir

KUNDE Rhomberg Bau GmbH, Bregenz (Österreich) LEITER MARKETING & KOMMUNIKATION Matthias Moosbrugger
PROJEKTLEITER Benedikt Krauß AGENTUR die3 Agentur für Werbung und Kommunikation GmbH, Dornbirn (Österreich)
BERATUNG Bruno Welzenbach CREATIVE DIRECTOR Mario Lorenz ART DIRECTOR Stefan Vögel TEXT Isabel Seidel

RECRUITING / MITARBEITER-
KOMMUNIKATION / B2B

RECRUITING / MITARBEITER-
KOMMUNIKATION

DIGITALE MEDIEN /
DIGITALE KAMPAGNE

**Schüchtermann-Klinik Bad
Rothenfelde GmbH & Co. KG** /
Personalmarketingkampagne
„Job mit Herz"

Crossmediale Personalmarketingkampagne mit Fokus auf die Rekrutierung von Pflegekräften. Adaption des Corporate Designs der Schüchtermann-Klinik Bad Rothenfelde – eines der größten deutschen Herzzentren. Neben der Website entstanden innerhalb der Kampagne mehrere Out-of-Home-Werbemittel wie Postkarten, Luftballons oder Citylight-Plakate und Buswerbung im Osnabrücker Stadtverkehr.

Als optisches Key-Element zur Wiedererkennung dient die Zusatzfarbe Pantone 178 C, die auf sämtlichen Werbemitteln eingesetzt wurde. Symbolische Verknüpfung der Farbe Rot mit der Farbe des Herzens. Textliche Parallele des Jobs der Pflegekraft in der Kardiologie als „Herzensangelegenheit".

www.job-mit-herz.de

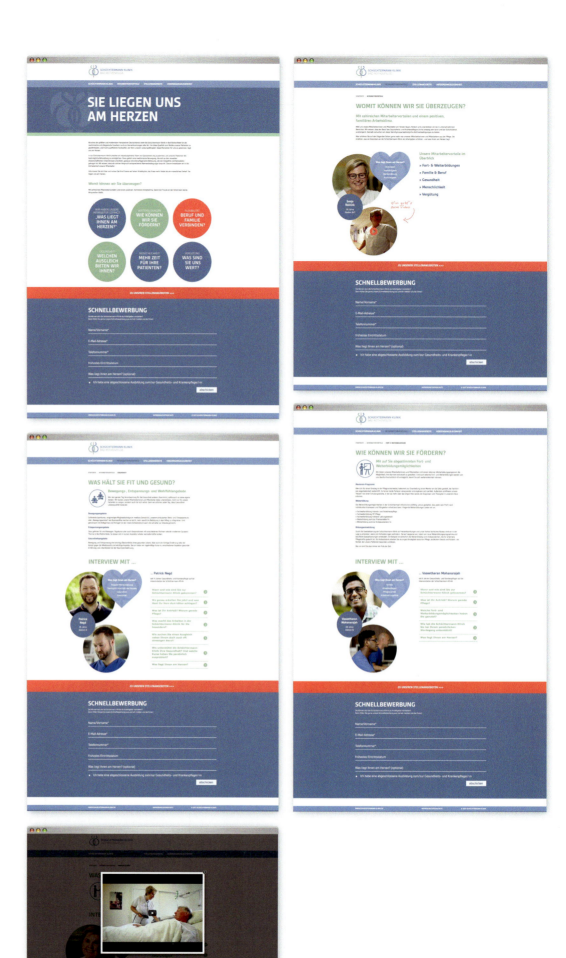

KUNDE Schüchtermann-Klinik Bad Rothenfelde GmbH & Co. KG, Bad Rothenfelde AGENTUR team4media GmbH, Osnabrück STRATEGIE Madeleine Wilm ART DIRECTOR Ivonne Richters

114
REGISTER
Agenturen

118
REGISTER
Produktionsfirmen und Dienstleister

122
REGISTER
Auftraggeber

124
REGISTER
Personen

128
IMPRESSUM

Agenturen

A

act&react Werbeagentur GmbH
info@act-and-react.com
www.act-and-react.com
> Nº 4 66

Agentur am Flughafen AG
luechinger@agenturamflughafen.com
www.agenturamflughafen.com
> Nº 1 59, 72, Nº 2 81, Nº 3 36, 83

ASM Werbeagentur GmbH GWA
info@asm-muenchen.de
www.asm-muenchen.de
> Nº 2 48

Atelier Damböck Messedesign GmbH
hej@kommunikation-im-raum.de
www.kommunikation-im-raum.de
> Nº 4 54

ATTACKE Werbeagentur GmbH
agentur@attacke-ulm.de
www.attacke-ulm.de
> Nº 2 44, Nº 3 46, Nº 4 103

B

Babiel GmbH
presse@babiel.com
www.babiel.com
> Nº 2 46

BALLHAUS WEST | Agentur für Kampagnen GmbH
agentur@ballhauswest.de
www.ballhauswest.de
> Nº 4 72, 106

Bloom GmbH
zentrale@bloomproject.de
www.bloomproject.de
> Nº 1 52 f., 73 f., Nº 2 59 f.

bodenseecrew Werbeagentur GmbH
info@bodenseecrew.de
www.bodenseecrew.de
> Nº 4 56

brainwaves GmbH & Co. KG
mail@brainwaves.de
www.brainwaves.de
> Nº 4 80, 82

C

Change Communication GmbH
info@change.de
www.change.de
> Nº 4 41

Cheil Germany GmbH
info.germany@cheil.com
www.cheil.de
> Nº 1 78

concept X GmbH & Co. KG
info@conceptX.de
www.conceptx.de
> Nº 4 83, 87

D

david+martin, davidmartin GmbH
mail@davidundmartin.com
www.davidundmartin.com
> Nº 1 40, 50

denkwerk GmbH
hello@denkwerk.com
www.denkwerk.com
> Nº 1 71, Nº 2 42, 70, Nº 4 70 f.

die3 Agentur für Werbung und Kommunikation GmbH
office@die3.eu
www.die3.eu
> Nº 2 28, Nº 3 71, 79 f., Nº 4 58, 107, 110

dieckertschmidt GmbH
info@dieckertschmidt.com
www.dieckertschmidt.com
> Nº 4 60, 62, 108 f.

DIE WERBTÄTIGEN UG
econaward@diewerbtaetigen.de
www.diewerbtaetigen.de
> Nº 3 62 f., Nº 4 68

DUNCKELFELD GmbH
post@dunckelfeld.de
www.dunckellfeld.de
> Nº 3 40, Nº 4 51

E

Effekt-Etage GmbH
Marketing@effekt-etage.de
www.effekt-etage.de
> Nº 1 62 f.

elbkind GmbH
contact@elbkind.de
www.elbkind.de
> Nº 1 34 f., 64 f., Nº 3 38, 41

Ender Werbung GmbH & Co KG
welcome@enderwerbung.com
www.enderwerbung.com
> Nº 1 70, Nº 3 65, 76

F

FACT GmbH Werbeagentur
info@factnet.de
www.factnet.de
> Nº1 66f., Nº2 39

FISCHER & FRIENDS Werbeagentur GmbH
info@ffwa.de
www.fischer-and-friends.de
> Nº3 59f., Nº4 88f.

fischerAppelt AG
info@fischerappelt.de
www.fischerappelt.de
> Nº1 92, Nº4 52, 81

Fork Unstable Media GmbH
business@fork.de
www.fork.de
> Nº2 50

Frederik & Labots WA GmbH
info@frederikundlabots.com
www.frederikundlabots.com
> Nº3 43

Frese & Wolff Werbeagentur GmbH
info@frese-wolff.de
www.frese-wolff.de
> Nº3 85

FUF // Frank und Freunde GmbH
kontakt@fuf.de
www.fuf.de
> Nº4 86, 100

H

Hammerer GmbH
office@hammerer.at
www.hammerer.at
> Nº1 84, Nº2 62

Heimat Werbeagentur GmbH
info@heimat-berlin.com
www.heimat-berlin.com
> Nº2 66f., 71, Nº3 54f., Nº4 73, 90, 92f.

Heine Warnecke Design GmbH
hannover@heinewarnecke.com
www.heinewarnecke.com
> Nº1 46

hl-studios GmbH
info@hl-studios.de
www.hl-studios.de
> Nº2 32, 47

I

Interactive Media Foundation gGmbH
info@interactivemedia-foundation.com
www.interactivemedia-foundation.com
> Nº4 76

Intevi Werbeagentur GmbH
info@intevi.de
www.intevi.de
> Nº4 44

ipanema2c brand communication GmbH
info@ipanema2c.de
www.ipanema2c.de
> Nº2 54f., 61

ISGRO Gesundheitskommunikation GmbH & Co. KG
isgro@isgro-gk.de
www.isgro-gk.de
> Nº2 58, Nº3 58

J

jäger & jäger GbR
info@jaegerundjaeger.de
www.jaegerundjaeger.de
> Nº2 24, 30

Jochen Grauer, Marken- und Kommunikationsberatung
jochen.grauer@web.de
> Nº3 74

K

KAAPKE Marketing GmbH
zentrale@kaapke.com
www.kaapke.com
> Nº2 35, 38

Kolle Rebbe GmbH
hallo@kolle-rebbe.de
www.kolle-rebbe.de
> Nº3 32

KreativRealisten, EMS & P Kommunikation GmbH
info@kreativrealisten.de
kreativrealisten.de
> Nº4 84f.

L

LA RED GmbH
hello@la-red.de
www.la-red.de
> Nº1 47, 49, Nº4 50

Lehanka Kommunikationsagentur GmbH
info@lehanka.de
www.lehanka.de
> Nº1 42, Nº4 64

Lingner Marketing GmbH
info@lingner.de
www.lingner.de
> Nº2 80, Nº3 78

Lingner Online GmbH
info@lingneronline.de
www.lingneronline.de
> Nº1 41

M

markt&werbung m&w GmbH
info@marktundwerbung.de
www.markundwerbung.de
> Nº1 90f.

MAYD GmbH & Co. KG
hello@mayd-hamburg.com
www.mayd-hamburg.com
> Nº1 30, 33, Nº4 45

N

neue formen Köln GmbH
info.koeln@neueformen.net
www.neueformen.net
> Nº1 37f.

O

Ogilvy & Mather Germany GmbH
info@ogilvy.com
www.ogilvy.de
> Nº3 44, 49f., 52f.

ORANGE COUNCIL GmbH
info@orange-council.de
www.orange-council.de
> Nº3 82

P

Peperoni Werbe- und PR-Agentur GmbH
info@peperonihaus.de
www.peperonihaus.de
> Nº4 77, 79

PLAN.NET/SERVICEPLAN
info@serviceplan.com
www.serviceplan.de
> Nº1 57, 76, Nº4 46f.

POINT HAMBURG Werbeagentur GmbH & Co. KG
direktkontakt@pointhamburg.de
www.pointhamburg.de
> Nº2 78

Q

querformat GmbH & Co. KG
kontakt@querformat.info
www.querformat.info
> Nº2 45, Nº3 86

R

rocket-media GmbH & Co. KG
info@rocket-media.de
www.rocket-media.de
> Nº2 37

S

S/COMPANY · Die Markenagentur GmbH
werbung@s-company.de
www.s-company.de
> Nº3 47f.

Schindler Parent GmbH
kontakt@schindlerparent.de
www.schindlerparent.de
> Nº1 56, Nº3 66, Nº4 75

schmiddesign GmbH & Co. KG
info@schmiddesign.de
www.die-kreativagentur.de
> Nº3 57

SERVICEPLAN/PLAN.NET
info@serviceplan.com
www.serviceplan.de
> Nº1 57, 76, Nº4 46f.

SevenOne AdFactory GmbH
info@sevenone-adfactory.de
www.sevenone-adfactory.de
> Nº4 40

Star Finanz-Software Entwicklung und Vertriebs GmbH
web@starfinanz.de
www.starfinanz.de
> Nº3 35

STEUER Marketing und Kommunikation GmbH
info@agentur-steuer.de
www.agentur-steuer.de
> Nº2 40, Nº4 67

sxces Communication AG
info@sxces.com
www.sxces.com
> Nº4 101

T

team4media GmbH
info@team4media.net
www.team4media.net
> Nº 4 **112**

TeamWFP: WFP WERBEAGENTUR FELSKE + PARTNER GMBH + CO. KG, WFP 2 GESELLSCHAFT FÜR INTERAKTIVE KOMMUNIKATION MBH + CO. KG
> Nº 2 **74**, **76** f.

teufels GmbH
info@teufels.com
teufels.com
> Nº 2 **41**, Nº 3 **42**

The Vision Company Werbeagentur GmbH
info@the-vision-company.de
www.the-vision-company.de
> Nº 1 **88**

TWT Interactive GmbH
welcome@twt.de
www.twt.de
> Nº 1 **43**, Nº 2 **52**

Ü

Überground GmbH
hello@teamueberground.com
www.ueberground.com
> Nº 2 **68** f., Nº 3 **68** f.

W

WAVEMAKER GmbH
duesseldorf@wmglobal.com
www.wavemakerglobal.com/de-de/
> Nº 1 **79** f.

WFP WERBEAGENTUR FELSKE + PARTNER GMBH + CO. KG
hallo@teamwfp.de
www.teamwfp.de
> Nº 2 **72** f.

Wynken Blynken & Nod GmbH & Co KG
hello@wynken.com
www.wynken.com
> Nº 1 **83**, **86**, Nº 2 **63**, **65**, Nº 4 **74**

Z

zurgams Kommunikationsagentur GmbH
office@zurgams.com
www.zurgams.com
> Nº 1 **44**, **58**, Nº 3 **37**, **70**

Produktionsfirmen / Dienstleister

1

12bis3 | Buchfink und Harsch GbR
bisgleich@12bis3.de
www.12bis3.de
> N°3 **60**

2

23D Solutions GmbH
info@23ds.de
www.23ds.de
> N°1 **67 f.**

27 Kilometer Entertainment GmbH
nitsche@27km.de
www.27km.de
> N°3 **69**

4

48k Studio für musikalische Kommunikation
hallo@48k.studio
www.48k.studio
> N°2 **67**

A

AA+W Einzelgesellschaft
info@aa-w.com
www.aa-w.com
> N°4 **83**

ADCON Werbe GmbH
info@adcon-werbe-gmbh.de
www.adcon-modellbau.de
> N°2 **32**

audioforce berlin KG
info@audioforce.de
www.audioforce.de
> N°3 **49 f.**

Audio Logo GmbH
info@audiologogmbh.de
www.emotions-in-print.de
> N°2 **54**

Augleo Studio
augleo@augleo.com
www.augleo.com
> N°1 **76**

Axel Bühner, Fotograf
> N°4 **84 f.**

B

BAKERY FILMS Filmproduktion GmbH
contact@bakeryfilms.com
www.bakeryfilms.com
> N°3 **44**

Barbara Kündig
wwwyoga-nidra.ch
> N°3 **41**

Bele Olmez / Getty Images
> N°1 **66**

BIGFISH Filmproduktion GmbH
info@bigfish.de
www.bigfish.de
> N°2 **69**, **71**

blmfilm GmbH
info@blmfilm.de
www.blmfilm.de
> N°1 **47**, **49**

bluepool GmbH
info@bluepool.de
www.bluepool.de
> N°2 **32**

brainbows informationsmanagement GmbH
office@brainbows.com
www.brainbows.com
> N°3 **71**

brothers Klika OG
hello@brothers-agency.com
www.brothers-agency.com
> N°1 **84**

business creation EDV-Services KG
www.business-creation.at
> N°1 **70**

C

CAC Studios
photo@studio-cac.com
www.studio-cac.com
> N°1 **76**

CHALLENGE GmbH
www.challenge.de.com
> N°1 **67 f.**, N°2 **39**

CINEMATICZ FILMPRODUKTION Einzelunternehmen
kontakt@cinematicz.de
www.cinematicz.de
> N°2 **44**

Commondeer LLC
> N°1 **76**

Core-A Studios
info@coreastudios.com
www.coreastudios.com
> N° 1 76

currycom communications GmbH
office@currycom.com
www.currycom.com
> N° 1 43

CZAR Film GmbH
info@czar.de
www.czar.com
> N° 1 86, N° 2 66

D

Darius Ramazani
darius@ramazani.de
www.ramazani.de
> N° 4 106

Demodern GmbH
dm@demodern.de
www.demodern.de
> N° 4 76

Die Werbtätigen UG
info@diewerbtaetigen.de
www.diewerbtaetigen.de
> N° 3 63

DIE WORTWERKSTATT GmbH
info@wortwerkstatt.de
www.wortwerkstatt.de
> N° 1 68

Digital Straik GmbH
contact@straik.net
www.straik.net
> N° 3 50

DONDON Kähler Pelzer GbR
contact@dondonberlin.com
dondonberlin.com
> N° 3 40

Dorian Roy
mail@dorianroy.com
www.dorianroy.com
> N° 4 76

Drewes & Keretic GmbH
info@DundK.de
www.dundk.de
> N° 1 43

Druck-Ring GmbH & Co. KG
info@druck-ring.de
www.druck-ring.de
> N° 2 24, 30

Druckerei Vogl GmbH & Co KG
info@druckerei-vogl.de
www.druckerei-vogl.de
> N° 4 103

E

Eberl Print GmbH
info@eberl.de
www.eberl.de
> N° 3 66

Elif Siebenpfeiffer
info@elifsiebenpfeiffer.de
www.elifsiebenpfeiffer.de
> N° 3 86

Etschmann Noack GmbH
info@etschmann-noack.de
www.etschmann-noack.de
> N° 2 32

F

FISCHER & FRIENDS Werbeagentur GmbH
info@ffwa.de
www.fischer-and-friends.de
> N° 2 37, N° 3 59

fischerAppelt AG
info@fischerappelt.de
www.fischerappelt.de
> N° 1 43, N° 2 50

Florida TV GmbH
www.floridatv-entertainment.de
> N° 4 40

Fotografie Marc Weigert Einzelgesellschaft
foto@marcweigert.de
www.marcweigert.com
> N° 3 86

Fotolia
www.de.fotolia.com
> N° 3 37

freeters
info@freeters.de
www.freeters.de
> N° 3 82

G

German Wahnsinn GmbH
wahnsinn@germanwahnsinn.de
www.germanwahnsinn.de
> N° 1 47, 49

GK FILM AG
info@gk-film.com
www.gk-film.com
> N° 3 49

H

Hammerer GmbH
office@hammerer.at
www.hammerer.at
> N° 2 62

Hannes Resch
office@reschfoto.at
www.reschfoto.at
> N° 1 84, N° 2 62

Hans Gieselmann Druck und Medien GmbH & Co. KG
info@gieselmanndruck.de
www.gieselmanndruck.de
> N° 4 67

Heimat Werbeagentur GmbH
info@heimat-berlin.com
www.heimat-berlin.com
> N° 4 90, 93, 97

hobby.denkwerk GmbH
hi@h-o-b-b-y.com
www.h-o-b-b-y.com
> N° 1 71

Hofkapellmeister
office@hofkapellmeister.com
www.hofkapellmeister.com
> N° 1 83

Holzer Druck und Medien GmbH & Co. KG
info@druckerei-holzer.de
www.druckerei-holzer.de
> N° 3 74

I

It's us Media GmbH
office@itsus.berlin
www.itsus.berlin
> N° 1 64f., N° 4 81

J

JONES+TINO
sayhello@jonesandtino.tv
www.jonesandtino.tv
> N° 2 67

Joscha Unger GbR
mail@joschaunger.de
www.joschaunger.de
> N° 1 63

K

KAMERAD FILM GbR
info@kamerad-film.de
www.kamerad-film.de
> N° 2 54

Kinetic Worldwide Germany GmbH
benita.mayer@kineticww.com
www.kineticww.com/de
> N° 1 81

knowhere GmbH
info@knowhere.to
www.knowhere.to
> N° 1 47, 49

KontrastPlus GmbH & Co. KG
info@kontrastplus.net
www.kontrastplus.net
> N° 3 74

L

LAVAlabs Moving Images GmbH & Co. KG
info@lavalabs.de
www.lavalabs.de
> N° 1 43

Le Berg
www.leberg.de
> N° 2 50

Loft Tonstudios Berlin GmbH
berlin@loftstudios.de
www.loftstudios.de
> N° 1 86

Lorenz Fuchs
> N° 1 68

Lovestone Film GmbH
berlin@lovestonefilm.de
www.lovestonefilm.de
> N° 3 40

Lukas Hämmerle
www.lukashaemmerle.com
> N° 3 76

M

Marc G. Eberle
www.marcgeberle.com
> N° 3 76

Markenfilm GmbH & Co. KG
info@markenfilm.de
www.markenfilm.de
> N° 1 83

PRODUKTIONSFIRMEN / DIENSTLEISTER

Marte Michael
www.michaelmarte.com
> N°1 70

Martin Bolle Foto Design
martin.bolle@keno-studio.de
www.martinbolle.de
> N°4 80

MEDIAPLUS GERMANY
www.mediaplus.com/de
> N°4 46f.

Miiqo Studios UG
we@miiqo.com
www.miiqo.com
> N°4 76

MOKOH Music GmbH
hello@mokoh-music.com
www.mokoh-music.com
> N°2 71, N°4 93f.

mypony GmbH
hello@mypony.pro
www.mypony.pro/company
> N°4 48

N

NEVEREST GmbH & Co. KG
info@neverest.de
www.neverest.de
> N°1 57

Next Levels GmbH
www.next-levels.de
> N°1 90f.

nhbNEXT
felicitas.stahnke@nhbnext.com
www.nhbnext.com
> N°1 76

nhb video GmbH
info@nhb.de
www.nhb.de
> N°4 48

Nils Landmark
mail@nilslandmark.com
www.nilslandmark.de
> N°2 67

Norbert Hüttermann
nh@huettermannfotografie.de
www.huettermannfotografie.de
> N°1 88

O

ORT INTERACTIVE GmbH
info@ort-online.net
www.ort-online.net
> N°2 74

ostec GmbH
info@ostec.de
www.ostec.de
> N°4 51

P

PAUL SCHWABE DIGITAL PRODUCTION GmbH
hello@paulschwabe.com
www.paulschwabe.com
> N°2 67

Ping Zhu
pingszoo@gmail.com
www.pingszoo.com
> N°4 74

PIRATES 'N PARADISE Berlin GmbH
ber@pnp.tv
www.piratesnparadise.de
> N°4 90, 92f., 97f.

PLAN.NET / SERVICEPLAN
info@serviceplan.com
www.serviceplan.de
> N°1 57, N°4 46f.

Pumpkin Film AG
INFO@PUMPKINFILM.CH
www.pumpkinfilm.ch
> N°1 57

PX Group GmbH
info@px-group.de
www.px-group.de
> N°4 93f.

R

Rampant Pictures Einzelunternehmen
info@rampant-pictures.de
www.rampant-pictures.de
> N°3 46

René Liebert
mail@reneliebert.com
www.reneliebert.com
> N°4 76

ROCKET FILM GmbH
contact@rocketfilm.ch
www.rocketfilm.ch
> N°3 56

RSA Films
www.rsafilms.com
> N°2 71

S

Schöler Druck & Medien GmbH
www.schoeler-kreativ.de
> N°3 76

SERVICEPLAN / PLAN.NET
info@serviceplan.com
www.serviceplan.de
> N°1 57, N°4 46f.

Shazam Entertainment Limited
www.shazam.com/de
> N°4 46f.

Stierhochvier Kathi Lokocz & Rodian Stiehl
hier@stierhochvier.de
www.stierhochvier.de
> N°2 40

Stink GmbH
berlin@stink.co
www.stink.com
> N°2 67, N°3 50

STUDIO AKA, London Ltd.
thestudio@studioaka.co.uk
www.studioaka.co.uk
> N°2 71

Studio Funk GmbH & Co. KG
info@studiofunk.de
www.studiofunk.de
> N°1 58, N°2 65

T

techdev Solutions GmbH
info@techdev.io
www.techdev.io/de
> N°3 41

The Mill Ltd.
www.themill.com
> N°2 71

The Wade Brothers
www.thewadebrothers.com
> N°2 66

Thomas Kombüchen
hi@undev.de
www.undev.de
> N°4 76

Thomas Von der Heiden
www.thomasvonderheiden.de
> N°1 90f.

Tim Pulver
mail@timpulver.de
www.timpulver.de
> N°4 76

Ton- & Werbestudio Schreiber
info@studio-schreiber.de
www.studio-schreiber.de
> N°1 56

Tracks & Fields GmbH
www.tracksandfields.com
> N°2 71

TroNa GmbH
info@try-no-agency.de
www.try-no-agency.de
> N°1 40

Turbine Kreuzberg GmbH
hello@turbinekreuzberg.com
www.turbinekreuzberg.com
> N°4 51

Tutticonfetti, Marta Colomer
maruta@tutticonfetti.com
www.tutticonfetti.com
> N°1 46

U

Unit9, London
info@unit9.com
www.unit9.com
> N°3 54f.

V

Via Studios GbmH
mail@viastudios.de
www.viastudios.de
> N°3 86

W

Walter Glöckle
mail@walter-gloeckle.de
www.walter-gloeckle.de
> N°3 35

WFP2 GESELLSCHAFT FÜR INTERAKTIVE KOMMUNIKATION MBH + CO. KG
info@wfp2.com
www.teamwfp.de
> N°2 74, 76f.

who's mcqueen picture GmbH
zurich@whomcq.com
www.whomcq.com/zurich-showreel
> Nº3 **36, 54**f.

wittmann/zeitblom
chwittmann@posteo.de
www.wittmannzeitblom.de
> Nº4 **76**

Z

ZENOMUZIK GmbH
info@zenomuzik.de
www.zenomuzik.de
> Nº4 **75**

ZUZANA SUCHA
zuzana.sucha@volny.cz
www.zuzanasucha.net
> Nº2 **67**

Auftraggeber

A

Accenture Dienstleistungen GmbH, Kronberg im Taunus > N° 4 **106**
ACV Automobil-Club Verkehr e.V., Köln > N° 3 **40**
Alfred Ritter GmbH & Co. KG, Waldenbuch > N° 1 **34 f.**
Alpcura Fachklinik Allgäu Betriebsgesellschaft mbH, Pfronten > N° 3 **57**
Architektenkammer Baden-Württemberg, Stuttgart > N° 4 **100**
Archraum AG, Altstätten > N° 1 **70**
arge digital excellence c/o advantegy GmbH, Schwerte > N° 4 **66**
artiso solutions GmbH, Blaustein > N° 2 **44**
Atelier Damböck Messebau GmbH, Neufinsing bei München > N° 4 **54**

B

Bäckerei Voosen GmbH & Co. KG, Pulheim > N° 1 **37 f.**
Bayerisches Staatsministerium des Innern, für Bau und Verkehr öffentlich-rechtlich, München > N° 4 **80**
Bayernland eG, Nürnberg > N° 2 **80**
Beiselen GmbH, Ulm > N° 4 **103**
Bel Deutschland GmbH, Grasbrunn > N° 1 **40**
Berlin Burrito Company GmbH, Berlin > N° 3 **43**
Berliner Stadtreinigung Anstalt des öffentlichen Rechts, Berlin > N° 4 **77, 79**
bodenseecrew Werbeagentur GmbH, Konstanz > N° 4 **56**
Bundesministerium des Innern, Berlin > N° 4 **81**
Bunte Hotel Fischer am See GmbH & Co. KG, Heiterwang > N° 3 **46**
by marei Einrichtungskonzepte AG, St. Gallen > N° 2 **81**

C

Campari Deutschland GmbH, Oberhaching > N° 1 **50**
CleanCar AG, Düsseldorf > N° 3 **62 f.**
Condor Flugdienst GmbH, Oberursel > N° 3 **47 f.**

D

Daimler AG, Stuttgart > N° 1 **64 f.**
DAW SE Geschäftsbereich LITHODECOR, Gerstungen > N° 3 **74**
DB Mobility Logistics AG, Berlin > N° 3 **44, 49 f., 52 f.**
Deutsche Synästhesie-Gesellschaft e.V., Aukrug > N° 4 **70 f.**
Deutsche Telekom AG – GSUS – Real Estate Management, Köln > N° 3 **82**
Diction AG, Buchs > N° 3 **83**
die3 Agentur für Werbung und Kommunikation GmbH, Dornbirn > N° 4 **58**
dieckertschmidt GmbH, Berlin > N° 4 **60, 62**
Die Techniker KdöR, Hamburg > N° 3 **41**
DOMUS Leuchten & Möbel AG, St. Gallen > N° 1 **72**
Dot Incorporation, Seoul > N° 1 **76**
Dr. Klaus Karg KG, Schwabach > N° 1 **41**
Dr. Willmar Schwabe GmbH & Co. KG, Ettlingen > N° 3 **58**
DuMont Mediengruppe GmbH & Co. KG, Köln > N° 4 **44**
DURIT Hartmetall GmbH, Wuppertal > N° 2 **61**

E

E. doppler Co. GmbH, Braunau-Ranshofen > N° 1 **84**
Eberspächer Climate Control Systems GmbH & Co. KG, Esslingen > N° 1 **66 f.**
EDEKA Handelsgesellschaft Nord mbH, Neumünster > N° 2 **63, 65**
Electrolux Hausgeräte Vertriebs GmbH, Nürnberg > N° 1 **73 f.**
Emil Frey AG, St. Gallen > N° 1 **59**
Erzbischöfliches Ordinariat München öffentlich-rechtlich, München > N° 4 **82**
EWG – Entwicklungs- und Wirtschaftsförderungsgesellschaft für Rheine mbH, Rheine > N° 4 **83**

F

fischerAppelt AG, Hamburg > N° 4 **52**
Founders Foundation gGmbH, Gütersloh > N° 4 **67**
Fr. Lürssen Werft GmbH & Co.KG, Bremen > N° 3 **85**
Freie Demokratische Partei, Berlin > N° 4 **90, 92 f.**

G

G. Passier & Sohn GmbH, Langenhagen > N° 1 **88**
Gallus Ferd. Rüesch AG, St. Gallen > N° 2 **28**
GRIMME Landmaschinenfabrik GmbH & Co. KG, Damme > N° 2 **35**
grüne Emma GmbH, Dinkelsbühl > N° 1 **42**
Gruner + Jahr GmbH & Co KG, Hamburg > N° 4 **45**

H

H. Maurer GmbH & Co. KG, Schramberg > N° 3 **42**
Hasen-Bräu Brauereibetriebsgesellschaft mbH, Augsburg > N° 1 **52 f.**
HAU GmbH & Co. KG, Neuler > N° 3 **86**
Hirsch-Brauerei Honer GmbH & Co. KG, Wurmlingen > N° 1 **56**
HOERBIGER Holding AG, Zug > N° 2 **30**
HOLZ-HER GmbH, Nürtingen > N° 2 **37**
HORNBACH Baumarkt AG, Bornheim > N° 2 **66 f.**

I

INNEO Solutions GmbH, Ellwagen > N° 2 **45**
Intemann GmbH, Lauterach > N° 3 **76**
Interactive Media Foundation gGmbH, Berlin
> N° 4 **76**

J

Jungheinrich AG, Hamburg > N° 2 **46**

K

KLASSIK GARAGE KRONBERG GmbH & Co. KG,
Eschborn > N° 4 **41**
Krebsgesellschaft Nordrhein-Westfalen e.V.,
Düsseldorf > N° 4 **68**
KS-ORIGINAL GmbH, Hannover > N° 2 **38**

L

Lesjöfors Industrial Springs & Pressings
GmbH, Hagen-Hohenlimburg > N° 2 **39**
LIDL Stiftung Co. KG, Neckersulm > N° 2 **68** f.

M

Mast-Jägermeister SE, Wolfenbüttel > N° 1 **47** f.
Mayer Personalmanagement GmbH, Rankweil
> N° 4 **107**
MediaMarkt GmbH, München > N° 2 **70**
Media Resource Group GmbH & Co. KG,
Crailsheim > N° 4 **64**
medius KLINIKEN gGmbH, Kirchheim unter
Teck > N° 3 **59** f.
Medtronic GmbH, Meerbusch > N° 2 **54** f.
Merck KGaA, Darmstadt > N° 2 **50**, **52**
MG Germany GmbH, Hamburg > N° 4 **48**
Mibelle Group AG, Frenkendorf > N° 1 **57**
Microsoft Deutschland GmbH, München
> N° 2 **42**
Ministerium der Finanzen des Landes NRW
KdöR, Düsseldorf > N° 4 **84** f.
MöllerGroup GmbH, Bielefeld > N° 2 **40**
Mondelez Deutschland Services GmbH & Co.
KG, Bremen > N° 1 **43**
MT Spielbetriebs- u. Marketing AG, Melsungen
> N° 4 **101**
myToys.de GmbH, Berlin > N° 1 **86**

N

NABU – Naturschutzbund Deutschland e.V.,
Berlin > N° 4 **72**
Norddeutscher Rundfunk Anstalt des
öffentlichen Rechts, Hamburg > N° 4 **50**

O

OCW Oberscheider Car World GmbH, Lustenau
> N° 3 **65**
Opel Automobile GmbH, Rüsselsheim am Main
> N° 1 **62** f.
Otsuka Pharma GmbH, Frankfurt am Main
> N° 2 **58**
Otto GmbH & Co KG, Hamburg > N° 2 **71**

P

Paul Kauth GmbH & Co. KG, Denkingen
> N° 2 **41**
PENNY Markt GmbH, Köln > N° 2 **72**
PERM4 I Permanent Recruiting GmbH, Berlin
> N° 4 **108** f.
Plansee Group Service GmbH, Reutte > N° 2 **24**

R

Ralf Bohle GmbH, Reichshof > N° 1 **90** f.
Ravensburger AG, Ravensburg > N° 3 **66**
real,- SB-Warenhaus GmbH, Düsseldorf
> N° 2 **74**, **76** f.
RECARO Automotive Seating GmbH, Kirchheim/
Teck > N° 1 **68** f.
REHAU AG + Co, Rehau > N° 3 **78**
Reindl Gesellschaft m.b.H, St. Willibald
> N° 2 **62**
Rhomberg Bau GmbH, Bregenz > N° 3 **71**,
> N° 3 **79** f., N° 4 **110**

S

s.Oliver Bernd Freier GmbH & Co. KG,
Rottendorf > N° 1 **82**
Samsung Electronics GmbH, Schwalbach im
Taunus > N° 1 **78**
Schüchtermann-Klinik Bad Rothenfelde GmbH
& Co. KG, Bad Rothenfelde > N° 4 **112**
SevenOne AdFactory GmbH, Unterföhring
> N° 4 **40**
Siemens AG, Erlangen > N° 2 **32**, **47**
Sivantos GmbH, Erlangen > N° 2 **59** f.
SMUUS GmbH, Hamburg > N° 1 **30**, **33**
Staatskanzlei Rheinland-Pfalz, Mainz
> N° 4 **87**
Stadt Neu-Ulm KdöR, Neu-Ulm > N° 4 **88** f.
Stanley Black&Decker Deutschland GmbH,
Idstein > N° 1 **71**
Stiftung Deutsche Krebshilfe, Bonn > N° 4 **73**
Stiftung Jugend forscht e.V., Hamburg > N° 4 **74**
Stiftung Liebenau Kirchliche Stiftung privaten
Rechts, Meckenbeuren > N° 4 **75**
Stoll Kaffee AG, Zürich > N° 1 **44**
Stylight GmbH, München > N° 4 **46** f.
Swisscom (Switzerland) AG, Bern > N° 3 **54** f.
Switzerlend AG, Zürich > N° 3 **36**

T

Tebis AG, Martinsried > N° 2 **48**
Techniker Krankenkasse KdöR, Hamburg
> N° 3 **38**, **41**
Tipp24 Services Ltd., London > N° 3 **68** f.
Trink Meer Tee GbR, Bremen > N° 1 **46**

U

UniCredit Bank AG, München > N° 3 **32**
Unilever Deutschland GmbH, Hamburg
> N° 2 **78**
Universal Music GmbH, Berlin > N° 4 **51**

V

Viessmann GmbH & Co. KG, > N° 1 **92**
Vodafone GmbH, Düsseldorf > N° 1 **79** f.
Volksbank Vorarlberg e. Gen., Rankweil
> N° 3 **37**

W

Wendel GmbH & Co KG, Detmold > N° 1 **83**
WIFI – Wirtschaftsförderungsinstitut der
Wirtschaftskammer Vorarlberg KdöR, Dornbirn
> N° 3 **70**

Z

zurgams kommunikationsagentur GmbH,
Dornbirn > N° 1 **58**

Personen

A

Abasbek, Azim > N°1 **76**, N°4 **46** f.
Abeln, Thorsten > N°3 **85**
Achenbach, Jürgen > N°2 **68** f.
Achterfeldt, Bernd > N°2 **72**
Adomeit, Katja > N°2 **54** f.
Albert, Sonja Simone > N°3 **82**
Albrecht, Jens > N°1 **66** f., N°2 **39**
Alexander, Tim > N°3 **54** f.
Alexandrov, Alexander > N°1 **76**
Alles, Martin > N°2 **68** f.
Almerood, Niklas > N°4 **97** f.
Alpino, Shana > N°3 **82**
Alpino, Vincent > N°3 **82**
Alrep, Merle Mareike > N°2 **62**
Altmann, Thea > N°3 **82**
Altunbas, Koray > N°4 **46** f.
Amann, Florian > N°1 **44**
Andereya, Ralf > N°2 **54** f., **61**
Andernach, Daniel > N°1 **37** f.
Andresen, Sarah > N°1 **47**, **49**
Arellano Medina, Narciso > N°1 **71**
Astuti, Chiara > N°4 **109**
auf dem Graben, Sylke > N°3 **85**
auf der Lauer, Birgit > N°3 **82**
Austinat, Marvin > N°2 **72**, **74**
Ayata, Imran > N°4 **106**

B

Babiel, Rainer, Dr. > N°2 **46**
Bach, Aleksander > N°3 **50**
Barche, Michael > N°3 **82**
Bart, Olga > N°1 **73** f.
Barth, Ines > N°1 **42**, N°4 **64**
Barthelme, Michael > N°4 **75**
Baszio, Sven, Dr. > N°4 **74**
Bauer, Sidonie > N°1 **57**
Baum, Johannes > N°3 **82**
Baumann, Karli > N°2 **50**
Baumeister, Clemes > N°1 **92**
Baumgartner, Nicolai > N°1 **71**
Bayer, Ben > N°3 **82**
Beck, Julia > N°2 **63**, N°2 **65**
Beck, Tim > N°2 **44**, N°3 **46**, N°4 **103**
Bender, Dietrich > N°3 **58**
Benet, Florian > N°3 **82**
Berg, Micky > N°1 **47**, **49**
Bernd, Yamila > N°3 **82**
Bernin, Sandra > N°2 **71**
Bethäuser, Dominik > N°2 **58**
Beyer, André > N°2 **44**
Binder, Herbert > N°4 **80**, **82**
Binder, Jonas > N°4 **46** f.
Bindlechner, Irina > N°4 **52**
Birkenstock, Henning > N°3 **85**
Bittner, Timo > N°2 **41**, N°3 **42**
Blankenstein, Daniela > N°1 **79** f.
Blecke, Adelheid > N°2 **40**, N°4 **67**
Bleihauer, Stefan > N°2 **74**, **76** f.
Block, Charlotte > N°1 **71**
Blum-Heuser, Christine > N°2 **50**
Blümel, Jens-Michael > N°1 **43**
Bobleter, Patrick > N°1 **59**
Boesten, Lavanya > N°3 **82**
Bohle, Frank > N°1 **90** f.
Böhler, Lena > N°3 **66**
Böhm, Christian > N°1 **83**
Boine, Georg > N°2 **70**
Boklage, Daniel > N°2 **32**, **47**
Bolland, Philip > N°4 **81**
Borek, Sebastian > N°4 **67**
Botsch, Maria > N°4 **97** f.
Boukhalfa, Khaled > N°2 **46**
Bracht, Jens > N°1 **64** f.
Brandau, Kai > N°3 **74**
Braun, Oliver > N°1 **34** f.
Brecht, Peer Oliver > N°4 **56**
Brehm, Andreas > N°1 **46**
Breman, Michael > N°3 **85**
Breynck, Kevin > N°1 **47**, **49**
Brieden, Irina > N°4 **68**
Brockmeyer, Felix > N°4 **93** f.
Brodowski, Berthold > N°4 **93** f.
Brunnenmeister, Catia > N°3 **83**
Bruno, Pellegrino > N°2 **72**
Bruns, Christian > N°2 **72**
Bryant, Bärbel > N°1 **92**
Bugai, Sascha > N°3 **32**
Bugiel, Mareike > N°4 **44**
Bühler, Daniela > N°1 **59**
Bulla, Christian > N°3 **66**
Bülskämper, Malte > N°3 **54** f.
Bunte, Marina > N°3 **46**
Burgbacher, Daniel > N°2 **45**
Burkhalter, Jürg > N°1 **57**
Burmeister, Nina > N°1 **43**
Buschmann, Marco > N°4 **90**, **92** f., **97** f.
Busker, Martin > N°1 **92**
Buzási, Johannes > N°4 **81**
Byfield, Dennis > N°4 **48**

C

Cantus, Claudia > N°2 **71**
Caplunik, Debby > N°3 **36**
Carrera, Adrian > N°1 **83**
Carrington, Anissa > N°1 **83**, **86**, N°2 **63**, **65**, N°4 **74**
Caruso, Daniela > N°1 **79** f.
Casten, Carina > N°3 **41**
Chaquiri, Mimount > N°2 **61**
Cheong, Virgie > N°4 **62**, **108**
Choi, Ahrum > N°1 **76**
Choi, YoungWoo > N°1 **76**
Clasen, Stephan > N°2 **42**
Clawien, Christian > N°4 **52**
Clement, Reto > N°1 **57**
Combes, Nico > N°1 **82**
Conneus, Lutz > N°4 **50**
Conrad, Jenny > N°4 **88** f.
Cürsgen, Julia > N°4 **77**

D

Dankers, Thijs > N°1 **64** f.
Dawson, Josh Patrick > N°3 **40**
Demeco, Pasquale > N°3 **82**
Dengel-Ongcoy, Yasmin > N°4 **106**
de Seriis, Markus > N°3 **82**
Devaux, Loic > N°3 **82**
Devine, Eva > N°1 **73** f.
Dieckert, Kurt Georg > N°4 **60**, **62**, **108** f.
Dienstbier, Julia > N°1 **34** f.
Dietrich, Florian > N°4 **41**
Dörner, Holger > N°3 **62** f.
Dörning, Boris > N°2 **42**
Doser, Romi Diana > N°1 **68** f.
Doyen, Maximilian > N°1 **79** f., **81**
Drebinger, Katrin > N°2 **59** f.
Dreisbach, Julia > N°3 **41**
Dreyer, Nils > N°3 **38**, **41**
Ducu, Sonia > N°1 **57**
Duhn, Daniel > N°4 **97** f.
Duncker, Dennis > N°3 **40**
Dunkel, Lara > N°3 **56**
Dycke, Moritz > N°4 **56**

E

Eckard, Valérie > N°1 **57**
Ecken, Dagmar > N°3 **82**
Eggert, Martin > N°1 **40**, **50**
Egli, Miriam > N°1 **59**, N°2 **81**, N°3 **36**, **83**
Eglin, Matthias > N°1 **57**
Ehlers, Frauke > N°4 **60**
Eibenstein, Peter > N°4 **77**
Eiglsperger, Kathrin > N°3 **54** ff.
Einwohlt, Sonja > N°3 **58**
Ellrich, Juliane > N°2 **69**
Elma, Damien > N°3 **82**
Ender, Simon > N°1 **70**, N°3 **65**, **76**
Enderlein, Johanna > N°1 **83**
Engel, Christian > N°1 **63**
Entrup, Benjamin > N°1 **64**
Erb, Matthias > N°1 **83**, **86**, N°2 **63**, **65**, N°4 **74**
Ercan, Taner > N°3 **49** f., **52** f.
Ernesti, Felix > N°1 **50**
Eschenbacher, Kai > N°1 **52** f.

Eslam, Alex > N°1 **83**
Esmarch, Katharina
> N°1 **52 f.**, **73 f.**
Essig, Frank > N°1 **66 f.**
Eugster, Bruno > N°1 **59**
Eugster, Katharina > N°3 **36**
Eugster, Maximilian > N°1 **59**
Eugster, René > N°1 **59**, **72**,
N°2 **81**, N°3 **36**, **83**

F

Fahrion, Andreas > N°1 **66 f.**,
N°2 **39**
Falk, Vanessa > N°3 **40**,
N°4 **51**
Fälsch, Markus > N°3 **44**,
49 f., **52 f.**
Farwick, Jo Marie > N°2 **68 f.**,
N°3 **68 f.**
Fassbender, Patrick > N°3 **83**
Fauth, Yannick > N°2 **50**
Feichtinger, Stephan, Ing.
> N°3 **71**, **79**
Feld, Jürgen > N°2 **35**
Feldhusen, Arne > N°3 **69**
Felsmann, Christian > N°1 **63**
Fenn, Daniela > N°3 **59 f.**
Fernandes, Rohan > N°4 **46**
Fernandes, Rohan Vitus
> N°1 **76**, N°4 **47**
Fernandez, Julia > N°4 **79**
Ferraz, Raphael > N°2 **70**,
N°4 **70 f.**
Feurstein, Chris > N°3 **65**, **76**
Finzelberg, Adrian > N°1 **64 f.**
Fischer, Katja > N°4 **90**, **92**
Fischer, Marlon > N°2 **66 f.**
Fischer, Michael > N°3 **59 f.**
Fischer, Oliver > N°2 **44**,
N°3 **46**, N°4 **103**
Fischer, Sascha > N°2 **72**
Fischer-Appelt, Bernhard
> N°4 **52**
Fitza, Susanne > N°1 **64 f.**
Florian, Lucas > N°4 **50**
Föhr, Ben > N°1 **64**
Fournet, Isabelle > N°1 **76**
Franke, Ingo > N°4 **67**
Franke, Nadja > N°4 **68**
Frercksen, Maximilian
> N°2 **52**
Freund, Giorgina > N°3 **44**,
49 f., **52 f.**
Fries, Christian > N°4 **72**
Friesen, Ursula > N°4 **82**
Fritz, Dennis > N°1 **76**,
N°4 **46 f.**
Fröhlich, Tobias > N°3 **62 f.**
Frölich, Michaela > N°2 **44**,
N°3 **46**, N°4 **103**
Frommen, Benjamin > N°4 **41**
Frost, Andreas > N°1 **47**, **49**
Fuchs, Michael > N°3 **40**,
N°4 **51**

G

Gabriel, Marco > N°1 **47**, **49**
Gaiswinkler, Gernot > N°2 **62**
Gaitzsch, Almuth > N°4 **72**
Ganster, Michael > N°2 **74**
Gardiner, Adam > N°1 **62**
Gassner, Ulf > N°4 **87**
Gaubatz, Holger
> N°3 **50**, **52 f.**
Gazibara, Senjel > N°3 **32**
Geisler, Wolfgang > N°2 **32**
Gelewski, Sandra > N°3 **32**
Gelhar, Andre > N°3 **50**
Gengelbach, Ariane
> N°1 **47**, **49**
Georgoglou, Andreas
> N°1 **81**
Geppert, Susanne > N°3 **44**
Gerlach, Chris > N°4 **90**, **92 f.**
Gerstenhauer, Wolfgang
> N°3 **74**
Gerstmann, Sara-Vanessa
> N°4 **41**
Geyer, Andreas > N°3 **82**
Gharbi, Nassim > N°1 **62 f.**
Ghin, Claudio > N°2 **72**
Giese, Daniel, Dr. > N°4 **74**
Gittermann, Alice > N°4 **106**
Glaubitz, Jonas > N°2 **58**
Glöckner, Dorothee > N°3 **59 f.**
Glöckner, Martin
> N°4 **90**, **92 f.**
Gocht, Peter > N°4 **48**
Göhrs, Phillip > N°3 **38**
Goldbach, Sven > N°4 **90**, **92 f.**
Gorbach, Andreas > N°3 **79**
Görlich, Uwe > N°3 **62 f.**,
N°4 **68**
Gössling, Mathias > N°4 **87**
Grabherr, Sascha > N°2 **28**,
N°3 **79**
Grandt, Oliver > N°3 **41**
Graß, Sarah > N°2 **76 f.**
Grass, Martin > N°1 **58**
Grauer, Jochen > N°3 **74**
Griffel, Sandra > N°2 **70**
Grigolla, Nathaniel > N°1 **64 f.**
Grimm, Benedikt > N°1 **43**
Grohn, Andreas > N°1 **64 f.**
Groll, Dieter > N°4 **44**
Grompone, Lucia > N°1 **71**
Gross, Dominik > N°4 **67**
Grunewald, Clemens
> N°3 **41**
Grünewald, Nicole, Dr.
> N°1 **88**
Gschossmann, Thomas
> N°1 **44**, N°3 **37**, **70**
Guelzau, Ilka > N°2 **50**
Gülmen, Esra > N°4 **73**, **97 f.**
Gumbert, Sebastian > N°3 **66**
Guschker, Felix > N°3 **38**

H

Haas, Helmut > N°2 **45**
Haase, Paul > N°1 **62 f.**
Hahn, Ursula > N°3 **59 f.**
Haidar, Marjan > N°1 **47**, **49**,
N°4 **50**
Haist, Nicole > N°3 **66**
Hamel, Gerhard > N°3 **37**
Hammad, Muhammad
> N°4 **90**, **92**, **97 f.**
Hanf, Eva > N°1 **64 f.**
Hann, Klaus > N°3 **82**
Hannemann, Markus
> N°2 **45**
Harless, Richard > N°4 **46 f.**
Harmsen, Jonas > N°4 **93 f.**
Hartmann, Jan > N°3 **40**
Hase, Alexandra > N°2 **61**
Hau, Roland > N°3 **86**
Hauf, Inna > N°1 **79 f.**
Haupt, Andreas > N°3 **35**
Hauschild, Ulrich > N°1 **86**
Hauser, Birgit > N°3 **46**
Hecht, Thilo > N°2 **59**
Heffels, Guido > N°2 **66 f.**, **71**,
N°3 **54 f.**, N°4 **73**, **90**, **92 f.**
Heffels, Kerstin > N°2 **66 f.**
Heiler, Ricarda > N°1 **62 f.**
Heimgartner, Lisa Yvonne
> N°2 **71**
Hein, Nadine > N°2 **45**
Hein, Stephanie > N°4 **46 f.**
Heine, Dirk > N°1 **46**
Heine, Olaf > N°4 **97 f.**
Heitker, Meike > N°1 **34 f.**
Heitzmann, Stefan > N°2 **41**
Hellberg, Jan > N°1 **47**, **49**
Hellmann, Christian > N°1 **86**
Hellmann, Wolfgang
> N°2 **39**
Henck, Holger > N°1 **34 f.**
Henckel, Jan Willem > N°4 **51**
Henckus, Michael > N°3 **66**
Hennings, Torsten > N°1 **58**,
N°2 **65**
Hepfer, Hubert > N°1 **56**
Herden, Ingrid > N°4 **84 f.**
Herold, Horst > N°4 **88 f.**
Herz, Michael > N°2 **72**
Hess, Maria > N°3 **82**
Hesse, Thomas > N°2 **70**
Heuchemer, Bernd
> N°2 **32**, **47**
Heyer, Alicia > N°1 **37 f.**
Higler, Peter > N°2 **32**
Hildebrandt, Rafael-Maria
> N°3 **82**
Hoeborn, Laura > N°2 **71**
Hoeltschi, Serge > N°1 **76**
Hofer, Christoph > N°3 **70**
Hoff, Rainer > N°3 **82**
Hoffmann, David > N°4 **51**
Hoffmeister, Jan > N°3 **32**
Holst, Molly > N°4 **70 f.**
Holtekötter, Tim > N°2 **67**
Holtkötter, Tim > N°2 **66**
Holzheier, Marco > N°3 **62 f.**
Homberger, Joëlle > N°4 **46 f.**
Honer, Rainer > N°1 **56**
Hopf, Till > N°3 **54 f.**
Hoppe, Heinz > N°2 **48**
Hörler, Valeria > N°1 **59**,
N°2 **81**
Hormann, Cynthia > N°2 **50**
Horwedel, Sinya > N°3 **44**, **50**,
52 f.
Hotz, Constance, Dr. > N°3 **66**,
N°4 **75**
Hoyer, Pierre > N°3 **41**
Hren, Jessica > N°2 **68 f.**
Huck, Christian > N°1 **64**,
N°3 **40**
Hudl, Sebastian > N°2 **59**
Hug, Stephanie > N°1 **57**
Hügli, Pam > N°1 **57**
Humke, Carsten > N°1 **83**
Hummer, Marlene > N°4 **62**
Hünsch, Heiko > N°2 **47**
Hutle, Katharina > N°3 **70**

I

Imanov, Udschal > N°4 **51**
Inan, Kadir > N°4 **51**
Isgro, Frank, PD Dr. > N°2 **58**,
N°3 **58**

J

Jäger, Olaf > N°2 **24**
Jäger, Regina > N°2 **24**, **30**
Jahnen, Felix > N°1 **47**, **49**
Jahnke, Timo > N°2 **35**
Jakober, Nathalie > N°1 **57**
Janas, Andrea > N°3 **32**
Janecki, Ralf > N°1 **46**
Jansen, Frank > N°2 **78**
Janssen, Manfred, Dr. > N°4 **83**
Janzen, Henning > N°1 **76**
Jendrny-zur Löwen, Klaudia
> N°3 **62 f.**
Jochum, Simon > N°4 **97 f.**
Johnson, Hannah > N°4 **50**
Johnson, Salome > N°3 **59 f.**
Jokerst Gracias, Thomas, Dr.
> N°3 **38**
Joo, Jae-Seong > N°1 **76**
Joo, KiHwan > N°1 **76**
Jorde, Regina > N°1 **71**
Jud, Roman > N°3 **56**
Jung, Teresa > N°2 **71**
Juran, Benjamin > N°3 **82**

K

Kalach, Isthia > N°3 **82**
Kamisli, Ceylan > N°4 **106**
Kammeier, Anne > N°4 **60**, **62**,
108 f.
Kannemeier, Eva > N°1 **88**
Kannemeier, Georg D.
> N°1 **88**
Karavidas, Katharina
> N°4 **41**
Karolus, Stephon > N°4 **46 f.**
Karsten, Sophie > N°3 **40**
Kaspar, Gerd > N°4 **44**
Kastrati, Aferdita > N°2 **50**
Kathan, Georg > N°2 **41**,
N°3 **42**
Kathmann, Marc > N°2 **35**
Katterfeld, Silke > N°4 **84 f.**
Kaufmann, Daniel > N°4 **97 f.**
Kaufmann, Ralph > N°1 **68 f.**
Kaul, Franziska-Maria
> N°3 **54 f.**
Kauth, Johannes > N°2 **41**
Kaye, Cosima > N°3 **82**
Kemanes, Evridiki > N°1 **33**,
N°4 **45**
Kemper, Thomas, Dr. > N°3 **44**,
49 f., **52 f.**
Kempf, Kristina > N°2 **58**
Kempf, Melanie > N°4 **88 f.**
Keppeler, Stephanie > N°4 **56**
Kessler, Roman > N°2 **32**
Kierdorf, Thomas > N°2 **42**
Kiklas, Katharina > N°4 **79**
Kim, Eric Ju Yoon > N°1 **76**
Kirch, Alexander > N°4 **83**
Kirch, Jochen > N°4 **77**, **79**
Kirchhartz, Tom > N°4 **51**
Kirchmair, Claudia > N°4 **46 f.**
Kiurina, Olli > N°2 **65**
Klaedtke, Malte > N°1 **47**, **49**,
N°4 **50**
Klahr, Tobias > N°4 **80**
Klaiber, Martin > N°4 **56**
Kläne, Benedikt > N°2 **38**
Klein, Martin C. > N°1 **68 f.**
Kleyh, Kathrin > N°3 **32**
Klingberg, Paul > N°1 **63**
Klingenberg, Ilka > N°4 **50**
Klocke, Michael > N°2 **48**
Klöfer, Danilo > N°2 **68 f.**,
N°3 **68 f.**
Klose, Daniel > N°4 **50**
Klytta, Doris > N°1 **90 f.**
Kniebaum, Lena > N°1 **73 f.**
Kniekamp, Kai > N°2 **69**
Knipperts, Hella > N°3 **38**
Kobelentz, Andrea > N°4 **45**
Koch, Antje > N°4 **75**
Kock, Nico, Dr. > N°4 **74**
Koenigsfeld, Dirk
> N°2 **74**, **76 f.**
Kohlenberger, Julia > N°3 **52 f.**
Köhler, Mathias > N°3 **49**
Kollhorst, Bruno > N°3 **38**, **41**
Kölling, Lukas > N°2 **66**
König, Jan > N°1 **82**
Königstorfer, Manfred
> N°2 **62**
Köpke, Jan > N°4 **50**
Kordt, Heinz-Achim > N°2 **61**
Kornrumpf, Meike > N°2 **71**
Kowalski, Björn > N°1 **62 f.**
Kräh, Thomas A. > N°3 **59 f.**
Krämer, Bastian > N°2 **32**
Krämer, Egon > N°3 **74**
Krauß, Benedikt > N°3 **80**,
N°4 **110**
Kraus, Creative Services
> N°4 **96**
Kraus, Frank-Oliver
> N°4 **84 f.**
Kraus, Kerstin > N°4 **93 f.**, **97 f.**
Kraus-Sparmann, Thieß
> N°3 **82**
Krause, Anna-Mareike
> N°4 **50**
Krause, Jasmin > N°1 **34 f.**
Krause, Sibylle > N°2 **24**
Krefeld, Georg > N°3 **82**
Kreimer, Tobias > N°3 **40**
Krenz, André > N°1 **52 f.**
Kress, Saskia > N°4 **76**
Kretz, Johannes > N°1 **56**
Kreutzer, Katja > N°2 **54 f.**
Krieger, Tim > N°4 **93 f.**
Krogmann, Christiane
> N°4 **50**
Krolla, Gianna > N°1 **34 f.**
Krüger, Hendrik > N°3 **42**
Krüger, Ina > N°4 **76**
Krump, Sandra, Dr. > N°4 **82**
Krüttgen, Anneke > N°1 **90 f.**
Krzonkalla, Sabine > N°3 **59 f.**
Küchler, Marco > N°2 **32**
Kühn, Charlotte > N°4 **90**,
92 f., **96 f.**
Kuhn, Max > N°2 **50**
Kuhnle, Jörg > N°1 **82**
Kükenthal-Thiel, Maren
> N°4 **84 f.**
Kulzer, Thiemo > N°1 **64 f.**
Künzle, Marc > N°1 **72**
Kurz, Judith > N°2 **38**
Kurz, Stephan > N°3 **86**
Kuschmirz, Gregor > N°2 **42**,
N°4 **70 f.**
Kutka, Alexander > N°3 **69**

L

Labots, Jan > N°3 **43**
Lachermeier, Sebastian
> N°4 **41**
Lalive, Michel > N°3 **36**
Lamm, Frank > N°1 **86**
Landmann, Hinnerk > N°1 **92**
Lange, Christoph > N°1 **47**, **49**
Lange, Mirco > N°2 **63**, **65**
Langer, Iris > N°4 **44**
Langgartner, Lorenz
> N°1 **76**, N°4 **46 f.**
Lautner, Michael > N°1 **83**,
86, N°2 **63**, **65**

Lederle, Alexander > Nº 1 86
Lee, Jung-Seok > Nº 1 76
Lehanka, Kai-Uwe > Nº 1 42, Nº 4 64
Lehmann, Kathrin > Nº 2 52
Lehmann, Lena > Nº 2 71
Leipnitz, Robert > Nº 2 72
Leitner, Tamara > Nº 1 84
Lempke, Carlota > Nº 4 97 f.
Lenz, Max > Nº 1 52 f.
Leonhardt, Josefine > Nº 1 71, Nº 4 70 f.
Lerch, Andreas > Nº 3 41
Leschner, Kristian > Nº 3 69
Leupin, Shem > Nº 1 44
Leuschen, Julia > Nº 2 74, 76
Leuschen, Thomas > Nº 2 72
Leutloff, Anette > Nº 2 48
Leverenz, Sven > Nº 2 32, 47
Liakhov, Kostiantyn > Nº 1 76, Nº 4 46 f.
Lieder, Jonas > Nº 4 72, 106
Lienhard, Tizian > Nº 1 57
Lindermeir, Philipp > Nº 3 46
Lindner, Patrick > Nº 1 59, Nº 2 81, Nº 3 36, 83
Link, Matthias > Nº 1 71
Löber, Axel > Nº 2 50
Lokocz, Kathi > Nº 2 40
Loos, Alfons > Nº 2 32, 47
Lorenz, Mario > Nº 2 28, Nº 3 71, 79 f., Nº 4 107, 110
Lotz, Chris > Nº 4 73
Lövenforst, Wiebke > Nº 2 77
Löwl, Anna > Nº 3 42
Lüber, Thomas > Nº 1 57
Lüchinger, Julia > Nº 1 59, Nº 3 36, 83
Lutz, Ricarda > Nº 1 34 f.
Lützel, Sandra > Nº 4 88 f.
Lützkendorf, Andreas > Nº 4 50
Lux, Evelin > Nº 4 80

M

Machel, Sandra > Nº 3 82
Machholz, Markus > Nº 1 43
Mäder, Christoph > Nº 1 47, 49
Magdziarz, Maciej > Nº 2 68 f.
Magel, Stefan > Nº 2 72
Mager, Ralf > Nº 4 88 f.
Magin, Konrad > Nº 3 82
Mahner, Julia > Nº 2 54 f.
Mahr, Robert > Nº 2 48
Maier, Clemens > Nº 3 66
Maier-Wimmer, Stefan > Nº 1 52 f., 73, Nº 2 59 f.
Maier-Wimmer, Stefan > Nº 1 74
Majeron, Benjamin > Nº 4 48
Makedonskiy, Alexander > Nº 1 33, Nº 4 45
Manthey, Andreas > Nº 3 32
Marcelli, Nora > Nº 1 88
Marquardt, Oliver > Nº 2 69
Martens, Nina > Nº 1 57
Martens, Sebastian > Nº 4 52
Martin, Susi > Nº 1 57
Marx, Matthias > Nº 2 28
Märzinger, Mathias > Nº 1 44, Nº 3 37, 70
Maßmann, Laura > Nº 3 82
Mattern-Specht, Silke > Nº 3 82
Matthäus, Anja > Nº 3 32
Matzke, Chris > Nº 3 41
Maurer, Clemens > Nº 3 42
Maurer, Matthias > Nº 4 50
Max, Johannes > Nº 3 82
May, Björn > Nº 4 82
May, Cornelia > Nº 4 80, 82
Mayer, Joel > Nº 1 57
Mayer, Lukas > Nº 4 107
Mayer, Stephanie > Nº 4 107
Mayer, Wolfgang > Nº 4 107
Mehler, Michael > Nº 1 90 f.
Meier, Michael > Nº 1 56, Nº 4 75
Meier, Steffen > Nº 2 54 f.
Meier, Ulrike > Nº 4 83
Meissner, Anna > Nº 3 68 f.
Mengele, Andreas > Nº 4 90, 92 f.
Mennes, Alexandra > Nº 2 42
Mense, Michael > Nº 2 61
Messerer, Matthias > Nº 2 45
Meuer, Kristian > Nº 2 74
Meyer, Kersten > Nº 4 41
Meyer, Peter > Nº 3 50
Meyer, Sönke > Nº 2 35, 38
Meyer, Till > Nº 1 66 f., Nº 2 39
Michel, Anja > Nº 3 54 f.
Miesel, Michelle > Nº 2 30
Mild, Elisabeth > Nº 1 43
Milzarek, Dirk > Nº 2 35, 38
Mitzkus, Alexander > Nº 4 70 f.
Mockridge, Leonardo > Nº 1 92
Molitor, Johanna > Nº 3 82
Molitor, Ludger > Nº 3 82
Moll, Maya > Nº 3 82
Mondoloni, Laurent > Nº 2 70
Monti, Flavia > Nº 3 66
Moon, Samuel > Nº 3 38
Moosbrugger, Matthias > Nº 3 71, 79 f., Nº 4 110
Morales, David > Nº 4 81
Morawej, Yasmine > Nº 4 46 f.
Morcinek, Stephanie > Nº 4 46 f.
Morton, Rocky > Nº 1 40
Moser, Zeno > Nº 4 75
Mothwurf, Ono > Nº 3 37
Müller, Bastian > Nº 3 42
Müller, Beate, Mag. > Nº 3 76
Müller, Fabian > Nº 2 32
Müller, Lutz > Nº 2 67, Nº 3 50
Müller, Nils > Nº 3 82
Mulloy, Daniel > Nº 2 71
Münzer, Alexander > Nº 3 54 f.
Mürle, Hanspeter > Nº 3 66
Müßeler, Catharina > Nº 1 88

N

Nagel, Stefan > Nº 1 40
Nakoinz, Torben > Nº 3 80
Nandelstädt, Christian > Nº 3 62 f.
Nausner, Jonathan > Nº 4 93 f.
Neubauer, Antje > Nº 3 44, 49 f., 52 f.
Neudecker, Stephan > Nº 3 60, Nº 4 89
Niesler, Ina > Nº 2 52
Nimke-Sliwinski, Birgit > Nº 4 77, 79
Nipp, Michael > Nº 1 56
Nitsche, Pacco > Nº 3 69
Noerenberg, Gerold > Nº 4 88 f.
Nolte, Miriam > Nº 3 82
Notter, Heiko > Nº 3 32
Nürnberger, Marcel > Nº 4 70 f.

O

Oelkers, Oliver > Nº 4 80
Ohly-Nauber, Katja > Nº 1 64 f.
Ok, Nara > Nº 1 76
Olsson, Petrus > Nº 1 57
Oppmann, Simon > Nº 3 44, 49 f., 52 f.
Ortega Barrios, Caleb Dayan > Nº 1 82
Otec, Marvin > Nº 3 42
Ott, Vivien > Nº 2 71
Overberg, Hans-Bernhard, Dr. > Nº 4 103
Owsianowski, Lilli > Nº 1 64 f.

Ö

Öztürk-Lettau, Jan > Nº 1 73 f.

P

Pachoinig, Lukas > Nº 4 46 f.
Pahl, Olaf Bruno > Nº 2 54 f., 61
Pakravesh, Bahador > Nº 1 33, Nº 4 45
Pakravesh, Behnaz > Nº 1 33, Nº 4 45
Pampin, Hugo > Nº 1 62 f.
Panagiotakis, Anne Zoe > Nº 2 50
Parent, Jean-Claude > Nº 3 66
Parsonneau, Julien > Nº 3 82
Pasanen, Jyri > Nº 3 36
Paul, Daniel > Nº 2 32
Pauli, Casper > Nº 3 82
Peters, Sandra > Nº 3 85
Petersen, Artjom > Nº 3 35
Petersson, Kalle > Nº 3 36
Petersson, Philipp > Nº 3 36
Petry, Paul Jonas > Nº 3 82
Petzinna, Alina > Nº 3 32
Peukert, Thomas > Nº 2 38
Pfaff, Yuko M. > Nº 2 46
Pfanner, Isabel > Nº 3 80
Pfannmüller, Felix > Nº 2 66 f.
Pfau, Miriam > Nº 2 59 f.
Philipp, Jessica > Nº 4 81
Philipp, Simon Jasper > Nº 3 32
Piepenbring, Kirsten > Nº 3 62 f.
Pilar, Agnes > Nº 1 56
Pincin, David > Nº 3 56
Pirner, Sven > Nº 1 73 f., Nº 2 59 f.
Pistorius, Stephan > Nº 2 32, 47
Planert, Sven-Olaf > Nº 4 40
Plieth, Frederike > Nº 2 41
Pohler, Katharina > Nº 1 82
Polák, Robin > Nº 1 86
Pompe, Jens > Nº 1 79 f., 81
Popescu, Robin > Nº 3 42
Potekhin, Andrey > Nº 1 64 f.
Poulsen, Per Juul > Nº 1 76
Price, Nathan > Nº 2 69
Prüfer, Hanne > Nº 1 79 f., 81
Puri, Nina > Nº 4 97 f.

R

Raab, Ulrike > Nº 3 86
Rackow, Bogdan > Nº 4 97 f.
Ramm, Christine > Nº 3 54 f.
Rathgeber, Liv > Nº 1 46
Rauprich, Kim > Nº 3 35
Rausch, Louis > Nº 3 40
Reese, Hendrik > Nº 3 59 f., Nº 4 88 f.
Reindl, Günther > Nº 2 62
Reinhard, Philipp > Nº 3 59
Reinhardt, Carl-Jochen > Nº 2 50
Ressler, Ute > Nº 2 68 f., Nº 3 68 f.
Rettelbach, Elisabeth > Nº 3 83
Retzbach, Romaeus > Nº 1 56
Richter, Maik > Nº 2 71
Richters, Ivonne > Nº 4 112
Rieseweber, Henning > Nº 1 76
Riis, Peter > Nº 1 83
Rink, Lydia > Nº 2 54 f.
Ritter, Matthias > Nº 2 32
Rödiger, Christin > Nº 4 84 f.
Roeppischer, Franz > Nº 1 76, Nº 4 46 f.
Roland, Astrid > Nº 1 57
Roman-Perse, Andrea > Nº 2 69
Römmelt, Peter > Nº 3 44, 49 f., 52 f.
Ronacher, Nikolaus > Nº 2 68 f.
Rosemann, Daniel > Nº 4 40
Rosenthal, Daniel > Nº 4 93 f.
Rössler, Fabian > Nº 4 97 f.
Rössner, Birte > Nº 3 32
Rucss, Christian > Nº 2 68 f.
Ruhe, Martin > Nº 2 69
Rullfs, Christian > Nº 4 81
Rung, Eduard > Nº 2 74
Ruppel, Thimo > Nº 2 38
Rusch, Jürg > Nº 2 81
Rutishauser, Dominique > Nº 1 59, Nº 2 81, Nº 3 36, 83
Rymar, Stefan > Nº 3 38, 41

S

Saak, Karolin > Nº 4 90, 92 f.
Sahin, Asli > Nº 3 49
Salinas, David > Nº 3 58
Salz, Arne > Nº 1 83, 86, Nº 2 63, 65, Nº 4 74
Sander, Stefan > Nº 3 41
Sapper, Denise > Nº 2 72
Sargant, Madeleine > Nº 3 71, 80
Schäfer, Patric > Nº 2 70
Schäfers, Vanessa > Nº 1 83
Schaller, Soren > Nº 1 64, Nº 4 81
Schaller, Yannick > Nº 1 57
Schauder, Kirstin > Nº 2 63, 65
Scheer, Peter > Nº 2 48
Scheibner, Anne > Nº 3 43
Scheller, Stefan > Nº 2 44, Nº 3 46, Nº 4 103
Scherf-Niß, Katja > Nº 2 78
Schernikau, Jörg, Dr. > Nº 1 66 f.
Scheuerer, Dieter > Nº 1 52 f.
Schill, Alexander > Nº 1 57, 76, Nº 4 46 f.
Schiller, Enrico > Nº 2 45
Schilling, Judith > Nº 4 81
Schlaier, Alina > Nº 1 71, Nº 4 70 f.
Schlein, Nicole > Nº 2 32
Schmid, Moritz > Nº 4 77
Schmidt, Oliver > Nº 3 44, 49 f., 52 f.
Schmidt, Stefan > Nº 4 60, 62, 108 f.
Schmidt-De la Cruz, Juanita > Nº 3 59 f.
Schmidtholz, Rainer > Nº 1 46
Schmidtke, Frederik > Nº 4 52
Schmitz, Torsten > Nº 4 56
Schnack, Jan > Nº 3 59 f.
Schneider, Christopher > Nº 4 72, 106
Schneider, Claudio > Nº 3 36
Schnell, Sebastian > Nº 3 66
Schniedermeier, Diana > Nº 4 76
Schnitt, Josie > Nº 4 81
Schoengen, Maximilian Florian > Nº 4 48
Scholz, Britta > Nº 3 41
Schönborn, Ulrike > Nº 4 45
Schönefeld, Ludwig > Nº 2 30
Schönefuß, Rebekka > Nº 4 79 f. 41
Schopp-Steinborn, Oliver > Nº 4 87
Schoppmann, Benno > Nº 2 67
Schrader, Margret, Dr. > Nº 4 > 68
Schramm, Sandro > Nº 1 82
Schröder, Annika > Nº 3 32
Schroder, Markus > Nº 4 48
Schuart, Kathleen > Nº 1 50
Schubert, Björn > Nº 4 92 f.
Schubert, Jonas > Nº 4 90, 92 f.
Schubert, Jürgen > Nº 2 32
Schubert, Marco > Nº 2 71
Schuler, Klara > Nº 4 103
Schuler, Rainer > Nº 4 103
Schuler, Sabine > Nº 4 103
Schulz, Diane > Nº 1 76
Schumacher, Jennifer > Nº 1 88
Schüßler, Martin > Nº 3 82
Schütte, Rainer > Nº 2 40
Schwarck, Kimberly > Nº 2 67
Schwarck, Thorsten > Nº 4 76
Schwarz, Tom > Nº 4 40
Schwärzler, Tina > Nº 3 37
Schwegler, Bernhard > Nº 4 103
Schwenk, Charlotte > Nº 1 34 f.
Schwigon, Sabrina > Nº 4 97 f.
Sciammacca, Antonino > Nº 2 41
Seehaver, Maik > Nº 3 82
Seidel, Isabel > Nº 3 79, Nº 4 110
Seong, Ki > Nº 1 76
Serrat, Raul > Nº 1 57
Sidou Abdulkader, Hosam > Nº 2 44
Siedler, Christian > Nº 1 43
Siegmund, Johannes > Nº 3 85
Siemann, Almuth > Nº 4 41
Siemers, Andy > Nº 3 36
Sistig, Michael > Nº 3 82
Sketcher, Ariane > Nº 2 71, Nº 3 49 f., 52 f.
Smidt, Alina > Nº 2 35
Söderlund, Olga > Nº 4 90, 92 f.
Sogas, Andreas > Nº 4 56
Sojic, Vincent > Nº 3 82
Söllch, Kai > Nº 2 32

Soller, Marco > N°2 **60**
Sondenheimer, Antonia > N°1 **50**
Soto, Yasmin > N°4 **97f.**
Specht, Götz > N°3 **82**
Sperling, Mike > N°3 **32**
Spiegel, Sarah > N°3 **42**
Spiering, Simone > N°4 **46f.**
Spieß, Bernhard > N°3 **66**
Spitzer, Thomas > N°2 **52**
Spörer, Tobias > N°1 **34f.**
Spötzl, Amely > N°3 **82**
Springer, Sven > N°1 **47, 49**
Stach, Arne > N°3 **54f.**
Stahl, Jan Moritz > N°3 **82**
Stark, Nicolas > N°1 **57**
Stauber, Roland > N°3 **44, 49f., 52f.**
Steffen, Gerrit > N°3 **32**
Stegemann, Rob > N°4 **51**
Steinbach, Corinna > N°2 **78**
Steiner, Daniel > N°1 **72**
Steiner, Felix > N°4 **90, 92f., 98**
Steiner, Pattrick > N°3 **62f.**, N°4 **68**
Steinhausen, Ralph > N°4 **44**
Steinke, Yvonne > N°3 **74**
Stemmer, Ulrike > N°2 **42, 70**, N°4 **70f.**
Stengele, Uwe > N°3 **58**
Stephan, David > N°1 **40, 50**
Stepper, Julia > N°4 **51**
Stern, Kristian > N°1 **40**
Steuber, Ingo > N°3 **85**
Stieger, Petra > N°3 **37**
Stiehl, Rodian > N°2 **40**
Stiller, Martin > N°1 **86**
Stilling, Anne > N°1 **79f.**
Stoll, Anita > N°2 **58**
Storath, Matthias > N°4 **73, 90, 92f.**
Storto, Carola > N°4 **90, 92, 97f.**
Strathmann, Gregor > N°1 **90f.**
Strecker, Johannes > N°2 **58**
Ströhle, Jörg > N°1 **58**, N°3 **37**
Strunz-Michels, Marc > N°2 **54f., 61**
Stüker, Sandra > N°1 **92**
Stumpf, Sebastian > N°4 **93f.**
Stutz, Tobias > N°3 **82**
Suchanek, Andrea > N°3 **32**
Sutter, Michael > N°3 **71**
Szewczuk, Tommy > N°3 **32**
Széchényi, Dénes > N°2 **24**

T

Taggart, Paul > N°2 **50**
Taubitz, Barbara > N°3 **62f.**
Tebart, Marc > N°4 **81**
Teichmann, Gwen > N°1 **64**
Teichmann, Lisa > N°4 **73, 90, 92f.**
Templin, Vincent > N°1 **50**
Teufel, Alexander > N°2 **41**, N°3 **42**
Teufel, Marco > N°2 **41**, N°3 **42**
Teufel, Pascal > N°2 **41**, N°3 **42**
Theil, Jens > N°1 **83, 86**, N°2 **63, 65**, N°4 **74**
Thein, Lukas > N°3 **82**
Theissing, Peter > N°2 **38**
Thelen-Reloe, Bettina > N°4 **83**
Thiele, Dirk > N°3 **82**
Thiele, Mirko > N°2 **65**
Thiemann, Elisa > N°1 **92**
Thieme, Sascha > N°4 **108f.**
Thomas, Francesca > N°1 **82**
Thomas, Norbert > N°3 **82**
Thomas, Oliver > N°3 **82**
Thonfeld, Sonja > N°4 **106**
Thumwood, Alex > N°4 **93f.**
Tomkins, Toby > N°4 **48**
Toni, Behrang > N°3 **43**
Tornatzky, Nadine > N°1 **37f.**
Tornatzky, Thomas > N°1 **37f.**
Treichel, Elisabeth > N°4 **73, 90, 92f.**
Tremmel, Doris > N°1 **64f.**
Trinkl, Stephan > N°3 **59f.**, N°4 **88f.**
Tronke, Britta > N°4 **48**
Trulley, Julia > N°4 **67**

U

Um, Mira > N°3 **69**
Unkel, Tobias > N°2 **45**
Unterhuber, Lennart > N°1 **83**
Urban, Anja > N°3 **86**

V

v. Liebenstein, Johannes > N°3 **40**
Vajda, Petra > N°1 **52f.**
Vallero, Carmen > N°4 **79**
Vaternahm, Claudia > N°3 **44, 49f.**
Viehweg, Sven > N°2 **61**
Vieser, Carla > N°3 **68f.**
Vieweg, Frank > N°2 **52**
Voelskow, Charlotte > N°3 **82**
Vogel, Johannes > N°4 **93f.**
Vögel, Stefan > N°2 **28**, N°3 **80**, N°4 **110**
Vogel, Stephan, Dr. > N°3 **44, 49f., 52f.**
Vogeler, Anne > N°1 **92**
Vogler, Silke > N°2 **60**
Vogt, Vanessa > N°1 **63**
Volkers, Björn > N°4 **44**
Volkert, Andreas > N°1 **88**
Vollmeier, Heike > N°2 **68f.**
von Appen, Fabian > N°2 **50**
von Baczko, Volker > N°3 **82**
von Bechtolsheim, Matthias > N°2 **67**
Voncken, Nina > N°3 **38**
von Geisau, Oliver > N°1 **64f.**
von Hoyningen-Huene, Anne > N°3 **82**
von Muralt, Felix > N°3 **36**
von Schleyer, Marlis > N°3 **44, 49f., 52f.**
Voss, Corinna > N°4 **70f.**

W

Wachter, Thomas, Mag. > N°3 **70**
Wagner, Melanie > N°3 **38, 41**
Walter, Kathi > N°2 **68f.**, N°3 **68f.**
Walter, Markus > N°1 **52f.**
Wandschneider, Chris > N°1 **50**
Warnecke, Cord > N°1 **46**
Wartenberg, Silke > N°2 **52**
Warter, Vera > N°3 **59f.**
Weber, Robert > N°1 **47, 49**
Weber, Julia > N°1 **86**
Weber, Katharina > N°3 **59f.**
Weich, Tanja > N°2 **24**
Weichsel, Iris > N°3 **59f.**
Weinhold, Patrick > N°4 **50**
Weiß, Lisa > N°4 **88f.**
Weiß, Ronny > N°1 **73f.**
Weiser, Claudia > N°3 **82**
Weishäupl, Martin > N°3 **71**
Wellhäußer, Christian > N°3 **54f.**
Weltz-Rombach, Alexandra > N°4 **72**
Welzenbach, Alex > N°3 **80**, N°4 **107**
Welzenbach, Bruno > N°2 **28**, N°3 **71, 79**, N°4 **110**
Weninger, Michael > N°4 **88f.**
Werner, Benjamin > N°4 **52**
Wick Rossi, Diana > N°1 **57**
Wiedemann, Ole > N°1 **92**
Wiegel, Doro > N°2 **54f., 61**
Wieland, Heidemarie > N°2 **40**
Wieschermann, Dominik > N°1 **47, 49**
Wieser, Claudia > N°4 **82**
Wiewel, Dominik > N°2 **35**
Wilfert, David > N°3 **32**
Wilk, Michael > N°4 **48**
Wilkesmann, Barbara > N°2 **32**
Willen, David > N°2 **35**
Wilm, Madeleine > N°4 **112**
Winder, Katharina > N°1 **44**, N°3 **70**
Winkler, Christine > N°4 **80**
Winter, Mario > N°1 **78**
Wittfeld, Kim > N°4 **51**
Wittkamp, Benjamin > N°1 **34f.**
Wittkamp, Bernd > N°3 **35**
Woelk, Rike > N°4 **50**
Wohlnick, Lars > N°2 **71**
Wojtas, Jochen > N°3 **86**
Wolburg, Christine > N°1 **64f.**
Wolf, Benjamin > N°1 **71**, N°2 **42**
Wolf, Cornelia > N°4 **107**
Wolff, Christel > N°4 **81**
Wouters, Armin, Dr. > N°4 **82**
Würflingsdobler, Hermann > N°1 **84**

Y

Yom, Bill > N°1 **76**
Yoo, YeongKyu > N°1 **76**

Z

Zabel, Laura > N°2 **50**
Zander, Daniel > N°3 **62f.**, N°4 **68**
Zander-Görlich, Karin > N°3 **62f.**
Zech, Peter > N°2 **32**
Zietlow, André > N°3 **38**
Zille, Annika > N°2 **52**
Zimmer, Johannes > N°3 **35**
Zimmermann, Patrick > N°1 **47, 49**
Zimmermann, René > N°2 **50**
Zitzmann, Gerhard > N°2 **48**
Zöllner, Bernd > N°3 **82**
Zucker, Heidi > N°1 **73f.**
Zünkeler, Bernhard, Dr. > N°3 **82**
Zünkeler, Ulrich > N°3 **82**

IMPRESSUM

Econ ist ein Verlag der
Ullstein Buchverlage GmbH, Berlin

ISBN 978-3-430-20259-6
ISSN 1616-2528

**© ULLSTEIN BUCHVERLAGE GMBH
BERLIN 2018**

Alle Rechte der Verbreitung, auch durch Film, Funk und Fernsehen, fotomechanische Wiedergabe, Tonträger jeder Art, auszugsweisen Nachdruck oder Einspeicherung und Rückgewinnung in Datenverarbeitungsanlagen aller Art, sind vorbehalten.

Trotz sorgfältiger Bearbeitung und Prüfung können weder der Verlag noch die genannten Unternehmen eine Garantie oder sonstige Haftung für die Richtigkeit der dargestellten Informationen übernehmen. Der Verlag macht sich die Angaben zu den dargestellten Unternehmen nicht zu eigen.

PROJEKTTEAM ECON FORUM
Nadine Städtner (Leiterin)
Monika Skandalis
Katharina Schulze Dieckhoff

GRAFISCHE KONZEPTION UND UMSCHLAGGESTALTUNG
Anzinger und Rasp Kommunikation GmbH, München

GRAFISCHE UMSETZUNG UND REPRODUKTION
tiff.any GmbH, Berlin

KORREKTORAT
Lektorat Oliver Krull, Berlin

DRUCK UND BINDEARBEITEN
Grafisches Centrum Cuno GmbH & Co. KG, Calbe (Saale)

MIX
Papier aus verantwortungsvollen Quellen
FSC® C043106

Printed in Germany

KONTAKT
Econ Forum im Econ Verlag
Ullstein Buchverlage GmbH
Friedrichstraße 126
D-10117 Berlin
T +49 30 23456-524
www.econforum.de

BRANCHEN VERGLEICH

N°2
INDUSTRIE UND HANDEL

MIT PREISTRÄGERN, BESTEN DER BRANCHEN UND SHORTLIST DER JURY

EINE PUBLIKATION DER ECON MEGAPHON AWARDS FÜR KOMMUNIKATION

2018 / 2019

Econ

Inhaltsverzeichnis

—
Nº 2

INDUSTRIE UND HANDEL

3
INDEX
der aufgenommenen Arbeiten

7
AGENTURRANKING

8
ECON MEGAPHON AWARDS
2018: DIE JURY

10
DAS WINNERS' DINNER 2018
Ein Rückblick
auf die Preisverleihung

PORTRÄTS DER
MEGAPHONPREISTRÄGER

12
AGENTUR AM FLUGHAFEN
Hockar

14
HEIMAT, BERLIN
Smashing the Cliches

18
ÜBERGROUND
#santaclara

22
KAMPAGNEN /
EINZELARBEITEN
Beste der Branche
Shortlist der Jury
Branchenvergleich

83
REGISTER AGENTUREN

86
REGISTER
PRODUKTIONSFIRMEN UND
DIENSTLEISTER

90
REGISTER AUFTRAGGEBER

92
REGISTER PERSONEN

96
IMPRESSUM

Index der aufgenommenen Arbeiten

- **G** GRAND PRIX (in 2018 nicht vergeben)
- **M** MEGAPHONSIEGER
- **B** BESTER DER BRANCHE
- **S** SHORTLIST DER JURY
- **V** BRANCHENVERGLEICH

Im Branchenvergleich aufgenommen werden aus den eingesandten Einreichungen diejenigen Kommunikationsmaßnahmen, die die jeweilige Branche durch die vorgelegten Arbeiten im Vergleich der Wirtschaftssegmente überzeugend und aktuell repräsentieren.

Arbeiten, die aus diesem Vergleich besonders hervorstechen, bilden die Shortlist der Jury. Aus diesem Kreis werden von den Juroren durch Abstimmung nach Noten sowie in anschließender gemeinsamer Diskussion die Preisträger der Megaphone (vergeben in den Kategorien des Wettbewerbs) benannt.

Bester der Branche kann nur werden, wer der Shortlist der Jury angehört. Die Auszeichnung wird nur dann vergeben, wenn in der betreffenden Branche mindestens drei Einzelbeiträge vorliegen.

INDEX DER AUFGENOMMENEN ARBEITEN

MEGAPHONPREISTRÄGER

N° 1

12 ELBKIND

- 14 M M ALFRED RITTER GMBH & CO. KG I „RITTER SPORT Einhorn"
- 16 M DAIMLER AG I Mercedes-Benz „A Guide to Growing up"
- 18 M DENKWERK: STANLEY BLACK&DECKER DEUTSCHLAND GMBH I „Social Tools"
- 20 M WAVEMAKER: S.OLIVER BERND FREIER GMBH & CO. KG I „The Fusion Collection"
- 22 M AGENTUR AM FLUGHAFEN: DOMUS LEUCHTEN & MÖBEL AG I „Auf ein Glas bei Wehrle's"
- 26 M HEINE WARNECKE DESIGN: TRINK MEER TEE GBR I „Trink Meer Tee"

N° 2

- 12 M AGENTUR AM FLUGHAFEN: BY MAREI EINRICHTUNGSKONZEPTE AG I „Hockar", das erste multifunktionale Imagebroschüremailing
- 14 M HEIMAT, BERLIN: HORNBACH BAUMARKT AG I „Smashing the Cliches"
- 18 M ÜBERGROUND: LIDL STIFTUNG CO. KG I „#SANTACLARA"

N° 3

12 HEIMAT, BERLIN

- 14 M M SWISSCOM AG I „#snowdrawings"
- 15 M SWISSCOM AG I „Unlock Switzerland"

16 OGILVY & MATHER

- 18 M DB MOBILITY LOGISTICS AG I „Zukunft der Mobilität"
- 20 M DB MOBILITY LOGISTICS AG I „Mehr ToleranzZeit"

- 22 M ORANGE COUNCIL: DEUTSCHE TELEKOM AG I „Refresh Telekom Headquarters"
- 26 M ÜBERGROUND: TIPP24 SERVICES LTD. I „DANKE MILLION"

N° 4

12 HEIMAT, BERLIN

- 14 M M FREIE DEMOKRATISCHE PARTEI I „Dark Diaries"
- 16 M STIFTUNG DEUTSCHE KREBSHILFE I „The Melanoma Campaign"

- 20 M DENKWERK: DEUTSCHE SYNÄSTHESIE-GESELLSCHAFT E.V. I „The world trhough different eyes"
- 24 M LA RED: ARD-AKTUELL, TAGESSCHAU.DE I „Sag's mir ins Gesicht"
- 26 M SEVENONE ADFACTORY I „Circus HalliGalli Live Spots"
- 28 M M SERVICEPLAN / PLAN.NET: STYLIGHT GMBH I „The Fashion Mag Hijack"
- 30 M FISCHERAPPELT: BUNDESMINISTERIUM DES INNERN I „#starkfürdich"
- 34 M INTERACTIVE MEDIA FOUNDATION I „Ulm Stories – Geschichten einer Stadt"

SHORTLIST DER JURY UND BRANCHENVERGLEICH

N° 1

VERBRAUCHSGÜTER / B2C
NAHRUNG UND GENUSS

- 30 B S SMUUS GMBH I MAYD, Hamburg
- 34 M S ALFRED RITTER GMBH & CO. KG I elbkind, Hamburg
- 37 V BÄCKEREI VOOSEN GMBH & CO. KG I neue formen, Köln
- 40 S BEL DEUTSCHLAND GMBH I david+martin, davidmartin, München
- 41 S DR. KLAUS KARG AG I Lingner Online, Fürth
- 42 V GRÜNE EMMA GMBH I Lehanka Kommunikationsagentur, Fichtenau-Rötlein
- 43 V MONDELEZ DEUTSCHLAND SERVICES GMBH & CO. KG I TWT Interactive, Düsseldorf
- 44 S STOLL KAFFEE AG I zurgams kommunikationsagentur, Dornbirn

NICHTALKOHOLISCHE GETRÄNKE

- 46 M TRINK MEER TEE GBR I Heine Warnecke Design, Hannover

ALKOHOLISCHE GETRÄNKE

- 47 B S MAST-JÄGERMEISTER SE I LA RED, Hamburg
- 50 S CAMPARI DEUTSCHLAND GMBH I david+martin, davidmartin, München
- 52 S V HASEN-BRÄU BRAUEREIBETRIEBS-GESELLSCHAFT MBH I Bloom, Nürnberg
- 56 V HIRSCH-BRAUEREI HONER GMBH & CO. KG I Schindler Parent, Meersburg

WEITERE VERBRAUCHSGÜTER

- 57 S MIBELLE GROUP AG I SERVICEPLAN / PLAN.NET
- 58 S ZURGAMS KOMMUNIKATIONSAGENTUR, Dornbirn

GEBRAUCHSGÜTER / B2C
AUTOMOBIL (PKW)

- 59 B EMIL FREY AG I Agentur am Flughafen, Altenrhein
- 62 S OPEL AUTOMOBILE GMBH I Effekt-Etage, Berlin
- 64 M S DAILMER AG I elbkind, Hamburg

AUTOMOBIL-/KFZ-ZUBEHÖR

- 66 V EBERSPÄCHER CLIMATE CONTROL SYSTEMS GMBH & CO. KG I FACT, Kirchheim / Teck
- 68 V RECARO AUTOMOTIVE SEATING GMBH I FACT, Kirchheim / Teck

BAUEN UND WOHNEN

- 70 V ARCHRAUM AG I Ender Werbung, Lustenau
- 71 M S STANLEY BLACK&DECKER DEUTSCHLAND GMBH I denkwerk, Köln

EINRICHTUNG

- 72 M DOMUS LEUCHTEN & MÖBEL AG I Agentur am Flughafen, Altenrhein

HAUSHALTSWAREN UND -GERÄTE

- 73 S V ELECTROLUX HAUSGERÄTE VERTRIEBS GMBH I Bloom, Nürnberg

UNTERHALTUNGS- UND TELEKOMMUNIKATIONSELEKTRONIK

- 76 B DOT INC I SERVICEPLAN / PLAN.NET
- 78 S SAMSUNG ELECTRONICS GMBH I Cheil Germany, Schwalbach im Taunus
- 79 S VODAFONE GMBH I WAVEMAKER, Düsseldorf

KLEIDUNG

- 82 M S.OLIVER BERND FREIER GMBH & CO. KG I WAVEMAKER, Düsseldorf
- 83 S WENDEL GMBH CO. KG I Wynken Blynken & Nod, Hamburg

PERSÖNLICHER BEDARF

- 84 V E. DOPPLER CO. GMBH I Hammerer, Ried im Innkreis

WEITERE GEBRAUCHSGÜTER

- 86 B MYTOYS.DE GMBH I Wynken Blynken & Nod, Hamburg
- 88 V G. PASSIER & SOHN GMBH I The Vision Company Werbeagentur, Köln
- 90 V RALF BOHLE GMBH I markt & werbung m&w, Mönchengladbach
- 92 S VIESSMANN GMBH & CO. KG I fischerAppelt, Berlin

Nº 2

INDUSTRIE / B2B
INVESTITIONSGÜTER

24 **B** PLANSEE GROUP SERVICE GMBH | jäger & jäger, Überlingen
28 **V** GALLUS FERD. RÜESCH AG | die3 Agentur für Werbung und Kommunikation, Dornbirn
30 **S** HOERBIGER HOLDING AG | jäger & jäger, Überlingen

PRODUKTIONSGÜTER

32 **B** SIEMENS AG | hl-studios, Erlangen
35 **V** GRIMME LANDMASCHINENFABRIK GMBH & CO. KG | KAAPKE Marketing, Drantum
37 **V** HOLZ-HER GMBH | rocket-media, Dinkelsbühl
38 **V** KS-ORIGINAL GMBH | KAAPKE Marketing, Drantum
39 **V** LESJÖFORS INDUSTRIAL SPRINGS & PRESSINGS GMBH | FACT, Kirchheim/Teck
40 **V** MÖLLERGROUP GMBH | STEUER Marketing und Kommunikation, Bielefeld
41 **V** PAUL KAUTH GMBH & CO. KG | teufels, Rottweil

SOFTWARE / IT

42 **B** MICROSOFT DEUTSCHLAND GMBH | denkwerk, Köln
44 **V** ARTISO SOLUTIONS GMBH | ATTACKE Werbeagentur, Ulm
45 **V** INNEO SOLUTIONS GMBH | querformat, Crailsheim
46 **V** JUNGHEINRICH AG | Babiel, Düsseldorf
47 **V** SIEMENS AG | hl-studios, Erlangen
48 **V** TEBIS AG | ASM Werbeagentur, München

PHARMAZIE / GESUNDHEIT

50 **B** MERCK KGAA | Fork Unstable Media, Hamburg
52 **B** MERCK KGAA | TWT Interactive, Düsseldorf
54 **V** MEDTRONIC GMBH | ipanema2c brand communication, Wuppertal
58 **V** OTSUKA PHARMA GMBH | ISGRO Gesundheitskommunikation, Mannheim
59 **V** SIVANTOS GMBH | Bloom, Nürnberg

WEITERE INDUSTRIEGÜTER

61 **V** DURIT HARTMETALL GMBH | ipanema2c brand communication, Wuppertal
62 **V** REINDL GESELLSCHAFT M.B.H | Hammerer, Ried im Innkreis

HANDEL / B2C
EINZELHANDEL

63 **B** EDEKA HANDELSGESELLSCHAFT NORD MBH | Wynken Blynken & Nod, Hamburg
66 **M S** HORNBACH BAUMARKT AG | Heimat Werbeagentur, Berlin
68 **M S** LIDL STIFTUNG CO. KG | Überground, Hamburg
70 **S** MEDIAMARKT GMBH | denkwerk, Köln
71 **S** OTTO GMBH & CO KG | Heimat Werbeagentur, Berlin
72 **S** PENNY MARKT GMBH | WFP Werbeagentur Felske + Partner, Mönchengladbach
74 **S** REAL,- SB-WARENHAUS GMBH | TeamWFP: WFP WERBEAGENTUR FELSKE + PARTNER, WFP2 GESELLSCHAFT FÜR INTERAKTIVE KOMMUNIKATION, Mönchengladbach

GROSS- UND FACHHANDEL

78 **B** UNILEVER DEUTSCHLAND GMBH | POINT HAMBURG Werbeagentur, Hamburg
80 **V** BAYERNLAND EG | Lingner Marketing, Fürth
81 **M** BY MAREI EINRICHTUNGSKONZEPTE AG | Agentur am Flughafen, Altenrhein

Nº 3

DIENSTLEISTUNGEN / B2C
BANKEN, SPARKASSEN, INVESTMENT

32 **B** HYPOVEREINSBANK / UNICREDIT BANK AG | Kolle Rebbe, Hamburg
35 **S** STAR FINANZ-SOFTWARE ENTWICKLUNG UND VERTRIEB, Hamburg
36 **S** SWITZERLEND AG | Agentur am Flughafen, Altenrhein
37 **S** VOLKSBANK VORARLBERG E. GEN. | zurgams kommunikationsagentur, Dornbirn

VERSICHERUNGEN

38 **B** TECHNIKER KRANKENKASSE KDÖR | elbkind, Hamburg
40 **S** ACV AUTOMOBIL-CLUB VERKEHR E.V. | DUNCKELFELD, Köln
41 **S** TECHNIKER KRANKENKASSE KDÖR | elbkind, Hamburg

ENERGIEVERSORGUNG

42 **S** H. MAURER GMBH & CO. KG | teufels, Rottweil

GASTRONOMIE

43 **V** BERLIN BURRITO COMPANY GMBH | Frederik & Labots WA, Berlin

TOURISMUS UND VERKEHR

44 **B** DB MOBILITY LOGISTICS AG | Ogilvy & Mather Germany, Frankfurt am Main
46 **V** BUNTE HOTEL FISCHER AM SEE GMBH & CO. KG | ATTACKE Werbeagentur, Ulm
47 **V** CONDOR FLUGDIENST GMBH | S/COMPANY · Die Markenagentur, Fulda
49 **M S** DB MOBILITY LOGISTICS AG | Ogilvy & Mather Germany, Frankfurt am Main

TELEKOMMUNIKATION

54 **M S** SWISSCOM AG | Heimat Werbeagentur, Berlin

GESUNDHEITSKOMMUNIKATION

57 **V** ALPCURA FACHKLINIK ALLGÄU BETRIEBSGESELLSCHAFT MBH | schmiddesign, Kempten
58 **V** DR. WILLMAR SCHWABE GMBH & CO. KG | ISGRO Gesundheitskommunikation, Mannheim
59 **V** MEDIUS KLINIKEN GGMBH | FISCHER & FRIENDS Werbeagentur, Bad Mergentheim

WEITERE DIENSTLEISTUNGEN

62 **V** CLEANCAR AG | DIE WERBTÄTIGEN, Düsseldorf
65 **V** OCW OBERSCHEIDER CAR WORLD GMBH | Ender Werbung, Lustenau
66 **V** RAVENSBURGER AG | Schindler Parent, Meersburg
68 **M S** TIPP24 SERVICES LTD. | Überground, Hamburg
70 **V** WIFI – WIRTSCHAFTSFÖRDERUNGSINSTITUT DER WIRTSCHAFTSKAMMER VORARLBERG KDÖR | zurgams Kommunikationsagentur, Dornbirn

DIENSTLEISTUNGEN / B2B
BAUWIRTSCHAFT

71 **B** RHOMBERG BAU GMBH | die3 Agentur für Werbung und Kommunikation, Dornbirn
74 **S** DAW SE | Jochen Grauer, Marken- und Kommunikationsberatung, Lindau
76 **V** INTEMANN GMBH | Ender Werbung, Lustenau
78 **V** REHAU AG + CO | Lingner Marketing, Fürth
79 **S V** RHOMBERG BAU GMBH | die3 Agentur für Werbung und Kommunikation, Dornbirn

TELEKOMMUNIKATION

82 **M** DEUTSCHE TELEKOM AG | ORANGE COUNCIL, Hamburg

WEITERE DIENSTLEISTUNGEN

83 **B** DICTION AG | Agentur am Flughafen, Altenrhein
85 **V** FR. LÜRSSEN WERFT GMBH & CO.KG | Frese & Wolff Werbeagentur, Oldenburg
86 **V** HAU GMBH & CO. KG | querformat, Crailsheim

Nº 4

MEDIEN UND KOMMUNIKATION / B2C
TV UND RADIO

40 **M** SEVENONE ADFACTORY, Unterföhring

INDEX DER AUFGENOMMENEN ARBEITEN

PUBLIKATIONEN

41 **B** KLASSIK GARAGE KRONBERG GMBH & CO. KG I Change Communication, Frankfurt am Main
44 **V** DUMONT MEDIENGRUPPE GMBH & CO. KG I Intevi Werbeagentur, Köln
45 **S** GRUNER + JAHR GMBH & CO. KG I MAYD, Hamburg
46 **M** STYLIGHT GMBH I SERVICEPLAN/PLAN.NET, München

ONLINE-PLATTFORMEN/-DIENSTE

48 **B** MG GERMANY GMBH I SERVICEPLAN/PLAN.NET, München
50 **M** ARD-AKTUELL, TAGESSCHAU.DE I LA RED, Hamburg
51 **S** UNIVERSAL MUSIC GMBH I DUNKELFELD, Köln

WERBUNG, PR, EVENT, MESSE, BERATUNG

52 **B** FISCHERAPPELT, Hamburg
54 **V** ATELIER DAMBÖCK MESSEDESIGN, Neufinsing bei München
56 **V** BODENSEECREW WERBEAGENTUR, Konstanz
58 **S** DIE3 AGENTUR FÜR WERBUNG UND KOMMUNIKATION, Dornbirn
60 **S** DIECKERTSCHMIDT, Berlin
64 **V** MEDIA RESOURCE GROUP GMBH & CO. KG I Lehanka Kommunikationsagentur, Fichtenau-Rötlein

WEITERE MEDIEN / KOMMUNIKATION

66 **S** ARGE DIGITAL EXCELLENCE I act&react Werbeagentur, Dortmund
67 **V** FOUNDERS FOUNDATION GGMBH I STEUER Marketing und Kommunikation, Bielefeld

GESELLSCHAFT, SOZIALES UND KULTUR / B2C
VEREINE, VERBÄNDE, GEMEINSCHAFTEN, STIFTUNGEN

68 **B** KREBSGESELLSCHAFT NORDRHEIN-WESTFALEN E.V. I DIE WERBTÄTIGEN, Düsseldorf
70 **M** **S** DEUTSCHE SYNÄSTHESIE-GESELLSCHAFT E.V. I denkwerk, Köln
72 **S** NABU – NATURSCHUTZBUND DEUTSCHLAND E.V. I BALLHAUS WEST I Agentur für Kampagnen, Berlin
73 **M** STIFTUNG DEUTSCHE KREBSHILFE I Heimat Werbeagentur, Berlin
74 **S** STIFTUNG JUGEND FORSCHT E.V. I Wynken Blynken & Nod, Hamburg
75 **V** STIFTUNG LIEBENAU I Schindler Parent, Meersburg
76 **M** INTERACTIVE MEDIA FOUNDATION, Berlin

ÖFFENTLICHE / STAATLICHE INSTITUTIONEN, STÄDTE UND KOMMUNEN

77 **B** BERLINER STADTREINIGUNG (BSR) ADÖR I Peperoni Werbe- und PR-Agentur, Potsdam
80 **V** BAYERISCHES STAATSMINISTERIUM DES INNERN, FÜR BAU UND VERKEHR I brainwaves, München
81 **M** BUNDESMINISTERIUM DES INNERN I fischerAppelt, Berlin
82 **V** ERZBISCHÖFLICHES ORDINARIAT MÜNCHEN I brainwaves, München
83 **V** EWG MBH I concept X, Rheine
84 **V** MINISTERIUM DER FINANZEN DES LANDES NRW KDÖR I KreativRealisten, EMS & P Kommunikation, Puhlheim
86 **S** FUF // FRANK UND FREUNDE, Stuttgart
87 **V** STAATSKANZLEI RHEINLAD-PFALZ I concept X, Rheine
88 **V** STADT NEU-ULM KDÖR I FISCHER & FRIENDS Werbeagentur, Bad Mergentheim

ORGANISATIONEN

90 **M** **B** **S** FREIE DEMOKRATISCHE PARTEI I Heimat Werbeagentur, Berlin

KUNST, KULTUR UND SPORT

100 **V** ARCHITEKTENKAMMER BADEN-WÜRTTEMBERG I FUF // Frank und Freunde, Stuttgart
101 **V** MT SPIELBETRIEBS- U. MARKETING AG I sxces Communication, Kassel

RECRUITING, MITARBEITERKOMMUNIKATION

103 **B** BEISELEN GMBH I ATTACKE Werbeagentur, Ulm
106 **S** ACCENTURE DIENSTLEISTUNGEN GMBH I BALLHAUS WEST I Agentur für Kampagnen, Berlin
107 **V** MAYER PERSONALMANAGEMENT GMBH I die3 Agentur für Werbung und Kommunikation, Dornbirn
108 **S** PERM4 I Permanent Recruiting GmbH I dieckertschmidt, Berlin
110 **S** RHOMBERG BAU GMBH I die3 Agentur für Werbung und Kommunikation, Dornbirn
112 **V** SCHÜCHTERMANN-KLINIK BAD ROTHENFELDE GMBH & CO. KG I team4media, Osnabrück

Agentur-ranking

AGENTUR	PUNKTE (VORJAHR)
HEIMAT, BERLIN	**37 (43)**
ELBKIND	19 (5)
DENKWERK	13 (6)
OGILVY & MATHER GERMANY	11 (16)
AGENTUR AM FLUGHAFEN	10 (–)
SERVICEPLAN / PLAN.NET	10 (18)
LA RED	8 (–)
ÜBERGROUND	8 (5)
ORANGE COUNCIL	5 (6)
SEVENONE ADFACTORY	5 (–)
WAVEMAKER	5 (–)
FISCHERAPPELT	5 (2)
HEINE WARNECKE	3 (1)
INTERACTIVE MEDIA FOUNDATION	3 (–)

IM RANKING BERÜCKSICHTIGT:
MEGAPHON IN GOLD: 7 PUNKTE
MEGAPHON IN SILBER: 5 PUNKTE
MEGAPHON IN BRONZE: 3 PUNKTE
BESTER DER BRANCHE: 1 PUNKT
GRAND PRIX (IN 2018 NICHT VERGEBEN): 10 PUNKTE

WWW.ECONFORUM.DE/MEGAPHON-AWARDS

Econ Megaphon Awards 2018: Die Jury

IN DIE JURY DER ECON MEGAPHON AWARDS BERUFEN WIR AUFTRAGGEBER VON UNTERNEHMENSSEITE, KREATIVE UND STRATEGEN AUS AGENTUREN SOWIE VERTRETER DER MEDIEN UND WISSENSCHAFT. UNSERE JURY WIRD JÄHRLICH NEU ZUSAMMENGESTELLT.

Fotos _Thomas Rosenthal

01 _ Peter Heinlein (Autor, Moderator und Kommunikationsberater)

02 _ Prof. Kora Kimpel (Professorin für Interface- und Interactiondesign Universität der Künste Berlin (UDK))

03 _ Dr. Jochen Kalka (Chefredakteur aller Titel des Verlags Werben & Verkaufen, München)

04 _ Prof. Matthias Spaetgens (Partner und Chief Creative Officer Scholz & Friends)

05 _ Fränzi Kühne (Mitgründerin und Geschäftsführerin Torben, Lucie und die gelbe Gefahr)

06 _ Ute Poprawe (Managing Director Publicis Pixelpark Frankfurt)

07 _ Mag. Andreas Johler (Marketing Director Coca-Cola Deutschland)

08 _ Anne-Friederike Heinrich (zum Zeitpunkt des Jurymeetings Chefredakteurin Werbewoche und Werbewoche Branchenreports, Zürich)

09 _ Pia Betton (Partnerin Edenspiekermann)

10 _ Michael Beer (Leiter Marketingkommunikation Berliner Verkehrsbetriebe (BVG))

NICHT AUF DEM BILD, ABER AN DER BEWERTUNG BETEILIGT

Alexander Becker (Redaktionsleiter Meedia GmbH & Co. KG)

Marlene Auer (Chefredakteurin Manstein Verlag)

Johannes Kleske (Strategieberater und Zukunftsforscher, Geschäftsführer Third Wave)

Winners' Dinner 2018

IMPRESSIONEN DER PREISVERLEIHUNG AM 01. FEBRUAR 2018 IN BERLIN

WINNERS', DI

18ER

01 Die Megaphone vor der Preisverleihung

02 Im Beef Grill Club ist alles bereit für die Gäste des Winners' Dinner.

03 Felix Pfannenmüller und Marlon Fischer von HEIMAT, Berlin (v. l. n. r.)

04 Jürgen Diessl (Verlagsleiter Econ), Katja Scherf-Niß und Frank Jansen (POINT Werbeagentur, v. l. n. r.)

05 René und Maximilian Eugster (Agentur am Flughafen)

06 Am Tisch von HEIMAT, Berlin werden Signale empfangen.

07 Heike Vollmeier und Ute Ressler von Überground (v. l. n. r.)

08 Ute Ressler, Juli Kretsu, Heike Vollmeier und Florian Wiesener (Überground) sind die diesjährige Newcomer Agentur des Jahres.

09 Aline von Drateln (Moderatorin) und Jürgen Diessl (Verlagsleiter Econ) auf der Bühne.

10 Ute Ressler (Überground) und Frank Jansen (POINT Werbeagentur)

Fotos _ Thomas Rosenthal und Jan Kobel

01 Miriam Egli
02 Katie Eugster
03 Maximilian Eugster
04 Patricia Eugster
05 Roné Eugster
06 Valeria Hörler
07 Julia Lüchinger
08 Dominique Rutishauser
09 Daniel Steiner
10 Rolando Zahner

MEGAPHONPREISTRÄGER
SILBER DIALOGMARKETING

HANDEL / B2B

GROSS- UND FACHHANDEL
DIALOGMARKETING (PRINT)

BY MAREI EINRICHTUNGSKONZEPTE AG

„Hockar", das erste multifunktionale Imagebroschüremailing Agentur am Flughafen

Wie entstand die Idee? Mit welcher Aufgabenstellung ist „by Marei" auf Sie zugekommen?

*René Eugster_* By marei ist ein kleines Unternehmen. Ein sehr kleines sogar. Wir sollten eine Broschüre machen, die zugleich ein Mailing war und deren Inhalte gleichzeitig für den Online-Auftritt verwendet werden konnten. Also ein eierlegendes Wollmilchschwein, das fliegen konnte. Wir nahmen die Herausforderung an.

Das gesamte Interview finden Sie auf unserer Webseite.
ecfo.me/ga_flghfn2
Beitragscredits auf S. 80

STIMMEN DER JURY

JURORIN _ PIA BETTON, PARTNERIN BEI EDENSPIEKERMANN

„Aus einer Broschüre einen ‚Hockar' zu machen ist natürlich eine elegante Denkart, wenn man Möbel verkauft, die handwerklich auch noch sehr stilvoll umgesetzt wurde. Die Marke wurde dabei gut transportiert, und vielleicht ist der ‚Hockar' in das eine oder andere Büro eingezogen."

01 Matthias von Bechtolsheim
02 Marlon Fischer
03 Theresa Guggenberger
04 Guido Heffels
05 Tim Holtkötter
06 Sascha Jörres
07 Felix Pfannmüller
08 Maik Richter
09 Kimberley Schwarck

HEIMAT, Berlin

MEGAPHONPREISTRÄGER
BRONZE
„SMASHING THE CLICHES"
HORNBACH BAUMARKT AG, S. 16 F.

HORNBACH BAUMARKT AG

„Smashing the Cliches"

**MEGAPHONPREISTRÄGER
BRONZE** FILM

HANDEL / B2B
EINZELHANDEL
FILM (SPOT)

Welche anderen Klischees würden Sie gern zerschmettern?

Guido Heffels_ Getreu unserem Markenclaim: Es gibt noch einiges zu tun. Aber ich will mich hier nicht in die Liste derer einreihen, die neunmalklug Probleme aufzählen. Dafür gibt es schon genug andere. Mit der Kampagne werben wir ja nicht zuletzt auch um Eigenverantwortung. Wenn Dich etwas stört, dann geh es an. Auch wenn das nicht immer ganz einfach ist.

Das gesamte Interview finden Sie auf unserer Webseite.
ecfo.me/ga_hmt2
Beitragscredits auf S. 67

STIMMEN DER JURY

JURORIN_UTE POPRAWE, MANAGING DIRECTOR VON PUBLICIS PIXELPARK, FRANKFURT AM MAIN

„Smashing the Cliches ist natürlich für uns Frauen toll. Dass da eine Frau mit dem Hammer von Hornbach die ganzen tradierten Frauenbilder zerstört, physisch zerstört, um frei zu sein für ihre eigene Philosophie, ist im TV-Spot glaubwürdig umgesetzt."

MEGAPHONPREISTRÄGER

01 Sadet Dayan
02 Jo Marie Farwick
03 Danilo Klöfer
04 Dzhulyetta Kretsu
05 Anna Meissner
06 Ute Ressler
07 Fred Schreitmüller
08 Heike Vollmeier
09 Kathi Walter
10 Florian Wiesener

Über-ground

MEGAPHONPREISTRÄGER
BRONZE
„#SANTACLARA"
LIDL STIFTUNG CO. KG S. 20 F.

AUTOR _ PETER HEINLEIN

Nie wieder gehe ich rückwärts aus einem Raum raus!" Mit diesem Schwur begann die Geschichte von Überground. Jo Marie Farwick tat ihn, nachdem sie zum ungezählten Mal das Büro eines Kunden, das Zimmer eines Vorturners, nickend und entgegen ihrer Überzeugung ja sagend, verlassen hatte. Logische Folge für Jo: nach den Jahren bei Jung von Matt und Heimat endlich selbst eine Agentur gründen. Die zweite Folge, ebenso logisch für jeden, der Jo kennt: Diese Agentur ist unglaublich erfolgreich. Jede Menge Aufträge; tolle Kunden; aufsehenerregende Arbeiten; Preise, Preise, Preise; Rookie des Jahres beim ADC; Newcomer des Jahres bei den Econ Megaphon Awards 2018.

Lesen Sie online das komplette Porträt der Newcomer-Agentur des Jahres!
ecfo.me/ga_nwcmr

LIDL STIFTUNG CO. KG

#SANTACLARA

**MEGAPHONPREISTRÄGER
BRONZE** FILM

HANDEL / B2C
EINZELHANDEL
FILM (VIRAL)

Warum denken Sie, war der Film so erfolgreich?
Jo Marie Farwick _ Gerade zu Weihnachten hat der Film als Comedy-Dance-Hip-Hop-Gender-Musical-Commercial eingeschlagen wie eine lustige bunte Konfettibombe und war deshalb vollkommen anders als alles andere.

Das gesamte Interview finden Sie auf unserer Webseite.
ecfo.me/ga_ueber1
Beitragscredits auf S. 69

STIMMEN DER JURY

JUROR _ MAG. ANDRES JOHLER, MARKETING DIRECTOR FÜR COCA-COLA DEUTSCHLAND
„Respekt! Mit #SANTACLARA ist Lidl eine ausgezeichnete Arbeit gelungen, die thematisch genau zum richtigen Zeitpunkt kam. Ein Film, der aufgefallen ist und einem großen Publikum im Gedächtnis geblieben ist."

24
KAMPAGNEN / EINZELARBEITEN
Beste der Branche
Shortlist der Jury
Branchenvergleich

PLANSEE GROUP SERVICE GMBH

Magazin „Living Metals"

JÄGER & JÄGER GBR / ÜBERLINGEN

01 Regina Jäger
02 Olaf Jäger
03 Sibylle Krause
04 Tanja Weich

Mit Blick auf das Ergebnis, was hat Sie am meisten begeistert oder überrascht?

Regina Jäger _ Durch die intensive Zusammenarbeit mit dem Auftraggeber entstand ein Heft, das sich in allen Phasen der Konzeption, Redaktion und Umsetzung permanent gewandelt und weiterentwickelt hat. Insofern war das Ergebnis auch insgesamt etwas überraschend und gleichermaßen begeisternd.

Das gesamte Interview finden Sie auf unserer Webseite.
ecfo.me/ga_jäger

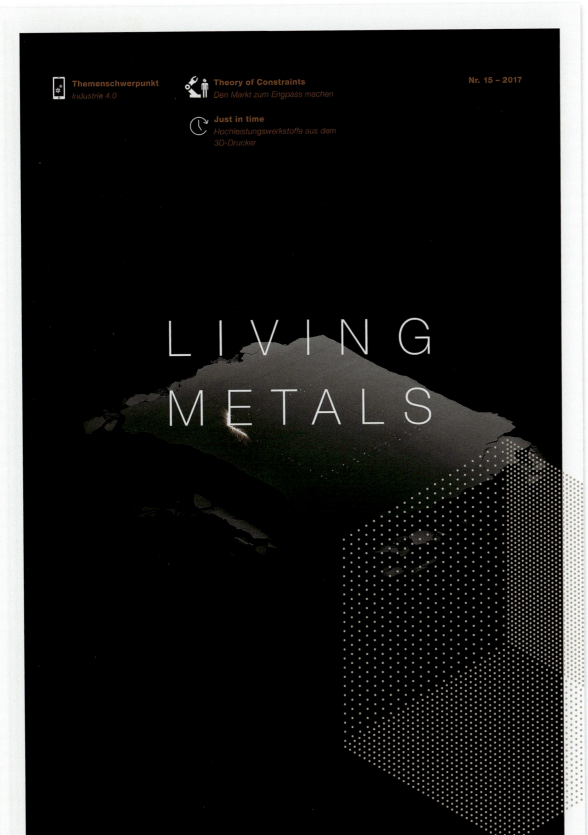

INDUSTRIE / B2B

INVESTITIONSGÜTER

PRINT / PUBLIKATION

Plansee Group Service GmbH / Magazin „Living Metals"

Wie macht sich ein Hightechunternehmen fit für die Zukunft? Darum geht es im Relaunch des Magazins „Living Metals". Es soll den Schulterblick in die Zukunftsschmiede eines Unternehmens erlauben und Mitarbeiter, Stakeholder und Auftraggeber gleichermaßen ansprechen. Die Themen von „Living Metals" reichen von Berichten von Expatriates über digitale Geschäftsmodelle und Industrie 4.0 bis zur Fragestellung, was die Märkte von morgen bewegt. Dementsprechend ist die Gestaltung zwischen Magazin und Jahrbuch an die Vielfalt der Artikel angepasst. ▸

INDUSTRIE / B2B

INVESTITIONSGÜTER

PRINT / PUBLIKATION

Plansee Group Service GmbH /
Magazin „Living Metals"

INDUSTRIE / B2B

INVESTITIONSGÜTER

PRINT / PUBLIKATION

Plansee Group Service GmbH / Magazin „Living Metals"

KUNDE Plansee Group Service GmbH, Reutte (Österreich) HEAD OF GROUP COMMUNICATIONS Dénes Széchényi AGENTUR jäger & jäger GbR, Überlingen CREATIVE DIRECTOR Olaf Jäger ART DIRECTOR Regina Jäger DESIGN Sibylle Krause / Tanja Weich DRUCK Druck-Ring GmbH & Co. KG

INDUSTRIE / B2B

INVESTITIONSGÜTER

OUT OF HOME / AKTIVITÄTEN

Gallus Ferd. Rüesch AG / Speed up your success

Der Druckmaschinenhersteller Gallus nutzte seinen 1.800 Quadratmeter großen Messestand, um sein neuestes Produkt Labelmaster sowie Labelfire vorzustellen. Passend zu dem Slogan „Speed up your success" wurden die Kunden per App oder Handzettel auf eine Rallye geschickt. Wer alle Fragen rund um die Produkte beantwortete, durfte in einem F1-Simulator im Anschluss sein eigenes Rennen bestreiten. Auf großen Videowalls und überdimensionalen Touchscreens wurden die Produktnutzen zusätzlich visualisiert.

INDUSTRIE / B2B

INVESTITIONSGÜTER

OUT OF HOME / AKTIVITÄTEN

Gallus Ferd. Rüesch AG / Speed up your success

KUNDE Gallus Ferd. Rüesch AG, St. Gallen (Schweiz) LEITER CORPORATE COMMUNICATIONS Matthias Marx AGENTUR die3 Agentur für Werbung und Kommunikation GmbH, Dornbirn (Österreich) BERATUNG Bruno Welzenbach CREATIVE DIRECTOR Mario Lorenz ART DIRECTOR Sascha Grabherr GRAFIK Stefan Vögel

INDUSTRIE / B2B

INVESTITIONSGÜTER

PRINT / PUBLIKATION

HOERBIGER Holding AG / Jahrbuch 2016/2017

Success-Storys in Geschäftsberichten und Jahrbüchern sind nicht ungewöhnlich. Die Art, wie sie entstehen, macht den Unterschied. Bei HOERBIGER greifen die Mitarbeiterinnen und Mitarbeiter selbst zu Laptop und Kamera. Indem sie – gemeinsam mit ihren Kunden – begeistert über Erfolge berichten, entstehen einzigartig authentische Reportagen. Sie zeigen Stakeholdern, Kunden und Bewerbern aus erster Hand, wie „Shared Ambition" bei HOERBIGER gelebt wird: Der Fokus aller liegt darauf, Mehrwert für den Kunden zu schaffen.

INDUSTRIE / B2B

INVESTITIONSGÜTER

PRINT / PUBLIKATION

HOERBIGER Holding AG / Jahrbuch 2016/2017

KUNDE HOERBIGER Holding AG, Zug (Schweiz) **LEITER UNTERNEHMENSKOMMUNIKATION** Ludwig Schönefeld **AGENTUR** jäger & jäger GbR, Überlingen **CREATIVE DIRECTOR** Regina Jäger **DESIGN** Michelle Miesel **DRUCK** Druck-Ring GmbH & Co. KG

B BESTER DER BRANCHE

SIEMENS AG

„Arena der Digitalisierung"

HL-STUDIOS GMBH / ERLANGEN

01 Daniel Boklage
02 Wolfgang Geisler
03 Roman Kessler
04 Bastian Krämer
05 Marco Küchler
06 Sven Leverenz
07 Alfons Loos
08 Fabian Müller
09 Daniel Paul
10 Matthias Ritter
11 Nicole Schlein
12 Jürgen Schubert
13 Barbara Wilkesmann

Welche Herausforderungen gab es bei der Ideenfindung und/oder Umsetzung?

*Daniel Boklage*_ Die größte Herausforderung war sicherlich das Thema selbst. Digitalisierung ist abstrakt. Schwer zu greifen. Und vor allem ständig in Bewegung. Was zu Beginn eines Monats noch up to date war, konnte am Ende des Monats schon veralteter Inhalt sein.

Das gesamte Interview finden Sie auf unserer Webseite.
ecfo.me/ga_hl

INDUSTRIE / B2B

PRODUKTIONSGÜTER

OUT OF HOME / AKTIVITÄTEN

Siemens AG / Arena der Digitalisierung

Einen Showroom entwickeln, der Digitalisierung in der Industrie erlebbar und erklärbar macht. Das war die Aufgabe. Die zentralen Herausforderungen: heterogene Zielgruppen, breit gefächerte Botschaften und abstrakte Inhalte. Unsere Lösung: eine nicht-lineare Inszenierung. Jeder Besucher kann am für ihn relevantesten Punkt einsteigen: von der Marke zum Produkt oder umgekehrt. Interaktive, haptische Modelle erleichtern den Einstieg ins Digitale. Und im Zentrum steht immer der Besucher. In Summe eine runde Geschichte. ▸

INDUSTRIE / B2B

PRODUKTIONSGÜTER

OUT OF HOME / AKTIVITÄTEN

Siemens AG / Arena der Digitalisierung

CROSSMEDIA _ KUNDE Siemens AG, Erlangen COMMUNICATIONS / PROJEKTLEITUNG Stephan Pistorius CONTENT / PROJEKTLEITUNG Peter Zech CONTENT Peter Higler MARKETING Bernd Heuchemer AGENTUR hl-studios GmbH, Erlangen PROJEKTLEITUNG / STRATEGIE Alfons Loos CREATIVE HEAD Daniel Boklage PROJEKTLEITUNG Sven Leverenz / Bastian Krämer CREATIVE DIRECTOR Jürgen Schubert TEAMLEITER Wolfgang Geisler PRODUCER Nicole Schlein REDAKTEUR Marco Küchler GRAFIKDESIGN Barbara Wilkesmann CREATIVE DIRECTOR DESIGN Matthias Ritter 3D ARTIST Daniel Paul HEAD OF INTERACTIVE DEVELOPMENT Kai Söllch INTERACTIVE DEVELOPMENT Roman Kessler HEAD OF INTERACTIVE DESIGN Fabian Müller INNENARCHITEKTUR Etschmann Noack GmbH MESSE-MÖBELBAU ADCON Werbe GmbH MESSEBAU bluepool GmbH

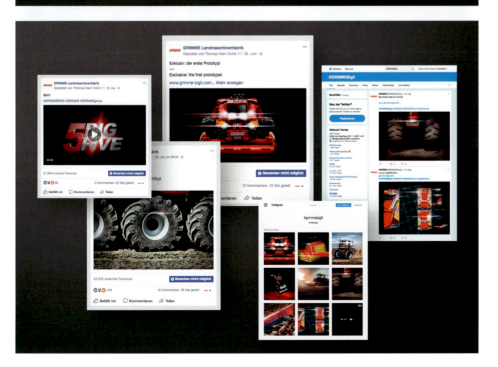

INDUSTRIE / B2B

PRODUKTIONSGÜTER

DIGITALE MEDIEN /
DIGITALE KAMPAGNE

GRIMME Landmaschinenfabrik GmbH & Co. KG / GRIMME Big5

Jeder, der mit Kartoffeln sein Geld verdient, sollte von den fünf GRIMME Weltneuheiten erfahren. Daher wurde eine crossmediale Kampagne entwickelt, die die Zielgruppe über soziale Netzwerke, News-Dienste und klassische Medien bis zur Premiere auf der Agritechnica mit geheimnisvollen Infos füttert. Dabei wurden, trotz verhältnismäßig kleiner Zielgruppe, über 500.000 Personen analog und über 600.000 User digital erreicht. Zur Big5-Pressekonferenz im September kamen zudem über 120 Journalisten aus 30 Nationen.

www.grimme-big5.com ▶

INDUSTRIE / B2B

PRODUKTIONSGÜTER

DIGITALE MEDIEN /
DIGITALE KAMPAGNE

GRIMME Landmaschinenfabrik
GmbH & Co. KG / GRIMME Big5

CROSSMEDIA _ KUNDE GRIMME Landmaschinenfabrik GmbH & Co. KG, Damme LEITER MARKETING Jürgen Feld
AGENTUR KAAPKE Marketing GmbH, Drantum BERATUNG Marc Kathmann ART DIRECTOR David Willen / Dominik Wiewel
TEXT Sönke Meyer DESIGN Dirk Milzarek POST PRODUCTION Timo Jahnke PROGRAMMIERUNG Alina Smidt

INDUSTRIE / B2B

PRODUKTIONSGÜTER

DIGITALE MEDIEN /
PRODUKT-/SERVICEWEBSEITEN

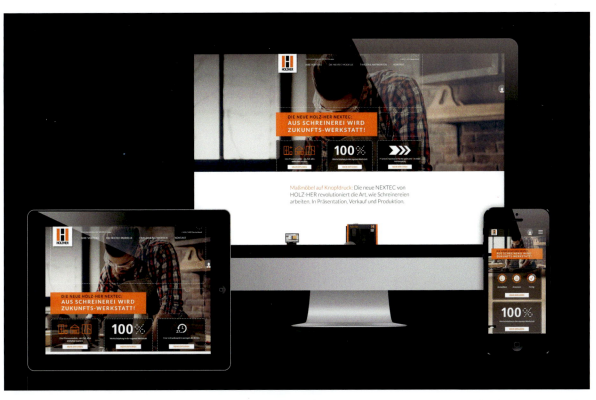

HOLZ-HER GmbH / NEXTEC

HOLZ-HER ist ein Traditionsunternehmen mit über 100 Jahren Erfahrung und Kompetenz in der Holzbearbeitung. Das Produktportfolio umfasst Plattensägen, CNC-Bearbeitungszentren und Kantenleimmaschinen – jeweils von der Einstiegsmaschine bis zum alle Leistungsbereiche umfassenden Topmodell. Mit der Baureihe „NEXTEC" beschreitet HOLZ-HER einen neuen Weg für die Möbelproduktion.

In drei einfachen Schritten entstehen neue, maßgeschneiderte Korpusmöbel wie Schrank, Kommode oder Regal. Mithilfe einer umfangreichen Möbelbibliothek kann ein Grundmodell gewählt und individuell an Kundenwünsche angepasst werden. Die Maschinensoftware zeigt zur Prüfung eine 3-D-Vorschau des gewünschten Möbelstücks an und errechnet die für die Herstellung erforderlichen CNC-Bearbeitungsprogramme. Sobald das Plattenmaterial auf der Maschine liegt, kann die weitere Produktion direkt automatisiert abgewickelt werden. Das Ergebnis sind perfekt formatierte Werkstücke inklusive aller vertikalen Bohrungen, Nuten und Fräsungen. Ohne Zeit- und Qualitätsverlust!
So entstehen Maßmöbel auf Knopfdruck – eine Revolution für die Arbeitsweise von Schreinereien: in Präsentation, Verkauf und Produktion.
Im Rahmen der Markteinführung entstand eine Microsite, auf der Interessierte die einzelnen Produkte der Baureihe u. a. anhand von Bewegtbildern erleben können. Technische Daten werden bereitgestellt, und einzelne Module mit ihren Besonderheiten können gegenübergestellt und verglichen werden.
Einfache Möglichkeiten der Kontaktaufnahme – über eine Expertensuche auch direkt zum regionalen Ansprechpartner – stellen kurze und direkte Beratungswege sicher. Für relevante Zielregionen wie Österreich, Schweiz, Frankreich, Spanien und Großbritannien stehen eigens lokalisierte Varianten mit automatischer Spracherkennung der Microsite zur Verfügung.

KUNDE HOLZ-HER GmbH, Nürtingen **AGENTUR** rocket-media GmbH & Co. KG, Dinkelsbühl **DESIGN** FISCHER & FRIENDS Werbeagentur GmbH

www.holzher.de/nextec

INDUSTRIE / B2B

PRODUKTIONSGÜTER

DIGITALE MEDIEN /
DIGITALE KAMPAGNE

KS-ORIGINAL GmbH / KS* projekt weiß.

Im Mittelpunkt von KS* projekt weiß. stehen reale Herausforderungen aus dem Alltag der Architekturbranche. Das Blog bietet der Fachzielgruppe einen Raum, um sich zu inspirieren, zu diskutieren und die eigene Arbeit zu präsentieren. So wächst das Projekt weiter – mit dem Ziel, die Kalksandsteinmarke KS* national zum Inspirationsgeber für die Branche avancieren zu lassen – und nachhaltig in den Fokus der Zielgruppe zu rücken.

projekt-weiss.blog

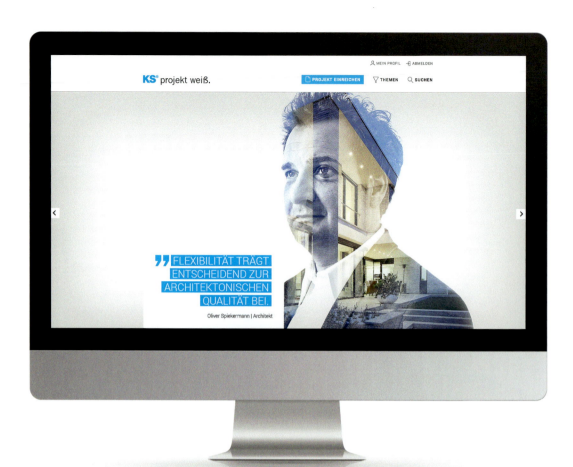

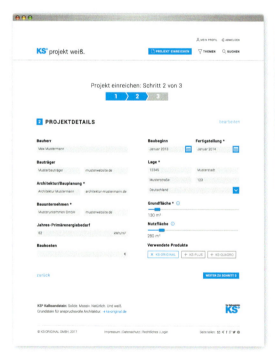

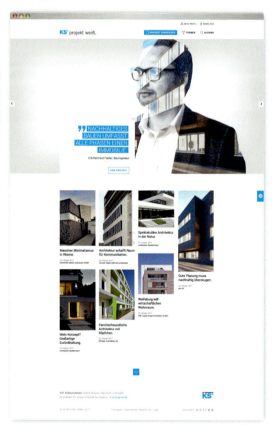

CROSSMEDIA _ KUNDE KS-ORIGINAL GmbH, Hannover GESCHÄFTSFÜHRUNG Peter Theissing AGENTUR KAAPKE Marketing GmbH, Drantum BERATUNG Judith Kurz PROJEKTKOORDINATION Thomas Peukert ART DIRECTOR Benedikt Kläne / Dirk Milzarek / Thimo Ruppel TEXT Sönke Meyer

INDUSTRIE / B2B

PRODUKTIONSGÜTER

PRINT / PUBLIKATION

Lesjöfors Industrial Springs & Pressings GmbH / Lesjöfors Print und Digital, Corporate Design

Das neu entwickelte Corporate Design setzt sich aus fixen und flexiblen Elementen zusammen, um den vielen Marken der Gruppe gerecht zu werden. Viel Freiraum für das Logo, flexible Farbflächen für Headlines und Text sowie eine moderne Bildsprache sorgen für ein immer einheitliches, aber nie statisches Erscheinungsbild. Reduziert, hochwertig und souverän. Die neue Logogestaltung mit der stilisierten Feder wird in der Gruppe sukzessive eingeführt, beginnend mit der Firma S&P.

KUNDE Lesjöfors Industrial Springs & Pressings GmbH, Hagen–Hohenlimburg MARKETINGLEITUNG / VICE PRESIDENT SALES GERMANY Wolfgang Hellmann AGENTUR FACT GmbH Werbeagentur, Kirchheim / Teck BERATUNG Andreas Fahrion / Jens Albrecht KONZEPTION Jens Albrecht / Andreas Fahrion CREATIVE DIRECTOR Jens Albrecht ART DIRECTOR Till Meyer TEXT Jens Albrecht FOTOGRAFIE CHALLENGE GmbH

INDUSTRIE / B2B
PRODUKTIONSGÜTER
FILM / IMAGE

MöllerGroup GmbH / Historienfilm

Stolze 287 Jahre alt ist das Unternehmen Möller in Bielefeld. Das Unternehmen befindet sich auch heute noch im Familienbesitz und ist eines der ältesten deutschen Familienunternehmen. Der Film würdigt und feiert diese ungewöhnliche Historie. Und wer könnte diese Geschichte besser erzählen als der charismatische, inzwischen 83-jährige Seniorchef Dr. Peter von Möller? So entstand eine sehr persönliche und emotionale filmische Erzählung über das Wirken von sieben Generationen Möllerscher Familienunternehmer.

Der Film wurde passend zum Corporate Design auf schwarzem Hintergrund gedreht und mit historischem Material versetzt. Die Szenerie bewirkt eine Anmutung wie auf einer Theaterbühne. Viele Closeups und nahe Kamerafahrten schaffen eine vertraute Nähe zum Hauptdarsteller, der sein Leben und das seiner Vorfahren erzählt.

KUNDE MöllerGroup GmbH, Bielefeld **PROJEKTLEITUNG** Rainer Schütte **PROJEKTASSISTENZ** Heidemarie Wieland **AGENTUR** STEUER Marketing und Kommunikation GmbH, Bielefeld **PROJEKTLEITUNG / KONZEPTION / DREHBUCH** Adelheid Blecke **FILMPRODUKTION** Stierhochvier Kathi Lokocz & Rodian Stiehl **PRODUCER / REGIE / SCHNITT** Kathi Lokocz **REGIE / SCHNITT** Rodian Stiehl

INDUSTRIE / B2B

PRODUKTIONSGÜTER

DIGITALE MEDIEN /
UNTERNEHMENS- /
ORGANISATIONSWEBSEITEN

**Paul Kauth GmbH & Co. KG /
Corporate Website**

Digitale Kommunikation für den starken Mittelstand: Was macht ein Unternehmen, das Technologieführer im Bereich Tuben- und Umformtechnik ist? Die Antwort gibt es auf der Corporate Website von Paul Kauth. Eine moderne Inszenierung, welche die starke Verbindung zwischen Technologie und Mensch perfekt in Szene setzt. Die Highlights der Website sind neben der authentischen Bildwelt vor allem die eingesetzten Moodfilme, die hierfür speziell produziert wurden.

www.kauth.de

KUNDE Paul Kauth GmbH & Co. KG, Denkingen MARKETINGLEITUNG Johannes Kauth AGENTUR teufels GmbH, Rottweil GESCHÄFTSLEITUNG Alexander Teufel / Marco Teufel / Pascal Teufel BERATUNG Marco Teufel / Stefan Heitzmann KONZEPTION Marco Teufel CREATIVE DIRECTOR Pascal Teufel GRAFIK Antonino Sciammacca ENTWICKLER Timo Bittner / Georg Kathan WEITERE Frederike Plieth

MICROSOFT DEUTSCHLAND GMBH

„Many Faces of Microsoft Facial Recognition Service"

DENKWERK GMBH / KÖLN

01 Stephan Clasen
02 Gregor Kuschmirz
03 Laurent Mondoloni
04 Ulrike Stemmer
05 Benjamin Wolf

Mit Blick auf das Ergebnis, was hat Sie am meisten begeistert oder überrascht?

*Gregor Kuschmirz und Stephan Clasen_* Uns hat begeistert, mit welcher Freude Besucher vor der Kamera standen und wie leicht man so ins Gespräch über das eigentlich trockene Thema Gesichtserkennung und deren Möglichkeiten kam. Die technische Reife von Echtzeit-Gesichtserkennung und Auswertung hat uns dabei selbst überrascht.

Das gesamte Interview finden Sie auf unserer Webseite.
ecfo.me/ga_dnkwrk3

INDUSTRIE / B2B

SOFTWARE / IT

DIGITALE MEDIEN / SOCIAL–MEDIA–AKTIVITÄTEN

Microsoft Deutschland GmbH / *Many Faces of Microsoft Facial Recognition Service*

Microsoft offers a rather powerful service for facial recognition in live videos – Microsoft Azure. Our task was to make its power known to potential business partners. Rather than telling people about all of the exciting features, we showed them instead. We created avatars – based on information about gender, age, emotion and other attributes – and superimposed them on the corresponding faces in a livestream. Then we set up an interactive installation at the biggest rockstar tech event in Germany, the "Year of the Rooster" festival in Munich.

www.pipipi.de/microsoft.html

KUNDE Microsoft Deutschland GmbH, München **PROJEKTMANAGERIN** Alexandra Mennes **AGENTUR** denkwerk GmbH, Köln **MOTION DIRECTOR** Gregor Kuschmirz **TECHNICAL DIRECTOR** Stephan Clasen **MOTION DESIGN** Boris Dörning **STRATEGIE** Ulrike Stemmer **SOFTWAREENTWICKLUNG** Benjamin Wolf **PROJEKTMANAGEMENT** Thomas Kierdorf

INDUSTRIE / B2B
SOFTWARE / IT
FILM / IMAGE

artiso solutions GmbH / Imagefilm „Neugierde"

Die artiso solutions GmbH entwickelt für internationale Kunden Hightech-Software im Microsoft-basierten Umfeld. Innovationen rund um neue Technologien teils auch visionärer Art sind zentrales Element der Firmenphilosophie. Doch wie entsteht Innovation? Am Ende ist es menschliche Neugierde. Für Messen, Events und Firmenpräsentationen entstand so dieser Imagefilm im Corporate Design. Emotional – statt technisch-kühl wie Imagefilme anderer Softwarefirmen. Ein Film über eine menschliche Eigenschaft, welche die DNA von Ideen und Unternehmenserfolg ist.

Sprecher-Story: Man könnte meinen, es sei der Zufall, der uns Menschen vorwärtsbringt. Manche sagen auch, dass es nur harte Arbeit sein kann. Viele denken, dass es die Freude am Erfolg ist. Vielleicht sind es auch unsere Träume und Wünsche. Oder es ist der Wille zur Veränderung an sich. Aber. Ist es wirklich das, was uns schon immer antreibt? Oder vielleicht. Vielleicht. Vielleicht sind es nur Kleinigkeiten. Oder ist es die Faszination? Ein gutes Bauchgefühl? Ist es Mut? Wissen zu wollen, was passiert? Treibt uns Kreativität an? Oder sind es Vorbilder? Menschen, die wir mögen? Vielleicht Fantasie? Ist es technischer Fortschritt? Oder der Reiz neuer Orte? Was andere uns sagen? Vermutlich von allem etwas. Doch hinter allem steckt nur eines. Neugierde. Doch in unserem hektischen Leben stellt sich eine Frage. Wann haben Sie aufgehört, neugierig zu sein? Neugierig auf einen neuen Tag, an dem eine Idee geboren wird. Eine Idee, die unseren Umgang mit Maschinen verändern wird. Die Art, wie wir unsere Welt gestalten werden. Oder wie wir Menschen helfen. Wir entwickeln Software-Innovationen für die Welt von morgen. Und? Sind Sie schon neugierig, welche Ideen wir für Sie realisieren können? Sprechen wir darüber. Denn wir sind neugieriger. Wir sind artiso.

KUNDE artiso solutions GmbH, Blaustein **AGENTUR** ATTACKE Werbeagentur GmbH, Ulm **BERATUNG** Oliver Fischer **CREATIVE DIRECTOR** Oliver Fischer **ART DIRECTOR** Tim Beck **TEXT** Oliver Fischer **GRAFIK** Michaela Frölich **KONTAKT** Stefan Scheller **FILMPRODUKTION** CINEMATICZ FILMPRODUKTION **SPRECHER** André Beyer **SCHNITT** Hosam Sidou Abdulkader

INDUSTRIE / B2B

SOFTWARE / IT

DIGITALE MEDIEN /
UNTERNEHMENS–/
ORGANISATIONSWEBSEITEN

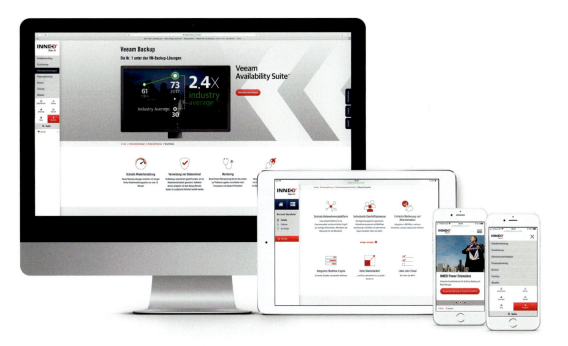

INNEO Solutions GmbH / Relaunch Website

INNEO ist weltweit führender PTC-Reseller. Mit Kompetenzen in den Bereichen Produktentwicklung, Visualisierung, Informationstechnologie und Prozessoptimierung ist INNEO der verlässliche Partner für die Digitalisierung in Industrie und Mittelstand.
Mit der Website werden unterschiedliche Informationslevel und an einzelne Benutzer angepasste Inhalte kombiniert. Zur Usability trägt auch das Navigationskonzept bei, das eine schnelle Orientierung sowohl auf Seiten- als auch Inhaltsebene erlaubt.

www.inneo.de

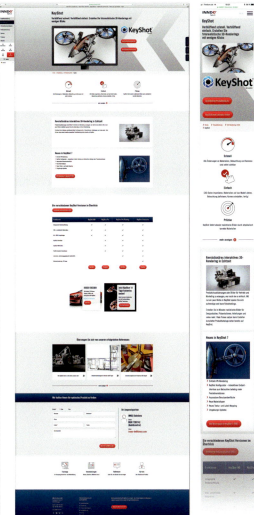

KUNDE INNEO Solutions GmbH, Ellwagen **GESCHÄFTSFÜHRUNG** Helmut Haas **MARKETINGLEITUNG** Markus Hannemann **AGENTUR** querformat GmbH & Co. KG, Crailsheim **BERATUNG / KONZEPTION** Matthias Messerer **GRAFIK** Nadine Hein / Tobias Unkel **PROGRAMMIERUNG** Daniel Burgbacher / Enrico Schiller

INDUSTRIE / B2B

SOFTWARE / IT

DIGITALE MEDIEN / PRODUKT-/SERVICEWEBSEITEN

Jungheinrich AG / Your Truck – Configure Your Ultimate Jungheinrich!

Konfiguration komplexer Maschinen zur direkten Produktion war Ingenieuren vorbehalten. Your Truck gestattet Vertrieblern, mit Kunden die ideale Lösung für ihre Anforderungen zu gestalten. Und als Industrie-4.0-Frontend direkt die Produktion zu starten!
Integration von Marketing- und Ingenieurswissen in ein adaptives, intuitives UI ist der Erfolgsgarant. Schrittweise wird spielerisch die Konfiguration durchgeführt. Das komplexe Regelwerk sichert die Baubarkeit. Einzigartig in der Industrie!

Aus mehr als 2,5 Mrd. Variationsmöglichkeiten eine fachlich passende und auch tatsächlich baubare Konfiguration zu erstellen war bislang Aufgabe von Ingenieuren der Fertigung.
Schrittweise führt nun „Your Truck – Configure Your Ultimate Jungheinrich!" Vertriebsmitarbeiter durch einen für diese Industrie einzigartigen Konfigurator.
Die Kombination von Marketing- und Ingenieurswissen ermöglicht eine spielerische Zusammenstellung der Maschine entsprechend den individuellen Anforderungen des Kunden. Dabei kontrolliert ein umfassendes Regelwerk bei jedem Schritt die Baubarkeit, zeigt ggf. Konflikte sowie Lösungsalternativen auf.
Zu jeder Auswahl werden alle möglichen Alternativen und Optionen angezeigt. Jede Interaktion führt adaptiv zur Darstellung entsprechender Marketing-/Produktinformationen.
Am Ende aller Arbeiten steht der perfekte Gabelstapler für den Kunden. Und bei Angebotsbestätigung kann die Produktion direkt beginnen: Die Daten werden an das Produktionssystem übergeben und fließen in die Produktionsplanung des zuständigen Werks ein.
Weltweit nutzen die mehreren Tausend Vertriebsmitarbeiter als auch die Werke in Europa und China die Lösung. Digitale Transformation im neu definierten Zusammenspiel von Vertrieb und Produktion!

https://youtu.be/ZVfyGx2eVPE

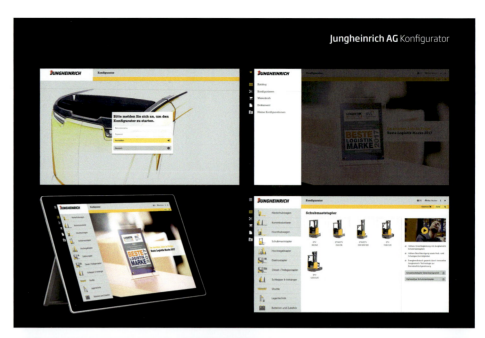

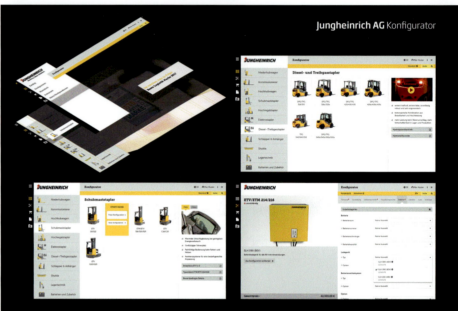

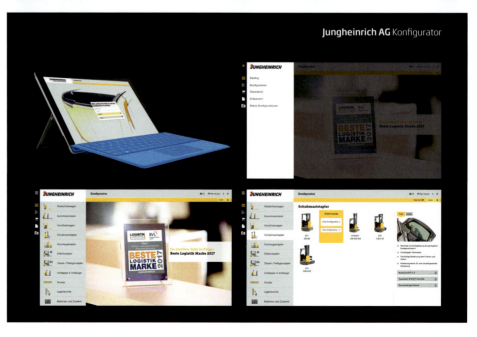

KUNDE Jungheinrich AG, Hamburg PROJEKTLEITER Khaled Boukhalfa PRODUKTLEITERIN Yuko M. Pfaff AGENTUR Babiel GmbH, Düsseldorf GESCHÄFTSFÜHRER Dr. Rainer Babiel

INDUSTRIE / B2B

SOFTWARE / IT

OUT OF HOME / AKTIVITÄTEN

Siemens AG / Messeshow „Into The Sphere"

Auf der Messe EMO hat unser Kunde über 200 Maschinen erfolgreich mit der Cloud verbunden. Ein Meilenstein in der Industrie, der nach Aufmerksamkeit verlangt. Unsere Show schafft genau das. Einmal pro Stunde vibriert der Boden. Ein packender, audiovisueller Trip, inszeniert in Echtzeit-3-D. Mittenrein. In ein neues Maschinenzeitalter. Into The Sphere.

CROSSMEDIA _ **KUNDE** Siemens AG, Erlangen **COMMUNICATIONS / PROJEKTLEITUNG** Stephan Pistorius **COMMUNICATIONS** Heiko Hünsch **MARKETING** Bernd Heuchemer **AGENTUR** hl–studios GmbH, Erlangen **PROJEKTLEITUNG / STRATEGIE** Alfons Loos **CREATIVE DIRECTOR** Daniel Boklage **PROJEKTLEITUNG** Sven Leverenz

INDUSTRIE / B2B
SOFTWARE / IT
PRINT / ANZEIGE

Tebis AG / Wenn Maschinen entscheiden würden: Tebis forever!

Idee der crossmedialen Tebis Imagekampagne ist es, die Fräsmaschine in die Rolle des Entscheiders für eine neue CAD/CAM-Software zu versetzen. Sie verliebt sich in Tebis, weil sie ihre Potenziale für 3-D-Freiformflächenfräsen, prismatische Bearbeitung und alle relevanten Bearbeitungstechnologien am besten ausschöpfen kann. Sie fertigt kleine und große Meisterstücke in Rekordzeit und bleibt von Kollisionen verschont – dank Highend-Flächentechnologie, NC-Automation, Maschinen- und Werkzeugsimulation.

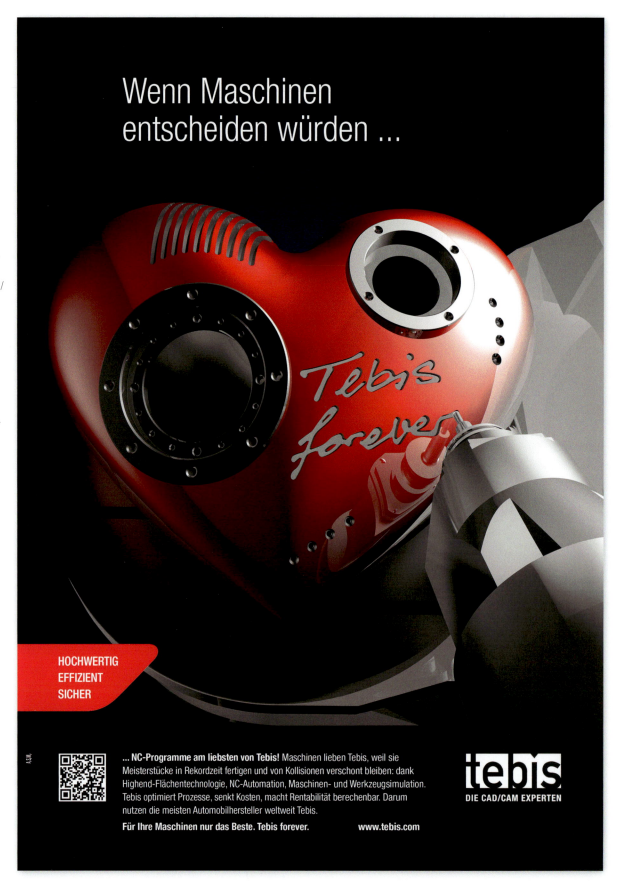

INDUSTRIE / B2B
SOFTWARE / IT
PRINT / ANZEIGE

Tebis AG / Wenn Maschinen entscheiden würden: Tebis forever!

CROSSMEDIA _ KUNDE Tebis AG, Martinsried MARKETINGLEITUNG Robert Mahr WERBELEITUNG Michael Klocke AGENTUR ASM Werbeagentur GmbH GWA, München BERATUNG Peter Scheer ART DIRECTOR Heinz Hoppe / Anette Leutloff TEXT Gerhard Zitzmann

MERCK KGAA

„CURIOUS MINDS"

FORK UNSTABLE MEDIA GMBH / HAMBURG
FISCHERAPPELT / HAMBURG

01 Cynthia Hormann
02 Paul Taggart
03 Laura Zabel

Welche Herausforderungen gab es bei der Ideenfindung und/oder Umsetzung?

Paul Taggart, Laura Zabel und Cynthia Hormann _ Am Anfang stand lange Zeit die Frage im Raum, ob man für so eine komplexe Zielgruppe überhaupt eine Webserie machen kann und wie die einzelnen Folgen beschaffen sein müssen, damit sie von den richtigen Leuten angeschaut werden.

Das gesamte Interview finden Sie auf unserer Webseite.
ecfo.me/ga_fork

INDUSTRIE / B2B

PHARMAZIE / GESUNDHEIT

FILM / IMAGE

Merck KGaA / Curious Minds

Curious Minds ist eine vierteilige Webserie, die sich mit dem Thema Neugier befasst. Moderatorin Inés Dawson (Biologin und YouTube-Pädagogin) trifft auf wissenschaftliche Influencer aus aller Welt, um mit ihnen über den Einfluss der vier Neugierdimensionen auf Innovationen in den Bereichen Wissenschaft und Technologie zu sprechen. Die vier Folgen sind Sprungbrett für Curious Elements, einem Online-Programm, das User ihre Neugier trainieren lässt. Inspiration führt so zur direkten Anwendung.

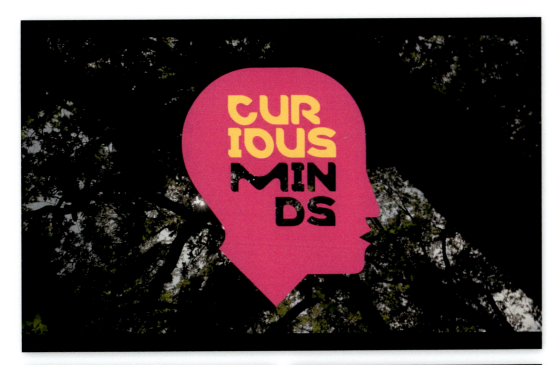

KUNDE Merck KGaA, Darmstadt HEAD OF BRANDING & STRATEGIC PROJECTS Axel Löber SENIOR MANAGER BRAND COMMUNICATION Christine Blum-Heuser MANAGER BRAND PROJECTS Aferdita Kastrati AGENTUR Fork Unstable Media GmbH, Hamburg; fischerAppelt, Hamburg CREATIVE DIRECTOR Paul Taggart KONZEPTION Laura Zabel / Cynthia Hormann ACCOUNT MANAGEMENT Carl-Jochen Reinhardt PROJECT MANAGEMENT Max Kuhn / Ilka Guelzau INFLUENCER RELATIONS Fabian von Appen / Anne Zoe Panagiotakis ART DIRECTOR René Zimmermann FILM-PRODUKTION Le Berg REGISSEUR Yannick Fauth PRODUCER Karli Baumann

MERCK KGAA

„Merck Innovation Center Broschüre"

TWT INTERACTIVE GMBH / DÜSSELDORF

01 Maximilian Frercksen
02 Silke Lakeit
03 Kathrin Lehmann
04 Ina Niesler
05 Frank Vieweg

Welcher Soundtrack hat Sie während der Erstellung der Arbeit motiviert?

*Ina Niesler und Kathrin Lehmann*_ „Technologic" von Daft Punk: "… use it, break it, fix it, trash it, change it, mail, upgrade it, charge it, point it, zoom it, press it, snap it, work it, quick erase it …"

Das gesamte Interview finden Sie auf unserer Webseite.
ecfo.me/ga_twt

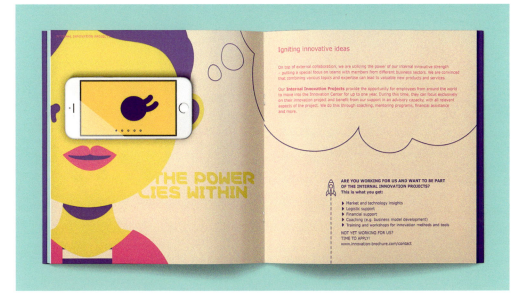

INDUSTRIE / B2B

PHARMAZIE / GESUNDHEIT

PRINT / PUBLIKATION

Merck KGaA / Merck Innovation Center Broschüre

Die Broschüre stellt das Innovation Center bei Merck auf besondere Art vor. Dafür wurde ein Printformat neu interpretiert: eine Broschüre mit digitalem Content in einer unterhaltsamen Storytelling-Mechanik. Indem der Leser sein Smartphone auf die Broschüre legt, kann er weitere interaktive Inhalte entdecken. Das Aufrufen des Contents wird über Lagesensoren im Smartphone gesteuert. So wurde ein innovatives Gesamterlebnis für Merck geschaffen, das aktuell weltweit im Einsatz ist.

CROSSMEDIA _ KUNDE Merck KGaA, Darmstadt HEAD OF MARKETING & COMMUNICATION Annika Zille AGENTUR TWT Interactive GmbH, Düsseldorf CREATIVE DIRECTOR / TEXT Silke Wartenberg CREATIVE DIRECTOR / ART DIRECTION / SCREENDESIGN Ina Niesler PROJEKTMANAGEMENT Kathrin Lehmann TECHNICAL CONSULTANT Maximilian Frercksen FRONTEND-PROGRAMMIERUNG Frank Vieweg BACKEND-PROGRAMMIERUNG Thomas Spitzer

INDUSTRIE / B2B

PHARMAZIE / GESUNDHEIT

INNOVATION

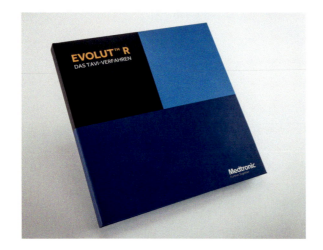

Medtronic GmbH / Videobook „TAVI-Verfahren"

Die Transkatheter-Aortenklappen-implantation zählt zu den großen Innovationen in der Herzmedizin. Das Verfahren hat vieles vereinfacht. Dennoch haben die meisten Patienten Respekt.

Das Videobook dient als Ergänzung, um Patienten den TAVI-Eingriff zu erklären. Der Film geht neben sachlichen Inhalten auf ihre Gefühle und Zweifel ein.
Mit der integrierten Kampagne und dem Medium unterstreicht Medtronic seine Position als Taktgeber im Markt. Ziel ist die Aufklärung der Patienten, aber vor allem die Gewinnung des Vertrauens von Chirurgen und Implanteuren.

INTEGRIERTE KAMPAGNE _ KUNDE Medtronic GmbH, Meerbusch BUSINESS UNIT DIRECTOR STRUCTURAL HEART Katja Kreutzer PRODUKTMANAGER TCV Steffen Meier THERAPY SALES SPECIALIST Katja Adomeit PROJEKT-MANAGEMENT Lydia Rink AGENTUR ipanema2c brand communication GmbH, Wuppertal GF STRATEGIE UND BERATUNG Olaf Bruno Pahl GF KONZEPT UND KREATION Ralf Andereya KREATIVDIREKTORIN Doro Wiegel PROJEKTMANAGEMENT Julia Mahner FOTOGRAFIE Marc Strunz-Michels VIDEOPRODUKTION KAMERAD FILM GbR VIDEOBOOK-PRODUKTION Audio Logo GmbH

INDUSTRIE / B2B

PHARMAZIE / GESUNDHEIT

PRINT / PUBLIKATION

Medtronic GmbH / Patientenbroschüre „TAVI-Verfahren"

Die Transkatheter-Aortenklappenimplantation zählt zu den großen Innovationen in der Herzmedizin. Das Verfahren hat vieles vereinfacht. Dennoch haben die meisten Patienten Respekt.

Die beiliegende Broschüre ermöglicht ihnen, sich im Detail zu informieren. Mit der integrierten Kampagne unterstreicht Medtronic seine Position als Taktgeber im Markt. Ziel ist die Aufklärung der Patienten sowie die Gewinnung des Vertrauens von Chirurgen und Implanteuren.

INTEGRIERTE KAMPAGNE _ KUNDE Medtronic GmbH, Meerbusch BUSINESS UNIT DIRECTOR STRUCTURAL HEART Katja Kreutzer PRODUKTMANAGER TCV Steffen Meier THERAPY SALES SPECIALIST Katja Adomeit PROJEKT-MANAGEMENT Lydia Rink AGENTUR ipanema2c brand communication GmbH, Wuppertal GF STRATEGIE UND BERATUNG Olaf Bruno Pahl GF KONZEPT UND KREATION Ralf Andereya KREATIVDIREKTION Doro Wiegel PROJEKTMANAGEMENT Julia Mahner FOTOGRAFIE Marc Strunz-Michels

INDUSTRIE / B2B

PHARMAZIE / GESUNDHEIT

DIALOGMARKETING / PRINT

Medtronic GmbH / 3-D-Würfel-Mailing „EVOLUT R 34 mm"

Die Transkatheter-Aortenklappen-implantation zählt zu den großen Innovationen in der Herzmedizin. Das Verfahren hat vieles vereinfacht. Dies galt es, in einem aufmerksamkeitsstarken Mailing zu kommunizieren. Dabei sollten sämtliche Vorteile „direkt ins Auge" springen.

Mit der integrierten Kampagne und dem Medium unterstreicht Medtronic seine Position im Markt. Ziel war es, die Aufmerksamkeit der anspruchsvollen Zielgruppe Chirurgen und Implanteure spielerisch zu gewinnen.

INTEGRIERTE KAMPAGNE _ KUNDE Medtronic GmbH, Meerbusch BUSINESS UNIT DIRECTOR STRUCTURAL HEART Katja Kreutzer PRODUKTMANAGER TCV Steffen Meier THERAPY SALES SPECIALIST Katja Adomeit PROJEKT‑MANAGEMENT Lydia Rink AGENTUR ipanema2c brand communication GmbH, Wuppertal GF STRATEGIE UND BERATUNG Olaf Bruno Pahl GF KONZEPT UND KREATION Ralf Andereya KREATIVDIREKTORIN Doro Wiegel PROJEKTMANAGEMENT Julia Mahner FOTOGRAFIE Marc Strunz-Michels

INDUSTRIE / B2B

PHARMAZIE / GESUNDHEIT

PRINT / ANZEIGE

Medtronic GmbH / Produktanzeige „EVOLUT R 34 mm"

Die Transkatheter-Aortenklappen-implantation zählt zu den großen Innovationen in der Herzmedizin. Das Verfahren hat vieles vereinfacht. Mit der integrierten Kampagne und den markenprägenden Fachanzeigen unterstreicht Medtronic seine Position als Taktgeber in diesem umkämpften Markt. Dafür wurde ein klarer, einheitlicher Look geschaffen. Ziel ist neben der Schaffung von Aktualität vor allem die Rückgewinnung des Vertrauens von Chirurgen und Implanteuren.

INTEGRIERTE KAMPAGNE _ KUNDE Medtronic GmbH, Meerbusch BUSINESS UNIT DIRECTOR STRUCTURAL HEART Katja Kreutzer PRODUKTMANAGER Steffen Meier THERAPY SALES SPECIALIST Katja Adomeit PROJEKTMANAGEMENT Lydia Rink AGENTUR ipanema2c brand communication GmbH, Wuppertal GF STRATEGIE UND BERATUNG Olaf Bruno Pahl GF KONZEPT UND KREATION Ralf Andereya KREATIVDIREKTORIN Doro Wiegel PROJEKTMANAGEMENT Julia Mahner FOTOGRAFIE Marc Strunz-Michels

INDUSTRIE / B2B

PHARMAZIE / GESUNDHEIT

PRINT / ANZEIGE

Otsuka Pharma GmbH / ADPKD und Nierenschmerzen

Die Nieren von über 50 Prozent der ADPKD-Patienten schmerzen – die Krankheit ist neben anderen Symptomen mit Nierenschmerzen assoziiert. Die Anzeige zeigt anschaulich den Leidensdruck der Patienten und informiert den Arzt über eine pharmakologische Lösung – JINARC® – um dagegen anzugehen. Die Anzeige zeigt, wie ADPKD-Patienten ihre Nieren wahrnehmen, unterstützt durch einen klaren, merkbaren Auftritt. Dieser wird zudem in verschiedenen Materialien wie etwa Direktmarketing-Maßnahmen, Online-Tools und Messeauftritten verwendet.

KUNDE Otsuka Pharma GmbH, Frankfurt am Main MARKETING MANAGER SPECIALTY PRODUCTS Kristina Kempf AGENTUR ISGRO Gesundheitskommunikation GmbH & Co. KG, Mannheim BERATUNG / KONZEPTION Johannes Strecker CREATIVE DIRECTOR Anita Stoll ART DIRECTOR Jonas Glaubitz / Dominik Bethäuser WISSENSCHAFTLICHE LEITUNG PD Dr. Frank Isgro

INDUSTRIE / B2B

PHARMAZIE / GESUNDHEIT

PRINT / ANZEIGE

Sivantos GmbH / Signia, Anzeige Power Range

Mit der Anzeige zur Power Range der Premiummarke Signia präsentiert Sivantos ein Portfolio moderner Hörgeräte mit hoher Leistungsfähigkeit, um die Bedürfnisse von Personen mit schwerem Hörverlust abzudecken. Das kraftvolle Visual zeigt die vier Helden vor einer mit Wucht explodierenden Farbwolke, welche die Power der Geräte symbolisiert. Der Text stellt alle Modelle mitsamt ihren Vorteilen – Spitzentechnologie, Konnektivität und Betreuung per App in der Anpassphase – knapp und verständlich vor.

KUNDE Sivantos GmbH, Erlangen MARKETING Thilo Hecht AGENTUR Bloom GmbH, Nürnberg BERATUNG Miriam Pfau
CREATIVE DIRECTOR Stefan Maier-Wimmer ART DIRECTOR Sebastian Hudl TEXT Katrin Drebinger REINZEICHNUNG Sven Pirner

INDUSTRIE / B2B
PHARMAZIE / GESUNDHEIT
DIALOGMARKETING / PRINT

Sivantos GmbH / Weihnachtskarte

Heutzutage können Hörgeräte so klein maßgefertigt werden, dass sie vollständig im individuellen Ohrkanal verschwinden. Trotzdem sind diese unauffälligen CICs dazu in der Lage, ein hohes Maß an Verstärkung zu bieten. Die Kombination aus dezent und großem Effekt inspirierte auch die Weihnachtskarte: Das Foto eines CICs mit rotem Ende und hautfarbener Front wird mit nur wenigen Strichlein zum Weihnachtsmann, der uns fröhlich entgegenlacht, „ho ho ho!".

KUNDE Sivantos GmbH, Erlangen MARKETING Silke Vogler AGENTUR Bloom GmbH, Nürnberg BERATUNG Miriam Pfau CREATIVE DIRECTOR Stefan Maier-Wimmer ART DIRECTOR Marco Soller TEXT Katrin Drebinger REINZEICHNUNG Sven Pirner

INDUSTRIE / B2B

WEITERE INDUSTRIEGÜTER

PRINT / PUBLIKATION

DURIT Hartmetall GmbH / Messezeitung „Valve World"

Mit fundiertem Wissen und State-of-the-Art-Technologie realisiert DURIT Hartmetalle erster Güte. Das Unternehmen präsentiert sich in einem konservativen Markt als DER Qualitätsanbieter. Auf der „Valve World" ging man neue Wege. Man entwickelte ein Newspaper, das „Hartmetall und Beschichtungen" visuell einzigartig und anspruchsvoll umsetzte. Die technisch geprägte Zielgruppe erhielt einen neuen Blick auf die verschleißfesten, langlebigen und individuell einsetzbaren DURIT Produkte – im Überformat.

KUNDE DURIT Hartmetall GmbH, Wuppertal **GESCHÄFTSFÜHRUNG** Michael Mense **MARKETINGMANAGERIN** Alexandra Hase / Mimount Chaquiri **TECHNISCHE BERATUNG** Dipl.-Ing. (FH) Heinz-Achim Kordt **AGENTUR** ipanema2c brand communication GmbH, Wuppertal **GF STRATEGIE UND BERATUNG** Olaf Bruno Pahl **GF KONZEPT UND KREATION** Ralf Andereya **KREATIVDIREKTORIN** Doro Wiegel **ILLUSTRATION** Sven Viehweg **FOTOGRAFIE** Marc Strunz-Michels

INDUSTRIE / B2B

WEITERE INDUSTRIEGÜTER

FILM / VIRAL

Reindl Gesellschaft m.b.H / Imagefilm

Einer der wichtigsten USPs von Reindl Berufsbekleidung ist die Individualität der Modelle. Farben und Ausführung können unternehmensspezifisch angepasst werden.
Dies sollte auch das Grundthema des zu erstellenden Imagefilmes sein. Wir haben uns daher für eine Stop-Motion-Produktion entschieden. Womit wir schon bei der Machart des Films das Thema Individualität aufgegriffen haben. Eben sehr individuell auch in der Machart.

Die Startsequenz des Films beginnt mit einer Szene wie aus dem Fritz-Lang-Stummfilm „Metropolis". Alles in Grau gehalten, düster und monoton. In der zweiten Szene entdecken die Akteure, wie bunt und individuell das (Berufs-)-Leben sein kann. Bekleidung und Hintergrund wechseln von Grau in helle und freundliche Farbtöne.
Das komplette Filmset wurde aus Stoffbahnen erstellt, um das Thema Bekleidung auf den Punkt zu bringen. Dieses wurde am Boden aufgelegt und mit einem an der Decke montierten Fotoapparat aufgenommen. Zwischen den Einzelbildern veränderten die Akteure ihre Position nur geringfügig. So entstand aus über 1.200 Bildern am Computer der endgültige Film.

Wie einst in Stummfilmen üblich, gibt es keinen Sprecher, nur Musikuntermalung. Der Film wurde auf der Unternehmenswebseite integriert und zusätzlich über Social Media verbreitet.
Noch ein paar technische Details zum Film: 1.200 Bilder, 70 qm Stoff, 11 GB Daten, 16 Outfits und 2 leidensfähige Darsteller, die 2 Tage liegend verbrachten.

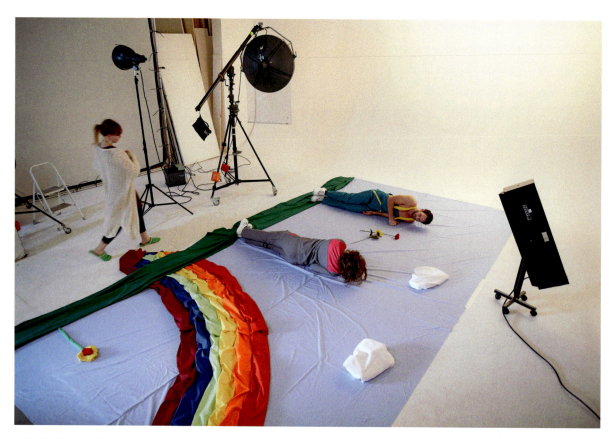

KUNDE Reindl Gesellschaft m.b.H, St. Willibald (Österreich) GESCHÄFTSFÜHRUNG Günther Reindl MARKETINGLEITUNG Prok. Dipl.-Ing. Dipl.-Wirt.-Ing. Gernot Gaiswinkler WERBEAGENTUR / FILMPRODUKTION Hammerer GmbH, Ried im Innkreis (Österreich) CREATIVE DIRECTOR Manfred Königstorfer POST PRODUCTION Merle Mareike Alrep FOTOGRAF Hannes Resch

EDEKA HANDELSGESELLSCHAFT NORD MBH

Marktkauf „Preisansprachen"

WYNKEN BLYNKEN & NOD GMBH & CO KG / HAMBURG

Anissa Carrington 01
Matthias Erb 02
Michael Lautner 03
Arne Salz 04
Jens Theil 05

Welcher Soundtrack hat Sie während der Erstellung der Arbeit motiviert?

Jens Theil _ „Käsebrot" von Helge Schneider macht einem schon Mut, wenn es darum geht, aus den einfachsten Produkten unterhaltsame Lektüre zu machen.

„How Much Is The Fish?" und „Candy Shop" waren aber auch sehr hilfreich.

Das gesamte Interview finden Sie auf unserer Webseite.
ecfo.me/ga_wynken2

HANDEL / B2C

EINZELHANDEL

DIGITALE MEDIEN /
SOCIAL-MEDIA-AKTIVITÄTEN

EDEKA Handelsgesellschaft Nord mbH / Marktkauf „Preisansprachen"

Facebook empfiehlt bei seinen Ad-Formaten eine maximale Textlänge von 90 Zeichen. Die Erfahrung zeigt: Mehr will keiner lesen. „Hold my Beer!", dachten wir uns und haben gemeinsam mit Marktkauf Longcopy-Posts entwickelt, die mehr als zehnmal so viel Text haben. Eine ordentliche Portion Liebe zum Produkt, ein bisschen Pseudophilosophie und ein guter Schuss Wahnsinn reichten aus, die Texte zum Lieblings-Ad-Format der User werden zu lassen.

www.facebook.com/marktkauf.center

KUNDE EDEKA Handelsgesellschaft Nord mbH, Neumünster **LEITUNG DIGITALE TRANSFORMATION** Mirco Lange **ABTEILUNGSLEITERIN PROJEKTMANAGEMENT** Kirstin Schauder **PROJEKMANAGEMENT** Julia Beck **AGENTUR** Wynken Blynken & Nod GmbH & Co KG, Hamburg **CREATIVE DIRECTOR TEXT** Jens Theil **CREATIVE DIRECTOR ART** Matthias Erb **BERATUNG / STRATEGIE** Arne Salz **KONZEPTION / TEXT** Michael Lautner **ART** Anissa Carrington

"Das Trampolin"

Mit einem Trampolin wird der Himmel Teil des Gartens. Mit einem Trampolin können wir uns – nur für einen Moment, aber dafür immer wieder – dem Weltall entgegenwerfen. Wir nähern uns Yoda, wir treten in Armstrongs Fußstapfen, wir sind kurz Major Tom.

Wenn dann die Schwerkraft den kurzen aussichtslosen Kampf gewinnt, ist das auch nicht schlimm. Denn sie gibt uns Schwung für die nächste Reise nach oben. Das Beste ist der kurze Moment, bevor uns die Erde wieder zurückholt.

Der Moment, an dem der Ausgang der Verhandlungen zwischen Fliehkraft und Schwerkraft noch offen scheint. Dann sind wir frei. Dann sind wir schwerelos. Freiheit und Schwerelosigkeit für nur 249,- €. Das Arebos Gartentrampolin. Jetzt in Ihrem Marktkauf.

HANDEL / B2C

EINZELHANDEL

AUDIO

EDEKA Handelsgesellschaft Nord mbH / Marktkauf „Preisansprachen"

Trotz der wohl größten Auswahl Deutschlands hat die Supermarktkette Marktkauf von jedem Produkt richtig viel Ahnung. Das sollte endlich mal jemand erfahren, und zwar so, dass es Spaß macht. Prospektangebote wurden literarisch verarbeitet und zu Funkspot und Minihörbüchern vertont – den Marktkauf Preisansprachen. Die Texte beleuchten schnöde Alltagsprodukte so, wie es kein anderer Supermarkt tut. Mit viel Liebe zum Detail und abstrusen Gedanken irgendwo zwischen Feuilleton und Stand-up-Comedy.

KUNDE EDEKA Handelsgesellschaft Nord mbH, Neumünster **LEITUNG DIGITALE TRANSFORMATION** Mirco Lange **ABTEILUNGSLEITERIN PROJEKTMANAGEMENT** Kirstin Schauder **PROJEKTMANAGEMENT** Julia Beck **AGENTUR** Wynken Blynken & Nod GmbH & Co KG, Hamburg **CREATIVE DIRECTOR TEXT** Jens Theil **CREATIVE DIRECTOR ART** Matthias Erb **BERATUNG/STRATEGIE** Arne Salz **TEXT** Michael Lautner **ART** Anissa Carrington **PRODUKTION** Studio Funk GmbH & Co. KG **PRODUKTION** Torsten Hennings **SPRECHER** Mirko Thiele **TONMEISTER** Olli Kiurina

HANDEL / B2C

EINZELHANDEL

FILM / SPOT

HORNBACH Baumarkt AG / Bereue nichts.

In unserer heutigen Welt muss jeder zu jeder Zeit funktionieren. Fehler werden nicht mehr akzeptiert. Im Gegensatz dazu demonstriert HORNBACH die wahre Größe im Moment des Scheiterns. Als eine Kampagne, die Mut macht. Und die Menschen animiert, wieder etwas zu wagen. Im Frühjahrsprojekt rund um Haus und Garten, aber natürlich auch darüber hinaus. Wie immer hat der Spot damit auch eine tiefere Bedeutung als Spiegel gesellschaftlicher Entwicklungen.

KUNDE HORNBACH Baumarkt AG, Bornheim AGENTUR Heimat Werbeagentur GmbH, Berlin CHIEF CREATIVE DIRECTOR Guido Heffels CREATIVE DIRECTOR Felix Pfannmüller / Marlon Fischer ART DIRECTOR Lukas Kölling AGENCY PRODUCER Kerstin Heffels ACCOUNT SUPERVISOR Tim Holtkötter FILMPRODUKTION CZAR Film GmbH PHOTO‐GRAPHER / ILLUSTRATOR / CINEMATOGRAPHER The Wade Brothers

HANDEL / B2C

EINZELHANDEL

FILM / SPOT

HORNBACH Baumarkt AG /
Smashing the Cliches

Auch in einer zunehmend freien Welt halten sich manche Klischees hartnäckig. Zum Beispiel, dass Heimwerken Männerarbeit sei. HORNBACHs Antwort darauf lautet: Abriss. Eine Heldin zerschlägt im neuen Film veraltete Rollenbilder. Und schafft damit der Macherin ein Manifest: mit Willenskraft, Vision und der radikalen Schönheit der rohen Machergewalt. Mit dem Vorschlaghammer gegen gängige Frauenrollen: Wir haben nie gesagt, dass es einfach ist.

Wir beginnen in einer diffus belichteten Halle. Eine Statue zeichnet sich ab: Breitbeinig steht ein Geschäftsmann auf einem Frauenkopf, der am Boden liegt. Jetzt sehen wir, wie sich eine Frau entschlossen auf die Statue zubewegt. In ihrer Hand: ein Vorschlaghammer. Die Kamera fährt auf eine weitere Figur zu: Ein Mannequin mit sechs Armen trägt Einkaufstüten, ein Paillettenkleid, High Heels, eine Kreditkarte und ein Glas Champagner: alles aus Gold. Wir hören Gelächter. Dann nähern wir uns einer dritten Frauenstatue: Sie schultert ein riesiges Brathähnchen.

Schnitt zurück auf unsere Heldin: Sie fokussiert, die Musik baut Tempo auf, als plötzlich, mit großem Gedonner, ihr Vorschlaghammer in den Stein drischt. Zu diffusen Schreien sehen wir, wie eine Statue nach der nächsten einkracht. Gleichzeitig drischt der Vorschlaghammer unserer Heldin auch durch eine Wand. Jetzt muss die Statue des „Material Girl" dran glauben: Der Hammer trifft sie in der Mitte, sie fällt majestätisch zu Boden. Als nächstes: Die Statue einer Tänzerin an der Stange. Eine Reihe von Händen greift von unten nach ihrem schwarz glänzenden Steinkörper. Unsere Macherin fixiert ihr Ziel: und lässt mit einem Schlag die Hände in tausend Splitter zerbersten. Auch vor einer pinkfarbenen Puppenprinzessin mit übergroßen Lippen hat der Vorschlaghammer keine Gnade. Wir haben nie gesagt, dass es einfach ist.

KUNDE HORNBACH Baumarkt AG, Bornheim **AGENTUR** Heimat Werbeagentur GmbH, Berlin **CHIEF CREATIVE OFFICER** Guido Heffels **CREATIVE DIRECTOR ART** Felix Pfannmüller **CREATIVE DIRECTOR TEXT COPY** Marlon Fischer **MANAGING DIRECTOR** Matthias von Bechtolsheim / Maik Richter **MANAGEMENT SUPERVISOR** Tim Holtekötter **ACCOUNT MANAGER** Kimberly Schwarck **PRODUCER** Kerstin Heffels **FILMPRODUKTION** STINK Films GmbH **EXECUTIVE PRODUCER** Lutz Müller **PRODUCER** Benno Schoppmann **DIRECTING** JONES+TINO **PRODUCTION DESIGN** ZUZANA SUCHA **EDIT** Nils Landmark **POSTPRODUCER** PAUL SCHWABE DIGITAL PRODUCTION GmbH **MUSIC** 48k Studio für musikalische Kommunikation

HANDEL / B2C

EINZELHANDEL

DIGITALE MEDIEN /
DIGITALE KAMPAGNE

**LIDL Stiftung Co. KG /
#SANTACLARA**

Ziel: eine bewegende 360°-Weihnachts-
kampagne

Idee: Lidl läutet eine neue Weihnachtszeit ein und löst freundlich, aber bestimmt den Weihnachtsmann ab. Mit einer positiven Hymne als Dankeschön für die 3,5 Milliarden Frauen da draußen, die Weihnachten erst zum Fest machen, und mit einer Frontfrau, die ein modernes, entspanntes Weihnachten ermöglicht: #SANTACLARA.
Filme und Content erzielen im Web, Mobile, TV, Kino, Funk, POS, OoH u. a. #1 Spotify Virals, #2 iTunes-Videos, PR-Wert 7,7 Mio. €, über 100 Mio. Views und 400.000 Shares in Social Media.

https://www.goldilocks-group.com/santaclara

CROSSMEDIA_KUNDE LIDL Stiftung Co. KG, Neckarsulm VICE PRESIDENT Jürgen Achenbach STRATEGISCHE PLANUNG Martin Alles MARKETING DIRECTOR Maciej Magdziarz AGENTUR Überground GmbH, Hamburg KREATIV-GESCHÄFTSFÜHRUNG Jo Marie Farwick CREATIVE DIRECTION Jo Marie Farwick / Nikolaus Ronacher ART DIRECTION Christian Ruess / Kathi Walter KUNDENBERATUNG Heike Vollmeier / Jessica Hren AGENTUR PRODUCER Danilo Klöfer / Ute Ressler

HANDEL / B2C

EINZELHANDEL

FILM / VIRAL

LIDL Stiftung Co. KG /
#SANTACLARA

PROLOG

Voice Over: Hey Ladies, hey Mädels, hey fantastische Hälfte der Menschheit. Das hier geht raus an euch alle, die Weihnachtschecker.

Song: To all the mothers, ladies, Christmas cookie bakers
To all the daughters, ma'ams, the girls and Christmas makers
Just come with us and let us sing out loud for justice
Christmas will suck without us so let's run this.

Voice Over: Eine Frage: Warum kriegt eigentlich jedes Jahr der Weihnachtsmann den ganzen Fame, wo ihr doch die ganze Arbeit macht?

Song: How come that every year a mister gets the fame?
When all the work is done by women in his name?
There's something wrong ain't it, there's something wrong.
Santa Clara's here to change it!
Whohohohohohohoho.
Whohohohohohohoho.

Song: To all the gorgeous grannies and the pudding haters
To all the sisters, dads, the sons and Christmas makers
We all salute you, Santa Clara's here for justice
Christmas is nothing without us so let us run this.
Whohohohohohohoho.

You're the best, you are the best and we love you so.
It's time for us to change this stupid old school game.
A whole new era Santa Clara's gonna reign.
There's something coming ain't it, we're up and running.
And we're finally gonna change it.
Whohohohohohohoho.
Whohohohohohohoho.

EPILOG

Voice Over: Das hier geht raus an euch alle.
Ihr macht Weihnachten erst zum Fest.
Jedes einzelne Jahr.
Seit stolz auf euch. Wir sind es.
Lidl.

CROSSMEDIA _ KUNDE LIDL Stiftung Co. KG, Neckersulm VICE PRESIDENT Jürgen Achenbach STRATEGISCHE PLANUNG Martin Alles MARKETING DIRECTOR Maciej Magdziarz AGENTUR Überground GmbH, Hamburg KREATIV-GESCHÄFTSFÜHRUNG Jo Marie Farwick CREATIVE DIRECTION Jo Marie Farwick / Nikolaus Ronacher ART DIRECTION Christian Ruess / Kathi Walter KUNDENBERATUNG Heike Vollmeier / Jessica Hren AGENTUR PRODUCER Danilo Klöfer / Ute Ressler FILMPRODUKTION Bigfish Filmproduktion GmbH MANAGING PARTNER Andrea Roman-Perse EXECUTIVE PRODUCER Oliver Marquardt PRODUCTION ASSISTENT Juliane Ellrich REGIE Nathan Price KAMERA Martin Ruhe SCHNITT Kai Kniekamp

HANDEL / B2C

EINZELHANDEL

DIGITALE MEDIEN /
SOCIAL-MEDIA-AKTIVITÄTEN

MediaMarkt GmbH / Rudi –
a Giftfinder with Flair

Our task was the development of a pre-Christmas activation idea that inspires MediaMarkt Facebook fans to buy their gifts in the electronics store's online shop. In the pre-Christmas season, there's no shortage of offers – but most people are short on time and ideas. So we developed Rudi – a Facebook Messenger Bot.

Rudi speaks to people where they are often found today and via a medium they gladly use – chat. Lovingly illustrated and animated, Rudi is never been at loss for words, even if the requests exceeded his artificial intelligence. And because he learns with each interaction, he's already fit for the next Christmas holiday season.

www.pipipi.de/rudi.html

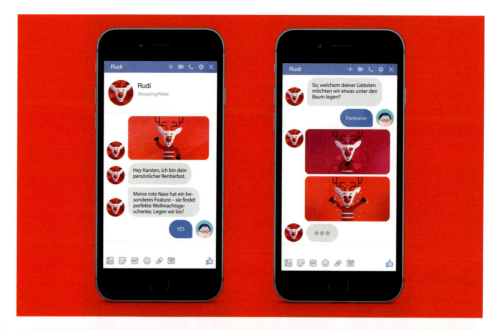

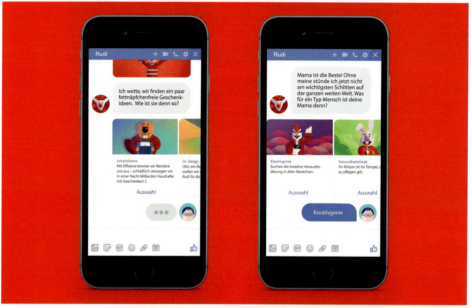

KUNDE MediaMarkt GmbH, München **MARKETINGLEITUNG** Thomas Hesse **AGENTUR** denkwerk GmbH, Köln **CREATIVE DIRECTOR** Patric Schäfer / Sandra Griffel **ART DIRECTOR** Raphael Ferraz **PROJEKTMANAGEMENT** Georg Boine **VISUAL DESIGN** Laurent Mondoloni **STRATEGIE** Ulrike Stemmer

HANDEL / B2C

EINZELHANDEL

FILM / SPOT

Otto GmbH & Co KG / Das Zeitgeschenk

Weihnachten ist die Zeit der Besinnlichkeit. Doch in Wahrheit ist es die stressigste des ganzen Jahres.
OTTO, das Handelsunternehmen, entschied sich nicht, mit stumpfen Kaufbefehlen auf die Menschen einzuballern, sondern Druck herauszunehmen.
Mit einer mehr als relevanten Botschaft: Schenke das Wertvollste, das Du hast. Zeit.
Herzstück war ein berührender Animationsfilm und die Plattform #ZeitGeschenke. Hier schaffen wir ein Tool, dass den Menschen konkrete Inspiration gibt, wie und wo sie Zeit verschenken können.

KUNDE Otto GmbH & Co KG, Hamburg CREATIVE DIRECTOR Marco Schubert EXECUTIVE CAMPAIGN MANAGER Sandra Bernin / Claudia Cantus CAMPAIGN MANAGER Laura Hoeborn / Ariane Sketcher AGENTUR Heimat Werbeagentur GmbH, Berlin CHIEF CREATIVE OFFICER Guido Heffels CREATIVE DIRECTOR Lars Wohlnick / Teresa Jung COPYWRITER Lisa Yvonne Heimgartner / Guido Heffels / Daniel Mulloy ACCOUNT MANAGER Maik Richter / Vivien Ott / Lena Lehmann AGENCY PRODUCER Meike Kornrumpf FILMPRODUKTION STUDIO AKA, London Ltd. PRODUCTION BIGFISH Filmproduktion GmbH CO-PRODUCTION RSA Films GRADING The Mill Ltd. MUSIC PRODUCTION MOKOH Music GmbH ORIGINAL MUSIC CONSULTANT Tracks & Fields GmbH

HANDEL / B2C

EINZELHANDEL

PROMOTION / MITTEL

PENNY Markt GmbH / PENNY im Steinbruch, Georgsmarienhütte

Stahl, Stein und Beton treffen auf Frische: Mit Deutschlands außergewöhnlichstem PENNY setzt der Discounter ein beeindruckendes Ausrufezeichen hinter seinen Anspruch, der sympathische Versorger im Herzen der Nachbarschaft zu sein. Die komplette Marktgestaltung ist von den Fassaden über das Interieur bis zu den Werbemitteln im detailreichen Industrial-Stil inszeniert. Eine moderne, einladende Hommage an die nur wenige Kilometer entfernte Stahlhütte – und ein einzigartiges Einkaufserlebnis.

HANDEL / B2C

EINZELHANDEL

PROMOTION / MITTEL

PENNY Markt GmbH / PENNY im Steinbruch, Georgsmarienhütte

KUNDE PENNY Markt GmbH, Köln GESCHÄFTSFÜHRUNG Stefan Magel REGIONSLEITUNG Michael Herz PROJEKT-LEITUNG Sascha Fischer AGENTUR WFP Werbeagentur Felske + Partner GmbH + Co. KG, Mönchengladbach GESCHÄFTSFÜHRUNG Thomas Leuschen CREATIVE DIRECTOR Marvin Austinat ART DIRECTOR Pellegrino Bruno JUNIOR ART DIRECTOR Christian Bruns BERATUNG Bernd Achterfeldt PROJEKTKOORDINATION Denise Sapper TEXT Claudio Ghin PRODUKTION Robert Leipnitz

HANDEL / B2C

EINZELHANDEL

FILM / SPOT

real,- SB-Warenhaus GmbH / Mein kleiner Bio-Garten

Spatenstich in der Primetime, Erntezeit auf YouTube: Zum Start der Sammelaktion „Mein kleiner Bio-Garten" warb real,- mit einem aktivierenden TV-Spot um die Gunst kleiner und großer Nachwuchsgärtner. Diese fanden anschließend auf YouTube zahlreiche begleitende Filme mit hilfreichen Tipps, wertvollem Hintergrundwissen und spannenden Experimenten für den eigenen kleinen Bio-Garten. Durch die sogenannte „Paddypedia" führte TV-Star Paddy Kroetz. Und bewies neben Humor auch einen grünen Daumen.

HANDEL / B2C

EINZELHANDEL

FILM / SPOT

real,- SB-Warenhaus GmbH / Mein kleiner Bio-Garten

INTEGRIERTE KAMPAGNE _ CROSSMEDIA _ KUNDE real,- SB-Warenhaus GmbH, Düsseldorf GESCHÄFTSBEREICHS-LEITER MARKETING Dirk Koenigsfeld AGENTUR TEAMWFP: WFP WERBEAGENTUR FELSKE + PARTNER GMBH + CO. KG, WFP2 GESELLSCHAFT FÜR INTERAKTIVE KOMMUNIKATION MBH + CO. KG, Mönchengladbach KREATIV DIREKTOR ART Marvin Austinat KREATIV DIREKTOR TEXT Stefan Bleihauer BERATUNG Julia Leuschen FILMPRODUKTION ORT INTERACTIVE GmbH CREATIVE DIRECTOR Michael Ganster REGIE Kristian Meuer POST PRODUCTION Eduard Rung

HANDEL / B2C

EINZELHANDEL

PROMOTION / MITTEL

real,- SB-Warenhaus GmbH / Mein kleiner Bio-Garten

Mit „Mein kleiner Bio-Garten" ist der SB-Warenhauskette real,- eine sortimentsnahe, edukative Sammelaktion gelungen, die richtig Spaß macht. Pro 20 Euro Einkaufswert erhielten Kunden eines von 16 Saattöpfchen zur Aufzucht von Bio-Kräuter- und -Gemüsesorten. Dazu gab es die passende Sammelbox und ein Heft mit Spielen, Infos und Rezepten. Begleitet wurde die Aktion durch eine integrierte Kampagne mit hochwertigem POS-Auftritt, kindgerechten Infotainment-Filmen, einer Mailing-Aktion und einem TV-Spot.

INTEGRIERTE KAMPAGNE _ CROSSMEDIA _ KUNDE real,- SB-Warenhaus GmbH, Düsseldorf GESCHÄFTSBEREICHS-LEITER MARKETING Dirk Koenigsfeld AGENTUR TEAMWFP: WFP WERBEAGENTUR FELSKE + PARTNER GMBH + CO. KG, WFP2 GESELLSCHAFT FÜR INTERAKTIVE KOMMUNIKATION MBH + CO. KG, Mönchengladbach JUNIOR ART DIREKTOR Sarah Graß KREATIV DIREKTOR TEXT Stefan Bleihauer BERATUNG Julia Leuschen

HANDEL / B2C

EINZELHANDEL

DIALOGMARKETING / PRINT

real,- SB-Warenhaus GmbH / Mein kleiner Bio-Garten

Alle 16 Saattöpfchen sammeln, gemeinsam mit den Kindern einen kleinen Bio-Garten daraus pflanzen, Fotos einsenden und mit etwas Glück einen von zehn Schecks über 2.000 € Euro gewinnen: Mit diesem aktivierenden Gewinnspiel bewarb real,- seine edukative Sammelaktion „Mein kleiner Bio-Garten" per Direktmailing an Kindergärten. Die Botschaft traf voll ins Grüne. Trotz der vergleichsweise hohen Teilnahmehürde lag die Responsequote bei über vier Prozent – fast jeder zwanzigste Kindergarten nahm teil.

INTEGRIERTE KAMPAGNE _ KUNDE real,- SB-Warenhaus GmbH, Düsseldorf GESCHÄFTSBEREICHSLEITER MARKETING Dirk Koenigsfeld AGENTUR TEAMWFP: WFP WERBEAGENTUR FELSKE + PARTNER GMBH + CO. KG, WFP2 GESELLSCHAFT FÜR INTERAKTIVE KOMMUNIKATION MBH + CO. KG, Mönchengladbach JUNIOR ART DIREKTOR Sarah Graß KREATIV DIREKTOR TEXT Stefan Bleihauer BERATUNG Wiebke Lövenforst

UNILEVER DEUTSCHLAND GMBH

KNORR, B2B Trade Präsenter „Natürlich Lecker!"

POINT HAMBURG WERBEAGENTUR
GMBH & CO. KG / HAMBURG

01 Stefan Eichstädt
02 Frank Jansen
03 Katja Scherf-Niß
04 André Schlüter
05 Corinna Tiemann

Welche Herausforderungen gab es bei der Ideenfindung und/oder Umsetzung?

Frank Jansen _ Die Herausforderung ist ja immer die Gleiche: innerhalb des Budgets eine passende Lösung finden, die zum einen aus dem Produkt kommt und zum anderen so aufmerksamkeitsstark ist, dass sie die gewünschte Beachtung findet. Mit anderen Worten: den Produktvorteil einfach, genau, überraschend und markengerecht verpacken.

Das gesamte Interview finden Sie auf unserer Webseite.
ecfo.me/ga_point

HANDEL / B2B

GROSS- UND FACHHANDEL

DIALOGMARKETING / PRINT

Unilever Deutschland GmbH / KNORR, B2B Trade Präsenter „Natürlich Lecker!"

Der Trade Presenter zeigt auf einfache und beeindruckende Art und Weise die Produktvorteile der neuen KNORR „Natürlich Lecker!"-Salatdressings. Um die natürlichen Zutaten erlebbar zu machen, werden dem Handel alle sechs Varianten in kleinen Einweggläsern präsentiert. Mit diesem Presenter, der wirklich anmacht, ist es gelungen, den Handel in kürzester Zeit von dem neuen KNORR „Natürlich Lecker!"-Sortiment zu überzeugen.

KUNDE Unilever Deutschland GmbH, Hamburg TRADE MANAGEMENT Corinna Steinbach AGENTUR POINT HAMBURG Werbeagentur GmbH & Co. KG, Hamburg BERATUNG Katja Scherf-Niß CREATIVE DIRECTOR Frank Jansen

HANDEL / B2B

GROSS- UND FACHHANDEL

PRINT / ANZEIGE

Bayernland eG / Mozzarella Wrap

Innovatives Produkt, innovatives Anzeigenformat. Mozzarella Wrap von Bayernland ist die moderne Art, Mozzarella zu genießen. Die dünne Platte kann individuell gefüllt, aufgerollt und in Scheiben geschnitten als fantasievolle Speise zubereitet werden. Klar, dass so einer Innovation auch in der Fachpresse genügend Aufmerksamkeit zuteilwerden muss: Die sogenannte „Heftkrone" entfaltet sich aufmerksamkeitsstark beim Durchblättern des Magazins und hinterlässt einen bleibenden Eindruck.

KUNDE Bayernland eG, Nürnberg AGENTUR Lingner Marketing GmbH, Fürth

HANDEL / B2B

GROSS- UND FACHHANDEL

DIALOGMARKETING / PRINT

by marei Einrichtungskonzepte AG / „Hockar", das erste multifunktionale Imagebroschürenmailing

Für das Unternehmen „by marei" wurde nicht einfach eine Nullachtfünfzehn-Imagebroschüre entwickelt, sondern „Hockar", ein cleveres Teil, das sich ohne Schrauben und mithilfe von Kollegen mit ein paar wenigen Handgriffen nach dem Lesen in einen wertigen und stabilen (Design-)Stuhl verwandeln lässt.
Die ersten 100 Mailings bescherten bereits nach 40 Tagen einen positiven Response von 58 Prozent, daraus resultierten 23 konkrete Projektanfragen für die Ausstattung von Objekten sowie ein konkreter Großauftrag für die Bestuhlung eines Kultursaals.

KUNDE by marei Einrichtungskonzepte AG, St. Gallen (Schweiz) **GESCHÄFTSINHABER** Jürg Rusch **AGENTUR** Agentur am Flughafen AG, Altenrhein (Schweiz) **CREATIVE DIRECTOR** René Eugster **ART DIRECTOR** Dominique Rutishauser **GRAFIK** Valeria Hörler **TEXT** Patrick Lindner **BERATUNG** Miriam Egli

83
REGISTER
Agenturen

86
REGISTER
Produktionsfirmen und Dienstleister

90
REGISTER
Auftraggeber

92
REGISTER
Personen

96
IMPRESSUM

Agenturen

A

act&react Werbeagentur GmbH
info@act-and-react.com
www.act-and-react.com
> N°4 **66**

Agentur am Flughafen AG
luechinger@agenturamflughafen.com
www.agenturamflughafen.com
> N°1 **59**, **72**, N°2 **81**, N°3 **36**, **83**

ASM Werbeagentur GmbH GWA
info@asm-muenchen.de
www.asm-muenchen.de
> N°2 **48**

Atelier Damböck Messedesign GmbH
hej@kommunikation-im-raum.de
www.kommunikation-im-raum.de
> N°4 **54**

ATTACKE Werbeagentur GmbH
agentur@attacke-ulm.de
www.attacke-ulm.de
> N°2 **44**, N°3 **46**, N°4 **103**

B

Babiel GmbH
presse@babiel.com
www.babiel.com
> N°2 **46**

BALLHAUS WEST | Agentur für Kampagnen GmbH
agentur@ballhauswest.de
www.ballhauswest.de
> N°4 **72**, **106**

Bloom GmbH
zentrale@bloomproject.de
www.bloomproject.de
> N°1 **52**f., **73**f., N°2 **59**f.

bodenseecrew Werbeagentur GmbH
info@bodenseecrew.de
www.bodenseecrew.de
> N°4 **56**

brainwaves GmbH & Co. KG
mail@brainwaves.de
www.brainwaves.de
> N°4 **80**, **82**

C

Change Communication GmbH
info@change.de
www.change.de
> N°4 **41**

Cheil Germany GmbH
info.germany@cheil.com
www.cheil.de
> N°1 **78**

concept X GmbH & Co. KG
info@conceptX.de
www.conceptx.de
> N°4 **83**, **87**

D

david+martin, davidmartin GmbH
mail@davidundmartin.com
www.davidundmartin.com
> N°1 **40**, **50**

denkwerk GmbH
hello@denkwerk.com
www.denkwerk.com
> N°1 **71**, N°2 **42**, **70**, N°4 **70**f.

die3 Agentur für Werbung und Kommunikation GmbH
office@die3.eu
www.die3.eu
> N°2 **28**, N°3 **71**, **79**f., N°4 **58**, **107**, **110**

dieckertschmidt GmbH
info@dieckertschmidt.com
www.dieckertschmidt.com
> N°4 **60**, **62**, **108**f.

DIE WERBTÄTIGEN UG
econaward@diewerbtaetigen.de
www.diewerbtaetigen.de
> N°3 **62**f., N°4 **68**

DUNCKELFELD GmbH
post@dunckelfeld.de
www.dunckellfeld.de
> N°3 **40**, N°4 **51**

E

Effekt-Etage GmbH
Marketing@effekt-etage.de
www.effekt-etage.de
> N°1 **62**f.

elbkind GmbH
contact@elbkind.de
www.elbkind.de
> N°1 **34**f., **64**f., N°3 **38**, **41**

Ender Werbung GmbH & Co KG
welcome@enderwerbung.com
www.enderwerbung.com
> N°1 **70**, N°3 **65**, **76**

F

FACT GmbH Werbeagentur
info@factnet.de
www.factnet.de
> Nº1 66 f., Nº2 39

FISCHER & FRIENDS Werbeagentur GmbH
info@ffwa.de
www.fischer-and-friends.de
> Nº3 59 f., Nº4 88 f.

fischerAppelt AG
info@fischerappelt.de
www.fischerappelt.de
> Nº1 92, Nº4 52, 81

Fork Unstable Media GmbH
business@fork.de
www.fork.de
> Nº2 50

Frederik & Labots WA GmbH
info@frederikundlabots.com
www.frederikundlabots.com
> Nº3 43

Frese & Wolff Werbeagentur GmbH
info@frese-wolff.de
www.frese-wolff.de
> Nº3 85

FUF // Frank und Freunde GmbH
kontakt@fuf.de
www.fuf.de
> Nº4 86, 100

H

Hammerer GmbH
office@hammerer.at
www.hammerer.at
> Nº1 84, Nº2 62

Heimat Werbeagentur GmbH
info@heimat-berlin.com
www.heimat-berlin.com
> Nº2 66 f., 71, Nº3 54 f., Nº4 73, 90, 92 f.

Heine Warnecke Design GmbH
hannover@heinewarnecke.com
www.heinewarnecke.com
> Nº1 46

hl-studios GmbH
info@hl-studios.de
www.hl-studios.de
> Nº2 32, 47

I

Interactive Media Foundation gGmbH
info@interactivemedia-foundation.com
www.interactivemedia-foundation.com
> Nº4 76

Intevi Werbeagentur GmbH
info@intevi.de
www.intevi.de
> Nº4 44

ipanema2c brand communication GmbH
info@ipanema2c.de
www.ipanema2c.de
> Nº2 54 f., 61

ISGRO Gesundheitskommunikation GmbH & Co. KG
isgro@isgro-gk.de
www.isgro-gk.de
> Nº2 58, Nº3 58

J

jäger & jäger GbR
info@jaegerundjaeger.de
www.jaegerundjaeger.de
> Nº2 24, 30

Jochen Grauer, Marken- und Kommunikationsberatung
jochen.grauer@web.de
> Nº3 74

K

KAAPKE Marketing GmbH
zentrale@kaapke.com
www.kaapke.com
> Nº2 35, 38

Kolle Rebbe GmbH
hallo@kolle-rebbe.de
www.kolle-rebbe.de
> Nº3 32

KreativRealisten, EMS & P Kommunikation GmbH
info@kreativrealisten.de
kreativrealisten.de
> Nº4 84 f.

L

LA RED GmbH
hello@la-red.de
www.la-red.de
> Nº1 47, 49, Nº4 50

Lehanka Kommunikationsagentur GmbH
info@lehanka.de
www.lehanka.de
> Nº1 42, Nº4 64

Lingner Marketing GmbH
info@lingner.de
www.lingner.de
> Nº2 80, Nº3 78

Lingner Online GmbH
info@lingneronline.de
www.lingneronline.de
> Nº1 41

M

markt&werbung m&w GmbH
info@marktundwerbung.de
www.markundwerbung.de
> Nº1 90 f.

MAYD GmbH & Co. KG
hello@mayd-hamburg.com
www.mayd-hamburg.com
> Nº1 30, 33, Nº4 45

N

neue formen Köln GmbH
info.koeln@neueformen.net
www.neueformen.net
> Nº1 37 f.

O

Ogilvy & Mather Germany GmbH
info@ogilvy.com
www.ogilvy.de
> Nº3 44, 49 f., 52 f.

ORANGE COUNCIL GmbH
info@orange-council.de
www.orange-council.de
> Nº3 82

P

Peperoni Werbe- und PR-Agentur GmbH
info@peperonihaus.de
www.peperonihaus.de
> Nº4 77, 79

PLAN.NET/SERVICEPLAN
info@serviceplan.com
www.serviceplan.de
> Nº1 57, 76, Nº4 46 f.

POINT HAMBURG Werbeagentur GmbH & Co. KG
direktkontakt@pointhamburg.de
www.pointhamburg.de
> Nº2 78

Q

querformat GmbH & Co. KG
kontakt@querformat.info
www.querformat.info
> Nº2 45, Nº3 86

R

rocket-media GmbH & Co. KG
info@rocket-media.de
www.rocket-media.de
> Nº2 37

S

S/COMPANY · Die Markenagentur GmbH
werbung@s-company.de
www.s-company.de
> Nº3 47 f.

Schindler Parent GmbH
kontakt@schindlerparent.de
www.schindlerparent.de
> Nº1 56, Nº3 66, Nº4 75

schmiddesign GmbH & Co. KG
info@schmiddesign.de
www.die-kreativagentur.de
> Nº3 57

SERVICEPLAN/PLAN.NET
info@serviceplan.com
www.serviceplan.de
> Nº1 57, 76, Nº4 46 f.

SevenOne AdFactory GmbH
info@sevenone-adfactory.de
www.sevenone-adfactory.de
> Nº4 40

Star Finanz-Software Entwicklung und Vertriebs GmbH
web@starfinanz.de
www.starfinanz.de
> Nº3 35

STEUER Marketing und Kommunikation GmbH
info@agentur-steuer.de
www.agentur-steuer.de
> Nº2 40, Nº4 67

sxces Communication AG
info@sxces.com
www.sxces.com
> Nº4 101

T

team4media GmbH
info@team4media.net
www.team4media.net
> Nº 4 **112**

TeamWFP: WFP WERBEAGENTUR FELSKE + PARTNER GMBH + CO. KG, WFP 2 GESELLSCHAFT FÜR INTERAKTIVE KOMMUNIKATION MBH + CO. KG
> Nº 2 **74**, **76** f.

teufels GmbH
info@teufels.com
teufels.com
> Nº 2 **41**, Nº 3 **42**

The Vision Company Werbeagentur GmbH
info@the-vision-company.de
www.the-vision-company.de
> Nº 1 **88**

TWT Interactive GmbH
welcome@twt.de
www.twt.de
> Nº 1 **43**, Nº 2 **52**

Ü

Überground GmbH
hello@teamueberground.com
www.ueberground.com
> Nº 2 **68** f., Nº 3 **68** f.

W

WAVEMAKER GmbH
duesseldorf@wmglobal.com
www.wavemakerglobal.com/de-de/
> Nº 1 **79** f.

WFP WERBEAGENTUR FELSKE + PARTNER GMBH + CO. KG
hallo@teamwfp.de
www.teamwfp.de
> Nº 2 **72** f.

Wynken Blynken & Nod GmbH & Co KG
hello@wynken.com
www.wynken.com
> Nº 1 **83**, **86**, Nº 2 **63**, **65**, Nº 4 **74**

Z

zurgams Kommunikationsagentur GmbH
office@zurgams.com
www.zurgams.com
> Nº 1 **44**, **58**, Nº 3 **37**, **70**

Produktions firmen / Dienst leister

1

12bis3 | Buchfink und Harsch GbR
bisgleich@12bis3.de
www.12bis3.de
> N°3 60

2

23D Solutions GmbH
info@23ds.de
www.23ds.de
> N°1 67f.

27 Kilometer Entertainment GmbH
nitsche@27km.de
www.27km.de
> N°3 69

4

48k Studio für musikalische Kommunikation
hallo@48k.studio
www.48k.studio
> N°2 67

A

AA+W Einzelgesellschaft
info@aa-w.com
www.aa-w.com
> N°4 83

ADCON Werbe GmbH
info@adcon-werbe-gmbh.de
www.adcon-modellbau.de
> N°2 32

audioforce berlin KG
info@audioforce.de
www.audioforce.de
> N°3 49f.

Audio Logo GmbH
info@audiologogmbh.de
www.emotions-in-print.de
> N°2 54

Augleo Studio
augleo@augleo.com
www.augleo.com
> N°1 76

Axel Bühner, Fotograf
> N°4 84f.

B

BAKERY FILMS Filmproduktion GmbH
contact@bakeryfilms.com
www.bakeryfilms.com
> N°3 44

Barbara Kündig
www.yoga-nidra.ch
> N°3 41

Bele Olmez/Getty Images
> N°1 66

BIGFISH Filmproduktion GmbH
info@bigfish.de
www.bigfish.de
> N°2 69, 71

blmfilm GmbH
info@blmfilm.de
www.blmfilm.de
> N°1 47, 49

bluepool GmbH
info@bluepool.de
www.bluepool.de
> N°2 32

brainbows informationsmanagement GmbH
office@brainbows.com
www.brainbows.com
> N°3 71

brothers Klika OG
hello@brothers-agency.com
www.brothers-agency.com
> N°1 84

business creation EDV-Services KG
www.business-creation.at
> N°1 70

C

CAC Studios
photo@studio-cac.com
www.studio-cac.com
> N°1 76

CHALLENGE GmbH
www.challenge.de.com
> N°1 67f., N°2 39

CINEMATICZ FILMPRODUKTION Einzelunternehmen
kontakt@cinematicz.de
www.cinematicz.de
> N°2 44

Commondeer LLC
> N°1 76

Core-A Studios
info@coreastudios.com
www.coreastudios.com
> Nº1 76

currycom communications GmbH
office@currycom.com
www.currycom.com
> Nº1 43

CZAR Film GmbH
info@czar.de
www.czar.com
> Nº1 86, Nº2 66

D

Darius Ramazani
darius@ramazani.de
www.ramazani.de
> Nº4 106

Demodern GmbH
dm@demodern.de
www.demodern.de
> Nº4 76

Die Werbtätigen UG
info@diewerbtaetigen.de
www.diewerbtaetigen.de
> Nº3 63

DIE WORTWERKSTATT GmbH
info@wortwerkstatt.de
www.wortwerkstatt.de
> Nº1 68

Digital Straik GmbH
contact@straik.net
www.straik.net
> Nº3 50

DONDON Kähler Pelzer GbR
contact@dondonberlin.com
dondonberlin.com
> Nº3 40

Dorian Roy
mail@dorianroy.com
www.dorianroy.com
> Nº4 76

Drewes & Keretic GmbH
info@DundK.de
www.dundk.de
> Nº1 43

Druck-Ring GmbH & Co. KG
info@druck-ring.de
www.druck-ring.de
> Nº2 24, 30

Druckerei Vogl GmbH & Co KG
info@druckerei-vogl.de
www.druckerei-vogl.de
> Nº4 103

E

Eberl Print GmbH
info@eberl.de
www.eberl.de
> Nº3 66

Elif Siebenpfeiffer
info@elifsiebenpfeiffer.de
www.elifsiebenpfeiffer.de
> Nº3 86

Etschmann Noack GmbH
info@etschmann-noack.de
www.etschmann-noack.de
> Nº2 32

F

FISCHER & FRIENDS Werbeagentur GmbH
info@ffwa.de
www.fischer-and-friends.de
> Nº2 37, Nº3 59

fischerAppelt AG
info@fischerappelt.de
www.fischerappelt.de
> Nº1 43, Nº2 50

Florida TV GmbH
www.floridatv-entertainment.de
> Nº4 40

Fotografie Marc Weigert Einzelgesellschaft
foto@marcweigert.de
www.marcweigert.com
> Nº3 86

Fotolia
www.de.fotolia.com
> Nº3 37

freeters
info@freeters.de
www.freeters.de
> Nº3 82

G

German Wahnsinn GmbH
wahnsinn@germanwahnsinn.de
www.germanwahnsinn.de
> Nº1 47, 49

GK FILM AG
info@gk-film.com
www.gk-film.com
> Nº3 49

H

Hammerer GmbH
office@hammerer.at
www.hammerer.at
> Nº2 62

Hannes Resch
office@reschfoto.at
www.reschfoto.at
> Nº1 84, Nº2 62

Hans Gieselmann Druck und Medien GmbH & Co. KG
info@gieselmanndruck.de
www.gieselmanndruck.de
> Nº4 67

Heimat Werbeagentur GmbH
info@heimat-berlin.com
www.heimat-berlin.com
> Nº4 90, 93, 97

hobby.denkwerk GmbH
hi@h-o-b-b-y.com
www.h-o-b-b-y.com
> Nº1 71

Hofkapellmeister
office@hofkapellmeister.com
www.hofkapellmeister.com
> Nº1 83

Holzer Druck und Medien GmbH & Co. KG
info@druckerei-holzer.de
www.druckerei-holzer.de
> Nº3 74

I

It's us Media GmbH
office@itsus.berlin
www.itsus.berlin
> Nº1 64f., Nº4 81

J

JONES+TINO
sayhello@jonesandtino.tv
www.jonesandtino.tv
> Nº2 67

Joscha Unger GbR
mail@joschaunger.de
www.joschaunger.de
> Nº1 63

K

KAMERAD FILM GbR
info@kamerad-film.de
www.kamerad-film.de
> Nº2 54

Kinetic Worldwide Germany GmbH
benita.mayer@kineticww.com
www.kineticww.com/de
> Nº1 81

knowhere GmbH
info@knowhere.to
www.knowhere.to
> Nº1 47, 49

KontrastPlus GmbH & Co. KG
info@kontrastplus.net
www.kontrastplus.net
> Nº3 74

L

LAVAlabs Moving Images GmbH & Co. KG
info@lavalabs.de
www.lavalabs.de
> Nº1 43

Le Berg
www.leberg.de
> Nº2 50

Loft Tonstudios Berlin GmbH
berlin@loftstudios.de
www.loftstudios.de
> Nº1 86

Lorenz Fuchs
> Nº1 68

Lovestone Film GmbH
berlin@lovestonefilm.de
www.lovestonefilm.de
> Nº3 40

Lukas Hämmerle
www.lukashaemmerle.com
> Nº3 76

M

Marc G. Eberle
www.marcgeberle.com
> Nº3 76

Markenfilm GmbH & Co. KG
info@markenfilm.de
www.markenfilm.de
> Nº1 83

Marte Michael
www.michaelmarte.com
> Nº 1 **70**

Martin Bolle Foto Design
martin.bolle@keno-studio.de
www.martinbolle.de
> Nº 4 **80**

MEDIAPLUS GERMANY
www.mediaplus.com/de
> Nº 4 **46 f.**

Miiqo Studios UG
we@miiqo.com
www.miiqo.com
> Nº 4 **76**

MOKOH Music GmbH
hello@mokoh-music.com
www.mokoh-music.com
> Nº 2 **71**, Nº 4 **93 f.**

mypony GmbH
hello@mypony.pro
www.mypony.pro/company
> Nº 4 **48**

N

NEVEREST GmbH & Co. KG
info@neverest.de
www.neverest.de
> Nº 1 **57**

Next Levels GmbH
www.next-levels.de
> Nº 1 **90 f.**

nhbNEXT
felicitas.stahnke@nhbnext.com
www.nhbnext.com
> Nº 1 **76**

nhb video GmbH
info@nhb.de
www.nhb.de
> Nº 4 **48**

Nils Landmark
mail@nilslandmark.com
www.nilslandmark.de
> Nº 2 **67**

Norbert Hüttermann
nh@huettermannfotografie.de
www.huettermannfotografie.de
> Nº 1 **88**

O

ORT INTERACTIVE GmbH
info@ort-online.net
www.ort-online.net
> Nº 2 **74**

ostec GmbH
info@ostec.de
www.ostec.de
> Nº 4 **51**

P

PAUL SCHWABE DIGITAL PRODUCTION GmbH
hello@paulschwabe.com
www.paulschwabe.com
> Nº 2 **67**

Ping Zhu
pingszoo@gmail.com
www.pingszoo.com
> Nº 4 **74**

PIRATES 'N PARADISE Berlin GmbH
ber@pnp.tv
www.piratesnparadise.de
> Nº 4 **90**, **92 f.**, **97 f.**

PLAN.NET/SERVICEPLAN
info@serviceplan.com
www.serviceplan.de
> Nº 1 **57**, Nº 4 **46 f.**

Pumpkin Film AG
INFO@PUMPKINFILM.CH
www.pumpkinfilm.ch
> Nº 1 **57**

PX Group GmbH
info@px-group.de
www.px-group.de
> Nº 4 **93 f.**

R

Rampant Pictures Einzelunternehmen
info@rampant-pictures.de
www.rampant-pictures.de
> Nº 3 **46**

René Liebert
mail@reneliebert.com
www.reneliebert.com
> Nº 4 **76**

ROCKET FILM GmbH
contact@rocketfilm.ch
www.rocketfilm.ch
> Nº 3 **56**

RSA Films
www.rsafilms.com
> Nº 2 **71**

S

Schöler Druck & Medien GmbH
www.schoeler-kreativ.de
> Nº 3 **76**

SERVICEPLAN/PLAN.NET
info@serviceplan.com
www.serviceplan.de
> Nº 1 **57**, Nº 4 **46 f.**

Shazam Entertainment Limited
www.shazam.com/de
> Nº 4 **46 f.**

Stierhochvier Kathi Lokocz & Rodian Stiehl
hier@stierhochvier.de
www.stierhochvier.de
> Nº 2 **40**

Stink GmbH
berlin@stink.co
www.stink.com
> Nº 2 **67**, Nº 3 **50**

STUDIO AKA, London Ltd.
thestudio@studioaka.co.uk
www.studioaka.co.uk
> Nº 2 **71**

Studio Funk GmbH & Co. KG
info@studiofunk.de
www.studiofunk.de
> Nº 1 **58**, Nº 2 **65**

T

techdev Solutions GmbH
info@techdev.io
www.techdev.io/de
> Nº 3 **41**

The Mill Ltd.
www.themill.com
> Nº 2 **71**

The Wade Brothers
www.thewadebrothers.com
> Nº 2 **66**

Thomas Kombüchen
hi@undev.de
www.undev.de
> Nº 4 **76**

Thomas Von der Heiden
www.thomasvonderheiden.de
> Nº 1 **90 f.**

Tim Pulver
mail@timpulver.de
www.timpulver.de
> Nº 4 **76**

Ton- & Werbestudio Schreiber
info@studio-schreiber.de
www.studio-schreiber.de
> Nº 1 **56**

Tracks & Fields GmbH
www.tracksandfields.com
> Nº 2 **71**

TroNa GmbH
info@try-no-agency.de
www.try-no-agency.de
> Nº 1 **40**

Turbine Kreuzberg GmbH
hello@turbinekreuzberg.com
www.turbinekreuzberg.com
> Nº 4 **51**

Tutticonfetti, Marta Colomer
maruta@tutticonfetti.com
www.tutticonfetti.com
> Nº 1 **46**

U

Unit9, London
info@unit9.com
www.unit9.com
> Nº 3 **54 f.**

V

Via Studios GbmH
mail@viastudios.de
www.viastudios.de
> Nº 3 **86**

W

Walter Glöckle
mail@walter-gloeckle.de
www.walter-gloeckle.de
> Nº 3 **35**

WFP2 GESELLSCHAFT FÜR INTERAKTIVE KOMMUNIKATION MBH + CO. KG
info@wfp2.com
www.teamwfp.de
> Nº 2 **74**, **76 f.**

who's mcqueen picture GmbH
zurich@whomcq.com
www.whomcq.com/zurich-showreel
> N° 3 **36**, **54** f.

wittmann / zeitblom
chwittmann@posteo.de
www.wittmannzeitblom.de
> N° 4 **76**

Z

ZENOMUZIK GmbH
info@zenomuzik.de
www.zenomuzik.de
> N° 4 **75**

ZUZANA SUCHA
zuzana.sucha@volny.cz
www.zuzanasucha.net
> N° 2 **67**

Auftraggeber

A

Accenture Dienstleistungen GmbH, Kronberg im Taunus > Nº 4 **106**
ACV Automobil-Club Verkehr e.V., Köln > Nº 3 **40**
Alfred Ritter GmbH & Co. KG, Waldenbuch > Nº 1 **34 f.**
Alpcura Fachklinik Allgäu Betriebsgesellschaft mbH, Pfronten > Nº 3 **57**
Architektenkammer Baden-Württemberg, Stuttgart > Nº 4 **100**
Archraum AG, Altstätten > Nº 1 **70**
arge digital excellence c/o advantegy GmbH, Schwerte > Nº 4 **66**
artiso solutions GmbH, Blaustein > Nº 2 **44**
Atelier Damböck Messebau GmbH, Neufinsing bei München > Nº 4 **54**

B

Bäckerei Voosen GmbH & Co. KG, Pulheim > Nº 1 **37 f.**
Bayerisches Staatsministerium des Innern, für Bau und Verkehr öffentlich-rechtlich, München > Nº 4 **80**
Bayernland eG, Nürnberg > Nº 2 **80**
Beiselen GmbH, Ulm > Nº 4 **103**
Bel Deutschland GmbH, Grasbrunn > Nº 1 **40**
Berlin Burrito Company GmbH, Berlin > Nº 3 **43**
Berliner Stadtreinigung Anstalt des öffentlichen Rechts, Berlin > Nº 4 **77**, **79**
bodenseecrew Werbeagentur GmbH, Konstanz > Nº 4 **56**
Bundesministerium des Innern, Berlin > Nº 4 **81**
Bunte Hotel Fischer am See GmbH & Co. KG, Heiterwang > Nº 3 **46**
by marei Einrichtungskonzepte AG, St. Gallen > Nº 2 **81**

C

Campari Deutschland GmbH, Oberhaching > Nº 1 **50**
CleanCar AG, Düsseldorf > Nº 3 **62 f.**
Condor Flugdienst GmbH, Oberursel > Nº 3 **47 f.**

D

Daimler AG, Stuttgart > Nº 1 **64 f.**
DAW SE Geschäftsbereich LITHODECOR, Gerstungen > Nº 3 **74**
DB Mobility Logistics AG, Berlin > Nº 3 **44**, **49 f.**, **52 f.**
Deutsche Synästhesie-Gesellschaft e.V., Aukrug > Nº 4 **70 f.**
Deutsche Telekom AG – GSUS – Real Estate Management, Köln > Nº 3 **82**
Diction AG, Buchs > Nº 3 **83**
die3 Agentur für Werbung und Kommunikation GmbH, Dornbirn > Nº 4 **58**
dieckertschmidt GmbH, Berlin > Nº 4 **60**, **62**
Die Techniker KdöR, Hamburg > Nº 3 **41**
DOMUS Leuchten & Möbel AG, St. Gallen > Nº 1 **72**
Dot Incorporation, Seoul > Nº 1 **76**
Dr. Klaus Karg KG, Schwabach > Nº 1 **41**
Dr. Willmar Schwabe GmbH & Co. KG, Ettlingen > Nº 3 **58**
DuMont Mediengruppe GmbH & Co. KG, Köln > Nº 4 **44**
DURIT Hartmetall GmbH, Wuppertal > Nº 2 **61**

E

E. doppler Co. GmbH, Braunau-Ranshofen > Nº 1 **84**
Eberspächer Climate Control Systems GmbH & Co. KG, Esslingen > Nº 1 **66 f.**
EDEKA Handelsgesellschaft Nord mbH, Neumünster > Nº 2 **63**, **65**
Electrolux Hausgeräte Vertriebs GmbH, Nürnberg > Nº 1 **73 f.**
Emil Frey AG, St. Gallen > Nº 1 **59**
Erzbischöfliches Ordinariat München öffentlich-rechtlich, München > Nº 4 **82**
EWG – Entwicklungs- und Wirtschaftsförderungsgesellschaft für Rheine mbH, Rheine > Nº 4 **83**

F

fischerAppelt AG, Hamburg > Nº 4 **52**
Founders Foundation gGmbH, Gütersloh > Nº 4 **67**
Fr. Lürssen Werft GmbH & Co.KG, Bremen > Nº 3 **85**
Freie Demokratische Partei, Berlin > Nº 4 **90**, **92 f.**

G

G. Passier & Sohn GmbH, Langenhagen > Nº 1 **88**
Gallus Ferd. Rüesch AG, St. Gallen > Nº 2 **28**
GRIMME Landmaschinenfabrik GmbH & Co. KG, Damme > Nº 2 **35**
grüne Emma GmbH, Dinkelsbühl > Nº 1 **42**
Gruner + Jahr GmbH & Co KG, Hamburg > Nº 4 **45**

H

H. Maurer GmbH & Co. KG, Schramberg > Nº 3 **42**
Hasen-Bräu Brauereibetriebsgesellschaft mbH, Augsburg > Nº 1 **52 f.**
HAU GmbH & Co. KG, Neuler > Nº 3 **86**
Hirsch-Brauerei Honer GmbH & Co. KG, Wurmlingen > Nº 1 **56**
HOERBIGER Holding AG, Zug > Nº 2 **30**
HOLZ-HER GmbH, Nürtingen > Nº 2 **37**
HORNBACH Baumarkt AG, Bornheim > Nº 2 **66 f.**

I

INNEO Solutions GmbH, Ellwagen > Nº 2 **45**
Intemann GmbH, Lauterach > Nº 3 **76**
Interactive Media Foundation gGmbH, Berlin > Nº 4 **76**

J

Jungheinrich AG, Hamburg > Nº 2 **46**

K

KLASSIK GARAGE KRONBERG GmbH & Co. KG, Eschborn > Nº 4 **41**
Krebsgesellschaft Nordrhein–Westfalen e.V., Düsseldorf > Nº 4 **68**
KS–ORIGINAL GmbH, Hannover > Nº 2 **38**

L

Lesjöfors Industrial Springs & Pressings GmbH, Hagen–Hohenlimburg > Nº 2 **39**
LIDL Stiftung Co. KG, Neckersulm > Nº 2 **68** f.

M

Mast–Jägermeister SE, Wolfenbüttel > Nº 1 **47** f.
Mayer Personalmanagement GmbH, Rankweil > Nº 4 **107**
MediaMarkt GmbH, München > Nº 2 **70**
Media Resource Group GmbH & Co. KG, Crailsheim > Nº 4 **64**
medius KLINIKEN gGmbH, Kirchheim unter Teck > Nº 3 **59** f.
Medtronic GmbH, Meerbusch > Nº 2 **54** f.
Merck KGaA, Darmstadt > Nº 2 **50**, **52**
MG Germany GmbH, Hamburg > Nº 4 **48**
Mibelle Group AG, Frenkendorf > Nº 1 **57**
Microsoft Deutschland GmbH, München > Nº 2 **42**
Ministerium der Finanzen des Landes NRW KdöR, Düsseldorf > Nº 4 **84** f.
MöllerGroup GmbH, Bielefeld > Nº 2 **40**
Mondelez Deutschland Services GmbH & Co. KG, Bremen > Nº 1 **43**
MT Spielbetriebs– u. Marketing AG, Melsungen > Nº 4 **101**
myToys.de GmbH, Berlin > Nº 1 **86**

N

NABU – Naturschutzbund Deutschland e.V., Berlin > Nº 4 **72**
Norddeutscher Rundfunk Anstalt des öffentlichen Rechts, Hamburg > Nº 4 **50**

O

OCW Oberscheider Car World GmbH, Lustenau > Nº 3 **65**
Opel Automobile GmbH, Rüsselsheim am Main > Nº 1 **62** f.
Otsuka Pharma GmbH, Frankfurt am Main > Nº 2 **58**
Otto GmbH & Co KG, Hamburg > Nº 2 **71**

P

Paul Kauth GmbH & Co. KG, Denkingen > Nº 2 **41**
PENNY Markt GmbH, Köln > Nº 2 **72**
PERM4 I Permanent Recruiting GmbH, Berlin > Nº 4 **108** f.
Plansee Group Service GmbH, Reutte > Nº 2 **24**

R

Ralf Bohle GmbH, Reichshof > Nº 1 **90** f.
Ravensburger AG, Ravensburg > Nº 3 **66**
real,– SB–Warenhaus GmbH, Düsseldorf > Nº 2 **74**, **76** f.
RECARO Automotive Seating GmbH, Kirchheim/Teck > Nº 1 **68** f.
REHAU AG + Co, Rehau > Nº 3 **78**
Reindl Gesellschaft m.b.H, St. Willibald > Nº 2 **62**
Rhomberg Bau GmbH, Bregenz > Nº 3 **71**, > Nº 3 **79** f., Nº 4 **110**

S

s.Oliver Bernd Freier GmbH & Co. KG, Rottendorf > Nº 1 **82**
Samsung Electronics GmbH, Schwalbach im Taunus > Nº 1 **78**
Schüchtermann–Klinik Bad Rothenfelde GmbH & Co. KG, Bad Rothenfelde > Nº 4 **112**
SevenOne AdFactory GmbH, Unterföhring > Nº 4 **40**
Siemens AG, Erlangen > Nº 2 **32**, **47**
Sivantos GmbH, Erlangen > Nº 2 **59** f.
SMUUS GmbH, Hamburg > Nº 1 **30**, **33**
Staatskanzlei Rheinland–Pfalz, Mainz > Nº 4 **87**
Stadt Neu–Ulm KdöR, Neu–Ulm > Nº 4 **88** f.
Stanley Black & Decker Deutschland GmbH, Idstein > Nº 1 **71**
Stiftung Deutsche Krebshilfe, Bonn > Nº 4 **73**
Stiftung Jugend forscht e.V., Hamburg > Nº 4 **74**
Stiftung Liebenau Kirchliche Stiftung privaten Rechts, Meckenbeuren > Nº 4 **75**
Stoll Kaffee AG, Zürich > Nº 1 **44**
Stylight GmbH, München > Nº 4 **46** f.
Swisscom (Switzerland) AG, Bern > Nº 3 **54** f.
Switzerlend AG, Zürich > Nº 3 **36**

T

Tebis AG, Martinsried > Nº 2 **48**
Techniker Krankenkasse KdöR, Hamburg > Nº 3 **38**, **41**
Tipp24 Services Ltd., London > Nº 3 **68** f.
Trink Meer Tee GbR, Bremen > Nº 1 **46**

U

UniCredit Bank AG, München > Nº 3 **32**
Unilever Deutschland GmbH, Hamburg > Nº 2 **78**
Universal Music GmbH, Berlin > Nº 4 **51**

V

Viessmann GmbH & Co. KG, > Nº 1 **92**
Vodafone GmbH, Düsseldorf > Nº 1 **79** f.
Volksbank Vorarlberg e. Gen., Rankweil > Nº 3 **37**

W

Wendel GmbH & Co KG, Detmold > Nº 1 **83**
WIFI – Wirtschaftsförderungsinstitut der Wirtschaftskammer Vorarlberg KdöR, Dornbirn > Nº 3 **70**

Z

zurgams kommunikationsagentur GmbH, Dornbirn > Nº 1 **58**

Personen

A

Abasbek, Azim > Nº1 **76**, Nº4 **46**f.
Abeln, Thorsten > Nº3 **85**
Achenbach, Jürgen > Nº2 **68**f.
Achterfeldt, Bernd > Nº2 **72**
Adomeit, Katja > Nº2 **54**f.
Albert, Sonja Simone > Nº3 **82**
Albrecht, Jens > Nº1 **66**f., Nº2 **39**
Alexander, Tim > Nº3 **54**f.
Alexandrov, Alexander > Nº1 **76**
Alles, Martin > Nº2 **68**f.
Almerood, Niklas > Nº4 **97**f.
Alpino, Shana > Nº3 **82**
Alpino, Vincent > Nº3 **82**
Alrep, Merle Mareike > Nº2 **62**
Altmann, Thea > Nº3 **82**
Altunbas, Koray > Nº4 **46**f.
Amann, Florian > Nº1 **44**
Andereya, Ralf > Nº2 **54**f., **61**
Andernach, Daniel > Nº1 **37**f.
Andresen, Sarah > Nº1 **47, 49**
Arellano Medina, Narciso > Nº1 **71**
Astuti, Chiara > Nº4 **109**
auf dem Graben, Sylke > Nº3 **85**
auf der Lauer, Birgit > Nº3 **82**
Austinat, Marvin > Nº2 **72, 74**
Ayata, Imran > Nº4 **106**

B

Babiel, Rainer, Dr. > Nº2 **46**
Bach, Aleksander > Nº3 **50**
Barche, Michael > Nº3 **82**
Bart, Olga > Nº1 **73**f.
Barth, Ines > Nº1 **42**, Nº4 **64**
Barthelme, Michael > Nº4 **75**
Baszio, Sven, Dr. > Nº4 **74**
Bauer, Sidonie > Nº1 **57**
Baum, Johannes > Nº3 **82**
Baumann, Karli > Nº2 **50**
Baumeister, Clemes > Nº1 **92**
Baumgartner, Nicolai > Nº1 **71**
Bayer, Ben > Nº3 **82**
Beck, Julia > Nº2 **63**, Nº2 **65**
Beck, Tim > Nº2 **44**, Nº3 **46**, Nº4 **103**
Bender, Dietrich > Nº3 **58**
Benet, Florian > Nº3 **82**
Berg, Micky > Nº1 **47, 49**
Bernd, Yamila > Nº3 **82**
Bernin, Sandra > Nº2 **71**
Bethäuser, Dominik > Nº2 **58**
Beyer, André > Nº2 **44**
Binder, Herbert > Nº4 **80, 82**
Binder, Jonas > Nº4 **46**f.
Bindlechner, Irina > Nº4 **52**
Birkenstock, Henning > Nº3 **85**
Bittner, Timo > Nº2 **41**, Nº3 **42**
Blankenstein, Daniela > Nº1 **79**f.
Blecke, Adelheid > Nº2 **40**, Nº4 **67**
Bleihauer, Stefan > Nº2 **74, 76**f.
Block, Charlotte > Nº1 **71**
Blum-Heuser, Christine > Nº2 **50**
Blümel, Jens-Michael > Nº1 **43**
Bobleter, Patrick > Nº1 **59**
Boesten, Lavanya > Nº3 **82**
Bohle, Frank > Nº1 **90**f.
Böhler, Lena > Nº3 **66**
Böhm, Christian > Nº1 **83**
Boine, Georg > Nº2 **70**
Boklage, Daniel > Nº2 **32, 47**
Bolland, Philip > Nº4 **81**
Borek, Sebastian > Nº4 **67**
Botsch, Maria > Nº4 **97**f.
Boukhalfa, Khaled > Nº2 **46**
Bracht, Jens > Nº1 **64**f.
Brandau, Kai > Nº3 **74**
Braun, Oliver > Nº1 **34**f.
Brecht, Peer Oliver > Nº4 **56**
Brehm, Andreas > Nº1 **46**
Breman, Michael > Nº3 **85**
Breynck, Kevin > Nº1 **47, 49**
Brieden, Irina > Nº4 **68**
Brockmeyer, Felix > Nº4 **93**f.
Brodowski, Berthold > Nº4 **93**f.
Brunnenmeister, Catia > Nº3 **83**
Bruno, Pellegrino > Nº2 **72**
Bruns, Christian > Nº2 **72**
Bryant, Bärbel > Nº1 **92**
Bugai, Sascha > Nº3 **32**
Bugiel, Mareike > Nº4 **44**
Bühler, Daniela > Nº1 **59**
Bulla, Christian > Nº3 **66**
Bülskämper, Malte > Nº3 **54**f.
Bunte, Marina > Nº3 **46**
Burgbacher, Daniel > Nº2 **45**
Burkhalter, Jürg > Nº1 **57**
Burmeister, Nina > Nº1 **43**
Buschmann, Marco > Nº4 **90, 92**f., **97**f.
Busker, Martin > Nº1 **92**
Buzási, Johannes > Nº4 **81**
Byfield, Dennis > Nº4 **48**

C

Cantus, Claudia > Nº2 **71**
Caplunik, Debby > Nº3 **36**
Carrera, Adrian > Nº1 **83**
Carrington, Anissa > Nº1 **83, 86**, Nº2 **63, 65**, Nº4 **74**
Caruso, Daniela > Nº1 **79**f.
Casten, Carina > Nº3 **41**
Chaquiri, Mimount > Nº2 **61**
Cheong, Virgie > Nº4 **62, 108**
Choi, Ahrum > Nº1 **76**
Choi, YoungWoo > Nº1 **76**
Clasen, Stephan > Nº2 **42**
Clawien, Christian > Nº4 **52**
Clement, Reto > Nº1 **57**
Combes, Nico > Nº1 **82**
Conneus, Lutz > Nº4 **50**
Conrad, Jenny > Nº4 **88**f.
Cürsgen, Julia > Nº4 **77**

D

Dankers, Thijs > Nº1 **64**f.
Dawson, Josh Patrick > Nº3 **40**
Demeco, Pasquale > Nº3 **82**
Dengel-Ongcoy, Yasmin > Nº4 **106**
de Seriis, Markus > Nº3 **82**
Devaux, Loic > Nº3 **82**
Devine, Eva > Nº1 **73**f.
Dieckert, Kurt Georg > Nº4 **60, 62, 108**f.
Dienstbier, Julia > Nº1 **34**f.
Dietrich, Florian > Nº4 **41**
Dörner, Holger > Nº3 **62**f.
Dörning, Boris > Nº2 **42**
Doser, Romi Diana > Nº1 **68**f.
Doyen, Maximilian > Nº1 **79**f., **81**
Drebinger, Katrin > Nº2 **59**f.
Dreisbach, Julia > Nº3 **41**
Dreyer, Nils > Nº3 **38, 41**
Ducu, Sonia > Nº1 **57**
Duhn, Daniel > Nº4 **97**f.
Duncker, Dennis > Nº3 **40**
Dunkel, Lara > Nº3 **56**
Dycke, Moritz > Nº4 **56**

E

Eckard, Valérie > Nº1 **57**
Ecken, Dagmar > Nº3 **82**
Eggert, Martin > Nº1 **40, 50**
Egli, Miriam > Nº1 **59**, Nº2 **81**, Nº3 **36, 83**
Eglin, Matthias > Nº1 **57**
Ehlers, Frauke > Nº4 **60**
Eibenstein, Peter > Nº4 **77**
Eiglsperger, Kathrin > Nº3 **54**ff.
Einwohlt, Sonja > Nº3 **58**
Ellrich, Juliane > Nº2 **69**
Elma, Damien > Nº3 **82**
Ender, Simon > Nº1 **70**, Nº3 **65, 76**
Enderlein, Johanna > Nº1 **83**
Engel, Christian > Nº1 **63**
Entrup, Benjamin > Nº1 **64**
Erb, Matthias > Nº1 **83, 86**, Nº2 **63, 65**, Nº4 **74**
Ercan, Taner > Nº3 **49**f., **52**f.
Ernesti, Felix > Nº1 **50**
Eschenbacher, Kai > Nº1 **52**f.

Eslam, Alex > Nº 1 83
Esmarch, Katharina > Nº 1 52 f., 73 f.
Essig, Frank > Nº 1 66 f.
Eugster, Bruno > Nº 1 59
Eugster, Katharina > Nº 3 36
Eugster, Maximilian > Nº 1 59
Eugster, René > Nº 1 59, 72, Nº 2 81, Nº 3 36, 83

F

Fahrion, Andreas > Nº 1 66 f., Nº 2 39
Falk, Vanessa > Nº 3 40, Nº 4 51
Fälsch, Markus > Nº 3 44, 49 f., 52 f.
Farwick, Jo Marie > Nº 2 68 f., Nº 3 68 f.
Fassbender, Patrick > Nº 3 83
Fauth, Yannick > Nº 2 50
Feichtinger, Stephan, Ing. > Nº 3 71, 79
Feld, Jürgen > Nº 2 35
Feldhusen, Arne > Nº 3 69
Felsmann, Christian > Nº 1 63
Fenn, Daniela > Nº 3 59 f.
Fernandes, Rohan > Nº 4 46
Fernandes, Rohan Vitus > Nº 1 76, Nº 4 47
Fernandez, Julia > Nº 4 79
Ferraz, Raphael > Nº 2 70, Nº 4 70 f.
Feurstein, Chris > Nº 3 65, 76
Finzelberg, Adrian > Nº 1 64 f.
Fischer, Katja > Nº 4 90, 92
Fischer, Marlon > Nº 2 66 f.
Fischer, Michael > Nº 3 59 f.
Fischer, Oliver > Nº 2 44, Nº 3 46, Nº 4 103
Fischer, Sascha > Nº 2 72
Fischer-Appelt, Bernhard > Nº 4 52
Fitza, Susanne > Nº 1 64 f.
Florian, Lucas > Nº 4 50
Föhr, Ben > Nº 1 64
Fournet, Isabelle > Nº 1 76
Franke, Ingo > Nº 4 67
Franke, Nadja > Nº 4 68
Frercksen, Maximilian > Nº 2 52
Freund, Giorgina > Nº 3 44, 49 f., 52 f.
Fries, Christian > Nº 4 72
Friesen, Ursula > Nº 4 82
Fritz, Dennis > Nº 1 76, Nº 4 46 f.
Fröhlich, Tobias > Nº 3 62 f.
Frölich, Michaela > Nº 2 44, Nº 3 46, Nº 4 103
Frommen, Benjamin > Nº 4 41
Frost, Andreas > Nº 1 47, 49
Fuchs, Michael > Nº 3 40, Nº 4 51

G

Gabriel, Marco > Nº 1 47, 49
Gaiswinkler, Gernot > Nº 2 62
Gaitzsch, Almuth > Nº 4 72
Ganster, Michael > Nº 2 74
Gardiner, Adam > Nº 1 62
Gassner, Ulf > Nº 4 87
Gaubatz, Holger > Nº 3 50, 52 f.
Gazibara, Senjel > Nº 3 32
Geisler, Wolfgang > Nº 2 32
Gelewski, Sandra > Nº 3 32
Gelhar, Andre > Nº 3 50
Gengelbach, Ariane > Nº 1 47, 49
Georgoglou, Andreas > Nº 1 81
Geppert, Susanne > Nº 3 44
Gerlach, Chris > Nº 4 90, 92 f.
Gerstenhauer, Wolfgang > Nº 3 74
Gerstmann, Sara-Vanessa > Nº 4 41
Geyer, Andreas > Nº 3 82
Gharbi, Nassim > Nº 1 62 f.
Ghin, Claudio > Nº 2 72
Giese, Daniel, Dr. > Nº 4 74
Gittermann, Alice > Nº 4 106
Glaubitz, Jonas > Nº 2 58
Glöckner, Dorothee > Nº 3 59 f.
Glöckner, Martin > Nº 4 90, 92 f.
Gocht, Peter > Nº 4 48
Göhrs, Phillip > Nº 3 38
Goldbach, Sven > Nº 4 90, 92 f.
Gorbach, Andreas > Nº 3 79
Görlich, Uwe > Nº 3 62 f., Nº 4 68
Gössling, Mathias > Nº 4 87
Grabherr, Sascha > Nº 2 28, Nº 3 79
Grandt, Oliver > Nº 3 41
Graß, Sarah > Nº 2 76 f.
Grass, Martin > Nº 1 58
Grauer, Jochen > Nº 3 74
Griffel, Sandra > Nº 2 70
Grigolla, Nathaniel > Nº 1 64 f.
Grimm, Benedikt > Nº 1 43
Grohn, Andreas > Nº 1 64 f.
Groll, Dieter > Nº 4 44
Grompone, Lucia > Nº 1 71
Gross, Dominik > Nº 4 67
Grunewald, Clemens > Nº 3 41
Grünewald, Nicole, Dr. > Nº 1 88
Gschossmann, Thomas > Nº 1 44, Nº 3 37, 70
Guelzau, Ilka > Nº 2 50
Gülmen, Esra > Nº 4 73, 97 f.
Gumbert, Sebastian > Nº 3 66
Guschker, Felix > Nº 3 38

H

Haas, Helmut > Nº 2 45
Haase, Paul > Nº 1 62 f.
Hahn, Ursula > Nº 3 59 f.
Haidar, Marjan > Nº 1 47, 49, Nº 4 50
Haist, Nicole > Nº 3 66
Hamel, Gerhard > Nº 3 37
Hammad, Muhammad > Nº 4 90, 92, 97 f.
Hanf, Eva > Nº 1 64 f.
Hann, Klaus > Nº 3 82
Hannemann, Markus > Nº 2 45
Harless, Richard > Nº 4 46 f.
Harmsen, Jonas > Nº 4 93 f.
Hartmann, Jan > Nº 3 40
Hase, Alexandra > Nº 2 61
Hau, Roland > Nº 3 86
Hauf, Inna > Nº 1 79 f.
Haupt, Andreas > Nº 3 35
Hauschild, Ulrich > Nº 1 86
Hauser, Birgit > Nº 3 46
Hecht, Thilo > Nº 2 59
Heffels, Guido > Nº 2 66 f., 71, Nº 3 54 f., Nº 4 73, 90, 92 f.
Heffels, Kerstin > Nº 2 66 f.
Heiler, Ricarda > Nº 1 62 f.
Heimgartner, Lisa Yvonne > Nº 2 71
Hein, Nadine > Nº 2 45
Hein, Stephanie > Nº 4 46 f.
Heine, Dirk > Nº 1 46
Heine, Olaf > Nº 4 97 f.
Heitker, Meike > Nº 1 34 f.
Heitzmann, Stefan > Nº 2 41
Hellberg, Jan > Nº 1 47, 49
Hellmann, Christian > Nº 1 86
Hellmann, Wolfgang > Nº 2 39
Henck, Holger > Nº 1 34 f.
Henckel, Jan Willem > Nº 4 51
Henckus, Michael > Nº 3 66
Hennings, Torsten > Nº 1 58, Nº 2 65
Hepfer, Hubert > Nº 1 56
Herden, Ingrid > Nº 4 84 f.
Herold, Horst > Nº 4 88 f.
Herz, Michael > Nº 2 72
Hess, Maria > Nº 3 82
Hesse, Thomas > Nº 2 70
Heuchemer, Bernd > Nº 2 32, 47
Heyer, Alicia > Nº 1 37 f.
Higler, Peter > Nº 2 32
Hildebrandt, Rafael-Maria > Nº 3 82
Hoeborn, Laura > Nº 2 71
Hoeltschi, Serge > Nº 1 76
Hofer, Christoph > Nº 3 70
Hoff, Rainer > Nº 3 82
Hoffmann, David > Nº 4 51
Hoffmeister, Jan > Nº 3 32
Holst, Molly > Nº 4 70 f.
Holtekötter, Tim > Nº 2 67
Holtkötter, Tim > Nº 2 66
Holzheier, Marco > Nº 3 62 f.
Homberger, Joëlle > Nº 4 46 f.
Honer, Rainer > Nº 1 56
Hopf, Till > Nº 3 54 f.
Hoppe, Heinz > Nº 2 48
Hörler, Valeria > Nº 1 59, Nº 2 81
Hormann, Cynthia > Nº 2 50
Horwedel, Sinya > Nº 3 44, 50, 52 f.
Hotz, Constance, Dr. > Nº 3 66, Nº 4 75
Hoyer, Pierre > Nº 3 41
Hren, Jessica > Nº 2 68 f.
Huck, Christian > Nº 1 64, Nº 3 40
Hudl, Sebastian > Nº 2 59
Hug, Stephanie > Nº 1 57
Hügli, Pam > Nº 1 57
Humke, Carsten > Nº 1 83
Hummer, Marlene > Nº 4 62
Hünsch, Heiko > Nº 2 47
Hutle, Katharina > Nº 3 70

I

Imanov, Udschal > Nº 4 51
Inan, Kadir > Nº 4 51
Isgro, Frank, PD Dr. > Nº 2 58, Nº 3 58

J

Jäger, Olaf > Nº 2 24
Jäger, Regina > Nº 2 24, 30
Jahnen, Felix > Nº 1 47, 49
Jahnke, Timo > Nº 2 35
Jakober, Nathalie > Nº 1 57
Janas, Andrea > Nº 3 32
Janecki, Ralf > Nº 1 46
Jansen, Frank > Nº 2 78
Janssen, Manfred, Dr. > Nº 4 83
Janzen, Henning > Nº 1 76
Jendrny-zur Löwen, Klaudia > Nº 3 62 f.
Jochum, Simon > Nº 4 97 f.
Johnson, Hannah > Nº 4 50
Johnson, Salome > Nº 3 59 f.
Jokerst Gracias, Thomas, Dr. > Nº 3 38
Joo, Jae-Seong > Nº 1 76
Joo, KiHwan > Nº 1 76
Jorde, Regina > Nº 1 71
Jud, Roman > Nº 3 56
Jung, Teresa > Nº 2 71
Juran, Benjamin > Nº 3 82

K

Kalach, Isthia > Nº 3 82
Kamisli, Ceylan > Nº 4 106
Kammeier, Anne > Nº 4 60, 62, 108 f.
Kannemeier, Eva > Nº 1 88
Kannemeier, Georg D. > Nº 1 88
Karavidas, Katharina > Nº 4 41
Karolus, Stephon > Nº 4 46 f.
Karsten, Sophie > Nº 3 40
Kaspar, Gerd > Nº 4 44
Kastrati, Aferdita > Nº 2 50
Kathan, Georg > Nº 2 41, Nº 3 42
Kathmann, Marc > Nº 2 35
Katterfeld, Silke > Nº 4 84 f.
Kaufmann, Daniel > Nº 4 97 f.
Kaufmann, Ralph > Nº 1 68 f.
Kaul, Franziska-Maria > Nº 3 54 f.
Kauth, Johannes > Nº 2 41
Kaye, Cosima > Nº 3 82
Kemanes, Evridiki > Nº 1 33, Nº 4 45
Kemper, Thomas, Dr. > Nº 3 44, 49 f., 52 f.
Kempf, Kristina > Nº 2 58
Kempf, Melanie > Nº 4 88 f.
Keppeler, Stephanie > Nº 4 56
Kessler, Roman > Nº 2 32
Kierdorf, Thomas > Nº 2 42
Kiklas, Katharina > Nº 4 79
Kim, Eric Ju Yoon > Nº 1 76
Kirch, Alexander > Nº 4 83
Kirch, Jochen > Nº 4 77, 79
Kirchhartz, Tom > Nº 4 51
Kirchmair, Claudia > Nº 4 46 f.
Kiurina, Olli > Nº 2 65
Klaedtke, Malte > Nº 1 47, 49, Nº 4 50
Klahr, Tobias > Nº 4 80
Klaiber, Martin > Nº 4 56
Kläne, Benedikt > Nº 2 38
Klein, Martin C. > Nº 1 68 f.
Kleyh, Kathrin > Nº 3 32
Klingberg, Paul > Nº 1 63
Klingenberg, Ilka > Nº 4 50
Klocke, Michael > Nº 2 48
Klöfer, Danilo > Nº 2 68 f., Nº 3 68 f.
Klose, Daniel > Nº 4 50
Klytta, Doris > Nº 1 90 f.
Kniebaum, Lena > Nº 1 73 f.
Kniekamp, Kai > Nº 2 69
Knipperts, Hella > Nº 3 38
Kobelentz, Andrea > Nº 4 45
Koch, Antje > Nº 4 75
Kock, Nico, Dr. > Nº 4 74
Koenigsfeld, Dirk > Nº 2 74, 76 f.
Kohlenberger, Julia > Nº 3 52 f.
Köhler, Mathias > Nº 3 49
Kollhorst, Bruno > Nº 3 38, 41
Kölling, Lukas > Nº 2 66
König, Jan > Nº 1 82
Königstorfer, Manfred > Nº 2 62
Köpke, Jan > Nº 4 50
Kordt, Heinz-Achim > Nº 2 61
Kornrumpf, Meike > Nº 2 71
Kowalski, Björn > Nº 1 62 f.
Kräh, Thomas A. > Nº 3 59 f.
Krämer, Bastian > Nº 2 32
Krämer, Egon > Nº 3 74
Krauß, Benedikt > Nº 3 80, Nº 4 110
Kraus, Creative Services > Nº 4 96
Kraus, Frank-Oliver > Nº 4 84 f.
Kraus, Kerstin > Nº 4 93 f., 97 f.
Kraus-Sparmann, Thieß > Nº 3 82
Krause, Anna-Mareike > Nº 4 50
Krause, Jasmin > Nº 1 34 f.
Krause, Sibylle > Nº 2 24
Krefeld, Georg > Nº 3 82
Kreimer, Tobias > Nº 3 40
Krenz, André > Nº 1 52 f.
Kress, Saskia > Nº 4 76
Kretz, Johannes > Nº 1 56
Kreutzer, Katja > Nº 2 54 f.
Krieger, Tim > Nº 4 93 f.
Krogmann, Christiane > Nº 4 50
Krolla, Gianna > Nº 1 34 f.
Krüger, Hendrik > Nº 3 42
Krüger, Ina > Nº 4 76
Krump, Sandra, Dr. > Nº 4 82
Krüttgen, Anneke > Nº 1 90 f.
Krzonkalla, Sabine > Nº 3 59 f.
Küchler, Marco > Nº 2 32
Kühn, Charlotte > Nº 4 90, 92 f., 96 f.
Kuhn, Max > Nº 2 50
Kuhnle, Jörg > Nº 1 82
Kükenthal-Thiel, Maren > Nº 4 84 f.
Kulzer, Thiemo > Nº 1 64 f.
Künzle, Marc > Nº 1 72
Kurz, Judith > Nº 2 38
Kurz, Stephan > Nº 3 86
Kuschmirz, Gregor > Nº 2 42, Nº 4 70 f.
Kutka, Alexander > Nº 3 69

L

Labots, Jan > Nº 3 43
Lachermeier, Sebastian > Nº 4 41
Lalive, Michel > Nº 3 36
Lamm, Frank > Nº 1 86
Landmann, Hinnerk > Nº 1 92
Lange, Christoph > Nº 1 47, 49
Lange, Mirco > Nº 2 63, 65
Langer, Iris > Nº 4 44
Langgartner, Lorenz > Nº 1 76, Nº 4 46 f.
Lautner, Michael > Nº 1 83, 86, Nº 2 63, 65

Lederle, Alexander > N°1 86
Lee, Jung-Seok > N°1 76
Lehanka, Kai-Uwe > N°1 42, N°4 64
Lehmann, Kathrin > N°2 52
Lehmann, Lena > N°2 71
Leipnitz, Robert > N°2 72
Leitner, Tamara > N°1 84
Lempke, Carlota > N°4 97f.
Lenz, Max > N°1 52f.
Leonhardt, Josefine > N°1 71, N°4 70f.
Lerch, Andreas > N°3 41
Leschner, Kristian > N°3 69
Leupin, Shem > N°1 44
Leuschen, Julia > N°2 74, 76
Leuschen, Thomas > N°2 72
Leutloff, Anette > N°2 48
Leverenz, Sven > N°2 32, 47
Liakhov, Kostiantyn > N°1 76, N°4 46f.
Lieder, Jonas > N°4 72, 106
Lienhard, Tizian > N°1 57
Lindermeir, Philipp > N°3 46
Lindner, Patrick > N°1 59, N°2 81, N°3 36, 83
Link, Matthias > N°1 71
Löber, Axel > N°2 50
Lokocz, Kathi > N°2 40
Loos, Alfons > N°2 32, 47
Lorenz, Mario > N°2 28, N°3 71, 79f., N°4 107, 110
Lotz, Chris > N°4 73
Lövenforst, Wiebke > N°2 77
Löwl, Anna > N°3 42
Lüber, Thomas > N°1 57
Lüchinger, Julia > N°1 59, N°3 36, 83
Lutz, Ricarda > N°1 34f.
Lützel, Sandra > N°4 88f.
Lützkendorf, Andreas > N°4 50
Lux, Evelin > N°4 80

M

Machel, Sandra > N°3 82
Machholz, Markus > N°1 43
Mäder, Christoph > N°1 47, 49
Magdziarz, Maciej > N°2 68f.
Magel, Stefan > N°2 72
Mager, Ralf > N°4 88f.
Magin, Konrad > N°3 82
Mahner, Julia > N°2 54f.
Mahr, Robert > N°2 48
Maier, Clemens > N°3 66
Maier-Wimmer, Stefan > N°1 52f., 73, N°2 59f.
Maier-Wimmer, Stefan > N°1 74
Majeron, Benjamin > N°4 48
Makedonskiy, Alexander > N°1 33, N°4 45
Manthey, Andreas > N°3 32

Marcelli, Nora > N°1 88
Marquardt, Oliver > N°2 69
Martens, Nina > N°1 57
Martens, Sebastian > N°4 52
Martin, Susi > N°1 57
Marx, Matthias > N°2 28
Märzinger, Mathias > N°1 44, N°3 37, 70
Maßmann, Laura > N°3 82
Mattern-Specht, Silke > N°3 82
Matthäus, Anja > N°3 32
Matzke, Chris > N°3 41
Maurer, Clemens > N°3 42
Maurer, Matthias > N°4 50
Max, Johannes > N°3 82
May, Björn > N°4 82
May, Cornelia > N°4 80, 82
Mayer, Joel > N°1 57
Mayer, Lukas > N°4 107
Mayer, Stephanie > N°4 107
Mayer, Wolfgang > N°4 107
Mehler, Michael > N°1 90f.
Meier, Michael > N°1 56, N°4 75
Meier, Steffen > N°2 54f.
Meier, Ulrike > N°4 83
Meissner, Anna > N°3 68f.
Mengele, Andreas > N°4 90, 92f.
Mennes, Alexandra > N°2 42
Mense, Michael > N°2 61
Messerer, Matthias > N°2 45
Meuer, Kristian > N°2 74
Meyer, Kersten > N°4 41
Meyer, Peter > N°3 50
Meyer, Sönke > N°2 35, 38
Meyer, Till > N°1 66f., N°2 39
Michel, Anja > N°3 54f.
Miesel, Michelle > N°2 30
Mild, Elisabeth > N°1 43
Milzarek, Dirk > N°2 35, 38
Mitzkus, Alexander > N°4 70f.
Mockridge, Leonardo > N°1 92
Molitor, Johanna > N°3 82
Molitor, Ludger > N°3 82
Moll, Maya > N°3 82
Mondoloni, Laurent > N°2 70
Monti, Flavia > N°3 66
Moon, Samuel > N°3 38
Moosbrugger, Matthias > N°3 71, 79f., N°4 110
Morales, David > N°4 81
Morawej, Yasmine > N°4 46f.
Morcinek, Stephanie > N°4 46f.
Morton, Rocky > N°1 40
Moser, Zeno > N°4 75
Mothwurf, Ono > N°3 37
Müller, Bastian > N°3 42
Müller, Beate, Mag. > N°3 76
Müller, Fabian > N°2 32
Müller, Lutz > N°2 67, N°3 50
Müller, Nils > N°3 82
Mulloy, Daniel > N°2 71

Münzer, Alexander > N°3 54f.
Mürle, Hanspeter > N°3 66
Müßeler, Catharina > N°1 88

N

Nagel, Stefan > N°1 40
Nakoinz, Torben > N°3 80
Nandelstädt, Christian > N°3 62f.
Nausner, Jonathan > N°4 93f.
Neubauer, Antje > N°3 44, 49f., 52f.
Neudecker, Stephan > N°3 60, N°4 89
Niesler, Ina > N°2 52
Nimke-Sliwinski, Birgit > N°4 77, 79
Nipp, Michael > N°1 56
Nitsche, Pacco > N°3 69
Noerenberg, Gerold > N°4 88f.
Nolte, Miriam > N°3 82
Notter, Heiko > N°3 32
Nürnberger, Marcel > N°4 70f.

O

Oelkers, Oliver > N°4 80
Ohly-Nauber, Katja > N°1 64f.
Ok, Nara > N°1 76
Olsson, Petrus > N°1 57
Oppmann, Simon > N°3 44, 49f., 52f.
Ortega Barrios, Caleb Dayan > N°1 82
Otec, Marvin > N°3 42
Ott, Vivien > N°2 71
Overberg, Hans-Bernhard, Dr. > N°4 103
Owsianowski, Lilli > N°1 64f.

Ö

Öztürk-Lettau, Jan > N°1 73f.

P

Pachoinig, Lukas > N°4 46f.
Pahl, Olaf Bruno > N°2 54f., 61
Pakravesh, Bahador > N°1 33, N°4 45
Pakravesh, Behnaz > N°1 33, N°4 45
Pampin, Hugo > N°1 62f.
Panagiotakis, Anne Zoe > N°2 50
Parent, Jean-Claude > N°3 66
Parsonneau, Julien > N°3 82
Pasanen, Jyri > N°3 36
Paul, Daniel > N°2 32

Pauli, Casper > N°3 82
Peters, Sandra > N°3 85
Petersen, Artjom > N°3 35
Petersson, Kalle > N°3 36
Petersson, Philipp > N°3 36
Petry, Paul Jonas > N°3 82
Petzinna, Alina > N°3 32
Peukert, Thomas > N°2 38
Pfaff, Yuko M. > N°2 46
Pfanner, Isabel > N°3 80
Pfannmüller, Felix > N°2 66f.
Pfau, Miriam > N°2 59f.
Philipp, Jessica > N°4 81
Philipp, Simon Jasper > N°3 32
Piepenbring, Kirsten > N°3 62f.
Pilar, Agnes > N°1 56
Pincin, David > N°3 56
Pirner, Sven > N°1 73f., N°2 59f.
Pistorius, Stephan > N°2 32, 47
Planert, Sven-Olaf > N°4 40
Plieth, Frederike > N°2 41
Pohler, Katharina > N°1 82
Polák, Robin > N°1 86
Pompe, Jens > N°1 79f., 81
Popescu, Robin > N°3 42
Potekhin, Andrey > N°1 64f.
Poulsen, Per Juul > N°1 76
Price, Nathan > N°2 69
Prüfer, Hanne > N°1 79f., 81
Puri, Nina > N°4 97f.

R

Raab, Ulrike > N°3 86
Rackow, Bogdan > N°4 97f.
Ramm, Christine > N°3 54f.
Rathgeber, Liv > N°1 46
Rauprich, Kim > N°3 35
Rausch, Louis > N°3 40
Reese, Hendrik > N°3 59f., N°4 88f.
Reindl, Günther > N°2 62
Reinhard, Philipp > N°3 59
Reinhardt, Carl-Jochen > N°2 50
Ressler, Ute > N°2 68f., N°3 68f.
Rettelbach, Elisabeth > N°3 83
Retzbach, Romaeus > N°1 56
Richter, Maik > N°2 71
Richters, Ivonne > N°4 112
Rieseweber, Henning > N°1 76
Riis, Peter > N°1 83
Rink, Lydia > N°2 54f.
Ritter, Matthias > N°2 32
Rödiger, Christin > N°4 84f.
Roeppischer, Franz > N°1 76, N°4 46f.
Roland, Astrid > N°1 57

Roman-Perse, Andrea > N°2 69
Römmelt, Peter > N°3 44, 49f., 52f.
Ronacher, Nikolaus > N°2 68f.
Rosemann, Daniel > N°4 40
Rosenthal, Daniel > N°4 93f.
Rössler, Fabian > N°4 97f.
Rössner, Birte > N°3 32
Ruess, Christian > N°2 68f.
Ruhe, Martin > N°2 69
Rullfs, Christian > N°4 81
Rung, Eduard > N°2 74
Ruppel, Thimo > N°2 38
Rusch, Jürg > N°2 81
Rutishauser, Dominique > N°1 59, N°2 81, N°3 36, 83
Rymar, Stefan > N°3 38, 41

S

Saak, Karolin > N°4 90, 92f.
Sahin, Asli > N°3 49
Salinas, David > N°3 58
Salz, Arne > N°1 83, 86, N°2 63, 65, N°4 74
Sander, Stefan > N°3 41
Sapper, Denise > N°2 72
Sargant, Madeleine > N°3 71, 80
Schäfer, Patric > N°2 70
Schäfers, Vanessa > N°1 83
Schaller, Søren > N°1 64, N°4 81
Schaller, Yannick > N°1 57
Schauder, Kirstin > N°2 63, 65
Scheer, Peter > N°2 48
Scheibner, Anne > N°3 43
Scheller, Stefan > N°2 44, N°3 46, N°4 103
Scherf-Niß, Katja > N°2 78
Schernikau, Jörg, Dr. > N°1 66f.
Scheuerer, Dieter > N°1 52f.
Schill, Alexander > N°1 57, 76, N°4 46f.
Schiller, Enrico > N°2 45
Schilling, Judith > N°4 81
Schlaier, Alina > N°1 71, N°4 70f.
Schlein, Nicole > N°2 32
Schmid, Moritz > N°4 77
Schmidt, Oliver > N°3 44, 49f., 52f.
Schmidt, Stefan > N°4 60, 62, 108f.
Schmidt-De la Cruz, Juanita > N°3 59f.
Schmidtholz, Rainer > N°1 46
Schmidtke, Frederik > N°4 52
Schmitz, Torsten > N°4 56
Schnack, Jan > N°3 59f.
Schneider, Christopher > N°4 72, 106
Schneider, Claudio > N°3 36

Schnell, Sebastian > N°3 66
Schniedermeier, Diana > N°4 76
Schnitt, Josie > N°4 81
Schoengen, Maximilian Florian > N°4 48
Scholz, Britta > N°3 41
Schönborn, Ulrike > N°4 45
Schönefeld, Ludwig > N°2 30
Schönefuß, Rebekka > N°4 79 f., 41
Schopp-Steinborn, Oliver > N°4 87
Schoppmann, Benno > N°2 67
Schrader, Margret, Dr. > N°4 > 68
Schramm, Sandro > N°1 82
Schröder, Annika > N°3 32
Schroder, Markus > N°4 48
Schuart, Kathleen > N°1 50
Schubert, Björn > N°4 92f.
Schubert, Jonas > N°4 90, 92f.
Schubert, Jürgen > N°2 32
Schubert, Marco > N°2 71
Schuler, Klara > N°4 103
Schuler, Rainer > N°4 103
Schuler, Sabine > N°4 103
Schulz, Diane > N°1 76
Schumacher, Jennifer > N°1 88
Schüßler, Martin > N°3 82
Schütte, Rainer > N°2 40
Schwarck, Kimberly > N°2 67
Schwarck, Thorsten > N°4 76
Schwarz, Tom > N°4 40
Schwärzler, Tina > N°3 37
Schwegler, Bernhard > N°4 103
Schwenk, Charlotte > N°1 34f.
Schwigon, Sabrina > N°4 97f.
Sciammacca, Antonino > N°2 41
Seehaver, Maik > N°3 82
Seidel, Isabel > N°3 79, N°4 110
Seong, Ki > N°1 76
Serrat, Raul > N°1 57
Sidou Abdulkader, Hosam > N°2 44
Siedler, Christian > N°1 43
Siegmund, Johannes > N°3 85
Siemann, Almuth > N°4 41
Siemers, Andy > N°3 36
Sistig, Michael > N°3 82
Sketcher, Ariane > N°2 71, N°3 49f., 52f.
Smidt, Alina > N°2 35
Söderlund, Olga > N°4 90, 92f.
Sogas, Andreas > N°4 56
Sojic, Vincent > N°3 82
Söllch, Kai > N°2 32

Soller, Marco > N°2 **60**
Sondenheimer, Antonia > N°1 **50**
Soto, Yasmin > N°4 **97f.**
Specht, Götz > N°3 **82**
Sperling, Mike > N°3 **32**
Spiegel, Sarah > N°3 **42**
Spiering, Simone > N°4 **46f.**
Spieß, Bernhard > N°3 **66**
Spitzer, Thomas > N°2 **52**
Spörer, Tobias > N°1 **34f.**
Spötzl, Amely > N°3 **82**
Springer, Sven > N°1 **47, 49**
Stach, Arne > N°3 **54f.**
Stahl, Jan Moritz > N°3 **82**
Stark, Nicolas > N°1 **57**
Stauber, Roland > N°3 **44, 49f., 52f.**
Steffen, Gerrit > N°3 **32**
Stegemann, Rob > N°4 **51**
Steinbach, Corinna > N°2 **78**
Steiner, Daniel > N°1 **72**
Steiner, Felix > N°4 **90, 92f., 98**
Steiner, Pattrick > N°3 **62f.**, N°4 **68**
Steinhausen, Ralph > N°4 **44**
Steinke, Yvonne > N°3 **74**
Stemmer, Ulrike > N°2 **42, 70**, N°4 **70f.**
Stengele, Uwe > N°3 **58**
Stephan, David > N°1 **40, 50**
Stepper, Julia > N°4 **51**
Stern, Kristian > N°1 **40**
Steuber, Ingo > N°3 **85**
Stieger, Petra > N°3 **37**
Stiehl, Rodian > N°2 **40**
Stiller, Martin > N°1 **86**
Stilling, Anne > N°1 **79f.**
Stoll, Anita > N°2 **58**
Storath, Matthias > N°4 **73, 90, 92f.**
Storto, Carola > N°4 **90, 92, 97f.**
Strathmann, Gregor > N°1 **90f.**
Strecker, Johannes > N°2 **58**
Ströhle, Jörg > N°1 **58**, N°3 **37**
Strunz-Michels, Marc > N°2 **54f., 61**
Stüker, Sandra > N°1 **92**
Stumpf, Sebastian > N°4 **93f.**
Stutz, Tobias > N°3 **82**
Suchanek, Andrea > N°3 **32**
Sutter, Michael > N°3 **71**
Szewczuk, Tommy > N°3 **32**
Széchényi, Dénes > N°2 **24**

T

Taggart, Paul > N°2 **50**
Taubitz, Barbara > N°3 **62f.**
Tebart, Marc > N°4 **81**
Teichmann, Gwen > N°1 **64**
Teichmann, Lisa > N°4 **73, 90, 92f.**
Templin, Vincent > N°1 **50**
Teufel, Alexander > N°2 **41**, N°3 **42**
Teufel, Marco > N°2 **41**, N°3 **42**
Teufel, Pascal > N°2 **41**, N°3 **42**
Theil, Jens > N°1 **83, 86**, N°2 **63, 65**, N°4 **74**
Thein, Lukas > N°3 **82**
Theissing, Peter > N°2 **38**
Thelen-Reloe, Bettina > N°4 **83**
Thiele, Dirk > N°3 **82**
Thiele, Mirko > N°2 **65**
Thiemann, Elisa > N°1 **92**
Thieme, Sascha > N°4 **108f.**
Thomas, Francesca > N°1 **82**
Thomas, Norbert > N°3 **82**
Thomas, Oliver > N°3 **82**
Thonfeld, Sonja > N°4 **106**
Thumwood, Alex > N°4 **93f.**
Tomkins, Toby > N°4 **48**
Toni, Behrang > N°3 **43**
Tornatzky, Nadine > N°1 **37f.**
Tornatzky, Thomas > N°1 **37f.**
Treichel, Elisabeth > N°4 **73, 90, 92f.**
Tremmel, Doris > N°1 **64f.**
Trinkl, Stephan > N°3 **59f.**, N°4 **88f.**
Tronke, Britta > N°4 **48**
Trulley, Julia > N°4 **67**

U

Um, Mira > N°3 **69**
Unkel, Tobias > N°2 **45**
Unterhuber, Lennart > N°1 **83**
Urban, Anja > N°3 **86**

V

v. Liebenstein, Johannes > N°3 **40**
Vajda, Petra > N°1 **52f.**
Vallero, Carmen > N°4 **79**
Vaternahm, Claudia > N°3 **44, 49f.**
Viehweg, Sven > N°2 **61**
Vieser, Carla > N°3 **68f.**
Vieweg, Frank > N°2 **52**
Voelskow, Charlotte > N°3 **82**
Vogel, Johannes > N°4 **93f.**
Vögel, Stefan > N°2 **28**, N°3 **80**, N°4 **110**
Vogel, Stephan, Dr. > N°3 **44, 49f., 52f.**
Vogeler, Anne > N°1 **92**
Vogler, Silke > N°2 **60**
Vogt, Vanessa > N°1 **63**
Volkers, Björn > N°4 **44**
Volkert, Andreas > N°1 **88**
Vollmeier, Heike > N°2 **68f.**
von Appen, Fabian > N°2 **50**
von Baczko, Volker > N°3 **82**
von Bechtolsheim, Matthias > N°2 **67**
Voncken, Nina > N°3 **38**
von Geisau, Oliver > N°1 **64f.**
von Hoyningen-Huene, Anne > N°3 **82**
von Muralt, Felix > N°3 **36**
von Schleyer, Marlis > N°3 **44, 49f., 52f.**
Voss, Corinna > N°4 **70f.**

W

Wachter, Thomas, Mag. > N°3 **70**
Wagner, Melanie > N°3 **38, 41**
Walter, Kathi > N°2 **68f.**, N°3 **68f.**
Walter, Markus > N°1 **52f.**
Wandschneider, Chris > N°1 **50**
Warnecke, Cord > N°1 **46**
Wartenberg, Silke > N°2 **52**
Warter, Vera > N°3 **59f.**
Weber, Robert > N°1 **47, 49**
Weber, Julia > N°1 **86**
Weber, Katharina > N°3 **59f.**
Weich, Tanja > N°2 **24**
Weichsel, Iris > N°3 **59f.**
Weinhold, Patrick > N°4 **50**
Weiß, Lisa > N°4 **88f.**
Weiß, Ronny > N°1 **73f.**
Weiser, Claudia > N°3 **82**
Weishäupl, Martin > N°3 **71**
Wellhäußer, Christian > N°3 **54f.**
Weltz-Rombach, Alexandra > N°4 **72**
Welzenbach, Alex > N°3 **80**, N°4 **107**
Welzenbach, Bruno > N°2 **28**, N°3 **71, 79**, N°4 **110**
Weninger, Michael > N°4 **88f.**
Werner, Benjamin > N°4 **52**
Wick Rossi, Diana > N°1 **57**
Wiedemann, Ole > N°1 **92**
Wiegel, Doro > N°2 **54f., 61**
Wieland, Heidemarie > N°2 **40**
Wieschermann, Dominik > N°1 **47, 49**
Wieser, Claudia > N°4 **82**
Wiewel, Dominik > N°2 **35**
Wilfert, David > N°3 **32**
Wilk, Michael > N°4 **48**
Wilkesmann, Barbara > N°2 **32**
Willen, David > N°2 **35**
Wilm, Madeleine > N°4 **112**
Winder, Katharina > N°1 **44**, N°3 **70**
Winkler, Christine > N°4 **80**
Winter, Mario > N°1 **78**
Wittfeld, Kim > N°4 **51**
Wittkamp, Benjamin > N°1> **34f.**
Wittkamp, Bernd > N°3 **35**
Woelk, Rike > N°4 **50**
Wohlnick, Lars > N°2 **71**
Wojtas, Jochen > N°3 **86**
Wolburg, Christine > N°1 **64f.**
Wolf, Benjamin > N°1 **71**, N°2 **42**
Wolf, Cornelia > N°4 **107**
Wolff, Christel > N°4 **81**
Wouters, Armin, Dr. > N°4 **82**
Würflingsdobler, Hermann > N°1 **84**

Y

Yom, Bill > N°1 **76**
Yoo, YeongKyu > N°1 **76**

Z

Zabel, Laura > N°2 **50**
Zander, Daniel > N°3 **62f.**, N°> 4 **68**
Zander-Görlich, Karin > N°3> **62f.**
Zech, Peter > N°2 **32**
Zietlow, André > N°3 **38**
Zille, Annika > N°2 **52**
Zimmer, Johannes > N°3 **35**
Zimmermann, Patrick > N°1> **47, 49**
Zimmermann, René > N°2 **50**
Zitzmann, Gerhard > N°2 **48**
Zöllner, Bernd > N°3 **82**
Zucker, Heidi > N°1 **73f.**
Zünkeler, Bernhard, Dr. > N°3> **82**
Zünkeler, Ulrich > N°3 **82**

IMPRESSUM

Econ ist ein Verlag der
Ullstein Buchverlage GmbH, Berlin

ISBN 978-3-430-20257-2
ISSN 1616-2528

© **ULLSTEIN BUCHVERLAGE GMBH
BERLIN 2018**

Alle Rechte der Verbreitung, auch durch Film, Funk und Fernsehen, fotomechanische Wiedergabe, Tonträger jeder Art, auszugsweisen Nachdruck oder Einspeicherung und Rückgewinnung in Datenverarbeitungsanlagen aller Art, sind vorbehalten.

Trotz sorgfältiger Bearbeitung und Prüfung können weder der Verlag noch die genannten Unternehmen eine Garantie oder sonstige Haftung für die Richtigkeit der dargestellten Informationen übernehmen. Der Verlag macht sich die Angaben zu den dargestellten Unternehmen nicht zu eigen.

PROJEKTTEAM ECON FORUM
Nadine Städtner (Leiterin)
Monika Skandalis
Katharina Schulze Dieckhoff

GRAFISCHE KONZEPTION UND UMSCHLAGGESTALTUNG
Anzinger und Rasp Kommunikation GmbH, München

GRAFISCHE UMSETZUNG UND REPRODUKTION
tiff.any GmbH, Berlin

KORREKTORAT
Lektorat Oliver Krull, Berlin

DRUCK UND BINDEARBEITEN
Grafisches Centrum Cuno GmbH & Co. KG, Calbe (Saale)

MIX
Papier aus verantwortungsvollen Quellen
FSC® C043106

Printed in Germany

KONTAKT
Econ Forum im Econ Verlag
Ullstein Buchverlage GmbH
Friedrichstraße 126
D-10117 Berlin
T +49 30 23456-524
www.econforum.de

N° 3
DIENSTLEISTUNGEN

BRANCHEN-VERGLEICH

N°2018 / 2010

MIT PREISTRÄGERN,
BESTEN DER BRANCHEN
UND SHORTLIST
DER JURY

EINE PUBLIKATION DER
ECON MEGAPHON AWARDS
FÜR KOMMUNIKATION

Econ

Inhaltsverzeichnis

N° 3
DIENSTLEISTUNGEN

3
INDEX
der aufgenommenen Arbeiten

7
AGENTURRANKING

8
ECON MEGAPHON AWARDS 2018: DIE JURY

10
DAS WINNERS' DINNER 2018
Ein Rückblick
auf die Preisverleihung

PORTRÄTS DER
MEGAPHONPREISTRÄGER

12
HEIMAT, BERLIN
#snowdrawings
Unlock Switzerland

16
OGILVY & MATHER
Zukunft der Mobilität
Mehr ToleranzZeit

22
ORANGE COUNCIL
Refresh Telekom Headquarters

26
ÜBERGROUND
DANKE MILLION

30
KAMPAGNEN /
EINZELARBEITEN
Beste der Branche
Shortlist der Jury
Branchenvergleich

90
REGISTER AGENTUREN

94
REGISTER
PRODUKTIONSFIRMEN UND
DIENSTLEISTER

98
REGISTER AUFTRAGGEBER

100
REGISTER PERSONEN

104
IMPRESSUM

Index der aufgenommenen Arbeiten

- **G** GRAND PRIX (in 2018 nicht vergeben)
- **M** MEGAPHONSIEGER
- **B** BESTER DER BRANCHE
- **S** SHORTLIST DER JURY
- **V** BRANCHENVERGLEICH

Im Branchenvergleich aufgenommen werden aus den eingesandten Einreichungen diejenigen Kommunikationsmaßnahmen, die die jeweilige Branche durch die vorgelegten Arbeiten im Vergleich der Wirtschaftssegmente überzeugend und aktuell repräsentieren.

Arbeiten, die aus diesem Vergleich besonders hervorstechen, bilden die Shortlist der Jury. Aus diesem Kreis werden von den Juroren durch Abstimmung nach Noten sowie in anschließender gemeinsamer Diskussion die Preisträger der Megaphone (vergeben in den Kategorien des Wettbewerbs) benannt.

Bester der Branche kann nur werden, wer der Shortlist der Jury angehört. Die Auszeichnung wird nur dann vergeben, wenn in der betreffenden Branche mindestens drei Einzelbeiträge vorliegen.

INDEX DER AUFGENOMMENEN ARBEITEN

MEGAPHONPREISTRÄGER

N° 1

12 ELBKIND

14 M M M ALFRED RITTER GMBH & CO. KG I „RITTER SPORT Einhorn"
16 M DAIMLER AG I Mercedes-Benz „A Guide to Growing up"
18 M DENKWERK: STANLEY BLACK&DECKER DEUTSCHLAND GMBH I „Social Tools"
20 M WAVEMAKER: S.OLIVER BERND FREIER GMBH & CO. KG I „The Fusion Collection"
22 M AGENTUR AM FLUGHAFEN: DOMUS LEUCHTEN & MÖBEL AG I „Auf ein Glas bei Wehrle's"
26 M HEINE WARNECKE DESIGN: TRINK MEER TEE GBR I „Trink Meer Tee"

N° 2

12 M AGENTUR AM FLUGHAFEN: BY MAREI EINRICHTUNGSKONZEPTE AG I „Hockar", das erste multifunktionale Imagebroschüremailing
14 M HEIMAT, BERLIN: HORNBACH BAUMARKT AG I „Smashing the Cliches"
18 M ÜBERGROUND: LIDL STIFTUNG CO. KG I „#SANTACLARA"

N° 3

12 HEIMAT, BERLIN

14 M M SWISSCOM AG I „#snowdrawings"
15 M SWISSCOM AG I „Unlock Switzerland"

16 OGILVY & MATHER

18 M DB MOBILITY LOGISTICS AG I „Zukunft der Mobilität"
20 M DB MOBILITY LOGISTICS AG I „Mehr ToleranzZeit"

22 M ORANGE COUNCIL: DEUTSCHE TELEKOM AG I „Refresh Telekom Headquarters"
26 M ÜBERGROUND: TIPP24 SERVICES LTD. I „DANKE MILLION"

N° 4

12 HEIMAT, BERLIN

14 M M M FREIE DEMOKRATISCHE PARTEI I „Dark Diaries"
16 M STIFTUNG DEUTSCHE KREBSHILFE I „The Melanoma Campaign"

20 M DENKWERK: DEUTSCHE SYNÄSTHESIE-GESELLSCHAFT E. V. I „The world trhough different eyes"
24 M LA RED: ARD-AKTUELL, TAGESSCHAU.DE I „Sag's mir ins Gesicht"
26 M SEVENONE ADFACTORY I „Circus HalliGalli Live Spots"
28 M SERVICEPLAN / PLAN.NET: STYLIGHT GMBH I „The Fashion Mag Hijack"
30 M FISCHERAPPELT: BUNDESMINISTERIUM DES INNERN I „#starkfürdich"
34 M INTERACTIVE MEDIA FOUNDATION I „Ulm Stories – Geschichten einer Stadt"

SHORTLIST DER JURY UND BRANCHENVERGLEICH

N° 1

VERBRAUCHSGÜTER / B2C
NAHRUNG UND GENUSS

30 B S SMUUS GMBH I MAYD, Hamburg
34 M S ALFRED RITTER GMBH & CO. KG I elbkind, Hamburg
37 V BÄCKEREI VOOSEN GMBH & CO. KG I neue formen, Köln
40 S BEL DEUTSCHLAND GMBH I david+martin, davidmartin, München
41 S DR. KLAUS KARG AG I Lingner Online, Fürth
42 V GRÜNE EMMA GMBH I Lehanka Kommunikationsagentur, Fichtenau-Rötlein
43 V MONDELEZ DEUTSCHLAND SERVICES GMBH & CO. KG I TWT Interactive, Düsseldorf
44 S STOLL KAFFEE AG I zurgams kommunikationsagentur, Dornbirn

NICHTALKOHOLISCHE GETRÄNKE

46 M TRINK MEER TEE GBR I Heine Warnecke Design, Hannover

ALKOHOLISCHE GETRÄNKE

47 B S MAST-JÄGERMEISTER SE I LA RED, Hamburg
50 S CAMPARI DEUTSCHLAND GMBH I david+martin, davidmartin, München
52 S V HASEN-BRÄU BRAUEREIBETRIEBSGESELLSCHAFT MBH I Bloom, Nürnberg
56 V HIRSCH-BRAUEREI HONER GMBH & CO. KG I Schindler Parent, Meersburg

WEITERE VERBRAUCHSGÜTER

57 S MIBELLE GROUP AG I SERVICEPLAN / PLAN.NET
58 S ZURGAMS KOMMUNIKATIONSAGENTUR, Dornbirn

GEBRAUCHSGÜTER / B2C
AUTOMOBIL (PKW)

59 B EMIL FREY AG I Agentur am Flughafen, Altenrhein
62 S OPEL AUTOMOBILE GMBH I Effekt-Etage, Berlin
64 M S DAILMER AG I elbkind, Hamburg

AUTOMOBIL-/KFZ-ZUBEHÖR

66 V EBERSPÄCHER CLIMATE CONTROL SYSTEMS GMBH & CO. KG I FACT, Kirchheim / Teck
68 V RECARO AUTOMOTIVE SEATING GMBH I FACT, Kirchheim / Teck

BAUEN UND WOHNEN

70 V ARCHRAUM AG I Ender Werbung, Lustenau
71 M S STANLEY BLACK&DECKER DEUTSCHLAND GMBH I denkwerk, Köln

EINRICHTUNG

72 M DOMUS LEUCHTEN & MÖBEL AG I Agentur am Flughafen, Altenrhein

HAUSHALTSWAREN UND -GERÄTE

73 S V ELECTROLUX HAUSGERÄTE VERTRIEBS GMBH I Bloom, Nürnberg

UNTERHALTUNGS- UND TELEKOMMUNIKATIONSELEKTRONIK

76 B DOT INC I SERVICEPLAN / PLAN.NET
78 S SAMSUNG ELECTRONICS GMBH I Cheil Germany, Schwalbach im Taunus
79 S VODAFONE GMBH I WAVEMAKER, Düsseldorf

KLEIDUNG

82 M S.OLIVER BERND FREIER GMBH & CO. KG I WAVEMAKER, Düsseldorf
83 S WENDEL GMBH CO. KG I Wynken Blynken & Nod, Hamburg

PERSÖNLICHER BEDARF

84 V E. DOPPLER CO. GMBH I Hammerer, Ried im Innkreis

WEITERE GEBRAUCHSGÜTER

86 B MYTOYS.DE GMBH I Wynken Blynken & Nod, Hamburg
88 V G. PASSIER & SOHN GMBH I The Vision Company Werbeagentur, Köln
90 V RALF BOHLE GMBH I markt & werbung m&w, Mönchengladbach
92 S VIESSMANN GMBH & CO. KG I fischerAppelt, Berlin

N° 2

INDUSTRIE / B2B
INVESTITIONSGÜTER

24 **B** PLANSEE GROUP SERVICE GMBH | jäger & jäger, Überlingen
28 **V** GALLUS FERD. RÜESCH AG | die3 Agentur für Werbung und Kommunikation, Dornbirn
30 **S** HOERBIGER HOLDING AG | jäger & jäger, Überlingen

PRODUKTIONSGÜTER

32 **B** SIEMENS AG | hl-studios, Erlangen
35 **V** GRIMME LANDMASCHINENFABRIK GMBH & CO. KG | KAAPKE Marketing, Drantum
37 **V** HOLZ-HER GMBH | rocket-media, Dinkelsbühl
38 **V** KS-ORIGINAL GMBH | KAAPKE Marketing, Drantum
39 **V** LESJÖFORS INDUSTRIAL SPRINGS & PRESSINGS GMBH | FACT, Kirchheim/Teck
40 **V** MÖLLERGROUP GMBH | STEUER Marketing und Kommunikation, Bielefeld
41 **V** PAUL KAUTH GMBH & CO. KG | teufels, Rottweil

SOFTWARE / IT

42 **B** MICROSOFT DEUTSCHLAND GMBH | denkwerk, Köln
44 **V** ARTISO SOLUTIONS GMBH | ATTACKE Werbeagentur, Ulm
45 **V** INNEO SOLUTIONS GMBH | querformat, Crailsheim
46 **V** JUNGHEINRICH AG | Babiel, Düsseldorf
47 **V** SIEMENS AG | hl-studios, Erlangen
48 **V** TEBIS AG | ASM Werbeagentur, München

PHARMAZIE / GESUNDHEIT

50 **B** MERCK KGAA | Fork Unstable Media, Hamburg
52 **B** MERCK KGAA | TWT Interactive, Düsseldorf
54 **V** MEDTRONIC GMBH | ipanema2c brand communication, Wuppertal
58 **V** OTSUKA PHARMA GMBH | ISGRO Gesundheitskommunikation, Mannheim
59 **V** SIVANTOS GMBH | Bloom, Nürnberg

WEITERE INDUSTRIEGÜTER

61 **V** DURIT HARTMETALL GMBH | ipanema2c brand communication, Wuppertal
62 **V** REINDL GESELLSCHAFT M.B.H | Hammerer, Ried im Innkreis

HANDEL / B2C
EINZELHANDEL

63 **B** EDEKA HANDELSGESELLSCHAFT NORD MBH | Wynken Blynken & Nod, Hamburg
66 **M** HORNBACH BAUMARKT AG | Heimat Werbeagentur, Berlin
68 **M S** LIDL STIFTUNG CO. KG | Überground, Hamburg
70 **S** MEDIAMARKT GMBH | denkwerk, Köln
71 **S** OTTO GMBH & CO KG | Heimat Werbeagentur, Berlin
72 **S** PENNY MARKT GMBH | WFP Werbeagentur Felske + Partner, Mönchengladbach
74 **S** REAL,- SB-WARENHAUS GMBH | TeamWFP: WFP WERBEAGENTUR FELSKE + PARTNER, WFP2 GESELLSCHAFT FÜR INTERAKTIVE KOMMUNIKATION, Mönchengladbach

GROSS- UND FACHHANDEL

78 **B** UNILEVER DEUTSCHLAND GMBH | POINT HAMBURG Werbeagentur, Hamburg
80 **V** BAYERNLAND EG | Lingner Marketing, Fürth
81 **M** BY MAREI EINRICHTUNGSKONZEPTE AG | Agentur am Flughafen, Altenrhein

N° 3

DIENSTLEISTUNGEN / B2C
BANKEN, SPARKASSEN, INVESTMENT

32 **B** HYPOVEREINSBANK / UNICREDIT BANK AG | Kolle Rebbe, Hamburg
35 **S** STAR FINANZ-SOFTWARE ENTWICKLUNG UND VERTRIEB, Hamburg
36 **S** SWITZERLEND AG | Agentur am Flughafen, Altenrhein
37 **S** VOLKSBANK VORARLBERG E. GEN. | zurgams kommunikationsagentur, Dornbirn

VERSICHERUNGEN

38 **B** TECHNIKER KRANKENKASSE KDÖR | elbkind, Hamburg
40 **S** ACV AUTOMOBIL-CLUB VERKEHR E. V. | DUNCKELFELD, Köln
41 **S** TECHNIKER KRANKENKASSE KDÖR | elbkind, Hamburg

ENERGIEVERSORGUNG

42 **S** H. MAURER GMBH & CO. KG | teufels, Rottweil

GASTRONOMIE

43 **V** BERLIN BURRITO COMPANY GMBH | Frederik & Labots WA, Berlin

TOURISMUS UND VERKEHR

44 **B** DB MOBILITY LOGISTICS AG | Ogilvy & Mather Germany, Frankfurt am Main
46 **V** BUNTE HOTEL FISCHER AM SEE GMBH & CO. KG | ATTACKE Werbeagentur, Ulm
47 **V** CONDOR FLUGDIENST GMBH | S/COMPANY · Die Markenagentur, Fulda
49 **M S** DB MOBILITY LOGISTICS AG | Ogilvy & Mather Germany, Frankfurt am Main

TELEKOMMUNIKATION

54 **M S** SWISSCOM AG | Heimat Werbeagentur, Berlin

GESUNDHEITSKOMMUNIKATION

57 **V** ALPCURA FACHKLINIK ALLGÄU BETRIEBSGESELLSCHAFT MBH | schmiddesign, Kempten
58 **V** DR. WILLMAR SCHWABE GMBH & CO. KG | ISGRO Gesundheitskommunikation, Mannheim
59 **V** MEDIUS KLINIKEN GGMBH | FISCHER & FRIENDS Werbeagentur, Bad Mergentheim

WEITERE DIENSTLEISTUNGEN

62 **V** CLEANCAR AG | DIE WERBTÄTIGEN, Düsseldorf
65 **V** OCW OBERSCHEIDER CAR WORLD GMBH | Ender Werbung, Lustenau
66 **V** RAVENSBURGER AG | Schindler Parent, Meersburg
68 **M S** TIPP24 SERVICES LTD. | Überground, Hamburg
70 **V** WIFI - WIRTSCHAFTSFÖRDERUNGSINSTITUT DER WIRTSCHAFTSKAMMER VORARLBERG KDÖR | zurgams Kommunikationsagentur, Dornbirn

DIENSTLEISTUNGEN / B2B
BAUWIRTSCHAFT

71 **B** RHOMBERG BAU GMBH | die3 Agentur für Werbung und Kommunikation, Dornbirn
74 **S** DAW SE | Jochen Grauer, Marken- und Kommunikationsberatung, Lindau
76 **V** INTEMANN GMBH | Ender Werbung, Lustenau
78 **V** REHAU AG + CO | Lingner Marketing, Fürth
79 **S V** RHOMBERG BAU GMBH | die3 Agentur für Werbung und Kommunikation, Dornbirn

TELEKOMMUNIKATION

82 **M** DEUTSCHE TELEKOM AG | ORANGE COUNCIL, Hamburg

WEITERE DIENSTLEISTUNGEN

83 **B** DICTION AG | Agentur am Flughafen, Altenrhein
85 **V** FR. LÜRSSEN WERFT GMBH & CO.KG | Frese & Wolff Werbeagentur, Oldenburg
86 **V** HAU GMBH & CO. KG | querformat, Crailsheim

N° 4

MEDIEN UND KOMMUNIKATION / B2C
TV UND RADIO

40 **M** SEVENONE ADFACTORY, Unterföhring

INDEX DER AUFGENOMMENEN ARBEITEN

PUBLIKATIONEN

41 **B** KLASSIK GARAGE KRONBERG GMBH & CO. KG | Change Communication, Frankfurt am Main
44 **V** DUMONT MEDIENGRUPPE GMBH & CO. KG | Intevi Werbeagentur, Köln
45 **S** GRUNER + JAHR GMBH & CO. KG | MAYD, Hamburg
46 **M** STYLIGHT GMBH | SERVICEPLAN / PLAN.NET, München

ONLINE-PLATTFORMEN/-DIENSTE

48 **B** MG GERMANY GMBH | SERVICEPLAN / PLAN.NET, München
50 **M** ARD-AKTUELL, TAGESSCHAU.DE | LA RED, Hamburg
51 **S** UNIVERSAL MUSIC GMBH | DUNKELFELD, Köln

WERBUNG, PR, EVENT, MESSE, BERATUNG

52 **B** FISCHERAPPELT, Hamburg
54 **V** ATELIER DAMBÖCK MESSEDESIGN, Neufinsing bei München
56 **V** BODENSEECREW WERBEAGENTUR, Konstanz
58 **S** DIE3 AGENTUR FÜR WERBUNG UND KOMMUNIKATION, Dornbirn
60 **S** DIECKERTSCHMIDT, Berlin
64 **V** MEDIA RESOURCE GROUP GMBH & CO. KG | Lehanka Kommunikationsagentur, Fichtenau-Rötlein

WEITERE MEDIEN / KOMMUNIKATION

66 **S** ARGE DIGITAL EXCELLENCE | act&react Werbeagentur, Dortmund
67 **V** FOUNDERS FOUNDATION GGMBH | STEUER Marketing und Kommunikation, Bielefeld

GESELLSCHAFT, SOZIALES UND KULTUR / B2C

VEREINE, VERBÄNDE, GEMEINSCHAFTEN, STIFTUNGEN

68 **B** KREBSGESELLSCHAFT NORDRHEIN-WESTFALEN E.V. | DIE WERBTÄTIGEN, Düsseldorf
70 **M S** DEUTSCHE SYNÄSTHESIE-GESELLSCHAFT E.V. | denkwerk, Köln
72 **S** NABU – NATURSCHUTZBUND DEUTSCHLAND E.V. | BALLHAUS WEST | Agentur für Kampagnen, Berlin
73 **M** STIFTUNG DEUTSCHE KREBSHILFE | Heimat Werbeagentur, Berlin
74 **S** STIFTUNG JUGEND FORSCHT E.V. | Wynken Blynken & Nod, Hamburg
75 **V** STIFTUNG LIEBENAU | Schindler Parent, Meersburg
76 **M** INTERACTIVE MEDIA FOUNDATION, Berlin

ÖFFENTLICHE / STAATLICHE INSTITUTIONEN, STÄDTE UND KOMMUNEN

77 **B** BERLINER STADTREINIGUNG (BSR) ADÖR | Peperoni Werbe- und PR-Agentur, Potsdam
80 **V** BAYERISCHES STAATSMINISTERIUM DES INNERN, FÜR BAU UND VERKEHR | brainwaves, München
81 **M** BUNDESMINISTERIUM DES INNERN | fischerAppelt, Berlin
82 **V** ERZBISCHÖFLICHES ORDINARIAT MÜNCHEN | brainwaves, München
83 **V** EWG MBH | concept X, Rheine
84 **V** MINISTERIUM DER FINANZEN DES LANDES NRW KDÖR | KreativRealisten, EMS & P Kommunikation, Puhlheim
86 **S** FUF // FRANK UND FREUNDE, Stuttgart
87 **V** STAATSKANZLEI RHEINLAD-PFALZ | concept X, Rheine
88 **V** STADT NEU-ULM KDÖR | FISCHER & FRIENDS Werbeagentur, Bad Mergentheim

ORGANISATIONEN

90 **M B S** FREIE DEMOKRATISCHE PARTEI | Heimat Werbeagentur, Berlin

KUNST, KULTUR UND SPORT

100 **V** ARCHITEKTENKAMMER BADEN-WÜRTTEMBERG | FUF // Frank und Freunde, Stuttgart
101 **V** MT SPIELBETRIEBS- U. MARKETING AG | sxces Communication, Kassel

RECRUITING, MITARBEITERKOMMUNIKATION

103 **B** BEISELEN GMBH | ATTACKE Werbeagentur, Ulm
106 **S** ACCENTURE DIENSTLEISTUNGEN GMBH | BALLHAUS WEST | Agentur für Kampagnen, Berlin
107 **V** MAYER PERSONALMANAGEMENT GMBH | die3 Agentur für Werbung und Kommunikation, Dornbirn
108 **S** PERM4 | Permanent Recruiting GmbH | dieckertschmidt, Berlin
110 **S** RHOMBERG BAU GMBH | die3 Agentur für Werbung und Kommunikation, Dornbirn
112 **V** SCHÜCHTERMANN-KLINIK BAD ROTHENFELDE GMBH & CO. KG | team4media, Osnabrück

ECON BRANCHENVERGLEICH 2018 _ N° 3 AGENTUR DES JAHRES

Agentur-ranking

AGENTUR	PUNKTE (VORJAHR)
HEIMAT, BERLIN	**37 (43)**
ELBKIND	19 (5)
DENKWERK	13 (6)
OGILVY & MATHER GERMANY	11 (16)
AGENTUR AM FLUGHAFEN	10 (–)
SERVICEPLAN / PLAN.NET	10 (18)
LA RED	8 (–)
ÜBERGROUND	8 (5)
ORANGE COUNCIL	5 (6)
SEVENONE ADFACTORY	5 (–)
WAVEMAKER	5 (–)
FISCHERAPPELT	5 (2)
HEINE WARNECKE	3 (1)
INTERACTIVE MEDIA FOUNDATION	3 (–)

IM RANKING BERÜCKSICHTIGT:
MEGAPHON IN GOLD: 7 PUNKTE
MEGAPHON IN SILBER: 5 PUNKTE
MEGAPHON IN BRONZE: 3 PUNKTE
BESTER DER BRANCHE: 1 PUNKT
GRAND PRIX (IN 2018 NICHT VERGEBEN): 10 PUNKTE

WWW.ECONFORUM.DE/MEGAPHON-AWARDS

Econ Megaphon Awards 2018: Die Jury

IN DIE JURY DER ECON MEGAPHON AWARDS BERUFEN WIR AUFTRAGGEBER VON UNTERNEHMENSSEITE, KREATIVE UND STRATEGEN AUS AGENTUREN SOWIE VERTRETER DER MEDIEN UND WISSENSCHAFT. UNSERE JURY WIRD JÄHRLICH NEU ZUSAMMENGESTELLT.

Fotos _Thomas Rosenthal

01 _ Peter Heinlein (Autor, Moderator und Kommunikationsberater)

02 _ Prof. Kora Kimpel (Professorin für Interface- und Interactiondesign Universität der Künste Berlin (UDK))

03 _ Dr. Jochen Kalka (Chefredakteur aller Titel des Verlags Werben & Verkaufen, München)

04 _ Prof. Matthias Spaetgens (Partner und Chief Creative Officer Scholz & Friends)

05 _ Fränzi Kühne (Mitgründerin und Geschäftsführerin Torben, Lucie und die gelbe Gefahr)

06 _ Ute Poprawe (Managing Director Publicis Pixelpark Frankfurt)

07 _ Mag. Andreas Johler (Marketing Director Coca-Cola Deutschland)

08 _ Anne-Friederike Heinrich (zum Zeitpunkt des Jurymeetings Chefredakteurin Werbewoche und Werbewoche Branchenreports, Zürich)

09 _ Pia Betton (Partnerin Edenspiekermann)

10 _ Michael Beer (Leiter Marketingkommunikation Berliner Verkehrsbetriebe (BVG))

NICHT AUF DEM BILD, ABER AN DER BEWERTUNG BETEILIGT

Alexander Becker (Redaktionsleiter Meedia GmbH & Co. KG)

Marlene Auer (Chefredakteurin Manstein Verlag)

Johannes Kleske (Strategieberater und Zukunftsforscher, Geschäftsführer Third Wave)

Winners' Dinner 2018

IMPRESSIONEN DER PREISVERLEIHUNG AM 01. FEBRUAR 2018 IN BERLIN

WINNERS' DINNER 2018

01 Die Megaphone stehen bereit für die Preisverleihung.

02 Der Veranstaltungsort Beef Grill Club im Titanic Hotel, Berlin

03 Jan C. Schultchen, Ulrich Zünkeler, Michael Barche, Norbert Thomas, Bernd Zöllner, Edgar Walthert (hintere Reihe), Georg Krefeld, Johanna Molitor (mittig), Miriam Nolte, Johannes Heß und Ludger Molitor (vordere Reihe) von Orange Council

04 Jochen Rabe, Susanne Keller (Tipp24) und Ute Ressler (Überground) (v.l.n.r.)

05 Miriam Nolte, Johannes Heß und Michael Barche (Orange Council, v.l.n.r.)

06 Aline von Drateln führte durch den Abend.

07 Ute Ressler, Juli Kretsu, Heike Vollmeier und Florian Wiesener (Überground, v.l.n.r.) nehmen die Auszeichnung als Newcomer-Agentur des Jahres entgegen.

08 Jürgen Diessl (Verlagsleiter Econ) unterhält sich …

09 … mit Ann-Kathrin Kübler (Werbewoche Schweiz).

10 Peter Roemmelt und Roland Stauber (Ogilvy & Mather) mit Marlis von Schleyer (Deutsche Bahn, v.l.n.r.)

11 Arne Stach, Alexander Münzer und Christine Ramm von HEIMAT, Berlin (v.l.n.r.)

12 Giorgina Freund, Peter Roemmelt, Dr. Stephan Vogel (Ogilvy & Mather), Marlis von Schleyer und Markus Fälsch (Deutsche Bahn, v.l.n.r.)

Fotos _ Thomas Rosenthal und Jan Kobel

MEGAPHONPREISTRÄGER

01 Malte Bülskaemper
02 Kathrin Eiglsperger
03 Guido Heffels
04 Roman Jud
05 Franziska-Maria Kaul
06 Anja Michel
07 Alexander Münzer
08 Arne Stach

HEIMAT, Berlin

MEGAPHONPREISTRÄGER
**SILBER
BRONZE
„#SNOWDRAWINGS"**
SWISSCOM AG, S. 14

MEGAPHONPREISTRÄGER
**BRONZE
„UNLOCK SWITZERLAND"**
SWISSCOM AG, S. 15

STIMMEN DER JURY

JURORIN _ PROF. KORA KIMPEL, PROFESSORIN FÜR INTERFACE- UND INTERACTIONDESIGN AN DER UNIVERSITÄT DER KÜNSTE BERLIN (UDK)

„Besonders gut haben mir die technische Umsetzung mit dem Schneeroboter und die Übertragung der digitalen Kommunikation in eine reale Umwelt an einem besonderen Ort, der auch eine ganz eigene Ästhetik und besondere Bedingungen mitbringt, gefallen. Es ist schwierig, an so einem Ort Kommunikation überhaupt sichtbar zu machen. Eine sehr direkte Kommunikation mit den Sportlern – über den Umweg des Digitalen."

SWISSCOM AG
#snowdrawings

Welches war die größte technische Herausforderung?

AM, AS, MB _ Die größte technische Herausforderung war es, ein sehr exaktes GPS zu entwickeln, damit die Schrift im Schnee wirklich gut lesbar ist. Herkömmliches GPS wäre nicht genau genug gewesen. Die Schneepflüge mussten so umgebaut werden, dass sie eigenständig, fehlerfrei und sehr akkurat die Botschaften der Fans in den Schnee fräsen konnten. Zusätzlich musste eine eigene Schrift entwickelt werden, damit sich das gesamte Bild als „One-Line-Drawing" realisieren ließ.

Das gesamte Interview finden Sie auf unserer Webseite.
ecfo.me/ga_hmt4
Beitragscredits auf S. 54 F.

MEGAPHONPREISTRÄGER
SILBER OUT OF HOME
BRONZE DIGITALE MEDIEN

DIENSTLEISTUNGEN / B2C

TELEKOMMUNIKATION

OUT OF HOME (AKTIVITÄTEN) / DIGITALE MEDIEN (DIGITALE KAMPAGNE)

MEGAPHONPREISTRÄGER
BRONZE DIGITALE MEDIEN

DIENSTLEISTUNGEN / B2C
TELEKOMMUNIKATION
DIGITALE MEDIEN (MOBILE APPS)

SWISSCOM AG

Unlock Switzerland

Wie haben Sie den idealen Ort für den Getränkeautomaten gefunden? – Mussten viele Wanderungen unternommen werden?

AM, AS und MB _ Zum einen musste es natürlich ein beliebter und daher hoch frequentierter Wanderweg sein. Zum anderen musste es ein Ort sein, an dem nur Swisscom ein Netz hat. Die Locations, die diese Kriterien erfüllten, haben wir uns dann genauer angesehen. Auch sollte der Ort eine gewisse visuelle Attraktivität bieten. Nach intensiver Locationsuche und dem Abgleich all dieser Schnittmengen haben wir uns gemeinsam für den Ort in der Nähe von Weisstannen entschieden.

Das gesamte Interview finden Sie auf unserer Webseite.
ecfo.me/ga_hmt1
Beitragscredits auf S. 56

STIMMEN DER JURY

JUROR _ ALEXANDER BECKER, REDAKTIONSLEITER BEI DER MEEDIA GMBH & CO. KG

„Swisscom Kunden durften sich über eine Erfrischung freuen, alle anderen mussten dagegen durstig weitergehen, noch eindrücklicher lässt sich ein Wettbewerbsvorteil wohl kaum kommunizieren. Der Getränkeautomat wurde zum vollen Erfolg und die Aktion fleißig auf Social Media geteilt."

01 Taner Ercan
02 Giorgina Freund
03 Holger Gaubatz
04 Sinya Horwedel
05 Mathias Köhler
06 Simon Oppmann
07 Peter Römmelt
08 Asli Sahin
09 Roland Stauber
10 Claudia Vaternahm
11 Dr. Stephan Vogel

Ogilvy & Mather

MEGAPHONPREISTRÄGER
SILBER
„DIE ZUKUNFT DER MOBILITÄT"
DB MOBILITY LOGISTICS AG, S. 18 F.

MEGAPHONPREISTRÄGER
SILBER
„MEHR TOLERANZZEIT"
DB MOBILITY LOGISTICS AG, S. 20 F.

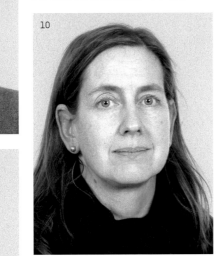

DB MOBILITY LOGISTICS AG

Die Zukunft der Mobilität

MEGAPHONPREISTRÄGER
SILBER FILM

DIENSTLEISTUNGEN / B2C

TOURISMUS UND VERKEHR

FILM (SPOT)

Vor welchen Kommunikationsherausforderungen steht die Deutsche Bahn Ihrer Meinung nach?

Peter Roemmelt_ Die Bahn steht vor den gleichen Herausforderungen wie jedes andere Unternehmen. Immer mehr Kommunikation und immer mehr Content trifft auf immer weniger Interesse. Da wird man mit Mainstream-Kommunikation kaum noch wahrgenommen. Das bedeutet im Umkehrschluss, dass Unternehmen ihre Komfortzone verlassen müssen, um kommunikativ etwas zu bewegen.

Das gesamte Interview finden Sie auf unserer Webseite.
ecfo.me/ga_glv2
Beitragscredits auf S. 50

STIMMEN DER JURY

JUROR _ MATTHIAS SPAETGENS, PARTNER UND CHIEF CREATIVE OFFICER VON SCHOLZ & FRIENDS

„Autonomes Fahren ist ein aktuelles Topthema der Automobilindustrie. Die Deutsche Bahn zeigt mit dem Spot „Die Zukunft der Mobilität", dass sie die Annehmlichkeiten, die selbstfahrende Autos heute zu versprechen scheinen, schon immer bietet. Die Idee ist filmisch auf höchstem Niveau umgesetzt und unterhaltend erzählt."

STIMMEN DER JURY

JURORIN _ ANNE-FRIEDERIKE HEINRICH, CHEFREDAKTEURIN DER WERBEWOCHE UND DER WERBEWOCHE BRANCHEN-REPORTS IN ZÜRICH

„Da schnappt sich die Deutsche Bahn eines der gängigsten Klischees, die Ausländerin mit Kopftuch, und speist im ersten Teil des Spots alle Vorurteile, die damit verknüpft sind, um dann aufs Schönste mit allen Erwartungen zu brechen. Der Zuschauer ist genauso überrascht wie der Mitfahrer im Spot und fühlt sich in seinen innersten Gedanken ertappt. Heilsam, wirksam, ein gut getexteter, perfekt gecasteter und schön gefilmter Knaller voller Symbolik, der noch lange nachwirkt. Nie war mir die Deutsche Bahn so sympathisch. Werde mal wieder damit fahren."

MEGAPHON-PREISTRÄGER SILBER
DIGITALE MEDIEN

DIENSTLEISTUNGEN / B2C

TOURISMUS UND VERKEHR

DIGITALE MEDIEN (SOCIAL-MEDIA-AKTIVITÄT)

DB MOBILITY LOGISTICS AG
Mehr ToleranzZeit

Welche Reaktionen auf das Facebook-Video haben Sie besonders überrascht?

*Peter Roemmelt_* Die Tatsache, dass das Video auch international zum Thema wurde und zum Beispiel von der BBC, der Huffington Post oder TRT, dem größten türkischen TV-Sender, besprochen wurde. Weniger überraschend war, dass der Film extrem polarisiert hat. Er wurde zwar von vielen geliebt, aber aus der rechten Ecke auch mit unzähligen Hasskommentaren attackiert.

Das gesamte Interview finden Sie auf unserer Webseite.
ecfo.me/ga_glv1
Beitragscredits auf S. 49

MEGAPHONPREISTRÄGER

01 Michael Barche
02 Andreas Geyer
03 Amely Spötzl
04 Bernd Zöllner
05 Dr. Berhard Zünkeler
06 Ulrich Zünkeler

Orange Council

MEGAPHONPREISTRÄGER
SILBER
„REFRESH TELEKOM HEADQUARTER"
DEUTSCHE TELEKOM AG, S. 23 F.

Welchen Filmtitel würden Sie der Arbeit an diesem Case geben?

Dr. Bernhard Zünkeler _ ER (Emergency Room), Arbeitsräume werden mehrheitlich in ihrer Bedeutung unterschätzt, sind aber auf vielen Ebenen für Unternehmen extrem wichtig. Die Bedeutung des JETZT und der Unterschied von MACHEN und SEIN tritt in der Hektik des Alltags oft in den Hintergrund.

Die Projektverantwortlichen der Deutschen Telekom haben das erkannt. Im Zuge der Digitalisierung und Dezentralisierung wird oft vergessen, dass Räume Ankerpunkte, Inspirationsquellen und Identifikationsorte sind, die Kooperation befördern. in diesem Sinne wurde aktiv und schnell gehandelt.

Das gesamte Interview finden Sie auf unsere Webseite zum Nachlesen.
ecfo.me/ga_oc
Beitragscredits auf S. 82

DEUTSCHE TELEKOM AG # Refresh Telekom Headquarter

STIMMEN DER JURY

JURORIN _ MARLENE AUER, CHEFREDAKTEURIN BEIM MANSTEIN VERLAG

„Die Umgestaltung einer Unternehmenszentrale ist eine große Herausforderung. Es geht nicht nur darum, das passende Design zu finden sondern auch eine Atmosphäre zu schaffen in der sich die Mitarbeiter wohl fühlen. Im Falle der Telekom ist das gelungen. Bei der künstlerischen Auseinandersetzung mit der vorhandenen Firmen–DNA wurden die Mitarbeiter einbezogen. So entstand eine Raumgestaltung, die sich spürbar durch Kreativität und Verbundenheit zum Unternehmen auszeichnet."

MEGAPHONPREISTRÄGER SILBER B2B–KAMPAGNE

DIENSTLEISTUNGEN / B2C

TELEKOMMUNIKATION

INNOVATION

MEGAPHONPREISTRÄGER

01 Sadet Dayan
02 Jo Marie Farwick
03 Danilo Klöfer
04 Dzhulyetta Kretsu
05 Anna Meissner
06 Ute Ressler
07 Fred Schreitmüller
08 Heike Vollmeier
09 Kathi Walter
10 Florian Wiesener

Über-
ground

MEGAPHONPREISTRÄGER
SILBER
„DANKE MILLION"
TIPP24 SERVICES LTD., S. 28 F.

AUTOR _ PETER HEINLEIN

Managerin Keller, Head of Brand and Marketing für das Online-Lotto Tipp24, war durch die Berichterstattung über die erste Arbeit von Uberground aufmerksam geworden. Schon dabei war Jo mit ihrem Kreativkollektiv „aufs Ganze" gegangen. Für das Münchner Fitness-Startup „Freeletics" entwickelten sie und ihr Kollege Nicolas Ronacher ein ganzheitliches Kampagnenkonzept von Strategie, Ausführung bis hin zur kanalübergreifenden Auslieferung und Aktivierung von Kunden. Mit unglaublichem Engagement ergänzte sie das Minibudget durch gnadenlose Selbstausbeutung und brachte Freeletics in Rekordzeit 48 Millionen Kontakte. Für BMW wurde die kraftvolle Schwarz-Weiß-Bildsprache plagiiert, es regnete Preise und Anerkennung. Spiel, Satz, Sieg – mit einem Ass.

Lesen Sie online das komplette Porträt der Newcomer-Agentur des Jahres!
ecfo.me/ga_nwcmr

STIMMEN DER JURY

JUROR _ ALEXANDER BECKER, REDAKTIONSLEITER BEI DER MEEDIA GMBH & CO. KG

„Davon träumen wir alle: einmal im Lotto gewinnen. Und dann? Dann nehmen wir uns – zumindest im Traum – immer vor, einen Teil des Gewinns abzugeben: an Freunde, Eltern und andere. Damit das auch wirklich passiert, übernimmt Tipp24 nun diesen Job. Eine kleine, hübsche und vor allem nah an der Realität entwickelte Idee und Kampagne."

TIPP24 SERVICES LTD.

DANKE MILLION

MEGAPHONPREISTRÄGER
SILBER FILM

DIENSTLEISTUNGEN / B2C
WEITERE DIENSTLEISTUNGEN
FILM (VIRAL)

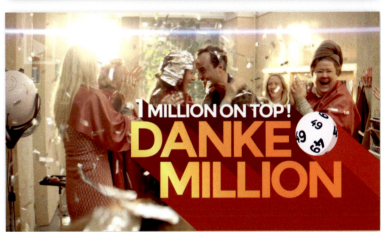

Wie entstand die Idee zur DANKE MILLION, und konnten Sie Tipp24 gleich davon überzeugen?
Jo Marie Farwick _ Die Idee entstand im Willen, eine bis dato austauschbare Marke wie Tipp24 besser zu differenzieren. Und weil wir einen super Prozess mit dem Kunden hatten, mussten wir ihn nicht erst überzeugen, denn er war von Anfang an auf unserer Seite und sehr involviert.

Das gesamte Interview finden Sie auf unserer Webseite.
ecfo.me/ga_ueber2
Beitragscredits auf S. 69

32
**KAMPAGNEN/
EINZELARBEITEN**
Beste der Branche
Shortlist der Jury
Branchenvergleich

UNICREDIT BANK AG / HYPOVEREINSBANK

„UniCredit Bank, International Business"

KOLLE REBBE GMBH / HAMBURG

01 Fabian Frese
02 Senjel Gazibara
03 Sandra Gelewski
04 Jan Hoffmeister
05 Heiko Notter
06 Alina Petzinna
07 Simon Jasper Philipp
08 Birte Rössner
09 Maik Sperling
10 Gerrit Steffen

Welche Herausforderungen gab es bei der Ideenfindung und/oder Umsetzung?

Heiko Notter _ Die größte Herausforderung bestand darin, eine maßgeschneiderte User-Journey in einem kompetitiven Umfeld mit extrem hoher Werbedichte zu entwickeln.

Das gesamte Interview finden Sie auf unserer Webseite.
ecfo.me/ga_kllrbb

DIENSTLEISTUNGEN / B2C

BANKEN / SPARKASSEN / INVESTMENT

OUT OF HOME / MEDIEN

UniCredit Bank AG / Hypo-Vereinsbank / UniCredit Bank, International Business

Die UniCredit und die HypoVereinsbank begleiten Unternehmer international. Um das noch bekannter zu machen, überraschten wir sie an Flughäfen. Mit 48 CLPs entlang der Laufwege, vom Eingang bis zum Gate. Via Geo-Targeting zeigten wir passende Botschaften in Finanz-Apps. An den Gates und am Gepäckband steuerten wir Motive spezifisch aus – je nach Ziel und Herkunft. Ergebnis: optimale Werbewirkung trotz kleinem Budget. So lag die Verweildauer auf der Landingpage bei durchschnittlich 7,5 Minuten. ▶

DIENSTLEISTUNGEN / B2C

BANKEN / SPARKASSEN / INVESTMENT

OUT OF HOME / MEDIEN

UniCredit Bank AG / Hypo-Vereinsbank / UniCredit Bank, International Business

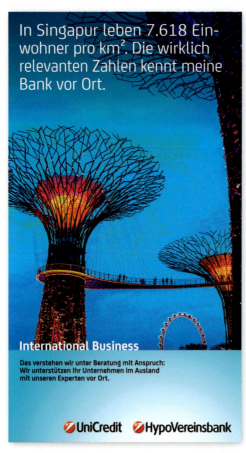
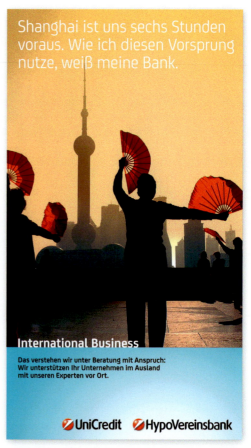
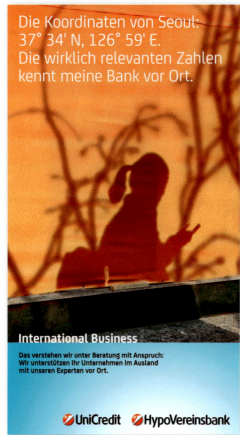

KUNDE UniCredit Bank AG, München MEDIA PLANNING Andrea Janas BRAND MANAGEMENT Anja Matthäus AGENTUR Kolle Rebbe GmbH, Hamburg CREATIVE DIRECTOR Simon Jasper Philipp / Heiko Notter / Sandra Gelewski TEXT Gerrit Steffen / Jan Hoffmeister ART DIRECTOR Senjel Gazibara GRAFIK Birte Rössner / Annika Schröder / Andreas Manthey BERATUNG Alina Petzinna / David Wilfert / Andrea Suchanek PRODUCER Sascha Bugai / Kathrin Kleyh BILDBEARBEITUNG Tommy Szewczuk POST PRODUCTION Mike Sperling

DIENSTLEISTUNGEN / B2C

BANKEN / SPARKASSEN / INVESTMENT

DIGITALE MEDIEN / MOBILE / APPS

Zehn Sparkassen aus ganz Deutschland / yomo – das Girokonto für dein Smartphone powered by Sparkasse

Banking muss sich nicht kompliziert und schwierig anfühlen. Und genau das verlangt heutzutage eine junge, digital orientierte Zielgruppe. Das bedeutet, die Entwicklung von yomo fokussiert sich auf die Bedürfnisse der Zielgruppe, und die yomo-App wird mit der Zielgruppe gemeinsam entwickelt. Dafür wurden die Medien-Website, Twitter, Instagram, Slack als Online-Community und Events genutzt. Innerhalb von wenigen Wochen wurden mehr als 5.000 Betatester gewonnen, die aktiv das Produkt mitgestalten.

yomo ist ein appbasiertes Girokonto für das Smartphone und richtet sich an die mobile Generation. Kunden können das yomo-Konto über die App eröffnen und sofort nutzen. Neue Funktionen werden immer direkt mit der Zielgruppe gemeinsam entwickelt und getestet. yomo ist powered by Sparkasse.

https://yomo.de/ddc-meets-yomo

KUNDE Zehn Sparkassen aus ganz Deutschland AGENTUR Star Finanz-Software Entwicklung und Vertriebs GmbH, Hamburg VORSITZENDER DER GESCHÄFTSFÜHRUNG Bernd Wittkamp ABTEILUNGSLEITER Artjom Petersen PRODUCT OWNER Andreas Haupt KOMMUNIKATION Kim Rauprich KREATION Johannes Zimmer FOTOGRAFIE Walter Glöckle

DIENSTLEISTUNGEN / B2C

BANKEN / SPARKASSEN / INVESTMENT

FILM / SPOT

Switzerlend AG / De Hueber brucht Geld (Huber braucht Geld)

Das Start-up-Unternehmen lend.ch sorgt mit crowdbasierter Kreditvergabe für Demokratisierung (ohne Bank) im Konsumkreditgeschäft. Auf seiner Plattform bringt es Kreditgeber und -nehmer zusammen. Daraus resultieren attraktive Direktanlagemöglichkeiten mit überdurchschnittlicher Rendite sowie tiefe Leihzinsen.

Sowohl das Thema Crowdlending wie auch die Marke lend.ch waren bis dato praktisch unbekannt. Um dem Abhilfe zu schaffen, wurde ein Spot kreiert, der nicht nur die Einfachheit von Crowdlending erklärt, sondern auch für Conversion sorgt.

KUNDE Switzerlend AG, Zürich (Schweiz) FOUNDER Andy Siemers / Michel Lalive PARTNER Claudio Schneider AGENTUR Agentur am Flughafen AG, Altenrhein (Schweiz) CREATIVE DIRECTOR / STORY René Eugster TEXT Patrick Lindner BERATUNG / MEDIA Miriam Egli KOORDINATION Julia Lüchinger ART DIRECTOR Dominique Rutishauser INTERACTIVE MEDIA DESIGNER Katharina Eugster FILMPRODUKTION who's mcqueen picture GmbH MANAGING DIRECTOR Philipp Petersson EXECUTIVE PRODUCER Kalle Petersson PRODUCER Debby Caplunik REGIE Jyri Pasanen KAMERA Felix von Muralt

DIENSTLEISTUNGEN / B2C

BANKEN / SPARKASSEN / INVESTMENT

PRINT / ANZEIGE

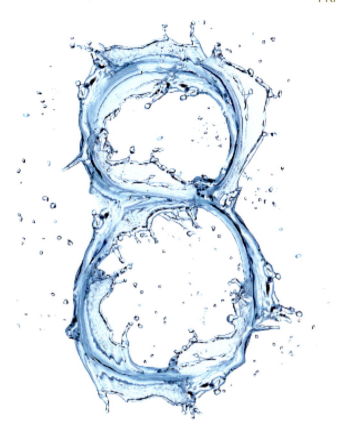

Volksbank Vorarlberg e. Gen. / Achtsam

Das Private Banking der Volksbank Vorarlberg setzt in Anlageentscheidungen auf die Berücksichtigung von wirtschaftlichen, ökologischen und sozialen Gesichtspunkten. Unter der neu geschaffenen Marke „Achtsam" wird der achtsame Investmentansatz im Private Banking über sämtliche Produkt- und Anlagebereiche hinweg implementiert und beworben. Das Motiv des „Wasser-8ers" ist das Leadmotiv. Der „8er" symbolisiert dabei auch die acht Prinzipien in der Anlagestrategie der Volksbank Vorarlberg.

WIR GEBEN 8 AUF IHR GELD.
UND AUF DIE WELT.

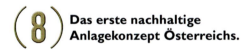

Immer mehr unserer Kunden achten bei Investments nicht nur auf wirtschaftliche, sondern auch auf ökologische und soziale Kriterien. Unser nachhaltiges Anlagekonzept (8) berücksichtigt diese Wünsche, investiert gezielt in nachhaltige Segmente und vermeidet Investments in unethische Branchen wie die Waffen- und Tabakindustrie. Ergebnis: Gute Erträge mit gutem Gewissen.

Erfahren Sie mehr über die acht Prinzipien der nachhaltigen Geldanlage:
www.private-banking.at

KUNDE Volksbank Vorarlberg e. Gen., Rankweil (Österreich) MARKETINGLEITUNG Tina Schwärzler GESCHÄFTSFÜHRUNG Petra Stieger / Gerhard Hamel AGENTUR zurgams kommunikationsagentur GmbH, Dornbirn (Österreich) BERATUNG / CREATIVE DIRECTOR Jörg Ströhle ART DIRECTOR Thomas Gschossmann TEXT Ono Mothwurf / Jörg Ströhle GRAFIK Mathias Märzinger FOTOGRAFIE Fotolia

TECHNIKER KRANKENKASSE
KÖRPERSCHAFT DES ÖFFENTLICHEN RECHTS

„Die Techniker, die Ultrawearables"

ELBKIND GMBH / HAMBURG

01 Nils Dreyer
02 Philipp Goehrs
03 Stefan Rymar
04 Melanie Wagner

Welche Herausforderungen gab es bei der Ideenfindung und/oder Umsetzung?

Stefan Rymar _ Es ist in jeder Kreationsabteilung natürlich erst mal eine große Herausforderung, wenn man entgegen dem aktuellen Emotionstrend sehr technisch kommunizieren will. Gerade im Social Web. Wo Menschlichkeit vor allem steht. Und genau hier liegt auch das Besondere an der Idee. Wir haben Bewusstsein für die Technik hinter dem Menschlichen geschaffen.

Das gesamte Interview finden Sie auf unserer Webseite.
ecfo.me/ga_lbknd2

DIENSTLEISTUNGEN / B2C

VERSICHERUNGEN

DIGITALE MEDIEN / DIGITALE KAMPAGNE

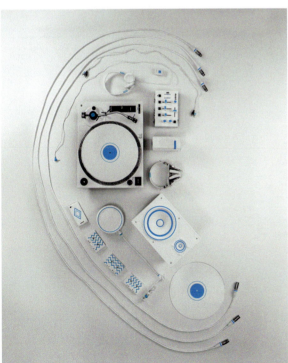

**Techniker Krankenkasse Körperschaft des öffentlichen Rechts /
Die Techniker, die Ultrawearables**

Eine junge, digitale Zielgruppe sollte für das Thema Gesundheit und darüber hinaus für das neue Image der Techniker begeistert werden.
Junge Menschen sind vernarrt in Technik. Und in sich selbst. Wearables sind Trend. Dabei ist die beste Technik menschlich. Keine Technologie dieser Welt kann der Soft- und Hardware in unserem Körper das Wasser reichen. Und darum sollte auch kein Wearable wichtiger und schützenswerter sein als die, die wir seit unserer Geburt mit uns herumtragen.
Wir haben also verschiedene Körperfunktionen umverpackt und als technische Superprodukte vermarktet: die Ultrawearables. Um dann nach und nach aufzuklären, dass diese Ultrawearables nicht zu kaufen sind. Sondern als Gehirn, Hand und Ohr bereits seit Geburt zur Verfügung stehen.
Mit einer umfangreichen Social-Media-Kampagne, einer Microsite, Unboxing-Videos, einem Facebook-Shop und passenden Influencern hat die Techniker Millionen von Kontakten mit ihrer neuen Ausrichtung erreicht und dort für mehr Achtsamkeit für die eigene „Technik" gesorgt.

KUNDE Techniker Krankenkasse Körperschaft des öffentlichen Rechts, Hamburg LEITER KAMPAGNEN UND WERBUNG André Zietlow KAMPAGNEN UND WERBUNG Hella Knipperts / Dr. Thomas Jokerst Gracias / Felix Guschker LEITER CONTENT MARKETING Bruno Kollhorst CONTENT MARKETING Nina Voncken AGENTUR elbkind GmbH, Hamburg CREATIVE DIRECTOR Stefan Rymar ACCOUNT MANAGER Nils Dreyer SENIOR DIGITAL CONSULTANT Melanie Wagner ART DIRECTOR Phillip Göhrs SENIOR KONZEPTER Samuel Moon

DIENSTLEISTUNGEN / B2C

VERSICHERUNGEN

FILM / VIRAL

ACV Automobil-Club Verkehr e.V. / Dummy

So gut wie jeder Autofahrer ist auch Fahrradfahrer – die Kombination von Verkehrsmitteln ist heute Teil der Alltagsmobilität. Aus diesem Grund nimmt der ACV Automobil-Club Verkehr (kurz: ACV) eine neue Zielgruppe ins Visier und erweitert sein Leistungsportfolio um die Pannenhilfe für Fahrradfahrer. Diese Botschaft wurde in einer Online-Kampagne – bestehend aus Film, Landingpage und Webbannern – kommuniziert. Innerhalb des sechsmonatigen Kampagnenzeitraums wurde der Film über fünf Millionen Mal gesehen.

Er war mal ein richtiger Überflieger. Der Protagonist des Online-Films sitzt in der Küche und erinnert sich mit Stolz an seine Karriere als Crashtest-Dummy. Eine beklemmende Laufbahn, die ihn in eine Sinnkrise führte.
Schließlich will er die Welt bereisen und sich von den Ketten seines trostlosen Lebens lösen, weit weg sein von den Hindernissen, die ihm so oft in die Quere kommen. Um seinen Traum von Freiheit zu erfüllen, entdeckt er das Fahrradfahren für sich. Endlich weiß er, was er will – unterwegs sein an der frischen Luft, ohne in Gefahr zu leben, wieder mal als Blechbüchse zu enden.
Seine anfängliche Angst, dass das Fahrradfahren möglicherweise nicht sicher genug sein könnte, verschwindet, als er von den Leistungen des ACV Automobil-Club Verkehr erfährt, in dem neuerdings auch Fahrradfahrer von einem Mobilitätsschutz profitieren.

KUNDE ACV Automobil-Club Verkehr e.V., Köln AGENTUR DUNCKELFELD GmbH, Köln CREATIVE DIRECTOR Dennis Duncker HEAD OF DESIGN Michael Fuchs DESIGN ASSISTANT Vanessa Falk / Louis Rausch PROJECT MANAGAMENT Tobias Kreimer FILMPRODUKTION Lovestone Film GmbH REGIE Josh Patrick Dawson KAMERA / SCHNITT Christian Huck EXECUTIVE PRODUCER Johannes v. Liebenstein PRODUCTION ASSISTANT Sophie Karsten COLOURIST Jan Hartmann CGI DONDON Kähler Pelzer GbR

KUNDE Die Techniker Körperschaft des öffentlichen Rechts, Hamburg LEITER CONTENT MARKETING Bruno Kollhorst CONTENT MARKETING Britta Scholz / Stefan Sander KANALGRUNDSÄTZE UND –STEUERUNG Andreas Lerch / Pierre Hoyer / Chris Matzke AGENTUR elbkind GmbH, Hamburg GESCHÄFTSFÜHRER Stefan Rymar ACCOUNT MANAGER Nils Dreyer CREATIVE DIRECTOR Oliver Grandt PROJEKTLEITER Carina Casten SENIOR DIGITAL MANAGER Melanie Wagner TECHNISCHE KONZEPTION Clemens Grunewald KONZEPTION Julia Dreisbach TECHNISCHER DIENSTLEISTER techdev Solutions GmbH ENTSPANNUNGSEXPERTIN Barbara Kündig

DIENSTLEISTUNGEN / B2C

VERSICHERUNGEN

INNOVATION
DIGITALE MEDIEN / MOBILE / APPS

Techniker Krankenkasse Körperschaft des öffentlichen Rechts / Die Techniker, Alexa Skill „TK Smart Relax"

Stress und Hektik bestimmen den Alltag von immer mehr Menschen. Und sind zunehmend Auslöser zahlreicher, teils schwerwiegender Krankheiten.
Um dieser gesundheitlichen Entwicklung entgegenzuwirken, hat Die Techniker gemeinsam mit elbkind im August 2017 als erste gesetzliche Krankenkasse einen Alexa Entspannungs-Skill veröffentlicht. Und so auch einmal mehr ihre technische Führerschaft unterstrichen, indem sie auf dem zukunftsweisenden Gebiet der sprachbasierten Anwendungen Pionierarbeit geleistet hat.

Der Alexa Skill „Smart Relax" soll allen Alexa Nutzern Entspannung im stressigen Alltag bieten und zeigen, wie die Techniker mittels neuer Technologien die Gesundheit erhält und verbessert. Der Skill hilft dem Nutzer, Stress und Hektik zu entfliehen, zu innerer Ruhe zu finden und neue Energie zu tanken. Der „Smart Relax" Skill enthält ein breites Angebot an Entspannungsübungen und -Sounds sowie Tipps und Vorschläge zu weiterführenden Inhalten der Techniker. Erstmalig deckt ein Skill damit in diesem Segment so viele Bereiche ab. Zielgruppe sind alle deutschsprachigen Alexa Nutzer, unabhängig davon, ob Mitglied der Techniker oder nicht.
Ergebnisse: Smart Relax braucht nur wenige Tage, um für digitalen Applaus zu sorgen. Und hat im ersten Monat bereits 8.500 zufriedene Nutzer mit insgesamt 65.000 Interaktionen.
Die Bedienung ist ganz einfach per Sprachsteuerung möglich. Vorab lädt man einmalig einfach mit dem Smartphone im App-Store die „Amazon Alexa App" herunter. Die wird gebraucht, um den Lautsprecher zu konfigurieren und neue Skills hinzuzufügen. Dann wird der „TK Smart Relax" in der App aktiviert und kann mit der Ansage „Alexa, öffne Smart Relax" geöffnet werden.

www.amazon.de/Die-Techniker-TK-Smart-Relax/dp/B074QM4KKQ

DIENSTLEISTUNGEN / B2C

ENERGIEVERSORGUNG

DIGITALE MEDIEN /
PRODUKT-/SERVICEWEBSEITEN

H. Maurer GmbH & Co. KG /
Microsites

Astronaut oder Anlagenmechaniker? Stuntman oder Flaschner? Mit diesen Fragen und einer digitalen Strategie führen wir junge Menschen zum Handwerk.
Auf zwei Microsites wurde für die Firmengruppe Maurer eine digitale Anlaufstelle für potenzielle Auszubildende geschaffen. Abgeleitet von zwei starken Keyvisuals wird der User auf den beiden One-Sitern auf eine kurze Reise genommen, die mit einem Call-to-Action in Form einer Online-Anfrage bzw. dem Kontakt zu einem persönlichen Ansprechpartner endet.

www.werde-flaschner.de
www.werde-anlagenmechaniker.de

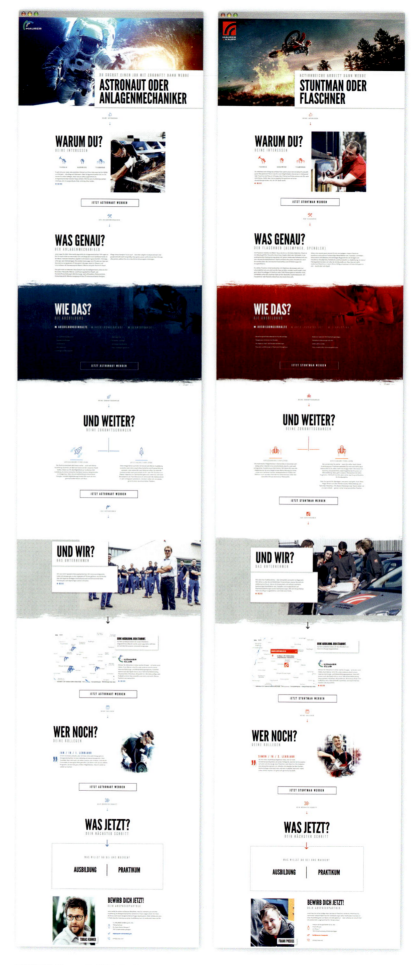

KUNDE H. Maurer GmbH & Co. KG, Schramberg MARKETINGLEITUNG Clemens Maurer AGENTUR teufels GmbH, Rottweil GESCHÄFTSLEITUNG Alexander Teufel / Marco Teufel / Pascal Teufel BERATUNG Marco Teufel / Bastian Müller / Anna Löwl KONZEPTION Marco Teufel / Bastian Müller / Anna Löwl / Sarah Spiegel CREATIVE DIRECTOR Pascal Teufel GRAFIK Robin Popescu ENTWICKLER Marvin Otec / Hendrik Krüger / Timo Bittner / Georg Kathan

DIENSTLEISTUNGEN / B2C

GASTRONOMIE

DIGITALE MEDIEN / SOCIAL-MEDIA-AKTIVITÄTEN

Berlin Burrito Company GmbH /
BERLIN WHAT? ...
BERLIN BURRITO COMPANY!

Wir dachten uns, es gibt viele Dinge bei der BERLIN BURRITO COMPANY, die Currywurst, Döner oder Burger nicht können. Zum Beispiel zwischen den Zähnen knuspern wie ihre Tortilla-Chips. Perfekt in der Hand liegen wie ihr frisch gerollter Burrito. Oder den Geschmack von Barbacoabeef und zerlaufendem Käse auf den Lippen hinterlassen – wie ihre gegrillte Quesadilla.
Unsere Aufgaben: Interior Design, Logoentwicklung, Corporate Design, Markenauftritt, Digitale Medien, Social Media, Foodtrucks, Burritos essen.

www.berlin-burrito-company.de

KUNDE Berlin Burrito Company GmbH, Berlin GESCHÄFTSFÜHRUNG Behrang Toni AGENTUR Frederik & Labots WA GmbH, Berlin BERATUNG / STRATEGIE Jan Labots ART DIRECTOR Anne Scheibner

DB MOBILITY LOGISTICS AG

„Wann sind wir da?"

OGILVY & MATHER GERMANY GMBH /
FRANKFURT AM MAIN

01 Giorgina Freund
02 Sinya Horwedel
03 Simon Oppmann
04 Peter Römmelt
05 Roland Stauber
06 Claudia Vaternahm
07 Dr. Stephan Vogel

Mit Blick auf das Ergebnis, was hat Sie am meisten begeistert oder überrascht?

*Peter Roemmelt*_ Begeisternd war, wie schnell die jungen Darsteller sich in die Situation im Auto hineinversetzen konnten. Nach spätestens fünf Minuten waren die Kinder auf 100 Prozent Betriebstemperatur beim Nörgeln, Quengeln, Motzen und Immer-wütender-Werden.

Das gesamte Interview finden Sie auf unserer Webseite.
ecfo.me/ga_glv3

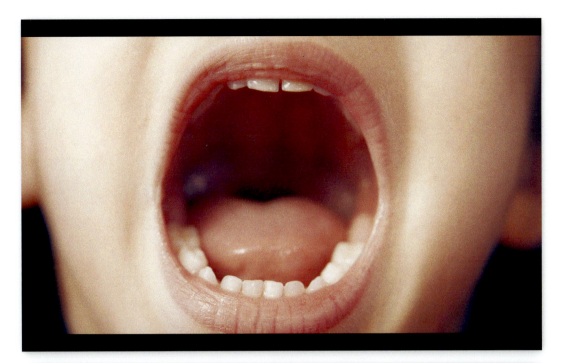

DIENSTLEISTUNGEN / B2C

TOURISMUS UND VERKEHR

FILM / VIRAL

DB Mobility Logistics AG / Wann sind wir da?

AUFGABE: Wenn es darum geht, mit der ganzen Familie zu verreisen, ist die Bahn das überlegene Mobilitätskonzept. Diese Überlegenheit sollte mit einer Promotion für die neuen Familienbereiche der Bahn kommuniziert werden.
LÖSUNG: Ein Social-Media-Film, der laut und deutlich klarmacht, dass die neuen Familienbereiche im ICE die bessere Alternative zum Auto sind. Der Film war immer direkt verlinkt mit der Familien-Webpage der Bahn, auf der es jede Menge konkrete Reiseangebote für Familien gab.

KUNDE DB Mobility Logistics AG, Berlin LEITERIN MARKETING UND PR Antje Neubauer LEITER MARKETING‑KOMMUNIKATION UND MARKETINGPROJEKTE Oliver Schmidt LEITER MARKETINGKOMMUNIKATION FERN‑VERKEHR / VERTRIEB / INFRASTRUKTUR / TRANSPORT UND LOGISTIK Markus Fälsch MARKETINGKOMMUNIKATION FERNVERKEHR / VERTRIEB / INFRASTRUKTUR / TRANSPORT UND LOGISTIK Marlis von Schleyer LEITER MARKT‑KOMMUNIKATION DB FERNVERKEHR AG Dr. Thomas Kemper MARKETING MANAGER AKTIONSVERMARKTUNG UND VERKAUFSFÖRDERUNG DB FERNVERKEHR AG Susanne Geppert AGENTUR Ogilvy & Mather Germany GmbH, Frankfurt am Main CHIEF CREATIVE OFFICER Dr. Stephan Vogel EXECUTIVE CREATIVE DIRECTOR Peter Römmelt CREATIVE DIRECTOR Simon Oppmann ART DIRECTOR Sinya Horwedel CLIENT SERVICE DIRECTOR Roland Stauber ACCOUNT EXECUTIVE Giorgina Freund SENIOR AGENTUR PRODUCER Claudia Vaternahm FILMPRODUKTION BAKERY FILMS Filmproduktion GmbH

DIENSTLEISTUNGEN / B2C

TOURISMUS UND VERKEHR

DIGITALE MEDIEN /
UNTERNEHMENS– /
ORGANISATIONSWEBSEITEN

Bunte Hotel Fischer am See GmbH & Co. KG / Website

Ein besonderes Hotel bekommt eine besondere Website. Der „Fischer am See" ein Premiumhotel mit einer besonderen Philosophie, nämlich Herzlichkeit, Klarheit und Auszeit vom Alltag. Wellness-Hotels gibt es viele. Drum ist der Fischer am See keines. Sondern Ort der Fokussierung und Ruhe. Das breite Leistungsangebot wird übersichtlich dargestellt, die Philosophie des Hauses in emotionalen Texten transportiert und Eindrücke in beeindruckenden Fotografien festgehalten. Fühlen, was das Hotel ausmacht. Schon ohne dort zu sein. Das war die Idee.

www.fischeramsee.at

KUNDE Bunte Hotel Fischer am See GmbH & Co. KG, Heiterwang (Österreich) GESCHÄFTSFÜHRUNG Marina Bunte MARKETINGLEITUNG Birgit Hauser AGENTUR ATTACKE Werbeagentur GmbH, Ulm BERATUNG / CREATIVE DIRECTOR / TEXT Oliver Fischer PROGRAMMIERUNG Philipp Lindermeir ART DIRECTOR Tim Beck GRAFIK Michaela Frölich PROJEKTMANAGEMENT Stefan Scheller FOTOSTUDIO Rampant Pictures Einzelunternehmen

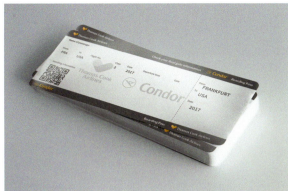

DIENSTLEISTUNGEN / B2C

TOURISMUS UND VERKEHR

PROMOTION / AKTIVITÄTEN

Condor Flugdienst GmbH / Saleskampagne USA

Zur Umsetzung von Kommunikationsspitzen an außergewöhnlichen Customer Touch Points wurden besondere Werbeplattformen in deutschen Großstädten recherchiert. Der „schnellste Flug" in die USA wurde erlebbar durch die Beklebung der längsten Rolltreppe Europas mit begleitender Promotion-Aktion. Auch die Übermittlung der Werbebotschaft mit einprägsamen Texten auf Bierdeckeln, Popcorntüten oder Coffee-to-go-Bechern gehörte neben vielen weiteren Maßnahmen zum breit gefächerten Kampagnenmix.

CROSSMEDIA _ KUNDE Condor Flugdienst GmbH, Oberursel AGENTUR S/COMPANY · Die Markenagentur GmbH, Fulda

DIENSTLEISTUNGEN / B2C

TOURISMUS UND VERKEHR

OUT OF HOME / MEDIEN

Condor Flugdienst GmbH / Saleskampagne USA

Die Sales-Kampagne der Fluggesellschaft Condor zur Bewerbung einer Vielzahl von besonderen Destinationen in den USA stand unter dem Motto „Make America besonders again". Aufgabe war die Entwicklung einer Kampagne mit hohem Aufmerksamkeitswert an hochfrequentierten Orten in ganz Deutschland. Verkehrsmittelwerbung auf Bussen und Straßenbahnen gehörte ebenso zu den vielfältigen Maßnahmen wie Ground- und Stair-Poster, die eine Bahnhofstreppe in eine Abfluganzeige verwandelten.

CROSSMEDIA _ KUNDE Condor Flugdienst GmbH, Oberursel AGENTUR S/COMPANY · Die Markenagentur GmbH, Fulda

DIENSTLEISTUNGEN / B2C

TOURISMUS UND VERKEHR

DIGITALE MEDIEN / SOCIAL–MEDIA–AKTIVITÄTEN

DB Mobility Logistics AG / Mehr ToleranzZeit.

Es war klar, dass der Europäische Gerichtshof am 14. März 2017 das Kopftuchurteil verkündet und dass dieses Urteil ein großes Medienthema wird. Dieser Tag war also der perfekte Zeitpunkt für die Deutsche Bahn, ihre Haltung zum Thema zu kommunizieren.
Mit einer klaren Botschaft für die mehr als 300.000 Mitarbeiter und 80 Millionen Deutsche: Mehr Toleranz. Und weniger Vorurteile. Mit einem Facebook-Video, das mit nur 3.000 Euro Media-Invest eine Gesamtreichweite von 22 Mio. erreichte.

www.facebook.com/DBPersonenverkehr/videos/1303615859674352/

KUNDE DB Mobility Logistics AG, Berlin LEITERIN MARKETING UND PR Antje Neubauer LEITER MARKETING–KOMMUNIKATION UND MARKETINGPROJEKTE Oliver Schmidt LEITER MARKETINGKOMMUNIKATION FERNVER–KEHR / VERTRIEB / INFRASTRUKTUR / TRANSPORT UND LOGISTIK Markus Fälsch MARKETINGKOMMUNIKATION FERNVERKEHR / VERTRIEB / INFRASTRUKTUR / TRANSPORT UND LOGISTIK Marlis von Schleyer LEITER MARKT–KOMMUNIKATION DB FERNVERKEHR AG Dr. Thomas Kemper AGENTUR Ogilvy & Mather Germany GmbH, Frankfurt am Main CHIEF CREATIVE OFFICER Dr. Stephan Vogel EXECUTIVE CREATIVE DIRECTOR / TEXT Peter Römmelt CREATIVE DIRECTOR / ART DIRECTOR / REGIE Simon Oppmann SENIOR TEXT Taner Ercan TEXT Asli Sahin AGENTUR PRODUCER Claudia Vaternahm SCHNITT Mathias Köhler CLIENT SERVICE DIRECTOR Roland Stauber SENIOR ACCOUNT EXECUTIVE Ariane Sketcher ACCOUNT EXECUTIVE Giorgina Freund MUSIC PRODUCTION audioforce berlin KG FILM PRODUCTION GK FILM AG

DIENSTLEISTUNGEN / B2C

TOURISMUS UND VERKEHR

FILM / SPOT

DB Mobility Logistics AG / Die Zukunft der Mobilität

AUFGABE: Wenn es darum geht, die Zeit auf Reisen sinnvoll zu nutzen, ist die Bahn das überlegene Mobilitätskonzept. Diese Überlegenheit soll kommuniziert werden, um die Bahn als absolut zukunftsfähiges Unternehmen zu positionieren.

LÖSUNG: Ein Film, der auf den ersten Blick die Vorteile des autonomen Fahrens feiert. Denn das ist die Zukunft der Mobilität. Wer nicht auf die Zukunft warten will, kann sie heute schon erleben. In der Bahn.

Auf den ersten Blick feiert der Film das autonome Fahren. Menschen genießen ihre Zeit in selbstfahrenden Autos. Sie meditieren, sie beschäftigen sich mit ihren Mobilgeräten, sie essen, schlafen oder haben Spaß zu zweit.
Das ist die Zukunft der Mobilität. Aber wer braucht dafür eigentlich selbstfahrende Autos? Denn in der Bahn kann man das alles jetzt schon erleben.

DIENSTLEISTUNGEN / B2C

TOURISMUS UND VERKEHR

FILM / SPOT

DB Mobility Logistics AG / Die Zukunft der Mobilität

INTEGRIERTE KAMPAGNE _ KUNDE DB Mobility Logistics AG, Berlin LEITERIN MARKETING UND PR Antje Neubauer LEITER MARKETINGKOMMUNIKATION UND MARKETINGPROJEKTE Oliver Schmidt LEITER MARKETINGKOMMUNI-KATION FERNVERKEHR/VERTRIEB/INFRASTRUKTUR/TRANSPORT UND LOGISTIK Markus Fälsch MARKETING-KOMMUNIKATION FERNVERKEHR/VERTRIEB/INFRASTRUKTUR/TRANSPORT UND LOGISTIK Marlis von Schleyer LEITER MARKTKOMMUNIKATION DB FERNVERKEHR AG Dr. Thomas Kemper AGENTUR Ogilvy & Mather Germany GmbH, Frankfurt am Main CHIEF CREATIVE OFFICER Dr. Stephan Vogel EXECUTIVE CREATIVE DIRECTOR / TEXT Peter Römmelt CREATIVE DIRECTOR / ART DIRECTOR Simon Oppmann ART DIRECTOR Sinya Horwedel SENIOR TEXTER Taner Ercan TEXTER Holger Gaubatz AGENTUR PRODUCER Claudia Vaternahm CLIENT SERVICE DIRECTOR Roland Stauber SENIOR ACCOUNT EXECUTIVE Ariane Sketcher ACCOUNT EXECUTIVE Giorgina Freund FILMPRODUKTION Stink GmbH REGIE Aleksander Bach SCHNITT Andre Gelhar FILM PRODUCER Lutz Müller KAMERA Peter Meyer CASTING Stink/AG Production Portugal POST PRODUCTION Digital Straik GmbH MUSIC PRODUCTION audioforce berlin KG

DIENSTLEISTUNGEN / B2C

TOURISMUS UND VERKEHR

OUT OF HOME / MEDIEN

DB Mobility Logistics AG / Die Zukunft der Mobilität

AUFGABE: Wenn es darum geht, die Zeit auf Reisen sinnvoll zu nutzen, ist die Bahn das überlegene Mobilitätskonzept. Diese Überlegenheit soll kommuniziert werden, um die Bahn als absolut zukunftsfähiges Unternehmen zu positionieren. Denn im ICE kann man die Zukunft der Mobilität schon jetzt erleben. LÖSUNG: Poster, die überzeugend kommunizieren, dass die Bahn das überlegene Mobilitätskonzept ist. Dort hat man mehr ChatZeit, mehr LikeZeit, mehr ThrillerZeit, mehr BusinessZeit und mehr SpielZeit.

INTEGRIERTE KAMPAGNE _ KUNDE DB Mobility Logistics AG, Berlin LEITERIN MARKETING UND PR Antje Neubauer LEITER MARKETINGKOMMUNIKATION UND MARKETINGPROJEKTE Oliver Schmidt LEITER MARKETINGKOMMU–NIKATION FERNVERKEHR/VERTRIEB/INFRASTRUKTUR/TRANSPORT UND LOGISTIK Markus Fälsch MARKETING–KOMMUNIKATION FERNVERKEHR/VERTRIEB/INFRASTRUKTUR/TRANSPORT UND LOGISTIK Marlis von Schleyer LEITER MARKTKOMMUNIKATION DB FERNVERKEHR AG Dr. Thomas Kemper AGENTUR Ogilvy & Mather Germany GmbH, Frankfurt am Main CHIEF CREATIVE OFFICER Dr. Stephan Vogel EXECUTIVE CREATIVE DIRECTOR Peter Römmelt CREATIVE DIRECTOR Simon Oppmann SENIOR ART DIRECTOR Julia Kohlenberger ART DIRECTOR Sinya Horwedel SENIOR TEXT Taner Ercan TEXT Holger Gaubatz CLIENT SERVICE DIRECTOR Roland Stauber SENIOR ACCOUNT EXECUTIVE Ariane Sketcher ACCOUNT EXECUTIVE Giorgina Freund

DIENSTLEISTUNGEN / B2C

TOURISMUS UND VERKEHR

PRINT / ANZEIGE

DB Mobility Logistics AG / Die Zukunft der Mobilität

AUFGABE: Wenn es darum geht, die Zeit auf Reisen sinnvoll zu nutzen, ist die Bahn das überlegene Mobilitätskonzept. Diese Überlegenheit soll kommuniziert werden, um die Bahn als absolut zukunftsfähiges Unternehmen zu positionieren. Denn im ICE kann man die Zukunft der Mobilität schon jetzt erleben. LÖSUNG: Anzeigen, die überzeugend kommunizieren, dass die Bahn das überlegene Mobilitätskonzept ist. Dort hat man mehr ChatZeit, mehr LikeZeit, mehr ThrillerZeit, mehr BusinessZeit und mehr SpielZeit.

INTEGRIERTE KAMPAGNE _ KUNDE DB Mobility Logistics AG, Berlin LEITERIN MARKETING UND PR Antje Neubauer LEITER MARKETINGKOMMUNIKATION UND MARKETINGPROJEKTE Oliver Schmidt LEITER MARKETINGKOMMUNIKATION FERNVERKEHR / VERTRIEB / INFRASTRUKTUR / TRANSPORT UND LOGISTIK Markus Fälsch MARKETINGKOMMUNIKATION FERNVERKEHR / VERTRIEB / INFRASTRUKTUR / TRANSPORT UND LOGISTIK Marlis von Schleyer LEITER MARKTKOMMUNIKATION DB FERNVERKEHR AG Dr. Thomas Kemper AGENTUR Ogilvy & Mather Germany GmbH, Frankfurt am Main CHIEF CREATIVE OFFICER Dr. Stephan Vogel EXECUTIVE CREATIVE DIRECTOR / TEXTER Peter Römmelt CREATIVE DIRECTOR / ART DIRECTOR Simon Oppmann SENIOR ART DIRECTOR Julia Kohlenberger ART DIRECTOR Sinya Horwedel SENIOR TEXTER Taner Ercan TEXTER Holger Gaubatz CLIENT SERVICE DIRECTOR Roland Stauber SENIOR ACCOUNT EXECUTIVE Ariane Sketcher ACCOUNT EXECUTIVE Giorgina Freund

DIENSTLEISTUNGEN / B2C

TELEKOMMUNIKATION

DIGITALE MEDIEN / DIGITALE KAMPAGNE

Swisscom (Switzerland) AG /
#snowdrawings

Swisscom ermöglichte es den Fans, ihr Team auf eine ganz neue Art zu motivieren. Webgesteuerte Schneeroboter zeichneten die Botschaften mit einer eigens entworfenen Schriftart in den Schnee. Diese speziell entwickelte Typografie ermöglichte es, das gesamte Bild als ein „One-Line-Drawing" umzusetzen. Die Athleten sahen die Fanbotschaften direkt vor ihrem Rennen. So wurden sie im entscheidenden Moment besonders motiviert, ihr Bestes zu geben. Innerhalb weniger Tage waren die Snowdrawings in aller Munde, nicht nur vor Ort in St. Moritz.

http://snowdrawings-case.com

KUNDE Swisscom (Switzerland) AG, Bern (Schweiz) HEAD OF MARKETING AND COMMUNICATIONS Tim Alexander AGENTUR Heimat Werbeagentur GmbH, Berlin CHIEF CREATIVE OFFICER Guido Heffels CREATIVE DIRECTOR Arne Stach / Malte Bülskämper ART DIRECTOR Anja Michel COPYWRITER Christine Ramm / Franziska-Maria Kaul ACCOUNT DIRECTOR Till Hopf ACCOUNT MANAGER Kathrin Eiglsperger DESIGNER Christian Wellhäußer AGENCY PRODUCER Alexander Münzer TECHNICAL & INNOVATION STUDIO Unit9, London FILM- & EVENT PRODUCTION Who's Mcqueen Picture GmbH

DIENSTLEISTUNGEN / B2C

TELEKOMMUNIKATION

OUT OF HOME / AKTIVITÄTEN
INNOVATION

**Swisscom (Switzerland) AG /
#snowdrawings**

Swisscom ermöglichte es den Fans, ihr Team auf eine ganz neue Art zu motivieren. Webgesteuerte Schneeroboter zeichneten die Botschaften mit einer eigens entworfenen Schriftart in den Schnee. Diese speziell entwickelte Typografie ermöglichte es, das gesamte Bild als ein „One-Line-Drawing" umzusetzen. Die Athleten sahen die Fanbotschaften direkt vor ihrem Rennen. So wurden sie im entscheidenden Moment besonders motiviert, ihr Bestes zu geben. Innerhalb weniger Tage waren die Snowdrawings in aller Munde, nicht nur vor Ort in St. Moritz.

KUNDE Swisscom (Switzerland) AG, Bern (Schweiz) HEAD OF MARKETING AND COMMUNICATIONS Tim Alexander AGENTUR Heimat Werbeagentur GmbH, Berlin CHIEF CREATIVE OFFICER Guido Heffels CREATIVE DIRECTOR Arne Stach / Malte Bülskämper ART DIRECTOR Anja Michel COPYWRITER Christine Ramm / Franziska-Maria Kaul ACCOUNT DIRECTOR Till Hopf ACCOUNT MANAGER Kathrin Eiglsperger DESIGNER Christian Wellhäußer AGENCY PRODUCER Alexander Münzer TECHNICAL & INNOVATION STUDIO Unit9, London FILM- & EVENT PRODUCTION Who's Mcqueen Picture GmbH

DIENSTLEISTUNGEN / B2C

TELEKOMMUNIKATION

DIGITALE MEDIEN / MOBILE / APPS

**Swisscom (Switzerland) AG /
Unlock Switzerland**

SWISSCOM stellte einen Getränkeautomaten an einen sehr beliebten Wanderweg in den Alpen. Wer einen Code auf einer mobilen Website eingab, wurde mit einer eiskalten Erfrischung belohnt. Allerdings haben an diesem Ort nur SWISSCOM Kunden Empfang. Und sie liebten die Aktion. Die Kunden aller anderen Anbieter fanden das gar nicht so witzig und dachten vermutlich darüber nach, den Anbieter zu wechseln. In den sozialen Medien verbreitete sich die Kampagne rasant, und jeder dritte Schweizer hat die Aktion online gesehen.

www.netzerfrischung.ch

KUNDE Swisscom (Switzerland) AG, Bern (Schweiz) LEITER MARKETING & KOMMUNIKATION Davide Pincin AGENTUR Heimat Werbeagentur GmbH, Berlin CHIEF CREATIVE OFFICER Guido Heffels CREATIVE DIRECTOR Arne Stach / Malte Bülskämper ART DIRECTOR Anja Michel COPYWRITER Franziska-Maria Kaul MANAGING DIRECTOR Roman Jud ACCOUNT DIRECTOR Till Hopf ACCOUNT MANAGER Kathrin Eiglsperger DESIGN Lara Dunkel AGENCY PRODUCER Alexander Münzer PRODUCTION COMPANY ROCKET FILM GmbH

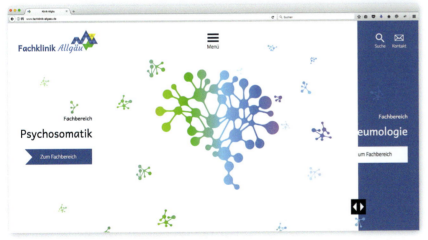
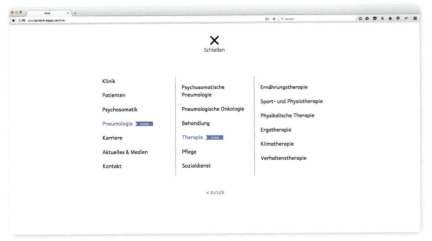

DIENSTLEISTUNGEN / B2C

GESUNDHEITSKOMMUNIKATION

DIGITALE MEDIEN /
UNTERNEHMENS–/
ORGANISATIONSWEBSEITEN

Alpcura Fachklinik Allgäu Betriebsgesellschaft mbH / Webseite

Ziel der neuen Webseite war, Patienten und Angehörige über die Klinik zu informieren und ein positives Bild an Einweiser zu vermitteln.
Die medizinische Kombination aus Pneumologie und Psychosomatik ist einzigartig. Deshalb wurden im Design die beiden Fachbereiche Pneumologie und Psychosomatik in den Vordergrund gestellt und bildlich miteinander verbunden. Dies zieht sich über die gesamte Seite. Auch die Verbundenheit zur Region und deren Einbeziehung war ein wichtiger Bestandteil im Design.

www.fachklinik-allgaeu.de

KUNDE Alpcura Fachklinik Allgäu Betriebsgesellschaft mbH, Pfronten AGENTUR schmiddesign GmbH & Co. KG, Kempten

DIENSTLEISTUNGEN / B2C
GESUNDHEITSKOMMUNIKATION
PRINT / ANZEIGE

Dr. Willmar Schwabe / Tebonin®
120 mg bei Ohrgeräuschen

Fast zehn Millionen Menschen in Deutschland sind von Tinnitus und Ohrgeräuschen betroffen, der Leidensdruck ist oft immens. Weil Tinnitus kein externes Geräusch ist, sondern ausschließlich von den Betroffenen „hörbar" ist, zeigt die Anzeige anschaulich diese Wahrnehmung des Tinnitus durch die Patienten (Pfeifen, Klingeln, Rauschen …) in Form der abstrakten Icons. Die Lösung ist natürlich Tebonin®. Natürlich deswegen, weil das Produkt sowohl rein pflanzlich ist, als auch durch DIE clevere Idee, Ohrgeräusche zu reduzieren.

KUNDE Dr. Willmar Schwabe GmbH & Co. KG, Ettlingen MARKETINGLEITUNG Dietrich Bender PRODUKTMANAGEMENT Uwe Stengele AGENTUR ISGRO Gesundheitskommunikation GmbH & Co. KG, Mannheim BERATUNG / KONZEPTION / CREATIVE DIRECTOR David Salinas ART DIRECTOR Sonja Einwohlt WISSENSCHAFTLICHE LEITUNG PD Dr. Frank Isgro

DIENSTLEISTUNGEN / B2C

GESUNDHEITSKOMMUNIKATION

FILM / IMAGE

medius KLINIKEN gGmbH / Markenrelaunch

In einem partizipativen Prozess mit über 350 beteiligten Mitarbeitern haben die ehemaligen Kreiskliniken Esslingen mit den Standorten Kirchheim, Nürtingen und Ostfildern-Ruit ihre Markenwerte neu definiert. Auf dieser Basis entstand der neue Name medius KLINIKEN, der neue Claim VERTRAUEN.KÖNNEN und ein komplett neuer kommunikativer Auftritt. Von der Website über Bewegtbild, Broschüren oder Anzeigen. Ganz wichtig dabei: die interne Kommunikation, die den gesamten Markenprozess begleitet hat.

INTEGRIERTE KAMPAGNE _ CROSSMEDIA _ KUNDE medius KLINIKEN gGmbH, Kirchheim unter Teck GESCHÄFTS-FÜHRUNG Thomas A. Kräh MARKETINGLEITUNG Iris Weichsel STELLV. MARKETINGLEITUNG Jan Schnack MARKETING Katharina Weber / Salome Johnson / Juanita Schmidt-De la Cruz AGENTUR FISCHER & FRIENDS Werbeagentur GmbH, Bad Mergentheim BERATUNG Dorothee Glöckner / Michael Fischer KONZEPTION Michael Fischer / Vera Warter / Sabine Krzonkalla CREATIVE DIRECTOR Michael Fischer TEXT Daniela Fenn / Stephan Trinkl GRAFIK Sabine Krzonkalla / Ursula Hahn / Vera Warter / Hendrik Reese FILM Philipp Reinhard / Hendrik Reese FILMPRODUKTION FISCHER & FRIENDS Werbeagentur GmbH

DIENSTLEISTUNGEN / B2C

GESUNDHEITSKOMMUNIKATION

DIGITALE MEDIEN /
UNTERNEHMENS–/
ORGANISATIONSWEBSEITEN

**medius KLINIKEN gGmbH /
Markenrelaunch**

In einem partizipativen Prozess mit über 350 beteiligten Mitarbeitern haben die ehemaligen Kreiskliniken Esslingen mit den Standorten Kirchheim, Nürtingen und Ostfildern-Ruit ihre Markenwerte neu definiert. Auf dieser Basis entstand der neue Name medius KLINIKEN, der neue Claim VERTRAUEN.KÖNNEN und ein komplett neuer kommunikativer Auftritt. Von der Website über Bewegtbild, Broschüren oder Anzeigen. Ganz wichtig dabei: die interne Kommunikation, die den gesamten Markenprozess begleitet hat.

www.medius-kliniken.de

INTEGRIERTE KAMPAGNE _ CROSSMEDIA _ KUNDE medius KLINIKEN gGmbH, Kirchheim unter Teck GESCHÄFTS-FÜHRUNG Thomas A. Kräh MARKETINGLEITUNG Iris Weichsel STELLV. MARKETINGLEITUNG Jan Schnack MARKETING Katharina Weber / Salome Johnson / Juanita Schmidt-De la Cruz AGENTUR FISCHER & FRIENDS Werbeagentur GmbH, Bad Mergentheim BERATUNG Dorothee Glöckner / Michael Fischer KONZEPTION Michael Fischer / Vera Warter / Sabine Krzonkalla DIGITALE KONZEPTION Stephan Neudecker CREATIVE DIRECTOR Michael Fischer TEXT Daniela Fenn / Stephan Trinkl GRAFIK Sabine Krzonkalla / Ursula Hahn / Vera Warter / Hendrik Reese PROGRAMMIERUNG 12bis3, Buchfink und Harsch GbR

DIENSTLEISTUNGEN / B2C

GESUNDHEITSKOMMUNIKATION

PRINT / PUBLIKATION

medius KLINIKEN gGmbH / Markenrelaunch

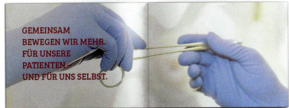

INTEGRIERTE KAMPAGNE _ CROSSMEDIA _ KUNDE medius KLINIKEN gGmbH, Kirchheim unter Teck GESCHÄFTS-FÜHRUNG Thomas A. Kräh MARKETINGLEITUNG Iris Weichsel STELLV. MARKETINGLEITUNG Jan Schnack MARKE-TING Katharina Weber / Salome Johnson / Juanita Schmidt-De la Cruz AGENTUR FISCHER & FRIENDS Werbeagentur GmbH, Bad Mergentheim BERATUNG Dorothee Glöckner / Michael Fischer KONZEPTION Michael Fischer / Vera Warter / Sabine Krzonkalla CREATIVE DIRECTOR Michael Fischer TEXT Daniela Fenn / Stephan Trinkl GRAFIK Sabine Krzonkalla / Ursula Hahn / Vera Warter / Hendrik Reese

DIENSTLEISTUNGEN / B2C

WEITERE DIENSTLEISTUNGEN

INNOVATION

CleanCar AG / Logo- und Charakterdesign

Die CleanCar AG betreibt in Deutschland und Österreich rund 30 Hochleistungs-Autowaschcenter. Im Rahmen eines umfassenden Rebrandings entwickelten wir ein neues Logo und einen neuen Claim. Das Logo symbolisiert den Tätigkeitsbereich des Unternehmens sowie den verantwortungsvollen Einsatz von Ressourcen. Eine Multi-Channel-Kampagne paart kraftvolle Motive mit unterhaltsamen Headlines und erzeugt damit einen aufmerksamkeitsstarken Gesamtauftritt. Immer mit dabei unser neu geschaffener, vielseitig einsetzbarer Markenbotschafter Cleancarl.

 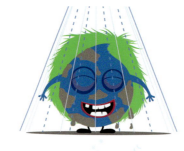 

INTEGRIERTE KAMPAGNE _ CROSSMEDIA _ KUNDE CleanCar AG, Düsseldorf **GESCHÄFTSFÜHRUNG** Holger Dörner **MARKETINGLEITUNG** Barbara Taubitz **ONLINE-MARKETING** Marco Holzheier **AGENTUR** DIE WERBTÄTIGEN UG, Düsseldorf **CREATIVE DIRECTOR** Uwe Görlich **BERATUNG** Daniel Zander **TEXT** Uwe Görlich / Christian Nandelstädt **ART BUYING** Karin Zander-Görlich **GRAFIK** Tobias Fröhlich / Klaudia Jendrny-zur Löwen / Kirsten Piepenbring / Pattrick Steiner

DIENSTLEISTUNGEN / B2C

WEITERE DIENSTLEISTUNGEN

FILM / VIRAL

CleanCar AG / Markenbotschafter Cleancarl

Cleancarl performt kleine Geschichten – optimal für Werbeartikel und den Social-Media-Einsatz. So erklärt der sympathische und umtriebige Cleancarl beispielsweise mit dem Tollwaschprogramm die Autowäsche. Er kann aber auch Rad fahren, Fußball spielen oder viele andere Dinge mehr.

Humorvolle Geschichten rund um die Autopflege unterhalten die Community auch abseits der Angebotskommunikation. So wächst die treue Fangemeinschaft für die Marke und ihre Dienstleistungen. Auf diese Weise setzt sich die Kommunikation von CleanCar als Social-Media-Kampagne nahtlos fort.

INTEGRIERTE KAMPAGNE _ CROSSMEDIA _ KUNDE CleanCar AG, Düsseldorf GESCHÄFTSFÜHRUNG Holger Dörner
MARKETINGLEITUNG Barbara Taubitz ONLINE-MARKETING Marco Holzheier AGENTUR DIE WERBTÄTIGEN UG, Düsseldorf CREATIVE DIRECTOR Uwe Görlich BERATUNG Daniel Zander TEXT Uwe Görlich / Christian Nandelstädt
ART BUYING Karin Zander-Görlich GRAFIK Tobias Fröhlich / Klaudia Jendrny-zur Löwen / Kirsten Piepenbring / Pattrick Steiner FILMPRODUKTION DIE WERBTÄTIGEN UG

DIENSTLEISTUNGEN / B2C

WEITERE DIENSTLEISTUNGEN

DIGITALE MEDIEN / SOCIAL-MEDIA-AKTIVITÄTEN

CleanCar AG / Social-Media-Kampagne

https://www.facebook.com/cleancar.de

Wusstet ihr schon? Durch Streusalz entsteht schädlicher Salzfraß. Passt daher gut auf euer Auto auf und wascht es auch im Winter regelmäßig ... am besten mit einem zusätzlichen Lack- und Unterbodenschutz wie bei unserer Platin-Pflege 👍

VORSICHT SALZFRASS!

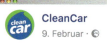

Mein Herz, zum Tag der Liebenden möchte ich Dir Gemeinsamkeit schenken. Sollen wir heute zusammen waschen fahren?
(Markieren, liken, teilen: Hauptsache mit Liebe!)

OH, VALENTIN.

CleanCar
9. Februar

Heute geht es dem Schmutz nicht nur im Kino an die Wäsche!
Denn auch bei uns gibt es für Lack und Leder nur besondere Behandlungen. Ob nun als schnelle Pflege-Nummer oder mit ausführlicher Handwäsche – wir haben für jeden Geschmack etwas zu bieten.

Das Basisprogramm für Einsteiger? Kuscheln mit Swingtex-Reinigung? Oder doch mit Waxing für Profis? Lasst eurer Leidenschaft freien Lauf. Ausdrücklich auch für Warmduscher geeignet!

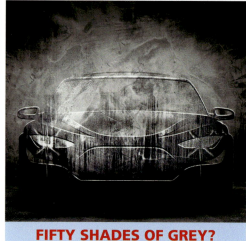

FIFTY SHADES OF GREY?

CleanCar
8. März

Von wegen – nur Männer waschen Autos. Frauen sind schlauer und lassen waschen. CleanCar weiß was Frauen wollen ... nur das Beste vom Besten. Zur Feier des internationalen Frauentages gibt es heute das immer frische Trockentuch zur Platin-Pflege dazu.
Markiert eine tolle Frau, die heute waschen lässt!

PUTZ, FRAU!

CleanCar
14. Juni

... zumindest nicht auf der Motorhaube. Denn dort brennen sich die Insekten in den Lack und richten ordentlich Schaden an. Also besser schnell abwaschen... sieht auch besser aus ✨😄

KEIN PLATZ FÜR TIERE.

INTEGRIERTE KAMPAGNE _ CROSSMEDIA _ KUNDE CleanCar AG, Düsseldorf GESCHÄFTSFÜHRUNG Holger Dörner MARKETINGLEITUNG Barbara Taubitz ONLINE-MARKETING Marco Holzheier AGENTUR DIE WERBTÄTIGEN UG, Düsseldorf CREATIVE DIRECTOR Uwe Görlich BERATUNG Daniel Zander TEXT Uwe Görlich / Christian Nandelstädt ART BUYING Karin Zander-Görlich GRAFIK Tobias Fröhlich / Klaudia Jendrny-zur Löwen / Kirsten Piepenbring / Pattrick Steiner

DIENSTLEISTUNGEN / B2C

WEITERE DIENSTLEISTUNGEN

DIALOGMARKETING / PRINT

OCW Oberscheider Car World GmbH / Mailing

Das Mailing zum Anfassen. Kommunikative Begleitung der Markteinführung des neuen Oberscheider Car World-Tankchips, der es Kunden ermöglicht, bequem und bargeldlos zu tanken. Die gute Partnerschaft wird symbolisch durch einen gelben Reserve-Kraftstoffkanister dargestellt, der für guten Service und Zuverlässigkeit steht. In erster Linie dient der Kanister mit seiner bedruckten Banderole als kreativer Kommunikationsträger für die Vorstellung des neuen Tankchips und die Präsentation der einzigartigen Vorteile.

KUNDE OCW Oberscheider Car World GmbH, Lustenau (Österreich) AGENTUR Ender Werbung GmbH & Co KG, Lustenau (Österreich) BERATUNG Mag. Simon Ender ART DIRECTOR Chris Feurstein

DIENSTLEISTUNGEN / B2C
WEITERE DIENSTLEISTUNGEN
PRINT / PUBLIKATION

Ravensburger AG / Ravensburger Geschäftsbericht 2016

Der Ravensburger Geschäftsbericht 2016 wurde als Standortbestimmung für das Unternehmen konzipiert und als offener Dialog mit Zielgruppen und Experten verschiedener Disziplinen umgesetzt – im Magazinstil: Jeder Artikel präsentiert sich in einem eigenen, zum Content passenden Look, Schnelllesetexte vermitteln die wichtigsten Inhalte und machen neugierig auf die Lektüre. Insgesamt zeigt der Bericht Ravensburger auf der Höhe der Zeit. Die aktuelle Markenpflege wurde begeistert aufgenommen.

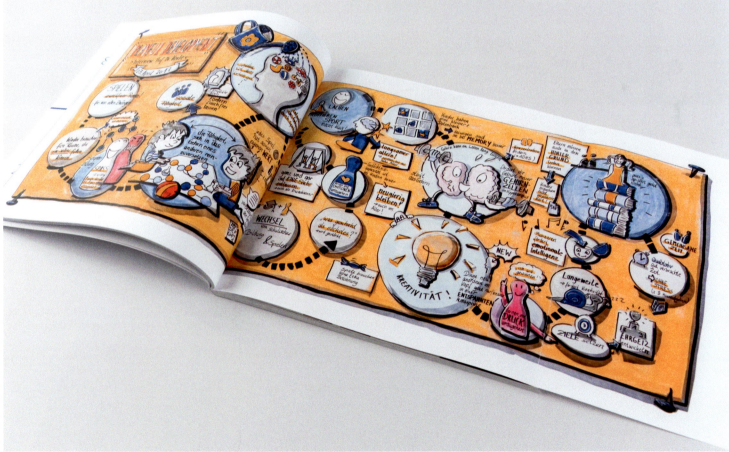

KUNDE Ravensburger AG, Ravensburg VORSTANDSVORSITZENDER DER RAVENSBURGER GRUPPE Clemens Maier VORSTAND DER RAVENSBURGER GRUPPE Hanspeter Mürle LEITUNG ZENTRALES MARKETING / RAVENSBURGER AG Christian Bulla KOMMUNIKATIONSMANAGERIN SPIELE / RAVENSBURGER AG Lena Böhler ASSISTENTIN DES VORSTANDS / RAVENSBURGER AG Nicole Haist AGENTUR Schindler Parent GmbH, Meersburg BERATUNG Jean-Claude Parent CREATIVE DIRECTOR TEXT Dr. Constance Hotz ART DIRECTOR Flavia Monti MEDIENGESTALTUNG Michael Henckus DTP Bernhard Spieß PROJEKTMANAGEMENT Sebastian Gumbert GROUP HEAD PROJEKTMANAGEMENT Sebastian Schnell DRUCKEREI Eberl Print GmbH

DIENSTLEISTUNGEN / B2C

WEITERE DIENSTLEISTUNGEN

INNOVATION

Tipp24 Services Ltd. / DANKE MILLION

Denk an eine Taschentuchmarke! Eine Online-Suchmaschine! Und jetzt: einen Online-Lottoanbieter! Nichts eingefallen? Kein Wunder. Deshalb wollte Online-Lottoanbieter Tipp24 einen differenzierenden Film. Aber: Alle Marken sagen das Gleiche. So erfinden wir als Agentur erstmals ein differenzierendes Produkt. Der Lottospieler trägt eine Person seiner Wahl für die Danke-Million ein. Knackt er den Jackpot, legt Tipp24 eine Million Euro für die auserwählte Person oben drauf – ein völlig neues Geschäftsmodell. Es folgt echter Content, der Lottofans abholt.

CROSSMEDIA _ KUNDE Tipp24 Services Ltd., London (Großbritannien) **AGENTUR** Überground GmbH, Hamburg **KREATIVGESCHÄFTSFÜHRUNG** Jo Marie Farwick **CREATIVE DIRECTION** Anna Meissner **ART DIRECTION** Kathi Walter **KUNDENBERATUNG** Carla Vieser **AGENTUR PRODUCER** Ute Ressler / Danilo Klöfer

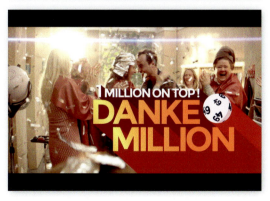

DIENSTLEISTUNGEN / B2C

WEITERE DIENSTLEISTUNGEN

FILM / VIRAL

Tipp24 Services Ltd. / DANKE MILLION

FILM „OLAF": Lieber Olaf, mein Freund, mein Gefährte.
Wie oft saßen wir hier zusammen und haben geredet, aber gesagt habe ich Dir nie, was ich für Dich fühle.
Du bist mein Freund, Olaf. Der beste.
Du hast schon seit der ersten Klasse alles mit mir geteilt: Deine Turnhose, wenn ich den Turnbeutel vergessen hatte, und sogar den BH Deiner Schwester zum Öffnenüben. Ach so, das wusstest Du jetzt nicht - Du warst immer sehr großzügig! Du hast an mich geglaubt, als ich das 1,8-Kilogramm-Steak essen wollte; Du hast mich davon abgehalten, meinen Sohn Jordi Prinz zu nennen. Du hast mir beigebracht, dass in einer Beziehung nicht der erste Kuss, sondern der erste Furz entscheidend ist. Du hast meine Freundin zwei Stunden abgelenkt, als ich das falsche Kind vom Babyschwimmen mitgebracht habe. Und Du warst bei mir, als ich die schwere Diagnose bekam: Hopfenallergie. Für all das möchte ich mich bei Dir bedanken. Deine Freundschaft Olaf, ist der größte Gewinn in meinem Leben; obwohl ich gerade den Jackpot bei Tipp24 gewonnen habe. Und weil ein einfaches Danke viel zu klein für Dich wäre, bekommst Du, Olaf, jetzt eine Million. Die Danke Million.
OFF: Nichts abgeben müssen und trotzdem teilen können: Gewinne auf Tipp24 den Jackpot, und wir legen eine Million on top.
Jetzt neu: die Danke Million von Tipp24.

CROSSMEDIA _ KUNDE Tipp24 Services Ltd., London (Großbritannien) AGENTUR Überground GmbH, Hamburg KREATIVGESCHÄFTSFÜHRUNG Jo Marie Farwick CREATIVE DIRECTION Anna Meissner ART DIRECTION Kathi Walter KUNDENBERATUNG Carla Vieser AGENTUR PRODUCER Ute Ressler / Danilo Klöfer FILMPRODUKTION 27 Kilometer Entertainment GmbH REGIE Arne Feldhusen KAMERA Kristian Leschner SCHNITT Alexander Kutka EXECUTIVE PRODUCER Pacco Nitsche PRODUCER Mira Um

V BRANCHENVERGLEICH

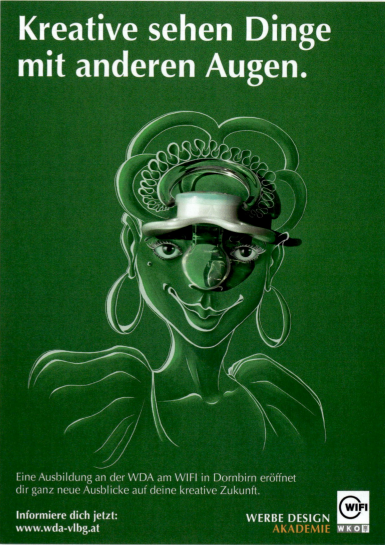

DIENSTLEISTUNGEN / B2C

WEITERE DIENSTLEISTUNGEN

OUT OF HOME / MEDIEN

WIFI – Wirtschaftsförderungsinstitut der Wirtschaftskammer Vorarlberg Körperschaft des öffentlichen Rechts / Werbedesignakademie

Die Werbeakademie des Wifi – Wirtschaftsförderungsinstitut der Wirtschaftskammer Vorarlberg ist eine von zwei Ausbildungsmöglichkeiten für Werbeinteressierte in Vorarlberg. Via Kinospot und Plakat sollen Jugendliche auf die Ausbildung aufmerksam gemacht und interessiert werden. Die zentrale Aussage dahinter: Kreative sehen die Welt mit anderen Augen. Mit einfachen Mitteln wurde diese Botschaft kreativ visualisiert und neu interpretiert.

KUNDE WIFI – Wirtschaftsförderungsinstitut der Wirtschaftskammer Vorarlberg Körperschaft des öffentlichen Rechts, Dornbirn (Österreich) GESCHÄFTSFÜHRER Mag. Thomas Wachter MARKETINGLEITUNG Katharina Hutle AGENTUR zurgams Kommunikationsagentur GmbH, Dornbirn (Österreich) CREATIVE DIRECTOR Thomas Gschossmann / Christoph Hofer ART DIRECTOR Katharina Winder BERATUNG Thomas Gschossmann GRAFIK Mathias Märzinger

RHOMBERG HOLDING GMBH

„SinnEntFalter"

DIE3 AGENTUR FÜR WERBUNG UND KOMMUNIKATION GMBH / DORNBIRN (ÖSTERREICH)

Stephan Feichtinger 01
Mario Lorenz 02
Bruno Welzenbach 03

Welche Herausforderungen gab es bei der Ideenfindung und/oder Umsetzung?

*Mario Lorenz*_Die größten Herausforderungen waren sicher die Gewichtung der Inhalte und die Emotionalisierung der teils sehr sachlichen Inhalte.

Das gesamte Interview finden Sie auf unserer Webseite.
ecfo.me/ga_die3

DIENSTLEISTUNGEN / B2B

BAUWIRTSCHAFT

PRINT / PUBLIKATION

**Rhomberg Holding GmbH /
SinnEntFalter**

„SinnEntFalter" Der Name des Nachhaltigkeitsberichts der Rhomberg Gruppe ist Programm. Die grüne Zeitung informiert über Ökologie, Ökonomie, Soziales und Sinn bei dem Bau- und Bahntechnikunternehmen. Denn Nachhaltigkeit ist für die Verantwortlichen mehr als das reine Einsparen von Ressourcen und Energie. Entsprechend vielfältig sind die Inhalte, die mit anschaulichem Design, Grafiken und Bildern unterstrichen sind.

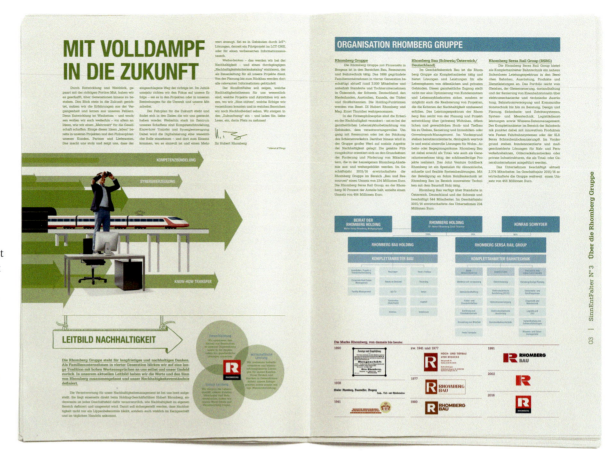

ECON BRANCHENVERGLEICH 2018 _ N° 3

B BESTER DER BRANCHE

DIENSTLEISTUNGEN / B2B

BAUWIRTSCHAFT

PRINT / PUBLIKATION

Rhomberg Holding GmbH / SinnEntFalter

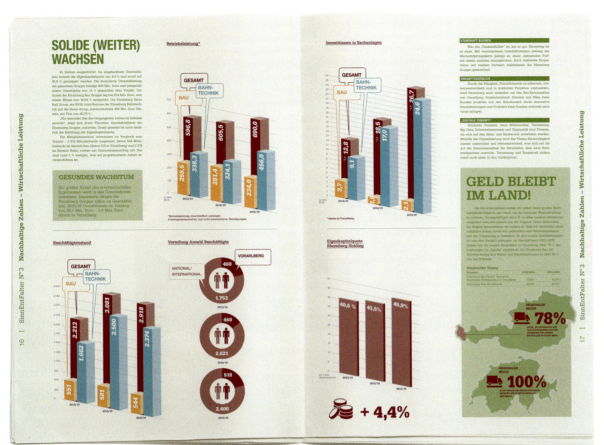

KUNDE Rhomberg Holding GmbH, Bregenz (Österreich) PROJEKTLEITUNG Matthias Moosbrugger PROJEKTMANAGEMENT Michael Sutter REDAKTION Madeleine Sargant / Martin Weishäupl AGENTUR die3 Agentur für Werbung und Kommunikation GmbH, Dornbirn (Österreich) BERATUNG Bruno Welzenbach CREATIVE DIRECTOR Mario Lorenz PRODUCER Stephan Feichtinger KONZEPTION brainbows informationsmanagement GmbH

DIENSTLEISTUNGEN / B2B

BAUWIRTSCHAFT

PRINT / PUBLIKATION

DAW SE Geschäftsbereich LITHO-DECOR / Der LITHO Glassifier

Mit Glasfassaden eröffnen Sie sich ganz neue Wege, Architektur mit Klima- und Umweltschutz zu verbinden. Die Broschüre lädt den Architekten ein, zusammen mit Lithodecor auf eine faszinierende Reise durch die Welt der Glasfassaden zu gehen und seine Fassadenträume mit dem für diese Kampagne entwickelten Glassifier zu „glassifizieren". Die Broschüre inszeniert Idee und technische Realisierbarkeit der Glasfassaden und visualisiert diese in Form eines Auswahlrades, des „Glassifiers", der pro Kapitel in unterschiedlichen Selektionsstufen dargestellt wird.

DIENSTLEISTUNGEN / B2B

BAUWIRTSCHAFT

PRINT / PUBLIKATION

DAW SE Geschäftsbereich LITHO-DECOR / Der LITHO Glassifier

KUNDE DAW SE Geschäftsbereich LITHODECOR, Gerstungen MARKETINGLEITUNG Egon Krämer PRODUKTLEITUNG Kai Brandau AGENTUR Jochen Grauer, Marken- und Kommunikationsberatung, Lindau BERATUNG / KONZEPTION Jochen Grauer KONZEPTION / GESTALTUNG Yvonne Steinke TEXT Wolfgang Gerstenhauer BILDBEARBEITUNG KontrastPlus GmbH & Co. KG DRUCKEREI Holzer Druck und Medien GmbH & Co. KG

DIENSTLEISTUNGEN / B2B
BAUWIRTSCHAFT
PRINT / PUBLIKATION

Intemann GmbH / Imagebuch

Buch zur Geschichte von Intemann. Intemann kann auf langjährige Erfahrungen in den Bereichen Heizung, Sanitär und Klima zurückblicken. Namhafte Projekte, langjährige Mitarbeiter und die gute Lehrlingsausbildung zeichnen das Unternehmen aus und sollen in einem Imagebuch festgehalten werden. Aus dieser Vorgabe wurde die Idee zu einem hochwertigen Buch geboren, das der Geschichte und Philosophie der Firma Intemann gerecht wird. Erzählenswerte Ereignisse und beeindruckende Referenzprojekte füllen über 100 Seiten des aufwendig gefertigten Werks.

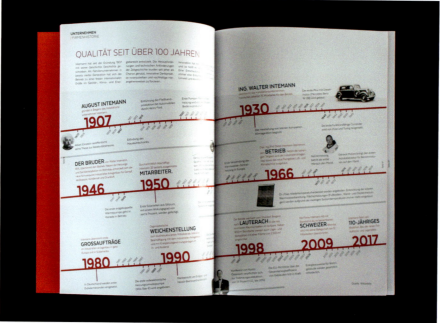

DIENSTLEISTUNGEN / B2B

BAUWIRTSCHAFT

PRINT / PUBLIKATION

Intemann GmbH / Imagebuch

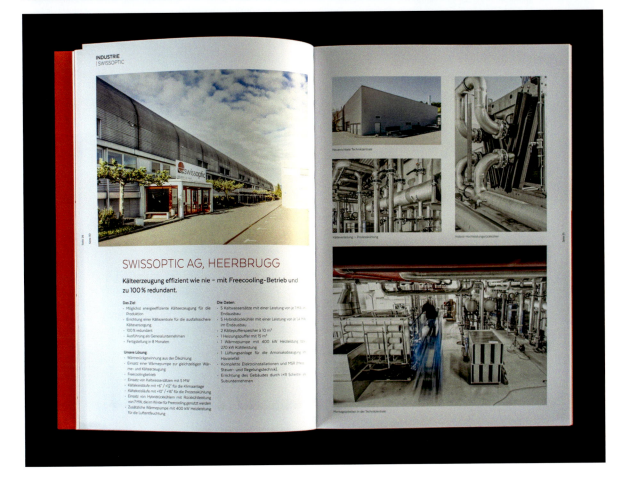

KUNDE Intemann GmbH, Lauterach (Österreich) AGENTUR Ender Werbung GmbH & Co KG, Lustenau (Österreich)
BERATUNG Mag. Simon Ender PROJEKTLEITUNG Mag. Beate Müller ART DIRECTOR Chris Feurstein FOTOGRAFIE
Lukas Hämmerle DRUCKEREI Schöler Druck & Medien GmbH TEXTIERUNG Marc G. Eberle

DIENSTLEISTUNGEN / B2B

BAUWIRTSCHAFT

DIALOGMARKETING / PRINT

REHAU AG + Co / Craft Boxes

Was verbindet SHK-Installateure, Craft Beer und REHAU? Die REHAU Craft Boxes, eine vierstufige Mailingaktion, liefern die Antwort: Sowohl Brauer als auch SHK-Handwerk vertrauen für perfekte Ergebnisse auf höchstwertige Rohstoffe. Ganz getreu dem Motto „Wir liefern die Zutaten, ihr b(r)aut das Meisterstück!" profitiert der Installateur dabei von den innovativen REHAU Systemlösungen. Und damit auch für Feierabend gesorgt ist, liegt den Produktmustern ein jeweils zum Thema passendes Craft Beer bei.

KUNDE REHAU AG + Co, Rehau AGENTUR Lingner Marketing GmbH, Fürth

DIENSTLEISTUNGEN / B2B

BAUWIRTSCHAFT

PRINT / ANZEIGE

Rhomberg Gruppe / Imageinserate

Ideen, die bestehen – diese drei Worte beschreiben die Philosophie von Rhomberg. Die Inserate visualisieren die Positionierung als zukunftsorientiertes Unternehmen, das bei seinen Projekten auch die Bedürfnisse und Interessen künftiger Generationen im Blick hat.

KUNDE Rhomberg Gruppe, Bregenz (Österreich) **MARKETINGLEITUNG** Matthias Moosbrugger **AGENTUR** die3 Agentur für Werbung und Kommunikation GmbH, Dornbirn (Österreich) **BERATUNG** Bruno Welzenbach **CREATIVE DIRECTOR** Mario Lorenz **ART DIRECTOR** Sascha Grabherr **PRODUCER** Ing. Stephan Feichtinger **TEXT** Isabel Seidel / Andreas Gorbach

DIENSTLEISTUNGEN / B2B

BAUWIRTSCHAFT

PRINT / PUBLIKATION

Rhomberg Bau GmbH / Neue Dimensionen

In dieser Ausgabe der Kunden- und Mitarbeiterzeitung „Neue Dimensionen" widmet sich das Unternehmen Rhomberg dem Thema „Ressourcen". 40 Seiten zeigen, wie es Rhomberg gelingt, die besten Ergebnisse für seine Kunden zu erzielen. Leserfreundliche und informative Texte beantworten relevante Fragen zu Grundstücken, Kapital, Roh- und Baustoffen. Die Inhaltsübersicht versammelt zielgruppengerechte Leseempfehlungen. Collagen bilden den Ressourcenkreislauf anschaulich ab und sorgen für gestalterische Highlights.

DIENSTLEISTUNGEN / B2B

BAUWIRTSCHAFT

PRINT / PUBLIKATION

Rhomberg Bau GmbH / Neue Dimensionen

KUNDE Rhomberg Bau GmbH, Bregenz (Österreich) LEITER MARKETING & KOMMUNIKATION Matthias Moosbrugger PROJEKTLEITER Benedikt Krauß TEXT Torben Nakoinz / Madeleine Sargant AGENTUR die3 Agentur für Werbung und Kommunikation GmbH, Dornbirn (Österreich) BERATUNG Alex Welzenbach CREATIVE DIRECTOR Mario Lorenz ART DIRECTOR Stefan Vögel PRODUCER Isabel Pfanner

DIENSTLEISTUNGEN / B2B

TELEKOMMUNIKATION

INNOVATION

Deutsche Telekom AG – GSUS – Real Estate Management / Refresh Telekom Headquarter

Architektur war im Headquarter der Deutschen Telekom ein entscheidender Erfolgsfaktor zur Lösung einer großen Aufgabe: Wie stärkt man die Identifikation der Mitarbeiter mit einer so großen Marke? Ein radikaler architektonischer Umbau mit einem innovativen neuen Grundrisskonzept wurde gepaart mit einem Umbau unter Einbindung der Mitarbeiter. In einem mehrstufigen Event wurden hier Gegenstände der eigenen technologischen Historie mithilfe von Künstlern transformiert und als inspirierende Objekte in das Arbeitsumfeld integriert. Die entstandenen kreativen Resultate optimieren auf funktionaler Ebene, schaffen Identifikation und erwünschte Freiräume.

KUNDE Deutsche Telekom AG – GSUS – Real Estate Management, Köln **SVP–GSUS** Rainer Hoff **VP–GSUS** Dagmar Ecken **PROJEKTLEITUNG** Dirk Thiele **TEILPROJEKTLEITUNG** Claudia Weiser **AGENTUR** ORANGE COUNCIL GmbH, Hamburg **KURATION** Dr. Bernhard Zünkeler **CREATIVE DIRECTOR** Michael Barche / Andreas Geyer / Ulrich Zünkeler **ARTIST/KURATION** Amely Spötzl **ARTIST/CONCEPT** Ludger Molitor **ARTISTS (FREETERS)** Johannes Baum / Johannes Max / Maria Hess / Rafael-Maria Hildebrandt / Laura Maßmann / Silke Mattern-Specht / Nils Müller / Martin Schüßler / Jan Moritz Stahl / Bernd Zöllner **SPECIAL SUPPORT** Maya Moll **ADDITIONAL ARTISTS** Sonja Simone Albert / Shana Alpino / Vincent Alpino / Thea Altmann / Volker von Baczko / Ben Bayer / Florian Benet / Yamila Bernd / Lavanya Boesten / Pasquale Demeco / Loic Devaux / Damien Elma / Klaus Hann / Anne von Hoyningen-Huene / Benjamin Juran / Isthia Kalach / Cosima Kaye / Thieß Kraus-Sparmann / Georg Krefeld / Birgit auf der Lauer / Sandra Machel / Konrad Magin / Johanna Molitor / Miriam Nolte / Julien Parsonneau / Casper Pauli / Paul Jonas Petry / Maik Seehaver / Markus de Seriis / Michael Sistig / Vincent Sojic / Götz Specht / Tobias Stutz / Lukas Thein / Norbert Thomas / Oliver Thomas / Charlotte Voelskow **KÜNSTLERKOLLEKTIV** freeters

DICTION AG

Probates Mittel gegen das „death by powerpoint syndrom"

AGENTUR AM FLUGHAFEN AG / ALTENRHEIN
(SCHWEIZ)

Miriam Egli 01
Katie Eugster 02
Maximilian Eugster 03
Patricia Eugster 04
René Eugster 05
Valeria Hörler 06
Julia Lüchinger 07
Dominique Rutishauser 08
Daniel Steiner 09
Rolando Zahner 10

Welche Herausforderungen gab es bei der Ideen-findung und/oder Umsetzung?

René Eugster _ Herkömmliche Präsentationen interessieren kaum jemanden mehr. Es ist schwierig, den Kunden zu begeistern. Dies vor allem für einen Sprachdienstleister. Wir wollten das Verkaufsgespräch spielerisch gestalten, hatten aber – im Zeitalter der Online-Games – noch nie ein Brettspiel konzipiert, kreiert und produziert.

Das gesamte Interview finden Sie auf unserer Webseite.
ecfo.me/ga_flghfn4

DIENSTLEISTUNGEN / B2B

WEITERE DIENSTLEISTUNGEN

PRINT / PUBLIKATION

Diction AG / Probates Mittel gegen das „death by powerpoint syndrom"

Die umfassenden Dienstleistungen von Diction und die dafür verantwortlichen Spezialisten sollten den Kunden bei der persönlichen Präsentation aktiv nähergebracht werden – jedoch keinesfalls mittels einer langweiligen PowerPoint-Präsentation. Es wurde ein Brettspiel kreiert, bei dem der potenzielle Auftraggeber sein Sprachwissen gleich selbst auf den Prüfstand stellen konnte. Sollte er sich nach der Präsentation selbst ans Spiel wagen und dabei straucheln, genügte ein Anruf – egal um welche Tageszeit – denn Diction steht 24/7 zur Verfügung.

KUNDE Diction AG, Buchs (Schweiz) **GESCHÄFTSFÜHRUNG** Patrick Fassbender **STV. GESCHÄFTSFÜHRERIN** Catia Brunnenmeister **VERANTWORTLICHE KOMMUNIKATION** Elisabeth Rettelbach **AGENTUR** Agentur am Flughafen AG, Altenrhein (Schweiz) **CREATIVE DIRECTOR** René Eugster **ART DIRECTOR / SPIELENTWICKLER** Dominique Rutishauser **TEXT** Patrick Lindner **BERATUNG** Miriam Egli **KOORDINATION** Julia Lüchinger

DIENSTLEISTUNGEN / B2B

WEITERE DIENSTLEISTUNGEN

OUT OF HOME / MEDIEN

Fr. Lürssen Werft GmbH & Co.KG / Need a refit?

Die Bremer Lürssen-Werft ist Weltmarktführer in Sachen Luxusyachten. Ihren Kunden bietet sie den exklusiven Service, in die Jahre gekommene Yachten einem Refit zu unterziehen und sie so wieder wie neu erscheinen zu lassen. Dem Service verschafften wir auf der Yare Messe 2017 in der Toskana eine Menge Aufmerksamkeit. Denn wir verwandelten das Kloster, das als Location diente, kurzerhand in eine Ruine. Need a refit? Absolutely!

KUNDE Fr. Lürssen Werft GmbH & Co.KG, Bremen SALES DIRECTOR Michael Breman PR & MARKETINGMANAGERIN Sylke auf dem Graben AGENTUR Frese & Wolff Werbeagentur GmbH, Oldenburg CREATIVE DIRECTOR TEXT Ingo Steuber CREATIVE DIRECTOR ART Johannes Siegmund ART DIRECTOR Thorsten Abeln ETAT DIRECTOR Henning Birkenstock BERATUNG Sandra Peters

DIENSTLEISTUNGEN / B2B

WEITERE DIENSTLEISTUNGEN

PRINT / PUBLIKATION

HAU GmbH & Co. KG / Prospekt Korn-Max

Ein unscheinbarer Edelstahlkasten, dem man nicht ansieht, wie gut er sich um Pferde kümmert. Dieser Kasten, Korn-Max genannt, dient zur automatischen und artgerechten Fütterung von Pferden in Pferdeställen. Nach Zeitplan gibt er kleine Futterportionen aus. Die Vorteile: Erstens spart er Personalkosten und Zeit, zweitens verhindert er Koliken und Stress bei Pferden. Deshalb haben wir den Korn-Max als sympathischen Superstallhelfer personalisiert und diesen Prospekt gestaltet.

KUNDE HAU GmbH & Co. KG, Neuler **MARKETINGLEITUNG** Ulrike Raab **GESCHÄFTSFÜHRUNG** Roland Hau **AGENTUR** querformat GmbH & Co. KG, Crailsheim **BERATUNG** Stephan Kurz **KONZEPTION/TEXT** Jochen Wojtas **GRAFIK** Anja Urban **ILLUSTRATOR** Elif Siebenpfeiffer **FOTOSTUDIO** Via Studios GmbH **FOTOGRAF** Fotografie Marc Weigert Einzelgesellschaft

90
REGISTER
Agenturen

94
REGISTER
Produktionsfirmen und Dienstleister

98
REGISTER
Auftraggeber

100
REGISTER
Personen

104
IMPRESSUM

Agenturen

A

act&react Werbeagentur GmbH
info@act-and-react.com
www.act-and-react.com
> Nº4 66

Agentur am Flughafen AG
luechinger@agenturamflughafen.com
www.agenturamflughafen.com
> Nº1 59, 72, Nº2 81, Nº3 36, 83

ASM Werbeagentur GmbH GWA
info@asm-muenchen.de
www.asm-muenchen.de
> Nº2 48

Atelier Damböck Messedesign GmbH
hej@kommunikation-im-raum.de
www.kommunikation-im-raum.de
> Nº4 54

ATTACKE Werbeagentur GmbH
agentur@attacke-ulm.de
www.attacke-ulm.de
> Nº2 44, Nº3 46, Nº4 103

B

Babiel GmbH
presse@babiel.com
www.babiel.com
> Nº2 46

BALLHAUS WEST I Agentur für Kampagnen GmbH
agentur@ballhauswest.de
www.ballhauswest.de
> Nº4 72, 106

Bloom GmbH
zentrale@bloomproject.de
www.bloomproject.de
> Nº1 52f., 73f., Nº2 59f.

bodenseecrew Werbeagentur GmbH
info@bodenseecrew.de
www.bodenseecrew.de
> Nº4 56

brainwaves GmbH & Co. KG
mail@brainwaves.de
www.brainwaves.de
> Nº4 80, 82

C

Change Communication GmbH
info@change.de
www.change.de
> Nº4 41

Cheil Germany GmbH
info.germany@cheil.com
www.cheil.de
> Nº1 78

concept X GmbH & Co. KG
info@conceptX.de
www.conceptx.de
> Nº4 83, 87

D

david+martin, davidmartin GmbH
mail@davidundmartin.com
www.davidundmartin.com
> Nº1 40, 50

denkwerk GmbH
hello@denkwerk.com
www.denkwerk.com
> Nº1 71, Nº2 42, 70, Nº4 70f.

die3 Agentur für Werbung und Kommunikation GmbH
office@die3.eu
www.die3.eu
> Nº2 28, Nº3 71, 79f., Nº4 58, 107, 110

dieckertschmidt GmbH
info@dieckertschmidt.com
www.dieckertschmidt.com
> Nº4 60, 62, 108f.

DIE WERBTÄTIGEN UG
econaward@diewerbtaetigen.de
www.diewerbtaetigen.de
> Nº3 62f., Nº4 68

DUNCKELFELD GmbH
post@dunckelfeld.de
www.dunckelfeld.de
> Nº3 40, Nº4 51

E

Effekt-Etage GmbH
Marketing@effekt-etage.de
www.effekt-etage.de
> Nº1 62f.

elbkind GmbH
contact@elbkind.de
www.elbkind.de
> Nº1 34f., 64f., Nº3 38, 41

Ender Werbung GmbH & Co KG
welcome@enderwerbung.com
www.enderwerbung.com
> Nº1 70, Nº3 65, 76

F

FACT GmbH Werbeagentur
info@factnet.de
www.factnet.de
> N°1 66f., N°2 39

FISCHER & FRIENDS Werbeagentur GmbH
info@ffwa.de
www.fischer-and-friends.de
> N°3 59f., N°4 88f.

fischerAppelt AG
info@fischerappelt.de
www.fischerappelt.de
> N°1 92, N°4 52, 81

Fork Unstable Media GmbH
business@fork.de
www.fork.de
> N°2 50

Frederik & Labots WA GmbH
info@frederikundlabots.com
www.frederikundlabots.com
> N°3 43

Frese & Wolff Werbeagentur GmbH
info@frese-wolff.de
www.frese-wolff.de
> N°3 85

FUF // Frank und Freunde GmbH
kontakt@fuf.de
www.fuf.de
> N°4 86, 100

H

Hammerer GmbH
office@hammerer.at
www.hammerer.at
> N°1 84, N°2 62

Heimat Werbeagentur GmbH
info@heimat-berlin.com
www.heimat-berlin.com
> N°2 66f., 71, N°3 54f., N°4 73, 90, 92f.

Heine Warnecke Design GmbH
hannover@heinewarnecke.com
www.heinewarnecke.com
> N°1 46

hl-studios GmbH
info@hl-studios.de
www.hl-studios.de
> N°2 32, 47

I

Interactive Media Foundation gGmbH
info@interactivemedia-foundation.com
www.interactivemedia-foundation.com
> N°4 76

Intevi Werbeagentur GmbH
info@intevi.de
www.intevi.de
> N°4 44

ipanema2c brand communication GmbH
info@ipanema2c.de
www.ipanema2c.de
> N°2 54f., 61

ISGRO Gesundheitskommunikation GmbH & Co. KG
isgro@isgro-gk.de
www.isgro-gk.de
> N°2 58, N°3 58

J

jäger & jäger GbR
info@jaegerundjaeger.de
www.jaegerundjaeger.de
> N°2 24, 30

Jochen Grauer, Marken- und Kommunikationsberatung
jochen.grauer@web.de
> N°3 74

K

KAAPKE Marketing GmbH
zentrale@kaapke.com
www.kaapke.com
> N°2 35, 38

Kolle Rebbe GmbH
hallo@kolle-rebbe.de
www.kolle-rebbe.de
> N°3 32

KreativRealisten, EMS & P Kommunikation GmbH
info@kreativrealisten.de
kreativrealisten.de
> N°4 84f.

L

LA RED GmbH
hello@la-red.de
www.la-red.de
> N°1 47, 49, N°4 50

Lehanka Kommunikationsagentur GmbH
info@lehanka.de
www.lehanka.de
> N°1 42, N°4 64

Lingner Marketing GmbH
info@lingner.de
www.lingner.de
> N°2 80, N°3 78

Lingner Online GmbH
info@lingneronline.de
www.lingneronline.de
> N°1 41

M

markt&werbung m&w GmbH
info@marktundwerbung.de
www.markundwerbung.de
> N°1 90f.

MAYD GmbH & Co. KG
hello@mayd-hamburg.com
www.mayd-hamburg.com
> N°1 30, 33, N°4 45

N

neue formen Köln GmbH
info.koeln@neueformen.net
www.neueformen.net
> N°1 37f.

O

Ogilvy & Mather Germany GmbH
info@ogilvy.com
www.ogilvy.de
> N°3 44, 49f., 52f.

ORANGE COUNCIL GmbH
info@orange-council.de
www.orange-council.de
> N°3 82

P

Peperoni Werbe- und PR-Agentur GmbH
info@peperonihaus.de
www.peperonihaus.de
> N°4 77, 79

PLAN.NET/SERVICEPLAN
info@serviceplan.com
www.serviceplan.de
> N°1 57, 76, N°4 46f.

POINT HAMBURG Werbeagentur GmbH & Co. KG
direktkontakt@pointhamburg.de
www.pointhamburg.de
> N°2 78

Q

querformat GmbH & Co. KG
kontakt@querformat.info
www.querformat.info
> N°2 45, N°3 86

R

rocket-media GmbH & Co. KG
info@rocket-media.de
www.rocket-media.de
> N°2 37

S

S/COMPANY · Die Markenagentur GmbH
werbung@s-company.de
www.s-company.de
> N°3 47f.

Schindler Parent GmbH
kontakt@schindlerparent.de
www.schindlerparent.de
> N°1 56, N°3 66, N°4 75

schmiddesign GmbH & Co. KG
info@schmiddesign.de
www.die-kreativagentur.de
> N°3 57

SERVICEPLAN/PLAN.NET
info@serviceplan.com
www.serviceplan.de
> N°1 57, 76, N°4 46f.

SevenOne AdFactory GmbH
info@sevenone-adfactory.de
www.sevenone-adfactory.de
> N°4 40

Star Finanz-Software Entwicklung und Vertriebs GmbH
web@starfinanz.de
www.starfinanz.de
> N°3 35

STEUER Marketing und Kommunikation GmbH
info@agentur-steuer.de
www.agentur-steuer.de
> N°2 40, N°4 67

sxces Communication AG
info@sxces.com
www.sxces.com
> N°4 101

T

team4media GmbH
info@team4media.net
www.team4media.net
> Nº 4 **112**

TeamWFP: WFP WERBEAGENTUR FELSKE + PARTNER GMBH + CO. KG, WFP 2 GESELLSCHAFT FÜR INTERAKTIVE KOMMUNIKATION MBH + CO. KG
> Nº 2 **74**, **76** f.

teufels GmbH
info@teufels.com
teufels.com
> Nº 2 **41**, Nº 3 **42**

The Vision Company Werbeagentur GmbH
info@the-vision-company.de
www.the-vision-company.de
> Nº 1 **88**

TWT Interactive GmbH
welcome@twt.de
www.twt.de
> Nº 1 **43**, Nº 2 **52**

Ü

Überground GmbH
hello@teamueberground.com
www.ueberground.com
> Nº 2 **68** f., Nº 3 **68** f.

W

WAVEMAKER GmbH
duesseldorf@wmglobal.com
www.wavemakerglobal.com/de-de/
> Nº 1 **79** f.

WFP WERBEAGENTUR FELSKE + PARTNER GMBH + CO. KG
hallo@teamwfp.de
www.teamwfp.de
> Nº 2 **72** f.

Wynken Blynken & Nod GmbH & Co KG
hello@wynken.com
www.wynken.com
> Nº 1 **83**, **86**, Nº 2 **63**, **65**, Nº 4 **74**

Z

zurgams Kommunikationsagentur GmbH
office@zurgams.com
www.zurgams.com
> Nº 1 **44**, **58**, Nº 3 **37**, **70**

Produktions firmen / Dienst leister

1

12bis3 | Buchfink und Harsch GbR
bisgleich@12bis3.de
www.12bis3.de
> Nº3 **60**

2

23D Solutions GmbH
info@23ds.de
www.23ds.de
> Nº1 **67 f.**

27 Kilometer Entertainment GmbH
nitsche@27km.de
www.27km.de
> Nº3 **69**

4

48k Studio für musikalische Kommunikation
hallo@48k.studio
www.48k.studio
> Nº2 **67**

A

AA+W Einzelgesellschaft
info@aa-w.com
www.aa-w.com
> Nº4 **83**

ADCON Werbe GmbH
info@adcon-werbe-gmbh.de
www.adcon-modellbau.de
> Nº2 **32**

audioforce berlin KG
info@audioforce.de
www.audioforce.de
> Nº3 **49 f.**

Audio Logo GmbH
info@audiologogmbh.de
www.emotions-in-print.de
> Nº2 **54**

Augleo Studio
augleo@augleo.com
www.augleo.com
> Nº1 **76**

Axel Bühner, Fotograf
> Nº4 **84 f.**

B

BAKERY FILMS Filmproduktion GmbH
contact@bakeryfilms.com
www.bakeryfilms.com
> Nº3 **44**

Barbara Kündig
www.yoga-nidra.ch
> Nº3 **41**

Bele Olmez / Getty Images
> Nº1 **66**

BIGFISH Filmproduktion GmbH
info@bigfish.de
www.bigfish.de
> Nº2 **69, 71**

blmfilm GmbH
info@blmfilm.de
www.blmfilm.de
> Nº1 **47, 49**

bluepool GmbH
info@bluepool.de
www.bluepool.de
> Nº2 **32**

brainbows informationsmanagement GmbH
office@brainbows.com
www.brainbows.com
> Nº3 **71**

brothers Klika OG
hello@brothers-agency.com
www.brothers-agency.com
> Nº1 **84**

business creation EDV-Services KG
www.business-creation.at
> Nº1 **70**

C

CAC Studios
photo@studio-cac.com
www.studio-cac.com
> Nº1 **76**

CHALLENGE GmbH
www.challenge.de.com
> Nº1 **67 f.**, Nº2 **39**

CINEMATICZ FILMPRODUKTION Einzelunternehmen
kontakt@cinematicz.de
www.cinematicz.de
> Nº2 **44**

Commondeer LLC
> Nº1 **76**

Core-A Studios
info@coreastudios.com
www.coreastudios.com
> Nº1 76

currycom communications GmbH
office@currycom.com
www.currycom.com
> Nº1 43

CZAR Film GmbH
info@czar.de
www.czar.com
> Nº1 86, Nº2 66

D

Darius Ramazani
darius@ramazani.de
www.ramazani.de
> Nº4 106

Demodern GmbH
dm@demodern.de
www.demodern.de
> Nº4 76

Die Werbtätigen UG
info@diewerbtaetigen.de
www.diewerbtaetigen.de
> Nº3 63

DIE WORTWERKSTATT GmbH
info@wortwerkstatt.de
www.wortwerkstatt.de
> Nº1 68

Digital Straik GmbH
contact@straik.net
www.straik.net
> Nº3 50

DONDON Kähler Pelzer GbR
contact@dondonberlin.com
dondonberlin.com
> Nº3 40

Dorian Roy
mail@dorianroy.com
www.dorianroy.com
> Nº4 76

Drewes & Keretic GmbH
info@DundK.de
www.dundk.de
> Nº1 43

Druck-Ring GmbH & Co. KG
info@druck-ring.de
www.druck-ring.de
> Nº2 24, 30

Druckerei Vogl GmbH & Co KG
info@druckerei-vogl.de
www.druckerei-vogl.de
> Nº4 103

E

Eberl Print GmbH
info@eberl.de
www.eberl.de
> Nº3 66

Elif Siebenpfeiffer
info@elifsiebenpfeiffer.de
www.elifsiebenpfeiffer.de
> Nº3 86

Etschmann Noack GmbH
info@etschmann-noack.de
www.etschmann-noack.de
> Nº2 32

F

FISCHER & FRIENDS Werbeagentur GmbH
info@ffwa.de
www.fischer-and-friends.de
> Nº2 37, Nº3 59

fischerAppelt AG
info@fischerappelt.de
www.fischerappelt.de
> Nº1 43, Nº2 50

Florida TV GmbH
www.floridatv-entertainment.de
> Nº4 40

Fotografie Marc Weigert Einzelgesellschaft
foto@marcweigert.de
www.marcweigert.com
> Nº3 86

Fotolia
www.de.fotolia.com
> Nº3 37

freeters
info@freeters.de
www.freeters.de
> Nº3 82

G

German Wahnsinn GmbH
wahnsinn@germanwahnsinn.de
www.germanwahnsinn.de
> Nº1 47, 49

GK FILM AG
info@gk-film.com
www.gk-film.com
> Nº3 49

H

Hammerer GmbH
office@hammerer.at
www.hammerer.at
> Nº2 62

Hannes Resch
office@reschfoto.at
www.reschfoto.at
> Nº1 84, Nº2 62

Hans Gieselmann Druck und Medien GmbH & Co. KG
info@gieselmanndruck.de
www.gieselmanndruck.de
> Nº4 67

Heimat Werbeagentur GmbH
info@heimat-berlin.com
www.heimat-berlin.com
> Nº4 90, 93, 97

hobby.denkwerk GmbH
hi@h-o-b-b-y.com
www.h-o-b-b-y.com
> Nº1 71

Hofkapellmeister
office@hofkapellmeister.com
www.hofkapellmeister.com
> Nº1 83

Holzer Druck und Medien GmbH & Co. KG
info@druckerei-holzer.de
www.druckerei-holzer.de
> Nº3 74

I

It's us Media GmbH
office@itsus.berlin
www.itsus.berlin
> Nº1 64f., Nº4 81

J

JONES+TINO
sayhello@jonesandtino.tv
www.jonesandtino.tv
> Nº2 67

Joscha Unger GbR
mail@joschaunger.de
www.joschaunger.de
> Nº1 63

K

KAMERAD FILM GbR
info@kamerad-film.de
www.kamerad-film.de
> Nº2 54

Kinetic Worldwide Germany GmbH
benita.mayer@kineticww.com
www.kineticww.com/de
> Nº1 81

knowhere GmbH
info@knowhere.to
www.knowhere.to
> Nº1 47, 49

KontrastPlus GmbH & Co. KG
info@kontrastplus.net
www.kontrastplus.net
> Nº3 74

L

LAVAlabs Moving Images GmbH & Co. KG
info@lavalabs.de
www.lavalabs.de
> Nº1 43

Le Berg
www.leberg.de
> Nº2 50

Loft Tonstudios Berlin GmbH
berlin@loftstudios.de
www.loftstudios.de
> Nº1 86

Lorenz Fuchs
> Nº1 68

Lovestone Film GmbH
berlin@lovestonefilm.de
www.lovestonefilm.de
> Nº3 40

Lukas Hämmerle
www.lukashaemmerle.com
> Nº3 76

M

Marc G. Eberle
www.marcgeberle.com
> Nº3 76

Markenfilm GmbH & Co. KG
info@markenfilm.de
www.markenfilm.de
> Nº1 83

Marte Michael
www.michaelmarte.com
> Nº 1 **70**

Martin Bolle Foto Design
martin.bolle@keno-studio.de
www.martinbolle.de
> Nº 4 **80**

MEDIAPLUS GERMANY
www.mediaplus.com/de
> Nº 4 **46 f.**

Miiqo Studios UG
we@miiqo.com
www.miiqo.com
> Nº 4 **76**

MOKOH Music GmbH
hello@mokoh-music.com
www.mokoh-music.com
> Nº 2 **71**, Nº 4 **93 f.**

mypony GmbH
hello@mypony.pro
www.mypony.pro/company
> Nº 4 **48**

N

NEVEREST GmbH & Co. KG
info@neverest.de
www.neverest.de
> Nº 1 **57**

Next Levels GmbH
www.next-levels.de
> Nº 1 **90 f.**

nhbNEXT
felicitas.stahnke@nhbnext.com
www.nhbnext.com
> Nº 1 **76**

nhb video GmbH
info@nhb.de
www.nhb.de
> Nº 4 **48**

Nils Landmark
mail@nilslandmark.com
www.nilslandmark.de
> Nº 2 **67**

Norbert Hüttermann
nh@huettermannfotografie.de
www.huettermannfotografie.de
> Nº 1 **88**

O

ORT INTERACTIVE GmbH
info@ort-online.net
www.ort-online.net
> Nº 2 **74**

ostec GmbH
info@ostec.de
www.ostec.de
> Nº 4 **51**

P

PAUL SCHWABE DIGITAL PRODUCTION GmbH
hello@paulschwabe.com
www.paulschwabe.com
> Nº 2 **67**

Ping Zhu
pingszoo@gmail.com
www.pingszoo.com
> Nº 4 **74**

PIRATES 'N PARADISE Berlin GmbH
ber@pnp.tv
www.piratesnparadise.de
> Nº 4 **90**, **92 f.**, **97 f.**

PLAN.NET / SERVICEPLAN
info@serviceplan.com
www.serviceplan.de
> Nº 1 **57**, Nº 4 **46 f.**

Pumpkin Film AG
INFO@PUMPKINFILM.CH
www.pumpkinfilm.ch
> Nº 1 **57**

PX Group GmbH
info@px-group.de
www.px-group.de
> Nº 4 **93 f.**

R

Rampant Pictures Einzelunternehmen
info@rampant-pictures.de
www.rampant-pictures.de
> Nº 3 **46**

René Liebert
mail@reneliebert.com
www.reneliebert.com
> Nº 4 **76**

ROCKET FILM GmbH
contact@rocketfilm.ch
www.rocketfilm.ch
> Nº 3 **56**

RSA Films
www.rsafilms.com
> Nº 2 **71**

S

Schöler Druck & Medien GmbH
www.schoeler-kreativ.de
> Nº 3 **76**

SERVICEPLAN / PLAN.NET
info@serviceplan.com
www.serviceplan.de
> Nº 1 **57**, Nº 4 **46 f.**

Shazam Entertainment Limited
www.shazam.com/de
> Nº 4 **46 f.**

Stierhochvier Kathi Lokocz & Rodian Stiehl
hier@stierhochvier.de
www.stierhochvier.de
> Nº 2 **40**

Stink GmbH
berlin@stink.co
www.stink.com
> Nº 2 **67**, Nº 3 **50**

STUDIO AKA, London Ltd.
thestudio@studioaka.co.uk
www.studioaka.co.uk
> Nº 2 **71**

Studio Funk GmbH & Co. KG
info@studiofunk.de
www.studiofunk.de
> Nº 1 **58**, Nº 2 **65**

T

techdev Solutions GmbH
info@techdev.io
www.techdev.io/de
> Nº 3 **41**

The Mill Ltd.
www.themill.com
> Nº 2 **71**

The Wade Brothers
www.thewadebrothers.com
> Nº 2 **66**

Thomas Kombüchen
hi@undev.de
www.undev.de
> Nº 4 **76**

Thomas Von der Heiden
www.thomasvonderheiden.de
> Nº 1 **90 f.**

Tim Pulver
mail@timpulver.de
www.timpulver.de
> Nº 4 **76**

Ton- & Werbestudio Schreiber
info@studio-schreiber.de
www.studio-schreiber.de
> Nº 1 **56**

Tracks & Fields GmbH
www.tracksandfields.com
> Nº 2 **71**

TroNa GmbH
info@try-no-agency.de
www.try-no-agency.de
> Nº 1 **40**

Turbine Kreuzberg GmbH
hello@turbinekreuzberg.com
www.turbinekreuzberg.com
> Nº 4 **51**

Tutticonfetti, Marta Colomer
maruta@tutticonfetti.com
www.tutticonfetti.com
> Nº 1 **46**

U

Unit9, London
info@unit9.com
www.unit9.com
> Nº 3 **54 f.**

V

Via Studios GbmH
mail@viastudios.de
www.viastudios.de
> Nº 3 **86**

W

Walter Glöckle
mail@walter-gloeckle.de
www.walter-gloeckle.de
> Nº 3 **35**

WFP2 GESELLSCHAFT FÜR INTERAKTIVE KOMMUNIKATION MBH + CO. KG
info@wfp2.com
www.teamwfp.de
> Nº 2 **74**, **76 f.**

who's mcqueen picture GmbH
zurich@whomcq.com
www.whomcq.com/zurich-showreel
> Nº 3 **36**, **54** f.

wittmann/zeitblom
chwittmann@posteo.de
www.wittmannzeitblom.de
> Nº 4 **76**

Z

ZENOMUZIK GmbH
info@zenomuzik.de
www.zenomuzik.de
> Nº 4 **75**

ZUZANA SUCHA
zuzana.sucha@volny.cz
www.zuzanasucha.net
> Nº 2 **67**

Auftraggeber

A

Accenture Dienstleistungen GmbH, Kronberg im Taunus > N°4 **106**
ACV Automobil-Club Verkehr e.V., Köln > N°3 **40**
Alfred Ritter GmbH & Co. KG, Waldenbuch > N°1 **34 f.**
Alpcura Fachklinik Allgäu Betriebsgesellschaft mbH, Pfronten > N°3 **57**
Architektenkammer Baden-Württemberg, Stuttgart > N°4 **100**
Archraum AG, Altstätten > N°1 **70**
arge digital excellence c/o advantegy GmbH, Schwerte > N°4 **66**
artiso solutions GmbH, Blaustein > N°2 **44**
Atelier Damböck Messebau GmbH, Neufinsing bei München > N°4 **54**

B

Bäckerei Voosen GmbH & Co. KG, Pulheim > N°1 **37 f.**
Bayerisches Staatsministerium des Innern, für Bau und Verkehr öffentlich-rechtlich, München > N°4 **80**
Bayernland eG, Nürnberg > N°2 **80**
Beiselen GmbH, Ulm > N°4 **103**
Bel Deutschland GmbH, Grasbrunn > N°1 **40**
Berlin Burrito Company GmbH, Berlin > N°3 **43**
Berliner Stadtreinigung Anstalt des öffentlichen Rechts, Berlin > N°4 **77, 79**
bodenseecrew Werbeagentur GmbH, Konstanz > N°4 **56**
Bundesministerium des Innern, Berlin > N°4 **81**
Bunte Hotel Fischer am See GmbH & Co. KG, Heiterwang > N°3 **46**
by marei Einrichtungskonzepte AG, St. Gallen > N°2 **81**

C

Campari Deutschland GmbH, Oberhaching > N°1 **50**
CleanCar AG, Düsseldorf > N°3 **62 f.**
Condor Flugdienst GmbH, Oberursel > N°3 **47 f.**

D

Daimler AG, Stuttgart > N°1 **64 f.**
DAW SE Geschäftsbereich LITHODECOR, Gerstungen > N°3 **74**
DB Mobility Logistics AG, Berlin > N°3 **44, 49 f., 52 f.**
Deutsche Synästhesie-Gesellschaft e.V., Aukrug > N°4 **70 f.**
Deutsche Telekom AG – GSUS – Real Estate Management, Köln > N°3 **82**
Diction AG, Buchs > N°3 **83**
die3 Agentur für Werbung und Kommunikation GmbH, Dornbirn > N°4 **58**
dieckertschmidt GmbH, Berlin > N°4 **60, 62**
Die Techniker KdöR, Hamburg > N°3 **41**
DOMUS Leuchten & Möbel AG, St. Gallen > N°1 **72**
Dot Incorporation, Seoul > N°1 **76**
Dr. Klaus Karg KG, Schwabach > N°1 **41**
Dr. Willmar Schwabe GmbH & Co. KG, Ettlingen > N°3 **58**
DuMont Mediengruppe GmbH & Co. KG, Köln > N°4 **44**
DURIT Hartmetall GmbH, Wuppertal > N°2 **61**

E

E. doppler Co. GmbH, Braunau-Ranshofen > N°1 **84**
Eberspächer Climate Control Systems GmbH & Co. KG, Esslingen > N°1 **66 f.**
EDEKA Handelsgesellschaft Nord mbH, Neumünster > N°2 **63, 65**
Electrolux Hausgeräte Vertriebs GmbH, Nürnberg > N°1 **73 f.**
Emil Frey AG, St. Gallen > N°1 **59**
Erzbischöfliches Ordinariat München öffentlich-rechtlich, München > N°4 **82**
EWG – Entwicklungs- und Wirtschaftsförderungsgesellschaft für Rheine mbH, Rheine > N°4 **83**

F

fischerAppelt AG, Hamburg > N°4 **52**
Founders Foundation gGmbH, Gütersloh > N°4 **67**
Fr. Lürssen Werft GmbH & Co.KG, Bremen > N°3 **85**
Freie Demokratische Partei, Berlin > N°4 **90, 92 f.**

G

G. Passier & Sohn GmbH, Langenhagen > N°1 **88**
Gallus Ferd. Rüesch AG, St. Gallen > N°2 **28**
GRIMME Landmaschinenfabrik GmbH & Co. KG, Damme > N°2 **35**
grüne Emma GmbH, Dinkelsbühl > N°1 **42**
Gruner + Jahr GmbH & Co KG, Hamburg > N°4 **45**

H

H. Maurer GmbH & Co. KG, Schramberg > N°3 **42**
Hasen-Bräu Brauereibetriebsgesellschaft mbH, Augsburg > N°1 **52 f.**
HAU GmbH & Co. KG, Neuler > N°3 **86**
Hirsch-Brauerei Honer GmbH & Co. KG, Wurmlingen > N°1 **56**
HOERBIGER Holding AG, Zug > N°2 **30**
HOLZ-HER GmbH, Nürtingen > N°2 **37**
HORNBACH Baumarkt AG, Bornheim > N°2 **66 f.**

I

INNEO Solutions GmbH, Ellwagen > N°2 **45**
Intemann GmbH, Lauterach > N°3 **76**
Interactive Media Foundation gGmbH, Berlin > N°4 **76**

J

Jungheinrich AG, Hamburg > N°2 **46**

K

KLASSIK GARAGE KRONBERG GmbH & Co. KG, Eschborn > N°4 **41**
Krebsgesellschaft Nordrhein-Westfalen e.V., Düsseldorf > N°4 **68**
KS-ORIGINAL GmbH, Hannover > N°2 **38**

L

Lesjöfors Industrial Springs & Pressings GmbH, Hagen-Hohenlimburg > N°2 **39**
LIDL Stiftung Co. KG, Neckersulm > N°2 **68** f.

M

Mast-Jägermeister SE, Wolfenbüttel > N°1 **47** f.
Mayer Personalmanagement GmbH, Rankweil > N°4 **107**
MediaMarkt GmbH, München > N°2 **70**
Media Resource Group GmbH & Co. KG, Crailsheim > N°4 **64**
medius KLINIKEN gGmbH, Kirchheim unter Teck > N°3 **59** f.
Medtronic GmbH, Meerbusch > N°2 **54** f.
Merck KGaA, Darmstadt > N°2 **50**, **52**
MG Germany GmbH, Hamburg > N°4 **48**
Mibelle Group AG, Frenkendorf > N°1 **57**
Microsoft Deutschland GmbH, München > N°2 **42**
Ministerium der Finanzen des Landes NRW KdöR, Düsseldorf > N°4 **84** f.
MöllerGroup GmbH, Bielefeld > N°2 **40**
Mondelez Deutschland Services GmbH & Co. KG, Bremen > N°1 **43**
MT Spielbetriebs- u. Marketing AG, Melsungen > N°4 **101**
myToys.de GmbH, Berlin > N°1 **86**

N

NABU - Naturschutzbund Deutschland e.V., Berlin > N°4 **72**
Norddeutscher Rundfunk Anstalt des öffentlichen Rechts, Hamburg > N°4 **50**

O

OCW Oberscheider Car World GmbH, Lustenau > N°3 **65**
Opel Automobile GmbH, Rüsselsheim am Main > N°1 **62** f.
Otsuka Pharma GmbH, Frankfurt am Main > N°2 **58**
Otto GmbH & Co KG, Hamburg > N°2 **71**

P

Paul Kauth GmbH & Co. KG, Denkingen > N°2 **41**
PENNY Markt GmbH, Köln > N°2 **72**
PERM4 I Permanent Recruiting GmbH, Berlin > N°4 **108** f.
Plansee Group Service GmbH, Reutte > N°2 **24**

R

Ralf Bohle GmbH, Reichshof > N°1 **90** f.
Ravensburger AG, Ravensburg > N°3 **66**
real,- SB-Warenhaus GmbH, Düsseldorf > N°2 **74**, **76** f.
RECARO Automotive Seating GmbH, Kirchheim/Teck > N°1 **68** f.
REHAU AG + Co, Rehau > N°3 **78**
Reindl Gesellschaft m.b.H, St. Willibald > N°2 **62**
Rhomberg Bau GmbH, Bregenz > N°3 **71**, > N°3 **79** f., N°4 **110**

S

s.Oliver Bernd Freier GmbH & Co. KG, Rottendorf > N°1 **82**
Samsung Electronics GmbH, Schwalbach im Taunus > N°1 **78**
Schüchtermann-Klinik Bad Rothenfelde GmbH & Co. KG, Bad Rothenfelde > N°4 **112**
SevenOne AdFactory GmbH, Unterföhring > N°4 **40**
Siemens AG, Erlangen > N°2 **32**, **47**
Sivantos GmbH, Erlangen > N°2 **59** f.
SMUUS GmbH, Hamburg > N°1 **30**, **33**
Staatskanzlei Rheinland-Pfalz, Mainz > N°4 **87**
Stadt Neu-Ulm KdöR, Neu-Ulm > N°4 **88** f.
Stanley Black&Decker Deutschland GmbH, Idstein > N°1 **71**
Stiftung Deutsche Krebshilfe, Bonn > N°4 **73**
Stiftung Jugend forscht e.V., Hamburg > N°4 **74**
Stiftung Liebenau Kirchliche Stiftung privaten Rechts, Meckenbeuren > N°4 **75**
Stoll Kaffee AG, Zürich > N°1 **44**
Stylight GmbH, München > N°4 **46** f.
Swisscom (Switzerland) AG, Bern > N°3 **54** f.
Switzerland AG, Zürich > N°3 **36**

T

Tebis AG, Martinsried > N°2 **48**
Techniker Krankenkasse KdöR, Hamburg > N°3 **38**, **41**
Tipp24 Services Ltd., London > N°3 **68** f.
Trink Meer Tee GbR, Bremen > N°1 **46**

U

UniCredit Bank AG, München > N°3 **32**
Unilever Deutschland GmbH, Hamburg > N°2 **78**
Universal Music GmbH, Berlin > N°4 **51**

V

Viessmann GmbH & Co. KG, > N°1 **92**
Vodafone GmbH, Düsseldorf > N°1 **79** f.
Volksbank Vorarlberg e. Gen., Rankweil > N°3 **37**

W

Wendel GmbH & Co KG, Detmold > N°1 **83**
WIFI - Wirtschaftsförderungsinstitut der Wirtschaftskammer Vorarlberg KdöR, Dornbirn > N°3 **70**

Z

zurgams kommunikationsagentur GmbH, Dornbirn > N°1 **58**

Personen

A

Abasbek, Azim > N°1 76, N°4 46f.
Abeln, Thorsten > N°3 85
Achenbach, Jürgen > N°2 68f.
Achterfeldt, Bernd > N°2 72
Adomeit, Katja > N°2 54f.
Albert, Sonja Simone > N°3 82
Albrecht, Jens > N°1 66f., N°2 39
Alexander, Tim > N°3 54f.
Alexandrov, Alexander > N°1 76
Alles, Martin > N°2 68f.
Almerood, Niklas > N°4 97f.
Alpino, Shana > N°3 82
Alpino, Vincent > N°3 82
Alrep, Merle Mareike > N°2 62
Altmann, Thea > N°3 82
Altunbas, Koray > N°4 46f.
Amann, Florian > N°1 44
Andereya, Ralf > N°2 54f., 61
Andernach, Daniel > N°1 37f.
Andresen, Sarah > N°1 47, 49
Arellano Medina, Narciso > N°1 71
Astuti, Chiara > N°4 109
auf dem Graben, Sylke > N°3 85
auf der Lauer, Birgit > N°3 82
Austinat, Marvin > N°2 72, 74
Ayata, Imran > N°4 106

B

Babiel, Rainer, Dr. > N°2 46
Bach, Aleksander > N°3 50
Barche, Michael > N°3 82
Bart, Olga > N°1 73f.
Barth, Ines > N°1 42, N°4 64
Barthelme, Michael > N°4 75
Baszio, Sven, Dr. > N°4 74
Bauer, Sidonie > N°1 57
Baum, Johannes > N°3 82
Baumann, Karli > N°2 50
Baumeister, Clemes > N°1 92
Baumgartner, Nicolai > N°1 71
Bayer, Ben > N°3 82
Beck, Julia > N°2 63, N°2 65
Beck, Tim > N°2 44, N°3 46, N°4 103
Bender, Dietrich > N°3 58
Benet, Florian > N°3 82
Berg, Micky > N°1 47, 49
Bernd, Yamila > N°3 82
Bernin, Sandra > N°2 71
Bethäuser, Dominik > N°2 58
Beyer, André > N°2 44
Binder, Herbert > N°4 80, 82
Binder, Jonas > N°4 46f.
Bindlechner, Irina > N°4 52
Birkenstock, Henning > N°3 85
Bittner, Timo > N°2 41, N°3 42
Blankenstein, Daniela > N°1 79f.
Blecke, Adelheid > N°2 40, N°4 67
Bleihauer, Stefan > N°2 74, 76f.
Block, Charlotte > N°1 71
Blum-Heuser, Christine > N°2 50
Blümel, Jens-Michael > N°1 43
Bobleter, Patrick > N°1 59
Boesten, Lavanya > N°3 82
Bohle, Frank > N°1 90f.
Böhler, Lena > N°3 66
Böhm, Christian > N°1 83
Boine, Georg > N°2 70
Boklage, Daniel > N°2 32, 47
Bolland, Philip > N°4 81
Borek, Sebastian > N°4 67
Botsch, Maria > N°4 97f.
Boukhalfa, Khaled > N°2 46
Bracht, Jens > N°1 64f.
Brandau, Kai > N°3 74
Braun, Oliver > N°1 34f.
Brecht, Peer Oliver > N°4 56
Brehm, Andreas > N°1 46
Breman, Michael > N°3 85
Breynck, Kevin > N°1 47, 49
Brieden, Irina > N°4 68
Brockmeyer, Felix > N°4 93f.
Brodowski, Berthold > N°4 93f.
Brunnenmeister, Catia > N°3 83
Bruno, Pellegrino > N°2 72
Bruns, Christian > N°2 72
Bryant, Bärbel > N°1 92
Bugai, Sascha > N°3 32
Bugiel, Mareike > N°4 44
Bühler, Daniela > N°1 59
Bulla, Christian > N°3 66
Bülskämper, Malte > N°3 54f.
Bunte, Marina > N°3 46
Burgbacher, Daniel > N°2 45
Burkhalter, Jürg > N°1 57
Burmeister, Nina > N°1 43
Buschmann, Marco > N°4 90, 92f., 97f.
Busker, Martin > N°1 92
Buzási, Johannes > N°4 81
Byfield, Dennis > N°4 48

C

Cantus, Claudia > N°2 71
Caplunik, Debby > N°3 36
Carrera, Adrian > N°1 83
Carrington, Anissa > N°1 83, 86, N°2 63, 65, N°4 74
Caruso, Daniela > N°1 79f.
Casten, Carina > N°3 41
Chaquiri, Mimount > N°2 61
Cheong, Virgie > N°4 62, 108
Choi, Ahrum > N°1 76
Choi, YoungWoo > N°1 76
Clasen, Stephan > N°2 42
Clawien, Christian > N°4 52
Clement, Reto > N°1 57
Combes, Nico > N°1 82
Conneus, Lutz > N°4 50
Conrad, Jenny > N°4 88f.
Cürsgen, Julia > N°4 77

D

Dankers, Thijs > N°1 64f.
Dawson, Josh Patrick > N°3 40
Demeco, Pasquale > N°3 82
Dengel-Ongcoy, Yasmin > N°4 106
de Seriis, Markus > N°3 82
Devaux, Loic > N°3 82
Devine, Eva > N°1 73f.
Dieckert, Kurt Georg > N°4 60, 62, 108f.
Dienstbier, Julia > N°1 34f.
Dietrich, Florian > N°4 41
Dörner, Holger > N°3 62f.
Dörning, Boris > N°2 42
Doser, Romi Diana > N°1 68f.
Doyen, Maximilian > N°1 79f., 81
Drebinger, Katrin > N°2 59f.
Dreisbach, Julia > N°3 41
Dreyer, Nils > N°3 38, 41
Ducu, Sonia > N°1 57
Duhn, Daniel > N°4 97f.
Duncker, Dennis > N°3 40
Dunkel, Lara > N°3 56
Dycke, Moritz > N°4 56

E

Eckard, Valérie > N°1 57
Ecken, Dagmar > N°3 82
Eggert, Martin > N°1 40, 50
Egli, Miriam > N°1 59, N°2 81, N°3 36, 83
Eglin, Matthias > N°1 57
Ehlers, Frauke > N°4 60
Eibenstein, Peter > N°4 77
Eiglsperger, Kathrin > N°3 54ff.
Einwohlt, Sonja > N°3 58
Ellrich, Juliane > N°2 69
Elma, Damien > N°3 82
Ender, Simon > N°1 70, N°3 65, 76
Enderlein, Johanna > N°1 83
Engel, Christian > N°1 63
Entrup, Benjamin > N°1 64
Erb, Matthias > N°1 83, 86, N°2 63, 65, N°4 74
Ercan, Taner > N°3 49f., 52f.
Ernesti, Felix > N°1 50
Eschenbacher, Kai > N°1 52f.

Eslam, Alex > N° 1 83
Esmarch, Katharina > N° 1 52 f., 73 f.
Essig, Frank > N° 1 66 f.
Eugster, Bruno > N° 1 59
Eugster, Katharina > N° 3 36
Eugster, Maximilian > N° 1 59
Eugster, René > N° 1 59, 72, N° 2 81, N° 3 36, 83

F

Fahrion, Andreas > N° 1 66 f., N° 2 39
Falk, Vanessa > N° 3 40, N° 4 51
Fälsch, Markus > N° 3 44, 49 f., 52 f.
Farwick, Jo Marie > N° 2 68 f., N° 3 68 f.
Fassbender, Patrick > N° 3 83
Fauth, Yannick > N° 2 50
Feichtinger, Stephan, Ing. > N° 3 71, 79
Feld, Jürgen > N° 2 35
Feldhusen, Arne > N° 3 69
Felsmann, Christian > N° 1 63
Fenn, Daniela > N° 3 59 f.
Fernandes, Rohan > N° 4 46
Fernandes, Rohan Vitus > N° 1 76, N° 4 47
Fernandez, Julia > N° 4 79
Ferraz, Raphael > N° 2 70, N° 4 70 f.
Feurstein, Chris > N° 3 65, 76
Finzelberg, Adrian > N° 1 64 f.
Fischer, Katja > N° 4 90, 92
Fischer, Marlon > N° 2 66 f.
Fischer, Michael > N° 3 59 f.
Fischer, Oliver > N° 2 44, N° 3 46, N° 4 103
Fischer, Sascha > N° 2 72
Fischer-Appelt, Bernhard > N° 4 52
Fitza, Susanne > N° 1 64 f.
Florian, Lucas > N° 4 50
Föhr, Ben > N° 1 64
Fournet, Isabelle > N° 1 76
Franke, Ingo > N° 4 67
Franke, Nadja > N° 4 68
Frercksen, Maximilian > N° 2 52
Freund, Giorgina > N° 3 44, 49 f., 52 f.
Fries, Christian > N° 4 72
Friesen, Ursula > N° 4 82
Fritz, Dennis > N° 1 76, N° 4 46 f.
Fröhlich, Tobias > N° 3 62 f.
Frölich, Michaela > N° 2 44, N° 3 46, N° 4 103
Frommen, Benjamin > N° 4 41
Frost, Andreas > N° 1 47, 49
Fuchs, Michael > N° 3 40, N° 4 51

G

Gabriel, Marco > N° 1 47, 49
Gaiswinkler, Gernot > N° 2 62
Gaitzsch, Almuth > N° 4 72
Ganster, Michael > N° 2 74
Gardiner, Adam > N° 1 62
Gassner, Ulf > N° 4 87
Gaubatz, Holger > N° 3 50, 52 f.
Gazibara, Senjel > N° 3 32
Geisler, Wolfgang > N° 2 32
Gelewski, Sandra > N° 3 32
Gelhar, Andre > N° 3 50
Gengelbach, Ariane > N° 1 47, 49
Georgoglou, Andreas > N° 1 81
Geppert, Susanne > N° 3 44
Gerlach, Chris > N° 4 90, 92 f.
Gerstenhauer, Wolfgang > N° 3 74
Gerstmann, Sara-Vanessa > N° 4 41
Geyer, Andreas > N° 3 82
Gharbi, Nassim > N° 1 62 f.
Ghin, Claudio > N° 2 72
Giese, Daniel, Dr. > N° 4 74
Gittermann, Alice > N° 4 106
Glaubitz, Jonas > N° 2 58
Glöckner, Dorothee > N° 3 59 f.
Glöckner, Martin > N° 4 90, 92 f.
Gocht, Peter > N° 4 48
Göhrs, Phillip > N° 3 38
Goldbach, Sven > N° 4 90, 92 f.
Gorbach, Andreas > N° 3 79
Görlich, Uwe > N° 3 62 f., N° 4 68
Gössling, Mathias > N° 4 87
Grabherr, Sascha > N° 2 28, N° 3 79
Grandt, Oliver > N° 3 41
Graß, Sarah > N° 2 76 f.
Grass, Martin > N° 1 58
Grauer, Jochen > N° 3 74
Griffel, Sandra > N° 2 70
Grigolla, Nathaniel > N° 1 64 f.
Grimm, Benedikt > N° 1 43
Grohn, Andreas > N° 1 64 f.
Groll, Dieter > N° 4 44
Grompone, Lucia > N° 1 71
Gross, Dominik > N° 4 67
Grunewald, Clemens > N° 3 41
Grünewald, Nicole, Dr. > N° 1 88
Gschossmann, Thomas > N° 1 44, N° 3 37, 70
Guelzau, Ilka > N° 2 50
Gülmen, Esra > N° 4 73, 97 f.
Gumbert, Sebastian > N° 3 66
Guschker, Felix > N° 3 38

H

Haas, Helmut > N° 2 45
Haase, Paul > N° 1 62 f.
Hahn, Ursula > N° 3 59 f.
Haidar, Marjan > N° 1 47, 49, N° 4 50
Haist, Nicole > N° 3 66
Hamel, Gerhard > N° 3 37
Hammad, Muhammad > N° 4 90, 92, 97 f.
Hanf, Eva > N° 1 64 f.
Hann, Klaus > N° 3 82
Hannemann, Markus > N° 2 45
Harless, Richard > N° 4 46 f.
Harmsen, Jonas > N° 4 93 f.
Hartmann, Jan > N° 3 40
Hase, Alexandra > N° 2 61
Hau, Roland > N° 3 86
Hauf, Inna > N° 1 79 f.
Haupt, Andreas > N° 3 35
Hauschild, Ulrich > N° 1 86
Hauser, Birgit > N° 3 46
Hecht, Thilo > N° 2 59
Heffels, Guido > N° 2 66 f., 71, N° 3 54 f., N° 4 73, 90, 92 f.
Heffels, Kerstin > N° 2 66 f.
Heiler, Ricarda > N° 1 62 f.
Heimgartner, Lisa Yvonne > N° 2 71
Hein, Nadine > N° 2 45
Hein, Stephanie > N° 4 46 f.
Heine, Dirk > N° 1 46
Heine, Olaf > N° 4 97 f.
Heitker, Meike > N° 1 34 f.
Heitzmann, Stefan > N° 2 41
Hellberg, Jan > N° 1 47, 49
Hellmann, Christian > N° 1 86
Hellmann, Wolfgang > N° 2 39
Henck, Holger > N° 1 34 f.
Henckel, Jan Willem > N° 4 51
Henckus, Michael > N° 3 66
Hennings, Torsten > N° 1 58, N° 2 65
Hepfer, Hubert > N° 1 56
Herden, Ingrid > N° 4 84 f.
Herold, Horst > N° 4 88 f.
Herz, Michael > N° 2 72
Hess, Maria > N° 3 82
Hesse, Thomas > N° 2 70
Heuchemer, Bernd > N° 2 32, 47
Heyer, Alicia > N° 1 37 f.
Higler, Peter > N° 2 32
Hildebrandt, Rafael-Maria > N° 3 82
Hoeborn, Laura > N° 2 71
Hoeltschi, Serge > N° 1 76
Hofer, Christoph > N° 3 70
Hoff, Rainer > N° 3 82
Hoffmann, David > N° 4 51
Hoffmeister, Jan > N° 3 32
Holst, Molly > N° 4 70 f.
Holtekötter, Tim > N° 2 67
Holtkötter, Tim > N° 2 66
Holzheier, Marco > N° 3 62 f.
Homberger, Joëlle > N° 4 46 f.
Honer, Rainer > N° 1 56
Hopf, Till > N° 3 54 f.
Hoppe, Heinz > N° 2 48
Hörler, Valeria > N° 1 59, N° 2 81
Hormann, Cynthia > N° 2 50
Horwedel, Sinya > N° 3 44, 50, 52 f.
Hotz, Constance, Dr. > N° 3 66, N° 4 75
Hoyer, Pierre > N° 3 41
Hren, Jessica > N° 2 68 f.
Huck, Christian > N° 1 64, N° 3 40
Hudl, Sebastian > N° 2 59
Hug, Stephanie > N° 1 57
Hügli, Pam > N° 1 57
Humke, Carsten > N° 1 83
Hummer, Marlene > N° 4 62
Hünsch, Heiko > N° 2 47
Hutle, Katharina > N° 3 70

I

Imanov, Udschal > N° 4 51
Inan, Kadir > N° 4 51
Isgro, Frank, PD Dr. > N° 2 58, N° 3 58

J

Jäger, Olaf > N° 2 24
Jäger, Regina > N° 2 24, 30
Jahnen, Felix > N° 1 47, 49
Jahnke, Timo > N° 2 35
Jakober, Nathalie > N° 1 57
Janas, Andrea > N° 3 32
Janecki, Ralf > N° 1 46
Jansen, Frank > N° 2 78
Janssen, Manfred, Dr. > N° 4 83
Janzen, Henning > N° 1 76
Jendrny-zur Löwen, Klaudia > N° 3 62 f.
Jochum, Simon > N° 4 97 f.
Johnson, Hannah > N° 4 50
Johnson, Salome > N° 3 59 f.
Jokerst Gracias, Thomas, Dr. > N° 3 38
Joo, Jae-Seong > N° 1 76
Joo, KiHwan > N° 1 76
Jorde, Regina > N° 1 71
Jud, Roman > N° 3 56
Jung, Teresa > N° 2 71
Juran, Benjamin > N° 3 82

K

Kalach, Isthia > N° 3 82
Kamisli, Ceylan > N° 4 106
Kammeier, Anne > N° 4 60, 62, 108 f.
Kannemeier, Eva > N° 1 88
Kannemeier, Georg D. > N° 1 88
Karavidas, Katharina > N° 4 41
Karolus, Stephon > N° 4 46 f.
Karsten, Sophie > N° 3 40
Kaspar, Gerd > N° 4 44
Kastrati, Aferdita > N° 2 50
Kathan, Georg > N° 2 41, N° 3 42
Kathmann, Marc > N° 2 35
Katterfeld, Silke > N° 4 84 f.
Kaufmann, Daniel > N° 4 97 f.
Kaufmann, Ralph > N° 1 68 f.
Kaul, Franziska-Maria > N° 3 54 f.
Kauth, Johannes > N° 2 41
Kaye, Cosima > N° 3 82
Kemanes, Evridiki > N° 1 33, N° 4 45
Kemper, Thomas, Dr. > N° 3 44, 49 f., 52 f.
Kempf, Kristina > N° 2 58
Kempf, Melanie > N° 4 88 f.
Keppeler, Stephanie > N° 4 56
Kessler, Roman > N° 2 32
Kierdorf, Thomas > N° 2 42
Kiklas, Katharina > N° 4 79
Kim, Eric Ju Yoon > N° 1 76
Kirch, Alexander > N° 4 83
Kirch, Jochen > N° 4 77, 79
Kirchhartz, Tom > N° 4 51
Kirchmair, Claudia > N° 4 46 f.
Kiurina, Olli > N° 2 65
Klaedtke, Malte > N° 1 47, 49, N° 4 50
Klahr, Tobias > N° 4 80
Klaiber, Martin > N° 4 56
Kläne, Benedikt > N° 2 38
Klein, Martin C. > N° 1 68 f.
Kleyh, Kathrin > N° 3 32
Klingberg, Paul > N° 1 63
Klingenberg, Ilka > N° 4 50
Klocke, Michael > N° 2 48
Klöfer, Danilo > N° 2 68 f., N° 3 68 f.
Klose, Daniel > N° 4 50
Klytta, Doris > N° 1 90 f.
Kniebaum, Lena > N° 1 73 f.
Kniekamp, Kai > N° 2 69
Knipperts, Hella > N° 3 38
Kobelentz, Andrea > N° 4 45
Koch, Antje > N° 4 75
Kock, Nico, Dr. > N° 4 74
Koenigsfeld, Dirk > N° 2 74, 76 f.
Kohlenberger, Julia > N° 3 52 f.
Köhler, Mathias > N° 3 49
Kollhorst, Bruno > N° 3 38, 41
Kölling, Lukas > N° 2 66
König, Jan > N° 1 82
Königstorfer, Manfred > N° 2 62

Köpke, Jan > N° 4 50
Kordt, Heinz-Achim > N° 2 61
Kornrumpf, Meike > N° 2 71
Kowalski, Björn > N° 1 62 f.
Kräh, Thomas A. > N° 3 59 f.
Krämer, Bastian > N° 2 32
Krämer, Egon > N° 3 74
Krauß, Benedikt > N° 3 80, N° 4 110
Kraus, Creative Services > N° 4 96
Kraus, Frank-Oliver > N° 4 84 f.
Kraus, Kerstin > N° 4 93 f., 97 f.
Kraus-Sparmann, Thieß > N° 3 82
Krause, Anna-Mareike > N° 4 50
Krause, Jasmin > N° 1 34 f.
Krause, Sibylle > N° 2 24
Krefeld, Georg > N° 3 82
Kreimer, Tobias > N° 3 40
Krenz, André > N° 1 52 f.
Kress, Saskia > N° 4 76
Kretz, Johannes > N° 1 56
Kreutzer, Katja > N° 2 54 f.
Krieger, Tim > N° 4 93 f.
Krogmann, Christiane > N° 4 50
Krolla, Gianna > N° 1 34 f.
Krüger, Hendrik > N° 3 42
Krüger, Ina > N° 4 76
Krump, Sandra, Dr. > N° 4 82
Krüttgen, Anneke > N° 1 90 f.
Krzonkalla, Sabine > N° 3 59 f.
Küchler, Marco > N° 2 32
Kühn, Charlotte > N° 4 90, 92 f., 96 f.
Kuhn, Max > N° 2 50
Kuhnle, Jörg > N° 1 82
Kükenthal-Thiel, Maren > N° 4 84 f.
Kulzer, Thiemo > N° 1 64 f.
Künzle, Marc > N° 1 72
Kurz, Judith > N° 2 38
Kurz, Stephan > N° 3 86
Kuschmirz, Gregor > N° 2 42, N° 4 70 f.
Kutka, Alexander > N° 3 69

L

Labots, Jan > N° 3 43
Lachermeier, Sebastian > N° 4 41
Lalive, Michel > N° 3 36
Lamm, Frank > N° 1 86
Landmann, Hinnerk > N° 1 92
Lange, Christoph > N° 1 47, 49
Lange, Mirco > N° 2 63, 65
Langer, Iris > N° 4 44
Langgartner, Lorenz > N° 1 76, N° 4 46 f.
Lautner, Michael > N° 1 83, 86, N° 2 63, 65

Lederle, Alexander > N°1 86
Lee, Jung-Seok > N°1 76
Lehanka, Kai-Uwe > N°1 42, N°4 64
Lehmann, Kathrin > N°2 52
Lehmann, Lena > N°2 71
Leipnitz, Robert > N°2 72
Leitner, Tamara > N°1 84
Lempke, Carlota > N°4 97f.
Lenz, Max > N°1 52f.
Leonhardt, Josefine > N°1 71, N°4 70f.
Lerch, Andreas > N°3 41
Leschner, Kristian > N°3 69
Leupin, Shem > N°1 44
Leuschen, Julia > N°2 74, 76
Leuschen, Thomas > N°2 72
Leutloff, Anette > N°2 48
Leverenz, Sven > N°2 32, 47
Liakhov, Kostiantyn > N°1 76, N°4 46f.
Lieder, Jonas > N°4 72, 106
Lienhard, Tizian > N°1 57
Lindermeir, Philipp > N°3 46
Lindner, Patrick > N°1 59, N°2 81, N°3 36, 83
Link, Matthias > N°1 71
Löber, Axel > N°2 50
Lokocz, Kathi > N°2 40
Loos, Alfons > N°2 32, 47
Lorenz, Mario > N°2 28, N°3 71, 79f., N°4 107, 110
Lotz, Chris > N°4 73
Lövenforst, Wiebke > N°2 77
Löwl, Anna > N°3 42
Lüber, Thomas > N°1 57
Lüchinger, Julia > N°1 59, N°3 36, 83
Lutz, Ricarda > N°1 34f.
Lützel, Sandra > N°4 88f.
Lützkendorf, Andreas > N°4 50
Lux, Evelin > N°4 80

M

Machel, Sandra > N°3 82
Machholz, Markus > N°1 43
Mäder, Christoph > N°1 47, 49
Magdziarz, Maciej > N°2 68f.
Magel, Stefan > N°2 72
Mager, Ralf > N°4 88f.
Magin, Konrad > N°3 82
Mahner, Julia > N°2 54f.
Mahr, Robert > N°2 48
Maier, Clemens > N°3 66
Maier-Wimmer, Stefan > N°1 52f., 73, N°2 59f.
Maier-Wimmer, Stefan > N°1 74
Majeron, Benjamin > N°4 48
Makedonskiy, Alexander > N°1 33, N°4 45
Manthey, Andreas > N°3 32

Marcelli, Nora > N°1 88
Marquardt, Oliver > N°2 69
Martens, Nina > N°1 57
Martens, Sebastian > N°4 52
Martin, Susi > N°1 57
Marx, Matthias > N°2 28
Märzinger, Mathias > N°1 44, N°3 37, 70
Maßmann, Laura > N°3 82
Mattern-Specht, Silke > N°3 82
Matthäus, Anja > N°3 32
Matzke, Chris > N°3 41
Maurer, Clemens > N°3 42
Maurer, Matthias > N°4 50
Max, Johannes > N°3 82
May, Björn > N°4 82
May, Cornelia > N°4 80, 82
Mayer, Joel > N°1 57
Mayer, Lukas > N°4 107
Mayer, Stephanie > N°4 107
Mayer, Wolfgang > N°4 107
Mehler, Michael > N°1 90f.
Meier, Michael > N°1 56, N°4 75
Meier, Steffen > N°2 54f.
Meier, Ulrike > N°4 83
Meissner, Anna > N°3 68f.
Mengele, Andreas > N°4 90, 92f.
Mennes, Alexandra > N°2 42
Mense, Michael > N°2 61
Messerer, Matthias > N°2 45
Meuer, Kristian > N°2 74
Meyer, Kersten > N°4 41
Meyer, Peter > N°3 50
Meyer, Sönke > N°2 35, 38
Meyer, Till > N°1 66f., N°2 39
Michel, Anja > N°3 54f.
Miesel, Michelle > N°2 30
Mild, Elisabeth > N°1 43
Milzarek, Dirk > N°2 35, 38
Mitzkus, Alexander > N°4 70f.
Mockridge, Leonardo > N°1 92
Molitor, Johanna > N°3 82
Molitor, Ludger > N°3 82
Moll, Maya > N°3 82
Mondoloni, Laurent > N°2 70
Monti, Flavia > N°3 66
Moon, Samuel > N°3 38
Moosbrugger, Matthias > N°3 71, 79f., N°4 110
Morales, David > N°4 81
Morawej, Yasmine > N°4 46f.
Morcinek, Stephanie > N°4 46f.
Morton, Rocky > N°1 40
Moser, Zeno > N°4 75
Mothwurf, Ono > N°3 37
Müller, Bastian > N°3 42
Müller, Beate, Mag. > N°3 76
Müller, Fabian > N°2 32
Müller, Lutz > N°2 67, N°3 50
Müller, Nils > N°3 82
Mulloy, Daniel > N°2 71

Münzer, Alexander > N°3 54f.
Mürle, Hanspeter > N°3 66
Müßeler, Catharina > N°1 88

N

Nagel, Stefan > N°1 40
Nakoinz, Torben > N°3 80
Nandelstädt, Christian > N°3 62f.
Nausner, Jonathan > N°4 93f.
Neubauer, Antje > N°3 44, 49f., 52f.
Neudecker, Stephan > N°3 60, N°4 89
Niesler, Ina > N°2 52
Nimke-Sliwinski, Birgit > N°4 77, 79
Nipp, Michael > N°1 56
Nitsche, Pacco > N°3 69
Noerenberg, Gerold > N°4 88f.
Nolte, Miriam > N°3 82
Notter, Heiko > N°3 32
Nürnberger, Marcel > N°4 70f.

O

Oelkers, Oliver > N°4 80
Ohly-Nauber, Katja > N°1 64f.
Ok, Nara > N°1 76
Olsson, Petrus > N°1 57
Oppmann, Simon > N°3 44, 49f., 52f.
Ortega Barrios, Caleb Dayan > N°1 82
Otec, Marvin > N°3 42
Ott, Vivien > N°2 71
Overberg, Hans-Bernhard, Dr. > N°4 103
Owsianowski, Lilli > N°1 64f.

Ö

Öztürk-Lettau, Jan > N°1 73f.

P

Pachoinig, Lukas > N°4 46f.
Pahl, Olaf Bruno > N°2 54f., 61
Pakravesh, Bahador > N°1 33, N°4 45
Pakravesh, Behnaz > N°1 33, N°4 45
Pampin, Hugo > N°1 62f.
Panagiotakis, Anne Zoe > N°2 50
Parent, Jean-Claude > N°3 66
Parsonneau, Julien > N°3 82
Pasanen, Jyri > N°3 36
Paul, Daniel > N°2 32

Pauli, Casper > N°3 82
Peters, Sandra > N°3 85
Petersen, Artjom > N°3 35
Petersson, Kalle > N°3 36
Petersson, Philipp > N°3 36
Petry, Paul Jonas > N°3 82
Petzinna, Alina > N°3 32
Peukert, Thomas > N°2 38
Pfaff, Yuko M. > N°2 46
Pfanner, Isabel > N°3 80
Pfannmüller, Felix > N°2 66f.
Pfau, Miriam > N°2 59f.
Philipp, Jessica > N°4 81
Philipp, Simon Jasper > N°3 32
Piepenbring, Kirsten > N°3 62f.
Pilar, Agnes > N°1 56
Pincin, David > N°3 56
Pirner, Sven > N°1 73f., N°2 59f.
Pistorius, Stephan > N°2 32, 47
Planert, Sven-Olaf > N°4 40
Plieth, Frederike > N°2 41
Pohler, Katharina > N°1 82
Polák, Robin > N°1 86
Pompe, Jens > N°1 79f., 81
Popescu, Robin > N°3 42
Potekhin, Andrey > N°1 64f.
Poulsen, Per Juul > N°1 76
Price, Nathan > N°2 69
Prüfer, Hanne > N°1 79f., 81
Puri, Nina > N°4 97f.

R

Raab, Ulrike > N°3 86
Rackow, Bogdan > N°4 97f.
Ramm, Christine > N°3 54f.
Rathgeber, Liv > N°1 46
Rauprich, Kim > N°3 35
Rausch, Louis > N°3 40
Reese, Hendrik > N°3 59f., N°4 88f.
Reindl, Günther > N°2 62
Reinhard, Philipp > N°3 59
Reinhardt, Carl-Jochen > N°2 50
Ressler, Ute > N°2 68f., N°3 68f.
Rettelbach, Elisabeth > N°3 83
Retzbach, Romaeus > N°1 56
Richter, Maik > N°2 71
Richters, Ivonne > N°4 112
Rieseweber, Henning > N°1 76
Riis, Peter > N°1 83
Rink, Lydia > N°2 54f.
Ritter, Matthias > N°2 32
Rödiger, Christin > N°4 84f.
Roeppischer, Franz > N°1 76, N°4 46f.
Roland, Astrid > N°1 57

Roman-Perse, Andrea > N°2 69
Römmelt, Peter > N°3 44, 49f., 52f.
Ronacher, Nikolaus > N°2 68f.
Rosemann, Daniel > N°4 40
Rosenthal, Daniel > N°4 93f.
Rössler, Fabian > N°4 97f.
Rössner, Birte > N°3 32
Ruess, Christian > N°2 68f.
Ruhe, Martin > N°2 69
Rullfs, Christian > N°4 81
Rung, Eduard > N°2 74
Ruppel, Thimo > N°2 38
Rusch, Jürg > N°2 81
Rutishauser, Dominique > N°1 59, N°2 81, N°3 36, 83
Rymar, Stefan > N°3 38, 41

S

Saak, Karolin > N°4 90, 92f.
Sahin, Asli > N°3 49
Salinas, David > N°3 58
Salz, Arne > N°1 83, 86, N°2 63, 65, N°4 74
Sander, Stefan > N°3 41
Sapper, Denise > N°2 72
Sargant, Madeleine > N°3 71, 80
Schäfer, Patric > N°2 70
Schäfers, Vanessa > N°1 83
Schaller, Søren > N°1 64, N°4 81
Schaller, Yannick > N°1 57
Schauder, Kirstin > N°2 63, 65
Scheer, Peter > N°2 48
Scheibner, Anne > N°3 43
Scheller, Stefan > N°2 44, N°3 46, N°4 103
Scherf-Niß, Katja > N°2 78
Schernikau, Jörg, Dr. > N°1 66f.
Scheuerer, Dieter > N°1 52f.
Schill, Alexander > N°1 57, 76, N°4 46f.
Schiller, Enrico > N°2 45
Schilling, Judith > N°4 81
Schlaier, Alina > N°1 71, N°4 70f.
Schlein, Nicole > N°2 32
Schmid, Moritz > N°4 77
Schmidt, Oliver > N°3 44, 49f., 52f.
Schmidt, Stefan > N°4 60, 62, 108f.
Schmidt-De la Cruz, Juanita > N°3 59f.
Schmidtholz, Rainer > N°1 46
Schmidtke, Frederik > N°4 52
Schmitz, Torsten > N°4 56
Schnack, Jan > N°3 59f.
Schneider, Christopher > N°4 72, 106
Schneider, Claudio > N°3 36

Schnell, Sebastian > N°3 66
Schniedermeier, Diana > N°4 76
Schnitt, Josie > N°4 81
Schoengen, Maximilian Florian > N°4 48
Scholz, Britta > N°3 41
Schönborn, Ulrike > N°4 45
Schönefeld, Ludwig > N°2 30
Schönefuß, Rebekka > N°4 79f., 41
Schopp-Steinborn, Oliver > N°4 87
Schoppmann, Benno > N°2 67
Schrader, Margret, Dr. > N°4> 68
Schramm, Sandro > N°1 82
Schröder, Annika > N°3 32
Schroder, Markus > N°4 48
Schuart, Kathleen > N°1 50
Schubert, Björn > N°4 92f.
Schubert, Jonas > N°4 90, 92f.
Schubert, Jürgen > N°2 32
Schubert, Marco > N°2 71
Schuler, Klara > N°4 103
Schuler, Rainer > N°4 103
Schuler, Sabine > N°4 103
Schulz, Diane > N°1 76
Schumacher, Jennifer > N°1 88
Schüßler, Martin > N°3 82
Schütte, Rainer > N°2 40
Schwarck, Kimberly > N°2 67
Schwarck, Thorsten > N°4 76
Schwarz, Tom > N°4 40
Schwärzler, Tina > N°3 37
Schwegler, Bernhard > N°4 103
Schwenk, Charlotte > N°1 34f.
Schwigon, Sabrina > N°4 97f.
Sciammacca, Antonino > N°2 41
Seehaver, Maik > N°3 82
Seidel, Isabel > N°3 79, N°4 110
Seong, Ki > N°1 76
Serrat, Raul > N°1 57
Sidou Abdulkader, Hosam > N°2 44
Siedler, Christian > N°1 43
Siegmund, Johannes > N°3 85
Siemann, Almuth > N°4 41
Siemers, Andy > N°3 36
Sistig, Michael > N°3 82
Sketcher, Ariane > N°2 71, N°3 49f., 52f.
Smidt, Alina > N°2 35
Söderlund, Olga > N°4 90, 92f.
Sogas, Andreas > N°4 56
Sojic, Vincent > N°3 82
Söllch, Kai > N°2 32

Soller, Marco > N°2 **60**
Sondenheimer, Antonia > N°1 **50**
Soto, Yasmin > N°4 **97f.**
Specht, Götz > N°3 **82**
Sperling, Mike > N°3 **32**
Spiegel, Sarah > N°3 **42**
Spiering, Simone > N°4 **46f.**
Spieß, Bernhard > N°3 **66**
Spitzer, Thomas > N°2 **52**
Spörer, Tobias > N°1 **34f.**
Spötzl, Amely > N°3 **82**
Springer, Sven > N°1 **47, 49**
Stach, Arne > N°3 **54f.**
Stahl, Jan Moritz > N°3 **82**
Stark, Nicolas > N°1 **57**
Stauber, Roland > N°3 **44, 49f., 52f.**
Steffen, Gerrit > N°3 **32**
Stegemann, Rob > N°4 **51**
Steinbach, Corinna > N°2 **78**
Steiner, Daniel > N°1 **72**
Steiner, Felix > N°4 **90, 92f., 98**
Steiner, Pattrick > N°3 **62f.**, N°4 **68**
Steinhausen, Ralph > N°4 **44**
Steinke, Yvonne > N°3 **74**
Stemmer, Ulrike > N°2 **42, 70**, N°4 **70f.**
Stengele, Uwe > N°3 **58**
Stephan, David > N°1 **40, 50**
Stepper, Julia > N°4 **51**
Stern, Kristian > N°1 **40**
Steuber, Ingo > N°3 **85**
Stieger, Petra > N°3 **37**
Stiehl, Rodian > N°2 **40**
Stiller, Martin > N°1 **86**
Stilling, Anne > N°1 **79f.**
Stoll, Anita > N°2 **58**
Storath, Matthias > N°4 **73, 90, 92f.**
Storto, Carola > N°4 **90, 92, 97f.**
Strathmann, Gregor > N°1 **90f.**
Strecker, Johannes > N°2 **58**
Ströhle, Jörg > N°1 **58**, N°3 **37**
Strunz-Michels, Marc > N°2 **54f., 61**
Stüker, Sandra > N°1 **92**
Stumpf, Sebastian > N°4 **93f.**
Stutz, Tobias > N°3 **82**
Suchanek, Andrea > N°3 **32**
Sutter, Michael > N°3 **71**
Szewczuk, Tommy > N°3 **32**
Széchényi, Dénes > N°2 **24**

T

Taggart, Paul > N°2 **50**
Taubitz, Barbara > N°3 **62f.**
Tebart, Marc > N°4 **81**
Teichmann, Gwen > N°1 **64**
Teichmann, Lisa > N°4 **73, 90, 92f.**
Templin, Vincent > N°1 **50**
Teufel, Alexander > N°2 **41**, N°3 **42**
Teufel, Marco > N°2 **41**, N°3 **42**
Teufel, Pascal > N°2 **41**, N°3 **42**
Theil, Jens > N°1 **83, 86**, N°2 **63, 65**, N°4 **74**
Thein, Lukas > N°3 **82**
Theissing, Peter > N°2 **38**
Thelen-Reloe, Bettina > N°4 **83**
Thiele, Dirk > N°3 **82**
Thiele, Mirko > N°2 **65**
Thiemann, Elisa > N°1 **92**
Thieme, Sascha > N°4 **108f.**
Thomas, Francesca > N°1 **82**
Thomas, Norbert > N°3 **82**
Thomas, Oliver > N°3 **82**
Thonfeld, Sonja > N°4 **106**
Thumwood, Alex > N°4 **93f.**
Tomkins, Toby > N°4 **48**
Toni, Behrang > N°3 **43**
Tornatzky, Nadine > N°1 **37f.**
Tornatzky, Thomas > N°1 **37f.**
Treichel, Elisabeth > N°4 **73, 90, 92f.**
Tremmel, Doris > N°1 **64f.**
Trinkl, Stephan > N°3 **59f.**, N°4 **88f.**
Tronke, Britta > N°4 **48**
Trulley, Julia > N°4 **67**

U

Um, Mira > N°3 **69**
Unkel, Tobias > N°2 **45**
Unterhuber, Lennart > N°1 **83**
Urban, Anja > N°3 **86**

V

v. Liebenstein, Johannes > N°3 **40**
Vajda, Petra > N°1 **52f.**
Vallero, Carmen > N°4 **79**
Vaternahm, Claudia > N°3 **44, 49f.**
Viehweg, Sven > N°2 **61**
Vieser, Carla > N°3 **68f.**
Vieweg, Frank > N°2 **52**
Voelskow, Charlotte > N°3 **82**
Vogel, Johannes > N°4 **93f.**
Vögel, Stefan > N°2 **28**, N°3 **80**, N°4 **110**
Vogel, Stephan, Dr. > N°3 **44, 49f., 52f.**
Vogeler, Anne > N°1 **92**
Vogler, Silke > N°2 **60**
Vogt, Vanessa > N°1 **63**
Volkers, Björn > N°4 **44**
Volkert, Andreas > N°1 **88**
Vollmeier, Heike > N°2 **68f.**
von Appen, Fabian > N°2 **50**
von Baczko, Volker > N°3 **82**
von Bechtolsheim, Matthias > N°2 **67**
Voncken, Nina > N°3 **38**
von Geisau, Oliver > N°1 **64f.**
von Hoyningen-Huene, Anne > N°3 **82**
von Muralt, Felix > N°3 **36**
von Schleyer, Marlis > N°3 **44, 49f., 52f.**
Voss, Corinna > N°4 **70f.**

W

Wachter, Thomas, Mag. > N°3 **70**
Wagner, Melanie > N°3 **38, 41**
Walter, Kathi > N°2 **68f.**, N°3 **68f.**
Walter, Markus > N°1 **52f.**
Wandschneider, Chris > N°1 **50**
Warnecke, Cord > N°1 **46**
Wartenberg, Silke > N°2 **52**
Warter, Vera > N°3 **59f.**
Weber, Robert > N°1 **47, 49**
Weber, Julia > N°1 **86**
Weber, Katharina > N°3 **59f.**
Weich, Tanja > N°2 **24**
Weichsel, Iris > N°3 **59f.**
Weinhold, Patrick > N°4 **50**
Weiß, Lisa > N°4 **88f.**
Weiß, Ronny > N°1 **73f.**
Weiser, Claudia > N°3 **82**
Weishäupl, Martin > N°3 **71**
Wellhäußer, Christian > N°3 **54f.**
Weltz-Rombach, Alexandra > N°4 **72**
Welzenbach, Alex > N°3 **80**, N°4 **107**
Welzenbach, Bruno > N°2 **28**, N°3 **71, 79**, N°4 **110**
Weninger, Michael > N°4 **88f.**
Werner, Benjamin > N°4 **52**
Wick Rossi, Diana > N°1 **57**
Wiedemann, Ole > N°1 **92**
Wiegel, Doro > N°2 **54f., 61**
Wieland, Heidemarie > N°2 **40**
Wieschermann, Dominik > N°1 **47, 49**
Wieser, Claudia > N°4 **82**
Wiewel, Dominik > N°2 **35**
Wilfert, David > N°3 **32**
Wilk, Michael > N°4 **48**
Wilkesmann, Barbara > N°2 **32**
Willen, David > N°2 **35**
Wilm, Madeleine > N°4 **112**
Winder, Katharina > N°1 **44**, N°3 **70**
Winkler, Christine > N°4 **80**
Winter, Mario > N°1 **78**
Wittfeld, Kim > N°4 **51**
Wittkamp, Benjamin > N°1 **34f.**
Wittkamp, Bernd > N°3 **35**
Woelk, Rike > N°4 **50**
Wohlnick, Lars > N°2 **71**
Wojtas, Jochen > N°3 **86**
Wolburg, Christine > N°1 **64f.**
Wolf, Benjamin > N°1 **71**, N°2 **42**
Wolf, Cornelia > N°4 **107**
Wolff, Christel > N°4 **81**
Wouters, Armin, Dr. > N°4 **82**
Würflingsdobler, Hermann > N°1 **84**

Y

Yom, Bill > N°1 **76**
Yoo, YeongKyu > N°1 **76**

Z

Zabel, Laura > N°2 **50**
Zander, Daniel > N°3 **62f.**, N°4 **68**
Zander-Görlich, Karin > N°3 **62f.**
Zech, Peter > N°2 **32**
Zietlow, André > N°3 **38**
Zille, Annika > N°2 **52**
Zimmer, Johannes > N°3 **35**
Zimmermann, Patrick > N°1 **47, 49**
Zimmermann, René > N°2 **50**
Zitzmann, Gerhard > N°2 **48**
Zöllner, Bernd > N°3 **82**
Zucker, Heidi > N°1 **73f.**
Zünkeler, Bernhard, Dr. > N°3 **82**
Zünkeler, Ulrich > N°3 **82**

IMPRESSUM

Econ ist ein Verlag der
Ullstein Buchverlage GmbH, Berlin

ISBN 978-3-430-20258-9
ISSN 1616-2528

© **ULLSTEIN BUCHVERLAGE GMBH
BERLIN 2018**

Alle Rechte der Verbreitung, auch durch Film, Funk und Fernsehen, fotomechanische Wiedergabe, Tonträger jeder Art, auszugsweisen Nachdruck oder Einspeicherung und Rückgewinnung in Datenverarbeitungsanlagen aller Art, sind vorbehalten.

Trotz sorgfältiger Bearbeitung und Prüfung können weder der Verlag noch die genannten Unternehmen eine Garantie oder sonstige Haftung für die Richtigkeit der dargestellten Informationen übernehmen. Der Verlag macht sich die Angaben zu den dargestellten Unternehmen nicht zu eigen.

PROJEKTTEAM ECON FORUM
Nadine Städtner (Leiterin)
Monika Skandalis
Katharina Schulze Dieckhoff

GRAFISCHE KONZEPTION UND UMSCHLAGGESTALTUNG
Anzinger und Rasp Kommunikation GmbH, München

GRAFISCHE UMSETZUNG UND REPRODUKTION
tiff.any GmbH, Berlin

KORREKTORAT
Lektorat Oliver Krull, Berlin

DRUCK UND BINDEARBEITEN
Grafisches Centrum Cuno GmbH & Co. KG, Calbe (Saale)

Printed in Germany

KONTAKT
Econ Forum im Econ Verlag
Ullstein Buchverlage GmbH
Friedrichstraße 126
D-10117 Berlin
T +49 30 23456-524
www.econforum.de